L'ATLAS DES FORÊTS DE FRANCE

DIRECTION

Jean Gadant

Ingénieur général du GREF

COORDINATION GÉNÉRALE

Jean-Marie Stéphan

Chargé de mission au ministère de l'Agriculture et de la Forêt

LES AUTEURS

Sylvie Alexandre

Directeur-adjoint de l'Agence
des espaces verts de la région d'Île-de-France

Jean-Paul Amat

Agrégé de géographie
Université de Paris-Val-de-Marne
et Laboratoire de biogéographie
de l'École normale supérieure de Fontenay-Saint-Cloud

Christian Barthod

Chef du département de la Santé des forêts
Ministère de l'Agriculture et de la Forêt

Jean Clément

Chargé de mission auprès du directeur général de l'ONF
pour les affaires internationales

Roger Lafouge

Directeur général adjoint de l'ONF

Patrick Lavarde

Chef du bureau de la Politique industrielle (industries du bois)
Ministère de l'Agriculture et de la Forêt

Hubert Leclerc de Hauteclocque

Président de la Fédération nationale
des syndicats de propriétaires forestiers sylviculteurs

Pierre Monomakhoff

Directeur général de la Fédération nationale
des communes forestières de France

Nicolas Parant

Chef du département de l'Information technique à l'ONF

Jean-Claude Rameau

Professeur de phytoécologie forestière
à l'École nationale du Génie rural, des Eaux et des Forêts

Ont collaboré au chapitre premier

Paul Arnould

Maître de conférences,
École normale supérieure de Fontenay-Saint-Cloud
Laboratoire de biogéographie de l'ENS

Micheline Hotyat

Maître de conférences, Université de Paris VII
Laboratoire de biogéographie de l'ENS

DIRECTION ÉDITORIALE
Jean Sellier

CARTOGRAPHIE
AFDEC : Anne Le Fur, Claude Dubut, Martine Frouin,
Catherine Zacharopoulou, Antoine Capelle

DIRECTION ARTISTIQUE
Bernard Père

MAQUETTE
Sophie Zagradsky

DESSINS
Patrick Taëron

RECHERCHE ICONOGRAPHIQUE
Anne Mensior (CLAM !)

RÉVISION
Claire Bayle

PHOTOCOMPOSITION
Eurocomposition

PHOTOGRAVURE
Pragmaphot

IMPRESSION
Aubin

L'ATLAS DES FORÊTS DE FRANCE

SOUS LA DIRECTION DE JEAN GADANT

JEAN-PIERRE DE MONZA

SOMMAIRE

SOMMAIRE

Des patrimoines forestiers se dégradent à travers le monde. Ici, dans les pays du Nord, la richesse industrielle génère des pollutions qui les agressent ; là-bas, dans les pays du Sud, un excès de pauvreté consomme des espaces naturels. Les villes grandissent, encombrées de nuisances, et les citadins revendiquent la protection de la forêt à laquelle de profondes racines terriennes les accrochent. Face à la banalité d'un quotidien qui s'artificialise, la forêt leur apparaît comme un oasis d'harmonie et d'authenticité. De plus, dans le tourbillon actuel de transformation et de progrès qui inquiète, la pérennité tranquille de la forêt rassure. L'arbre est ainsi devenu le symbole de la vie, un protecteur et un ami. Sa sauvegarde préoccupe et suscite aujourd'hui des débats passionnés. La forêt française demeure cependant mal connue : un maquis d'idées reçues cache encore ses véritables problèmes. Les surfaces boisées qui régressent ? La forêt française n'a jamais été aussi productive et aussi étendue ; elle continue de s'accroître et de s'enrichir. Des peuplements surexploités ? C'est vrai, ici ou là, mais, globalement, l'inventaire forestier révèle qu'elle est sous-exploitée. La sombre intrusion des résineux dans les paysages feuillus traditionnels ? Le reboisement fait de plus en plus appel à des essences feuillues, dont la proportion se maintient aux deux tiers pour l'ensemble de la forêt française. La production forestière, une spéculation juteuse ? L'erreur est totale ; la rentabilité économique de l'investissement forestier et le revenu du propriétaire sont modestes, tandis que la forêt assure gratuitement d'autres fonctions vitales. La forêt, dernier espace de nature naturelle ? Cette croyance fausse en une forêt vierge de toute intervention explique la colère que peut inspirer l'exploitation d'un arbre.

Jean-Pierre de Monza avait publié en 1989 *Le Grand Atlas de la France rurale* ; un événement éditorial. Les deux remarquables chapitres que ce monument de la ruralité consacrait à la forêt répondent à ces interrogations. Avec *l'Atlas des forêts de France*, l'éditeur récidive et va plus loin dans une présentation globale et attrayante de la forêt française. Il a rassemblé un groupe d'auteurs venus d'horizons divers pour vous faire partager leur savoir et leur passion de la forêt. Une riche illustration, des cartes inédites d'une qualité exceptionnelle radioscopient la complexité méconnue de la forêt. Les auteurs présentent l'étonnante diversité des fonctions que notre société exigeante assigne à la forêt : produire du bois, protéger les sols, réguler la ressource en eau et les climats, purifier l'air, façonner les paysages, accueillir des promeneurs. Mais l'ouvrage pénètre aussi dans cette « autre forêt », plus sentimentale et plus mystique, celle de chacun d'entre nous, celle de François Nourissier où « l'homme se ressource par la mystérieuse respiration de l'âme et de l'inconscient » ou celle de Pierre Gascar, « assombrie de mystères un peu inquiétants, mais propres à nourrir les rêves ». À chacun sa forêt ! En vous conviant à un agréable parcours, ce livre vous aidera à mieux comprendre la forêt et à l'aimer davantage. Il contribuera ainsi à sa sauvegarde, notamment, près des jeunes, car « c'est au cœur de l'enfant qu'il faut semer les graines de la forêt future ».

On parle de la forêt au singulier, mais elle est plurielle. Des conditions écologiques changeantes ont façonné une riche mosaïque d'écosystèmes forestiers. Jean-Paul Amat vous promène dans cette exceptionnelle diversité écologique et paysagère : variété des essences feuillues ou résineuses, des taillis et futaies, personnalité bien typée de chacun de nos massifs. La possession de la forêt est, elle aussi, diverse ; trois catégories de propriétaires se la partagent : l'État, les communes et une population hétérogène de propriétaires privés qui en possèdent près des trois quarts. La forêt apparaît pourtant encore à beaucoup comme un bien collectif : le promeneur qui y pénètre a rarement l'impression de franchir une limite, comme celle d'un champ. Depuis quelques décennies ce patrimoine privé s'étend, s'améliore, s'organise. Il nous est présenté par Hubert Leclerc de Hautecloque, qui préside à cette réussite. Les forêts privées se transmettent d'une génération à l'autre, en même temps que des vertus de patience — au rythme de la croissance des arbres — et de générosité — au regard des bienfaits d'intérêt général que la forêt procure.

Jean-Claude Rameau est l'avocat de la puissante action de la nature dans la vie de la forêt. Il explique la complexité fascinante des écosystèmes forestiers grouillants de vitalité silencieuse. Cette feuille si modeste est un complexe chimique merveilleusement miniaturisé, siège du phénomène étonnant de la photosynthèse. L'eau, les sels nourriciers de la terre, le gaz carbonique de l'air, l'énergie du soleil s'y rencontrent et s'y combinent pour synthétiser les matériaux de la vie végétale. La sauvegarde des forêts suscite des inquiétudes grandissantes à travers le monde. Par bonheur, nos forêts sont moins menacées, mais elles ne manquent cependant pas d'agresseurs : les incendies, le dépérissement, les accidents climatiques, les maladies. Au chevet de la forêt, Christian Barthod décrit les maux dont elle souffre, évoque le dispositif de surveillance mis en place dont il est responsable, préconise les bons remèdes.

Bien que ces écosystèmes soient l'interminable don de la terre et du soleil, leur vitalité et leur pérennité exigent des interventions culturales souvent mal comprises. Ainsi, dans les années 1970, un raz de marée de critiques a déferlé sur l'administration forestière dont j'étais responsable. Les utilisateurs de bois et les conservateurs de la nature s'opposaient : les uns voulaient plus de bois, les autres moins de coupe. Leur querelle bruyante avait inspiré d'innombrables rapports. Mais sous le couvert silencieux de sa forêt, dans le dialogue serein qu'il entretient avec ses arbres, le gestionnaire sait que la forêt n'est ni un musée de la nature, ni une carrière de bois. Sa gestion arbitre ces conflits. L'un deux, Pierre Monomakhoff, explique le rôle de la coupe dans le rajeunissement et le développement de la forêt. Une exploitation n'a pas seulement pour objet de mobiliser un revenu, elle est aussi une opération culturale indispensable à la vie de la forêt. Dans cette gestion biologique, la forêt réalise ainsi la sublime alliance entre l'économie et l'écologie, si souvent opposées, à savoir que la bonne coupe façonne l'agréable peuplement, producteur de la belle grume. La surexploitation appauvrit la forêt ; des prélèvements insuffisants l'acheminent vers la vieillesse et le dépérissement. Afin de rationaliser son exploitation, la forêt est soumise à des plans d'aménagement, peu connus, dont Roger Lafouge vous révèle les secrets. Établis pour une durée de quinze à vingt ans, ils programment aujourd'hui, dans le temps et dans l'espace, les coupes et les travaux futurs.

Ces coupes prélèvent annuellement de l'ordre de cinquante millions de mètres cubes de bois. Pour donner de ce chiffre une image, disons qu'il représente une file ininterrompue de lourds camions grumiers qui feraient le tour de la terre. Ils s'en vont approvisionner 80 000 entreprises de toutes tailles pour livrer leurs bois à l'habileté de plusieurs centaines de milliers d'ouvriers et artisans, appartenant à une cinquantaine de métiers. Avec les grumiers, Patrick Lavarde vous conduit dans le monde attachant et extraordinairement diversifié du travail du bois. Les technologies industrielles les plus avancées y côtoient les plus riches traditions artisanales. Scié, ouvré, trituré, reconstitué, le bois, si utilitaire, se retrouve partout dans nos vies quotidiennes. Il est en outre le matériau de l'artiste et de l'esthète : les bois de résonance du violon qui joue Mozart, le tonneau qui nourrit les grands crus, les dessins merveilleux des marqueteries qui font scintiller la diversité de leurs coloris, la majestueuse élégance des architectures des lamellés-collés, les sculptures en bois, vivantes et charnelles.

La forêt est enfin devenue un remède aux nuisances urbaines et un lieu de promenade. Nicolas Parant et Sylvie Alexandre plaident cette fonction sociale et paysagère de la forêt, qui s'affirme notamment aux lisières de la ville. Au-delà des fonctions utilitaires, Jean Clément nous conduit dans l'univers végétal des contemplatifs et des poètes. Qui n'a ressenti une élévation de l'âme dans la profondeur mystérieuse d'un épais sous-bois, hors les chemins qui guident loin de la banalité bruyante du quotidien ? Qui n'a éprouvé ces sentiments complexes d'angoisse et de merveilleux dans le silence interrogateur de la forêt simplement rayé par l'envol d'un oiseau ? Le culte de l'arbre, légué par les Celtes et leurs druides, est lié aux fêtes de printemps, quand la végétation explose et quand la vie revient. Il est un symbole de vie, d'amour et de liberté. La tradition villageoise du Mai *avait pour objet de planter un arbre devant la demeure d'un nouvel élu pour célébrer le renouveau qu'il incarne. Imitant Ronsard, l'amoureux plantait un arbre sous la fenêtre de sa bien-aimée : « Je plante en ta faveur cet arbre de Cybèle, ce pin où tes honneurs se liront tous les jours. »*

Tous les jours et longtemps, l'arbre est là, vivant et vénéré, au-delà d'une brève génération d'hommes, pour témoigner d'un événement, incarner un souvenir, célébrer l'avènement des libertés nouvelles. Les arbres de la liberté de la Révolution s'inscrivent dans cette symbolique. Plus récemment, les Journées de l'arbre de notre République marquent l'émergence d'une liberté nouvelle : le droit à la qualité de l'environnement. Mais, avant que nos auteurs nous conduisent en leurs sous-bois plaisants, il nous faut, un instant, porter nos regards au-delà des frontières de nos pays privilégiés, dans ces contrées où la forêt disparaît sans espoir de retour. En zone sahélienne, les espaces boisés reculent et le désert avance devant l'extrême pauvreté de ses hommes. J'ai cependant rapporté de ces pays attachants un message universel inscrit sur un panneau qui accueillait le visiteur : « Frère en Dieu, en attendant la chance de pénétrer dans le jardin de demain, respecte aujourd'hui le grand jardin qui constitue le règne végétal. Garde-toi d'en détruire la moindre plantule. Elle est un don que Dieu fait sortir de terre pour notre nourriture et notre confort. »

Jean Gadant

À LA DÉCOUVERTE DE LA FORÊT FRANÇAISE

La France est forestière. L'ample manteau vert couvre le quart de sa superficie. La France est urbaine : un étroit habit gris concentre 75 % de la population. L'homme dans la cité, l'arbre dans la forêt seraient-ils aujourd'hui devenus étrangers l'un à l'autre ? Ouvrir le livre de la forêt aurait-il, pour le lecteur, encore un sens, si la langue qu'il découvre lui était devenue étrangère ? Le premier chapitre offre des clefs de lecture de la forêt française : clefs pour décrire des paysages, comprendre leur structure et leur fonctionnement, peser le rôle des sociétés dans leur construction ; clefs pour reconnaître les formes ou les étapes de la gestion sylvicole, pour comparer des milieux afin d'en saisir les nuances, pour transmettre ses expériences et ses découvertes.

La France est une grande nation forestière. Pas tant pour la surface concernée, 0,4 % de la forêt mondiale, que pour la notoriété de ses expériences et de ses apports dans tous les domaines de la recherche scientifique et de la sylviculture. La forêt, plus que jamais, est un enjeu pour l'homme, bien exprimé dans les thèmes des trois derniers congrès forestiers mondiaux : *Des forêts pour les hommes* à Djakarta en 1978, *Ressources forestières et développement de la société* à Mexico en 1985, *La forêt, patrimoine de l'avenir* à Paris en 1991.

Notre petit hexagone européen est un carrefour biogéographique des milieux tempérés. A son échelle, la diversité forestière est infinie et ses variations s'orchestrent autour de trois motifs : le cortège des espèces, les structures des peuplements, les ambiances écologiques. Comprendre les milieux pour mieux exploiter leurs potentialités est devenu une tâche primordiale, à laquelle travaillent de nombreux partenaires qui élaborent les outils de décision et de gestion pour la forêt de l'an 2 000 : inventaires statistiques, cartes des régions forestières, catalogues des stations, directives de production, programmes intégrés d'aménagement du territoire. À titre d'illustration, aux cimaises de la forêt, une brève galerie de portraits fait pénétrer dans l'intimité de quelques prestigieux massifs comme dans celle de plus humbles sylves.

LA FORÊT À LIVRE OUVERT

Reconnaître les étapes de la gestion sylvicole, percevoir l'histoire forestière qu'évoquent les noms de lieux, discerner l'architecture façonnée par les arbres : autant de façons de « lire » la forêt pour mieux la comprendre.

Derrière les arbres, la forêt

Sous les travées de la futaie cathédrale

Dans la palette chromatique de l'automne naissant, les cimes qui se rejoignent en voûte au-dessus de l'allée rectiligne construisent une nef végétale, image archétypique de la forêt. Campée sur la plaine riveraine de la confluence de l'Oise et de l'Aisne, la forêt domaniale de Compiègne abrite une des plus belles futaies feuillues de la France septentrionale : sveltesse des troncs haut branchus des chênes, hêtres et charmes, étroitesse des houppiers, épanouissement des cimes vers la lumière. Entre les fûts majestueux, de la voûte au tapis herbacé, rares sont les végétaux qui arrêtent le regard. Au sol l'œil s'attarde sur des colonies de graminées ou des plages de ronces, sur le tapis léger de la litière, parfois cloisonnés de jeunes ligneux en bouquets foisonnants. Bor-

Futaie de chênes en forêt domaniale de Compiègne.

LE HÊTRE QU'ON ABAT. Sous le couvert lumineux d'une futaie très ouverte, les bûcherons ont couché au sol un grand chêne (photo du haut). Ecimé, ébranché, l'arbre est devenu une grume dont la valeur économique transparaît dans la rectitude et l'élancement de sa forme, dans la décroissance régulière de son diamètre. Le bûcheron tronçonne cette grume en billes, qui alimenteront les industries de bois d'œuvre. La frondaison a fourni rondins et petits bois divers. Quelques passages encore et les forestiers auront « réalisé » tout le peuplement tandis qu'une jeune génération de ligneux conquerra sa place au soleil.

UNE ÉTAPE DE LA GESTION. Derrière le lacis des ornières imprimées dans le sol argileux par le tracteur de débardage, une coupe rase porte encore les témoins de l'ancienne futaie, sous forme de grumes et de piles de rondins (photo du milieu). Sur cet espace livré à la lumière, la vie végétale est stimulée. Une strate herbacée va rapidement conquérir le sol dénudé ; des rejets jailliront peut-être de souches encore vivaces, des graines venues des lisières proches et des arbres voisins germeront. De ces milliers de plantules, certaines pourraient devenir de jeunes arbres ; mais, dans le plan de gestion, le forestier a retenu pour cette coupe une plantation d'essences feuillues ; il la réalisera dans quelques mois. Cet espace temporairement nu appartient ainsi à la forêt, à sa vie comme à son devenir ; c'est un paysage forestier.

PARENTS ET ENFANTS. Une même parcelle peut montrer d'étonnants contrastes de hauteurs, d'âges et de densités dans le couvert végétal. Ici, en nappe au pied de grands arbres épars, s'étend un fourré touffu, dense, de pénétration difficile, composé de foules de jeunes ligneux de hauteur inégale (photo du bas). Les milliers de petits chênes aux tiges entremêlées qui le constituent sont les fruits d'abondantes fécondations et d'une capacité germinative exceptionnelle de cette essence dans les conditions de milieu offertes par la parcelle. Les semenciers détachent sur le ciel des silhouettes originales aux houppiers étroits, aux troncs graciles enserrés dans un manchon de petits rameaux.

DE LA MATERNITÉ À LA POUPONNIÈRE. Ce paysage de fourrés piquetés de grands arbres résulte d'une succession de coupes faites par le forestier, dans une futaie aujourd'hui disparue. Ces coupes progressives avaient pour but d'augmenter l'éclairement des sujets conservés afin d'assurer l'épanouissement de leurs houppiers et d'y favoriser la prolifération des fleurs. L'exposition à la lumière activa aussi les bourgeons dormants ; des gourmands hérissent les troncs, provoquant une « descente de cime » (photo du bas). Assurées par plusieurs années de forte fécondation, d'abondantes glandées couvrirent le sol ; la germination des glands créa une brosse de semis dont la croissance a abouti aux fourrés de la photographie. Bientôt le forestier reviendra sur la parcelle, coupera les derniers semenciers et, par des interventions précises et programmées, conduira le jeune peuplement vers une possible futaie de chênes. Au stade actuel, déjà, le gestionnaire pense la future forêt et œuvre pour elle.

dant l'allée, des grumes de chênes, puissantes et régulières, attendent le camion de débardage. Ancienne propriété royale et impériale, la forêt de Compiègne est quadrillée de routes et de layons qui divisent les 14 500 hectares du massif en parcelles. Ces blocs de quelques hectares sont des unités de gestion, identifiables par des plaques numérotées fixées sur les arbres de coin. Chaque parcelle présente en général une homogénéité physionomique, futaie, perchis, taillis, coupe, jeune plantation... Même si les contrastes visuels entre parcelles peuvent être forts — futaie jouxtant une coupe par exemple — une logique de gestion les relie, qui s'exprime dans le plan d'aménagement. Établi par les gestionnaire, ce document définit les rythmes et les modalités de l'intervention du forestier sur la biomasse ligneuse, en fonction de la croissance biologique, des caractères du milieu et des objectifs assignés à la forêt.

LA FORÊT FRANÇAISE

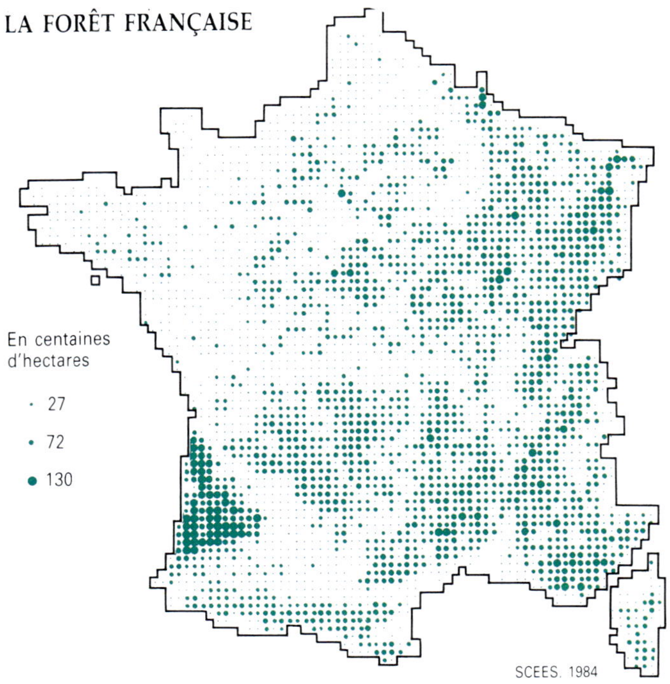

Derrière les points de la statistique, une réalité forestière. Cette carte donne une image de la distribution spatiale de la forêt sur le territoire national et suggère les variations régionales du taux de boisement. (Carte issue de l'enquête « utilisation du territoire » ou ter-uti *conduite par le SCEES.)*

La forêt entre nature et société

Les allées et venues de la forêt

Après le dernier maximum glaciaire, vers 18000 ans BP (*before present,* l'année 1950 par convention), sur des espaces précédemment englacés et occupés par des toundras et des steppes, l'histoire du couvert végétal fut celle d'une lente reconquête forestière, parfois remise en cause par des retours offensifs du froid. La réinstallation du manteau boisé fut l'œuvre d'essences pionnières, pins et bouleaux, qui reculèrent ensuite devant les chênes. Formation végétale dominante dès 9000 BP, la forêt caducifoliée connut entre 7500 et 3000 BP des conditions climatiques optimales qui permirent au couvert boisé de s'étendre, sans doute sur plus de 400 000 kilomètres carrés du territoire. Dans les Alpes, la limite supérieure de la forêt se trouvait alors à une altitude plus élevée de 200 mètres environ que l'actuelle.

Très tôt pourtant, les superficies forestières commencent à régresser, en liaison avec un rafraîchissement du climat et, surtout, sous l'effet des premiers défrichements. La « révolution néolithique », sensible dès le sixième millénaire avant J.-C., s'accélère au troisième, prolongée par les défrichements gallo-romains. Partout le champ gagne sur la forêt. Quand s'ouvre l'ère chrétienne, elle ne couvre plus que

15 000 ANS D'HISTOIRE FORESTIÈRE

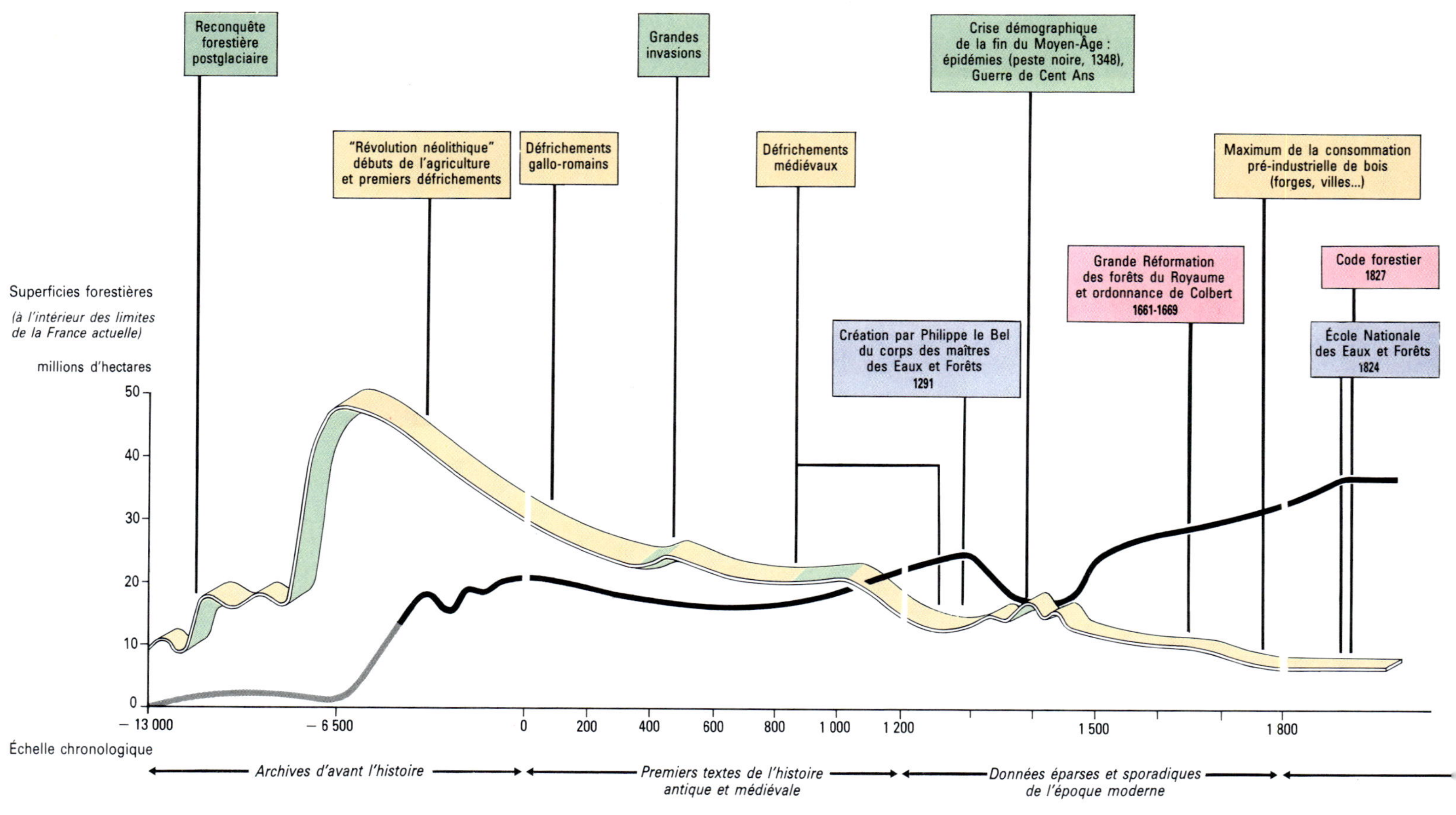

Pour débarquer en Angleterre, en 1066, Guillaume le Conquérant doit construire sa flotte. Les besoins sont importants. Les membrures des navires exigent les plus beaux bois. Il faut parcourir les forêts normandes, évaluer, choisir pied à pied les grands hêtres et chênes, abattre, extraire de la coupe, équarrir, dresser. Avant les images du débarquement et de la bataille, la tapisserie déroule les scènes où bûcherons, scieurs, charpentiers, calfats animent les chantiers et les ports.

la moitié environ du territoire français actuel. Dès lors, les fluctuations de la surface boisée se calquent sur celles du nombre des hommes et des besoins en terre de leur agriculture. Lorsque guerres, famines, épidémies déciment les populations, comme au cours du XIVe siècle, la forêt regagne du terrain. Mais ces accidents démographiques ne remettent pas en cause la dynamique pluriséculaire de réduction des étendues sylvestres. Elles sont massivement converties en terres agricoles — moines et seigneurs jouent, entre le IXe et le XIIIe siècle, un rôle moteur dans ces défrichements — ou dégradées par l'activité pastorale : dans le Midi méditerranéen, garrigues et maquis remplacent les chênaies. Très tôt aussi les forêts doivent pourvoir aux besoins des villes en bois de chauffe et de construction, comme aux exigences des forges ou des verreries de l'époque moderne. Au début du XIXe siècle, quand s'amorce en France la première révolution industrielle, les surfaces boisées n'excèdent guère 7,5 millions d'hectares.

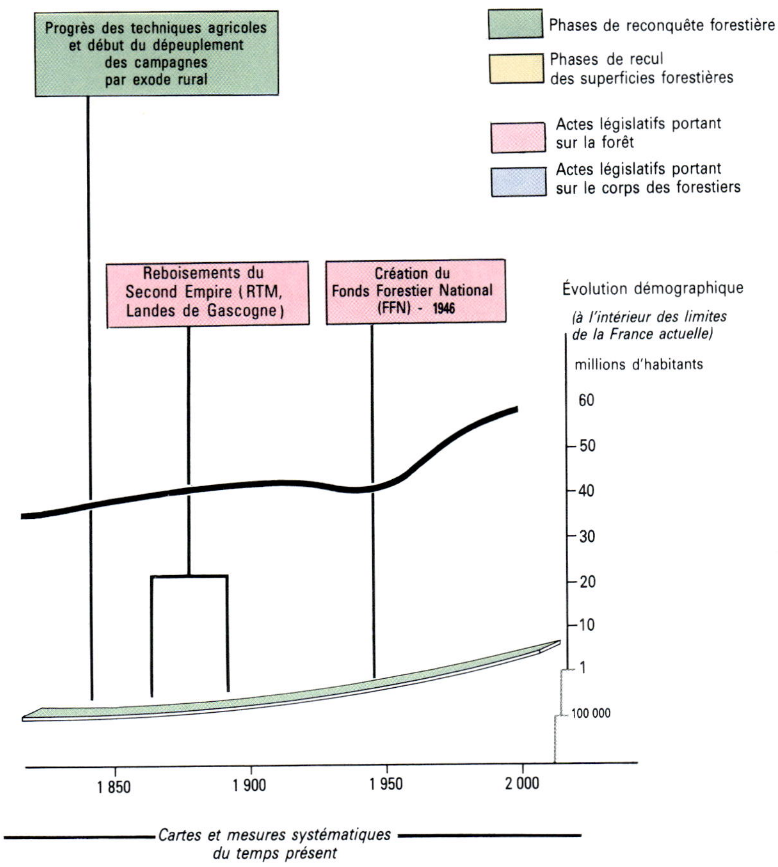

Le retour de la forêt

Les premières décennies du XIXe siècle voient la fin du recul du manteau boisé. Les progrès techniques dans l'agriculture, qui entraînent une hausse continue des rendements, et l'exode de la population rurale au profit des villes enclenchent un processus d'abandon des terres marginales. Cette évolution, qui connaît après les deux guerres mondiales de sensibles accélérations, conduit au retour de la forêt dans bien des régions ; même si les incendies — dans les Landes —, la mise en valeur agricole de zones délaissées — les plateaux calcaires des « Friches de l'Est » — ou de régions agricoles pionnières comme la Champagne sèche la font localement reculer.

Dans cette remontée du taux de boisement, passé en un siècle de 17 % à plus de 25 %, l'État a joué un rôle de premier plan. Les graves questions de la réduction des surfaces forestières et de la médiocre qualité de nombreux boisements convertis en taillis à courte révolution étaient au cœur du souci d'inventaire et de gestion rationnelle affiché au XVIIe siècle par la Grande Réformation des forêts du Royaume et l'Ordonnance de Colbert. Au XIXe siècle, l'État élargit et renforça cette action volontariste au moyen du Code fores-

Fig. 1. Charbonnier qui trace et dresse la place où il veut établir son fourneau. Cette opération se fait par le maître charbonnier qu'on nomme dresseur.
Fig. 2. Brouette servant à approcher le bois du fourneau.
Fig. 3. Fourneau construit de plusieurs lits de morceaux de bois ; a : entrée de la galerie qu'on ménage au premier lit et qui s'étend jusqu'au mât ; on remplit cette galerie de bois sec pour porter le feu au centre du fourneau ; b : premier lit ; c : second lit...
Fig. 4. Fourneau que le charbonnier couvre de terre.
Fig. 5. Fournée entièrement « bourgée ». Le feu y a été mis par l'ouverture (a) ; on voit la fumée s'échapper par une ouverture supérieure en (b).
Fig. 6. Fourneau en partie cuit : on a fermé l'ouverture en (b) et on en a formé de nouvelles en (aa).
Fig. 7. Fourneau entièrement cuit auquel on a ôté la terre pour faire refroidir le charbon et examiner s'il est éteint.
Fig. 8. Arc ou gros râteau à dents de fer qui sert à ôter la terre qui recouvre le fourneau et à charger le charbon.
Fig. 9. Râble, composé d'un chanteau de futaille emmanché d'une perche ; on s'en sert aussi pour enlever la terre de dessus le fourneau et découvrir le charbon.
Fig. 10. Pelle à usage des charbonniers.
Fig. 11. Chevaux chargés de socs de charrue.
Fig. 12. Fourgon formé de claies, dans lequel on transporte le charbon.
Fig. 13. Banne jaugée selon une certaine mesure et qui sert à transporter le charbon : on en fait usage dans les forges. Cette banne se vide par-dessous.
Fig. 14. Cordes levées de bois à charbon.

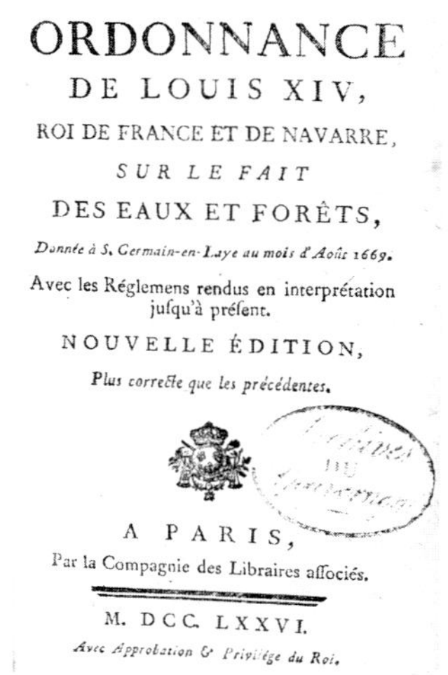
ORDONNANCE
DE LOUIS XIV,
ROI DE FRANCE ET DE NAVARRE,
SUR LE FAIT
DES EAUX ET FORÊTS,
Donnée à S. Germain-en-Laye au mois d'Août 1669.
Avec les Réglemens rendus en interprétation jusqu'à présent.
NOUVELLE ÉDITION,
Plus correcte que les précédentes.
A PARIS,
Par la Compagnie des Libraires associés.
M. DCC. LXXVI.
Avec Approbation & Privilège du Roi.

LA GRANDE RÉFORMATION. En octobre de 1661, Colbert, nouvel intendant des Finances, signe un arrêt du Conseil royal ordonnant clôture et règlement des forêts du domaine royal. La Grande Réformation est lancée. Les réformateurs désignés parcourent alors les provinces du royaume. Leur tâche est d'examiner les titres et les droits des usagers, de rechercher et punir les délits, de proposer des règlements d'exploitation qui tiennent compte « de l'état et de la possibilité » de chaque forêt. Parallèlement à la Réformation qui, sur le terrain, dressa le premier véritable tableau de l'état des forêts de la Couronne, Colbert prépara une grande Ordonnance. Signée en 1669, ayant valeur de règlement général des eaux et forêts, elle fut, pour plus d'un siècle et demi, le texte de référence en matière de législation, de gestion et d'exploitation des forêts et des bois.

DUHAMEL DU MONCEAU (1700-1782) fut un inspecteur général de la marine particulièrement féru de questions forestières, de production et d'amélioration des bois d'œuvre pour la construction des navires et, partant, de gestion des forêts. Fort de son expérience et de ses observations, il publia plusieurs ouvrages, tels De l'exploitation des bois *(1764), ou* Du transport, de la conservation et de la force des bois *(1767), dont les magnifiques planches commentées sont autant de tableaux animés et précis des travaux et des jours dans les forêts du XVIIIe siècle.*

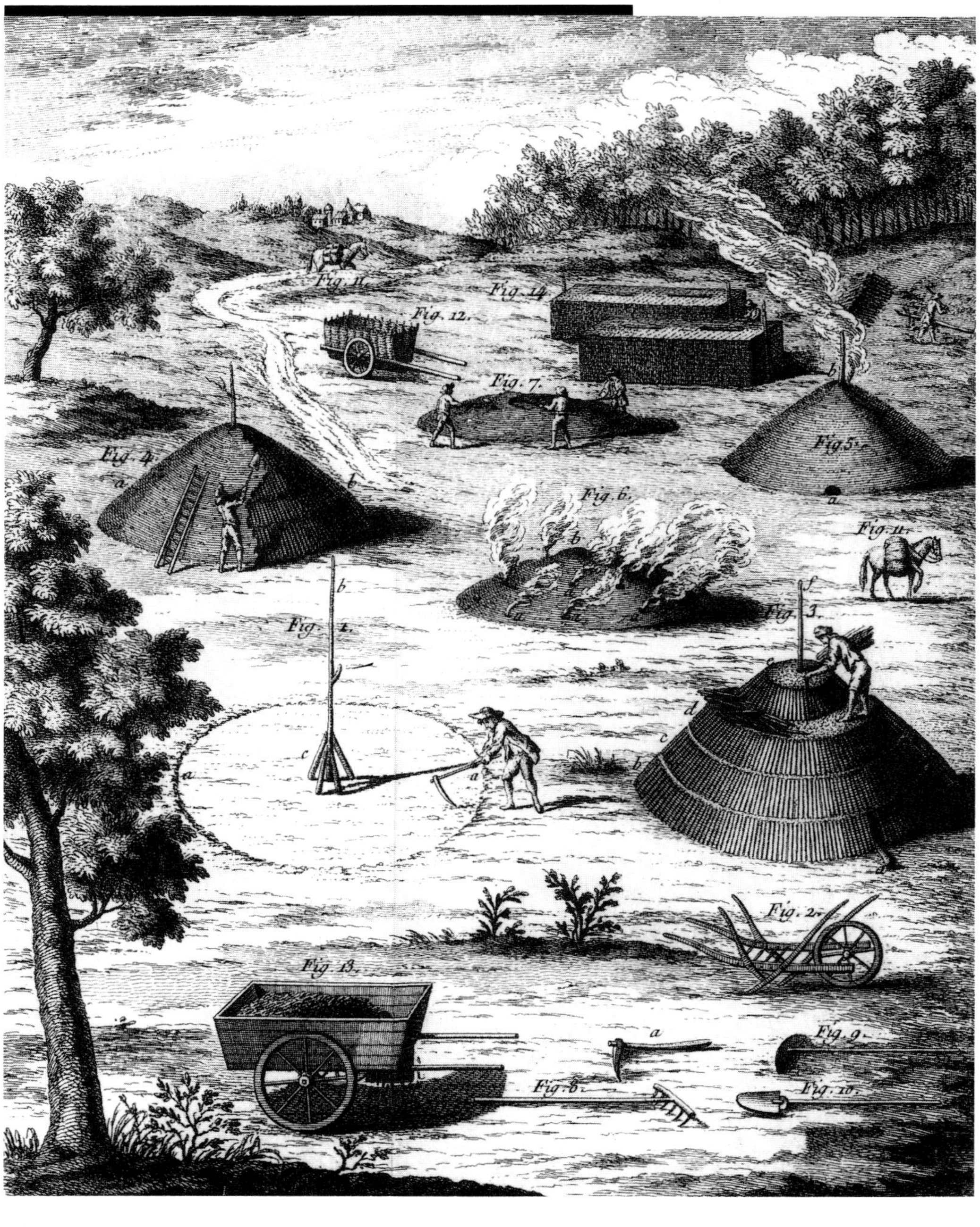

tier, promulgué en 1827, et de l'approbation d'énergiques décisions de reboisement qui visaient à protéger les sols de montagne contre l'érosion et à valoriser, par enrésinement, les Landes de Gascogne, la Sologne ou la Champagne alors dite « pouilleuse ». L'Office national des forêts (ONF) assure aujourd'hui la gestion des forêts domaniales ou appartenant à des collectivités, qui sont placées sous un ensemble de règles d'ordre public appelé régime forestier. L'État participe aussi à l'amélioration de la qualité des forêts privées par le biais d'incitations financières, par le Fonds forestier national (FFN), compte d'affectation du Trésor alimenté par une taxe sur les ventes des produits de la filière bois, par l'obligation faite aux propriétaires particuliers d'établir un plan de gestion de leurs forêts quand elles dépassent 25 hectares. Les forêts privées représentent, ne l'oublions pas, près des trois quarts de la superficie forestière française.

L'EFFORT DE REBOISEMENT

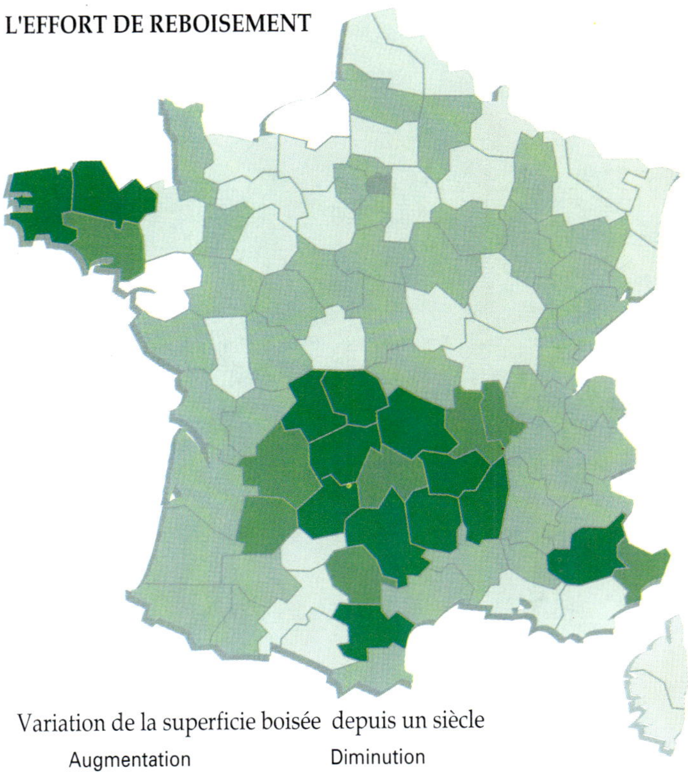

Contrairement à une idée fort répandue, la surface forestière de la France, qui est actuellement de quelque 14 millions d'hectares, ne cesse de s'étendre, au rythme de 50 000 hectares par an environ ; et cela en dépit des incendies estivaux ou de l'emprise croissante des sols urbanisés. Par ailleurs, l'extension des friches, que laisse présager l'évolution de l'agriculture européenne, pourrait augurer une poursuite de cette remontée du taux de boisement entamée il y a plus d'un siècle.

Dans le maquis du mot « forêt »

À la recherche d'une définition

La consultation des dictionnaires fournit du mot forêt une définition minimale. Pour le *Littré,* une forêt est « un vaste terrain planté de bois ; terrain couvert d'arbres exploités pour le chauffage, les constructions, etc. ». Le *Robert* nous dit « forest au XIIe siècle, du bas latin *forestis (silva),* forêt en dehors de l'enclos. Vaste étendue de terrain peuplé d'arbres ; ensemble de ces arbres ». Le *Grand Dictionnaire encyclopédique Larousse* écrit « ancien français forest, du bas latin *(silva) forestis,* (forêt) en dehors de l'enclos. Grande étendue de terrain couverte d'arbres ; ensemble des grands arbres qui occupent et couvrent cette étendue ». Le *Trésor de la Langue française,* « vaste étendue de terrain couverte d'arbres ; ensemble des arbres qui couvrent cette étendue ». Harmonieux accords ! Une définition identique se retrouve dans un ouvrage plus technique, le *Dictionnaire forestier multilingue* de A. Métro. La forêt est une « formation végétale ligneuse, ou écosystème, à prédominance d'arbres, comportant en général un couvert relativement dense ».

Trois termes clés forment le plus petit commun dénominateur de ces définitions : arbre, vaste et couverture. Mais suffisent-ils aux spécialistes qui exigent pour leurs travaux des données chiffrées et comparables ? La dimension quantitative indispensable apparaît dans l'*Encyclopædia universalis :* « La forêt est une formation végétale dans laquelle les arbres prédominent au point de modifier les conditions écologiques régnant au sol. Elle est dite dense ou fermée si les arbres (ou mieux la projection de leurs cimes sur le sol) sont joints ou occupent plus des deux tiers de la surface, claire et ouverte si les arbres couvrent des deux tiers au quart de la surface. Les autres formations sont par définition exclues des forêts. »

Par nécessité, les organismes techniques, de statistique, de foresterie ou de sylviculture, ont renforcé l'approche quantitative en multipliant le nombre des variables. L'Inventaire forestier national (IFN), qui a pour vocation de dresser le tableau qualitatif, quantitatif et actualisé de la ressource boisée nationale, a établi un ensemble de définitions applicable sur tout le territoire. D'autres services, tels le Service central des enquêtes et études statistiques du ministère de l'Agriculture et de la Forêt (SCEES) pour les besoins du recensement général de l'agriculture (RGA) ou les enquêtes « utilisation du territoire » *(ter-uti),* ou encore le service du cadastre ont forgé leurs propres critères d'identification et de mesure, qu'ils ont adaptés à leurs objectifs et à leur méthodes. Les légères différences entre les diverses définitions de la forêt se manifestent dans les résultats chiffrés proposés par les services compétents. C'est ainsi qu'en 1988 la superficie

Des arbres sans forêt

Parmi les catégories d'utilisation du sol définies par le SCEES, celle dite « éléments linéaires » regroupe les haies boisées et les alignements. Pour tous, la longueur est d'au moins 25 mètres et la largeur moyenne en cime inférieure à 15 mètres. La haie boisée est une ligne d'arbres d'essences forestières qui comporte au moins trois arbres recensables avec une densité moyenne d'au moins un arbre tous les 10 mètres. L'alignement est une ligne d'arbres d'essences forestières plantés à intervalles réguliers qui comporte au moins trois arbres recensables à la densité moyenne d'au moins un arbre tous les 25 mètres. Cette condition n'est pas exigée pour les alignements de peupliers plantés dans un but de production de bois. La sécheresse de la statistique ne doit pas masquer la poésie de ces paysages, répandus sur tout le territoire, dans les pays de bocage ou au long de très nombreuses routes. Ces éléments linéaires totalisent en France 829 800 kilomètres (en 1988), soit 1,5 kilomètre d'arbres d'alignement par kilomètre carré. Les régions bocagères ont des taux supérieurs. C'est le cas de la Bretagne, avec 5,4 kilomètres par kilomètre carré.

Aux arbres des bocages et à ceux alignés le long des routes s'ajoutent, hors forêt eux aussi, les peupliers.

La forêt selon l'Inventaire forestier national

Les formations boisées sont des formations végétales constituées d'arbres ou d'arbustes appartenant à des essences forestières. Ces formations doivent satisfaire aux conditions suivantes : soit être constituées de tiges recensables (diamètre à 1,30 mètre du sol égal ou supérieur à 7,5 centimètres) dont le couvert apparent (projection de leur couronne sur le sol) est d'au moins 10 % de la surface du sol ; soit présenter une densité à l'hectare d'au moins 500 jeunes tiges non recensables (plants, rejets de souche ou semis), vigoureuses, bien conformées, bien réparties. Elles doivent en outre occuper une surface minimale de 5 ares avec une largeur moyenne en cime d'au moins 15 mètres.
Une formation boisée dont la fonction principale est de produire du bois sera appelée formation boisée de production. *Les boisements où cette activité est nulle ou très accessoire sont rangés dans deux autres catégories : les* boisements de protection *(dans les milieux inaccessibles ou menacés par l'érosion) et les* boisements d'agrément, *à but esthétique, récréatif ou culturel. Selon le critère de superficie, les formations boisées de production sont réparties entre les* forêts, *massifs boisés d'au moins 4 hectares ayant une largeur moyenne en cime d'au moins 25 mètres ; les* boqueteaux, *petits massifs boisés de superficie comprise entre 50 ares et 4 hectares, ayant une largeur d'au moins 25 mètres ; enfin les* bosquets, *qui groupent les petits massifs compris entre 5 ares et 50 ares dont la largeur en cime est d'au moins 15 mètres, et tous les massifs dont la largeur est comprise entre 15 et 25 mètres en cime sans condition de surface maximale.*

boisée française était estimée par l'IFN à 13 927 000 hectares, par *ter-uti* à 13 932 000 ha, ou à 14 207 000 ha en incluant les peupleraies, et à quelque 15 000 000 ha en comptant aussi les bosquets isolés (de moins de 50 ares).

Nommer la forêt

Omniprésente sur le territoire qui devint la France, la forêt a toujours éveillé, enflammé l'inspiration des communautés humaines qui ont vécu à ses abords, à ses dépens, et qui ont trouvé dans ses profondeurs ressources, refuges, évasions. Dans le temps long de l'histoire des mots, les récits, les actes juridiques, les études économiques, le palimpseste des cartes, forestières ou générales, ont consigné, reproduit, transcrit, déformé les termes qui se rapportent à la forêt.

LES APPELLATIFS FORESTIERS DANS LA FRANCE DE L'ANCIEN RÉGIME

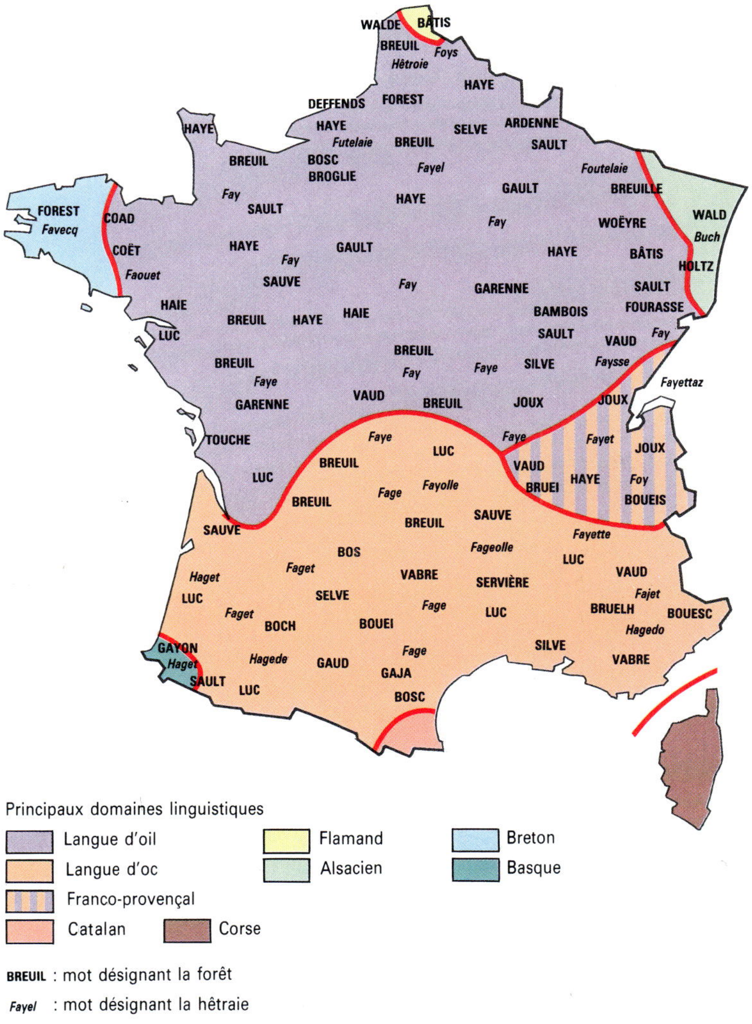

La majorité des noms sont de souche latine, mais breuil vient du gaulois brogilum *(petit bois), gault du germanique* Wald *(bois ou forêt). Luc a pour origine le latin* lucus *(bois sacré).*

Multiples usages, dialogue incessant entre les sociétés et leur environnement, combats sans merci parfois vivent dans les mots qui écrivent les relations de l'homme à la forêt. L'infinie richesse des langues, dialectes ou patois compose de complexes bouquets autour de termes essentiels, ici et naguère lieux de la forêt. *Bosc, buc* et l'actuel *bosquet* (du latin *boscus,* bois), *breuil* (du gaulois *brogilum,* petit bois entouré d'un mur), *coët* (ou *koad,* bois en breton), *gaut* ou *gault* (du germanique *Wald,* forêt), *l'haye* ou *laye* (de *haya,* la haie, qui fut clôture autour d'un bois puis, par glissement de sens, forêt close), *luc* (de *lucus,* le bois sacré), *sault* (de *saltus,* terres incultes à la périphérie des terroirs cultivés), *selve* et *sauve* (du latin *silva,* qui a fourni la couche toponymique la plus ancienne), témoignent, par leur présence dans toutes les régions de France et de façon apparemment contradictoire, à la fois de la permanence et de la disparition du manteau boisé.

Le mot *forestis* lui-même entra dans l'usage au cours du Moyen Âge. Il désigna d'abord l'espace boisé réservé par les seigneurs à leurs propres usages, chasse et approvisionnement en combustible ou en bois d'œuvre, espace de fait puis de droit maintenu *en dehors* (*foris,* hors de, racine aussi de forain) de la jouissance des paysans. Peu à peu ce terme en vint à nommer tout lieu boisé, toute forêt ; il s'imposa aux dépens du vieux mot de *sylve,* étymologiquement plus juste, et dont l'usage dès lors se cantonna surtout au registre de la langue poétique, mais qui n'est pas resté sans descendance : *sauvage,* au sens d'être ou d'objet proche de la nature, en est un dérivé direct ; *sylviculture,* une création plus récente.

La toponymie illustre la panoplie du défricheur

Durant les phases cycliques de « faim de terre », de disette ou de famine qui s'abattaient sur les communautés rurales, la forêt fut, selon les temps et les lieux, ébranchée, coupée, essartée, brûlée, essouchée. Les appellatifs forestiers — noms de forêts ou de sites en forêt, mais aussi noms de terroirs agricoles ou de villages — livrent des informations précieuses tant sur les défrichements que sur les méthodes et les outils de leur réalisation. Cerner, c'est faire le tour de l'arbre en lui donnant des coups de hache pour enlever l'écorce et les tissus dans lesquels circule la sève, et ainsi en suspendre le cours. L'arbre sèche sur place. Le feu peut venir après. Le mot cerneux rappelle ce qui fut un mode de défrichement très usité, le second sans doute après l'essart. Les nombreux Cernay, *les* Cernambert, *le curieux* Noël-Cerneux *dans le Jura évoquent cette pratique, très courante dans les forêts de montagne. Essarter, c'est défricher en arrachant les bois ou les broussailles. Après essartement, l'essart est livré à l'araire ou à la charrue. Le mot est employé pour les défrichements temporaires (clairières itinérantes sur brûlis) ou définitifs. Les* Essarts, Essards, Esserts, Essertines *couvrent la France. Etraper a le même sens, mais s'enrichit d'une information sur les paysages qui en résultent, formés de « terrains couverts de souches ». On le retrouve dans les* Eterpigny *et* Etrépigny *(régions du Nord et de l'Est) ou les* Etrepigney *(Jura). Rayer, arracher, dessoucher, c'est mettre les racines à nu. Telle est l'origine de* Raye-sur-Authie *(Pas-de-Calais) et des multiples* Raies, Rayons, *sur les autres cartes topographiques. Ardoir : ce vieux mot ayant le sens de brûler évoque les mises à feu périodiques de la forêt ou des landes.* Arces, Arsans, *les* Arsures, *mais aussi beaucoup d'*Arsy, Arcy *ou* Arçais, *dans l'est et le centre du pays, en dérivent, comme tous les* Brûlis *et* Brûlais. *De vastes territoires ont ainsi été nettoyés par le feu, dans les forêts claires, ou sèches, ou aux limites supérieures de la forêt montagnarde. La hache et le feu, armes simples, furent des outils remarquablement redoutables et efficaces. L'avancée des terres agricoles est jalonnée, sur le terrain toponymique, par la féconde descendance des termes juridiques du défrichement, appellatifs comme les* Villefranche, Villeneuve, *les* Alleux *ou les* Censes *(d'acensement, octroi d'une terre défrichée moyennant une redevance fixe en argent), très nombreux lieux-dits de l'est de la France. À l'inverse, les* Bans, Banbois *ou* Bannwald *rappellent que les forêts ou parties de forêts qui portent ces noms furent tôt mises en défens, réservées, protégées des défrichements comme des dégradations.*

Sous les mots, la forêt

La ballade des toponymes

Éléments de localisation, de repérage et d'information, sources de poésie, les noms de lieux des cartes topographiques, ou toponymes, peuvent être considérés comme les « fossiles de la géographie humaine ». Déposés par les vagues successives du peuplement, ils se présentent en gisements stratifiés dont l'interprétation permet de retracer les étapes et les dynamiques des relations entre l'homme, les sociétés et les couvertures végétales.

Comme des centaines d'autres, le village ardennais de Gespunsart, au nord-est de Charleville, frontalier de la Belgique, porte un nom construit sur la combinaison de deux racines. La première, *Gespun,* dérive d'un anthroponyme germanique ; la seconde, *sart,* est un des appellatifs latins qui évoquent le défrichement. Ce mode de construction nominale est caractéristique de la période de romanisation des tribus franques, entre les grandes invasions et le Moyen Âge. Un millénaire durant, l'histoire économique et sociale des hommes qui vécurent sur le site de Gespunsart se confondit avec l'entreprise de défrichement de la forêt d'Ardenne. L'*Arduinna silva* de Grégoire de Tours, la forêt d'Arduinna, divinité sauvage des Gaulois, resta longtemps l'une des plus profondes et inaccessibles forêts du territoire, longue écharpe tendue sur les plateaux très disséqués qui séparaient les riches terres agricoles des deux capitales franques, Reims et Trèves. Avec l'expansion du christianisme, les bénédictins venus de

Dea Arduinna, qui a donné son nom à la forêt d'Ardenne.

Reims, les cisterciens de Citeaux et de Clairvaux, les prémontrés de Laon et de Lorraine s'attelèrent à la tâche et la forêt recula jusqu'à ses limites actuelles, tandis que se multipliaient les abbatiales. Aux marges champenoises de l'Ardenne, les clairières s'organisèrent autour de bourgs, qui ont donné leur nom à de petits pays, Rethelois, Porcien ou Vouzinois.

En quelques mots l'histoire du sart de Giboin

Au cœur d'une région isolée dans des bois profonds, un vaste méandre dessiné par l'ancien cours quaternaire de la Meuse ouvre sur une plaine alluviale large et marécageuse les horizons de la haute vallée de la Goutelle, étroite et encaissée. Il abrita le site primitif du village, tardivement fondé, dans cette contrée inhospitalière, à la fin des invasions germaniques, au VIIIe ou au IXe siècle. Les bois étendus sur les terrasses du lobe concave du méandre furent la première victime des défricheurs. Le sart — quartier défriché — de Giboin, propriétaire d'ascendance germanique sans doute important, donna son nom au groupe de feux qui fondèrent le village. L'essartage fut l'un, sinon le premier, des modes de mise en valeur de la vallée. *Rogissart,* patronyme ardennais fréquent, est un écart agricole du village, à cheval sur la frontière belge ; c'était le sart de Rogié. Le cas de *Baransart* montre, lui, la complexité des relations entre les terroirs agricoles et la forêt. Le nom indique que ce lieu-dit fut une clairière ; l'agriculture s'y maintint un certain temps avant que l'arbre ne réoccupe l'espace, aujourd'hui boisé. La *Cense d'Ancessart* évoque une ferme isolée au lieu-dit plus ancien

LA COMMUNE DE GESPUNSART

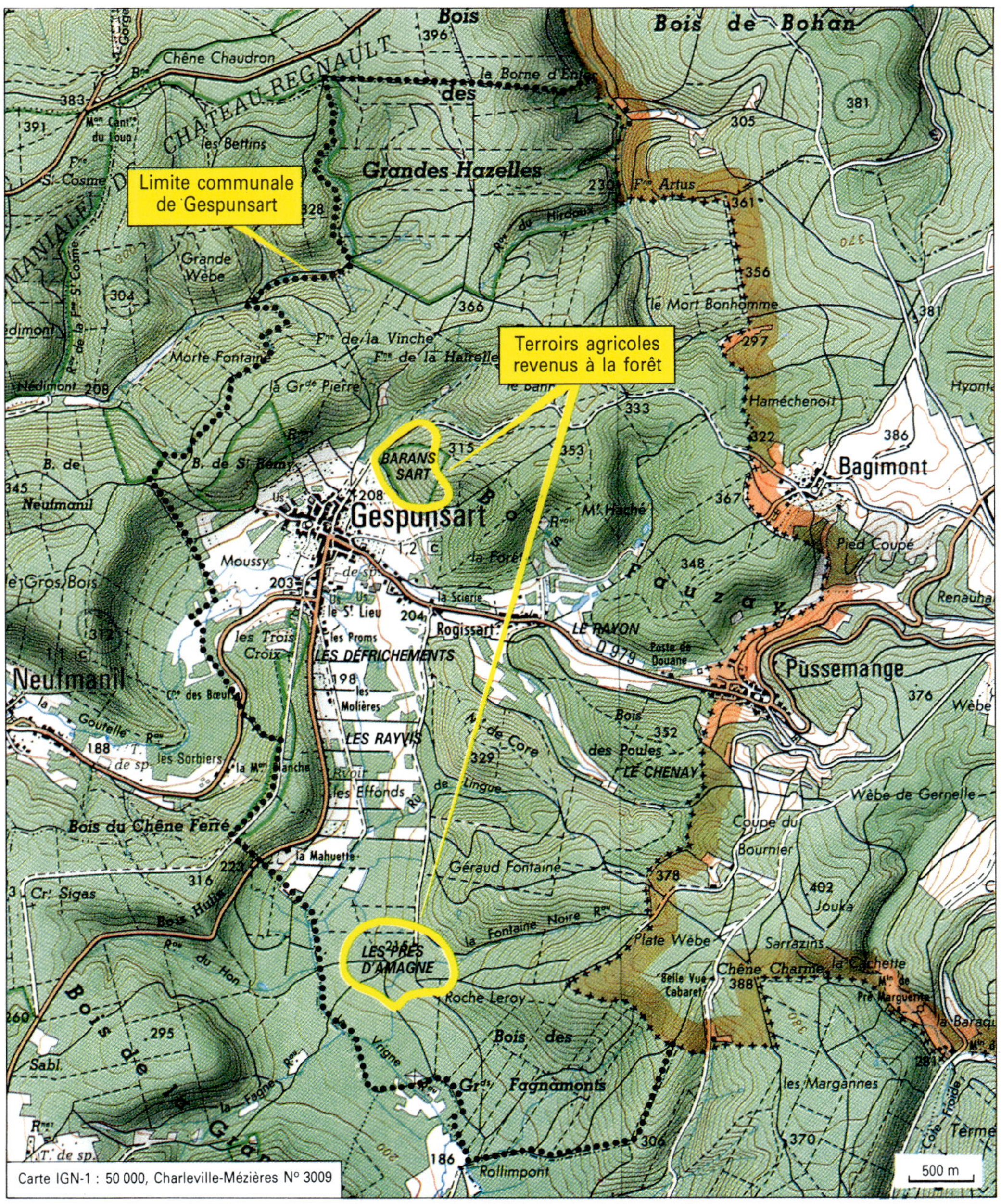

DANS LA FORÊT, LE NOM DES ARBRES. Les lieux-dits forestiers de la commune de Gespunsart réfèrent souvent aux essences qui marquent les peuplements, en raison de la rareté de celles-ci, de leur groupement localisé ou, au contraire, de leur grande fréquence. Par exemple, le Mont de Core, *du latin* corylus, *le coudrier ; les* Grands Fagnamonts, *le* Bois Fauzay *et la fontaine de la* Hatrelle, *respectivement du latin* fagus *et du germain* Heitr, *le hêtre ; le bois du* Chêne Ferré, *le Chénay ; les* Sorbiers.

LA FORÊT DÉIFIÉE. Sous son nom gaulois d'Arduinna, un rare ex-voto figure la déesse, qui apparaît, arc à la main et carquois dans le dos, entourée de quatre dieux. Dea Arduinna, figurée telle la Diane chasseresse des Romains, est présente au musée des Antiquités nationales de Saint-Germain-en-Laye ; habillée à la gauloise d'une tunique courte et de braies, elle est assise en amazone sur un sanglier « à la hure hérissée » qui l'emporte au galop.

Le registre des noms

Exploiter un gisement toponymique forestier exige de nombreuses opérations successives. Il faut identifier le document, par son titre, la date, l'échelle ; calculer la superficie forestière ; évaluer la richesse brute en toponymes ; déduire la densité toponymique et préciser le taux de recouvrement de chaque appellatif ; dégager des ensembles toponymiques ; comparer avec des documents d'autres époques, antérieures et postérieures. À titre d'exemple, la carte de 1777 de la basse forêt de Coucy

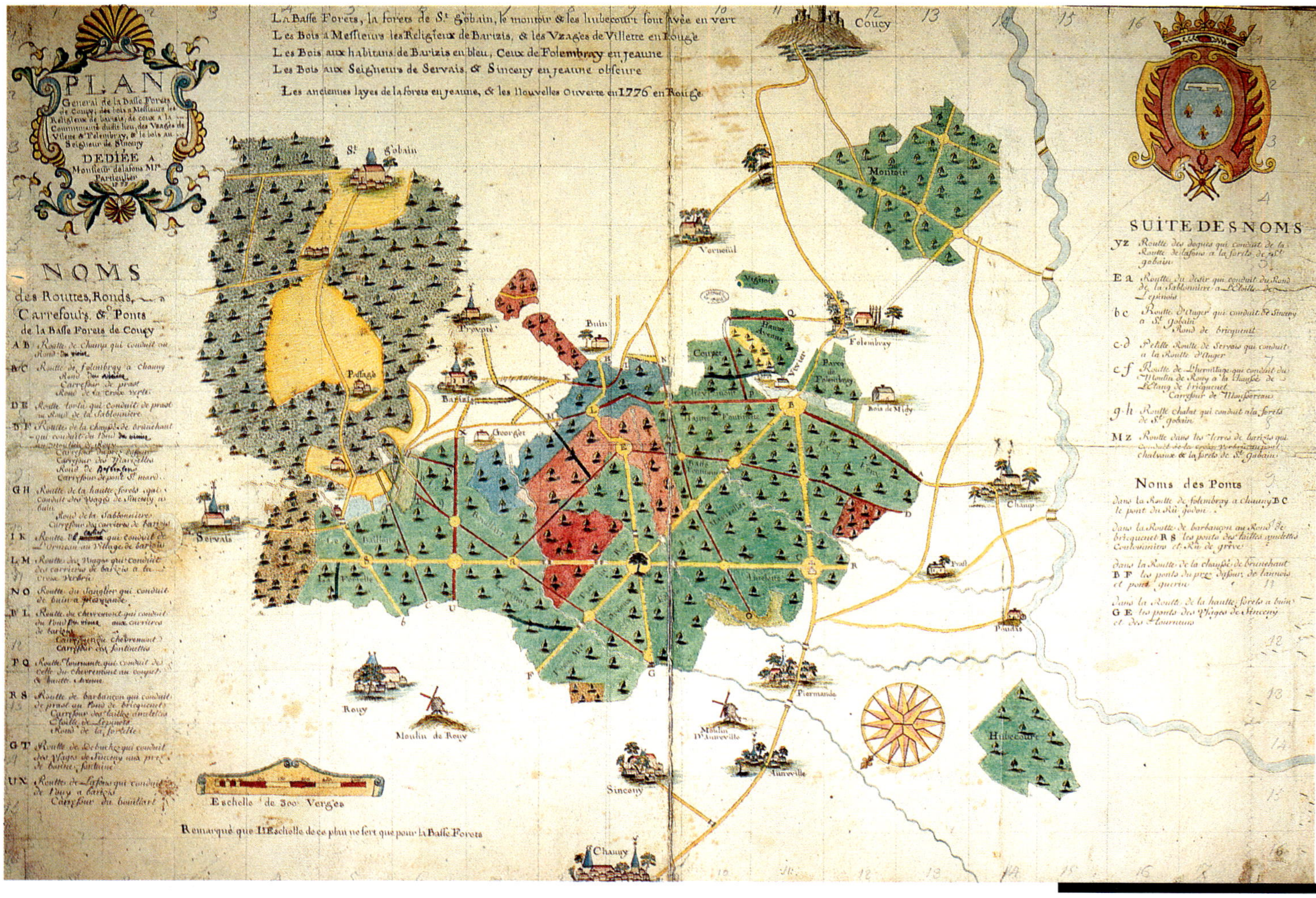

La basse forêt de Coucy (aujourd'hui dans l'Aisne). Le nord est en bas à gauche.

(Aisne) est tout à fait originale en raison de la part qu'y occupent les toponymes d'infrastructure de circulation (55 %). C'est que la forêt, pour un de ses usagers illustres, le prince d'Orléans, doit être un lieu de déplacement, de chasse, une véritable annexe de la ville. Aussi le cartographe se doit-il de nommer des voies pour établir l'espace forestier comme lieu à parcourir, comme simple décor aux jeux itinérants du prince. La carte apporte en outre des informations sur les faits de propriété (sept propriétaires sont distingués par des aplats de couleurs différentes) et sur la création d'une nouvelle génération de chemins forestiers (les allées ouvertes en 1776 sont dessinées en rouge), ce qui introduit une lecture dynamique du réseau de circulation.

Certains fossiles toponymiques ont allégrement franchi les siècles. Ceux qui évoquent les formes de relief, ceux liés au thème de l'eau, mais aussi ceux concernant les faits de propriété (les usages de... *ou* le bois de...) *résistent bien à l'érosion du temps. Les disparitions frappent d'abord les toponymes anecdotiques mais, à l'inverse, certains mots évoquant des faits particuliers réussissent à s'imposer. Par exemple, l'appellatif majeur légué par la guerre de 1914-1918 est la* Bertha *(impressionnant canon qui, de l'Aisne, tirait sur Paris à 120 kilomètres de distance). La* Bertha *a seule trouvé grâce aux yeux des cartographes de l'IGN, alors qu'aucun nom de tranchée, de boyau ou de casemate n'a pu franchir le seuil de la notoriété. Chaque carte constitue ainsi un gisement unique, à interroger en tenant compte des caractéristiques techniques du document et du contexte économique et social de sa réalisation.*

d'Ancessart (formé de /as/, participe passé de ardre, brûler, et de /é/, du wallon hé, versant couvert de lande) qui devait être un versant de colline déboisé par le feu. Dans la plaine alluviale, les *Molières,* bas-fonds humides, et les *Effonds* (du latin *fons,* source) sont parcourus de chemins, les *Rayvis* (du latin *radicare,* déraciner, et du wallon /ivi/, assécher). Ce nom désigne des friches ou bois abandonnés aux habitants de la commune pour défrichement et aménagement des terres humides ainsi récupérées. Au sud, sur les terrasses de rive gauche de la Vrigne, les *Prés d'Amagne* (de Amano, patronyme germain) sont aujourd'hui réoccupés par la forêt. Le *Rayon,* sur la route de la Belgique, dérive du germanique rode, qui a donné en français déroder, abattre des arbres dépérissants et essoucher. Entre 1840 et 1848, plus de cent hectares ont été gagnés sur les bois et les marais. Un seul vocable, sémantiquement clair, fut alors utilisé, les *Défrichements.*

Ces toponymes dispersés sur le finage de la commune de Gespunsart témoignent de la diversité des lieux choisis et des techniques mises en œuvre pour abattre la forêt. Celle-ci n'était pas attaquée sur un front unique et à un seul moment. Les déboisements s'étendaient à partir de trouées qui, sans doute, avaient été ménagées en des lieux de passage ou sur des espaces couverts de végétations plus claires. Dynamique inverse, la forêt ne tardait guère à récupérer les terroirs que l'homme abandonnait. Le vocabulaire du défrichement porte ainsi la marque de la lutte constante entre les sociétés rurales et la nature, dont la traduction spatiale fut la lente émergence des cadres de vie.

L'architecture de la forêt

Approcher la forêt : la lisière

La forêt s'offre par ses lisières. Leurs formes, couleurs, densités varient à l'infini. Ces lignes de contact entre la forêt et les formations végétales avoisinantes, prairies ou champs, sont abruptes ou obliques, minces ou profondes, selon la vivacité et l'ancienneté du dialogue, ou de la lutte, entre les deux formations accolées. C'est ainsi que les lisières qui dominent les prairies pâturées ou fauchées, les champs cultivés et assolés sont nettes comme un coup de hache, ne ménageant qu'une brève succession visuelle : une strate herbacée plus dense et à la flore plus riche que celle de la prairie ou du champ, un léger liséré arbustif puis le mur forestier, aux houppiers rendus dissymétriques par l'éclairement latéral. L'abandon progressif du pâturage ou le recul des terres labourées entraînent la diminution, voire l'arrêt, de la pression agricole sur les marges forestières. Les conditions du milieu deviennent favorables à l'extension des ligneux. La lisière alors s'épaissit ; c'est comme une bande de tissu polychrome qui s'accroche et croît aux flancs de la forêt. De cette métaphore procèdent les noms des éléments constitutifs de la lisière. L'ourlet est une formation basse, une sorte de brosse rêche qui succède au tapis herbacé de l'ancienne prairie, où s'installent en ordre dispersé les premiers ligneux, comme les genévriers ou les genêts. Le manteau arbustif, au toit incliné comme un auvent, est le front pionnier de la forêt, riche d'espèces conquérantes comme l'aubépine, l'épine noire ou l'églantier. Lui succède un manteau arborescent, jeune front forestier qui drape le mur de la forêt sous l'entrelacement des branches et des rameaux des espèces héliophiles : les bouleaux, saules, trembles et alisiers et les chênes.

Quand on approche de la forêt, la vision frontale fait souvent de la lisière un monde massif, touffu, hostile, mauvais augure de ténèbres qui n'existent pas. Entrons. La vision est maintenant latérale. La lisière déploie ses gradins. De statique sa lecture devient dynamique, car elle offre un arrêt sur image de la troupe des arbres en marche. Sa structure démontre la capacité de la forêt à s'étendre sur ses marges, aux dépens de l'espace ouvert. Cette conquête rapide,

LA FORÊT À LA RECONQUÊTE DE LA PRAIRIE APRÈS ABANDON DU PÂTURAGE

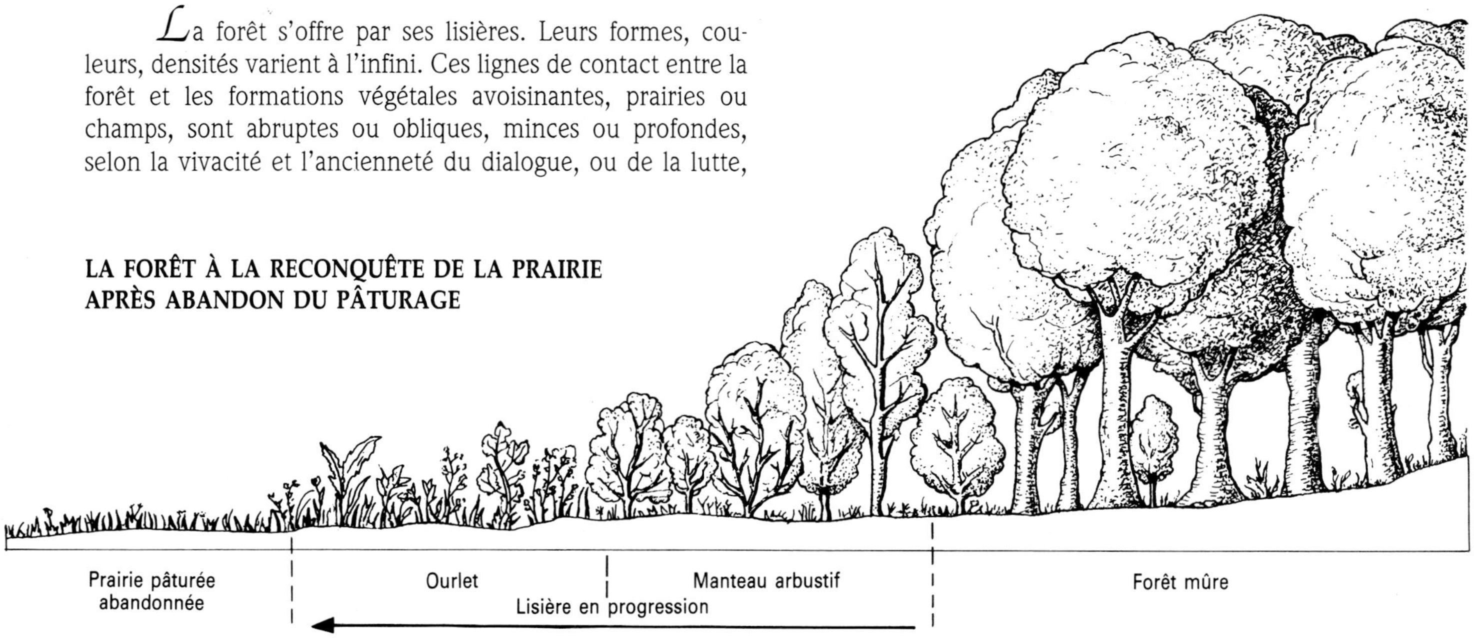

La chambre photographique enregistre, à heure et jour donnés, le rayonnement solaire réfléchi par la voûte de la formation végétale. La forme des feuilles et la disposition des feuillages propres à chaque essence, d'une part, l'organisation des peuplements, d'autre part, participent à la définition des caractères de la surface de contact entre la masse végétale et l'atmosphère. Cette enveloppe est très variable ; elle peut être plane, ondulée ou creusée de puits d'ombre, lisse ou rugueuse, foncée ou claire, régulière ou rythmée. Texture, teintes de gris (ou couleurs selon l'émulsion du film utilisé) et structure sont les principaux paramètres utilisés pour la photo-interprétation. La projection au sol des éléments végétaux constitutifs de cette enveloppe montre la dimension et l'opacité du recouvrement des arbres, l'existence de « fenêtres » qui ouvrent vers le ciel et le soleil la strate herbacée, voire le sol à nu.

CROQUIS DE PHOTO-INTERPRÉTATION

- Mélange jeune futaie et taillis de feuillus. Teinte gris moyen, texture en « chou-fleur » fine, relief peu marqué.
- Taillis sous futaie et futaie adulte à chênes dominants. Teinte gris moyen, texture en « chou-fleur » grossière, relief marqué (puits d'ombre).
- Futaie résineuse dense d'épicéas. Teinte gris foncé, texture piquetée, fort relief, traces d'alignement (plantation) ; limite nette.
- Les silhouettes des épicéas se distinguent au bord de la route, en vision oblique.
- Andains (tas alignés) de rémanents (branchages non exploités) laissés dans la parcelle après une coupe à blanc.
- Lande de densité et de recouvrement variable. Teinte gris-clair, texture lisse à piquetée, pas de relief ; traînées blanches de sol à nu.
- Pelouse et taches de lande. Teinte gris très clair et gris clair, texture lisse, pas de relief.
- Sol à nu. Teinte blanche, texture lisse.
- Ombre portée des lisières
- Portions de tranchées et de boyaux de la Grande Guerre (premières lignes françaises), révélés par la coupe à blanc du peuplement.

Paysages forestiers vus du ciel

La photographie aérienne pallie l'insuffisance de l'œil humain qui, sans point de vue dominant, reste étranger à la vision externe de la voûte forestière. Elle est tout à la fois un instrument de connaissance des peuplements (qui fournit la base territoriale d'enquête pour l'Inventaire forestier national, par exemple) et un document sur l'organisation et l'aménagement des espaces (qui révèle les interrelations entre forêt, terres agricoles, espaces vacants et lieux de peuplement) ; mais elle est aussi une source inépuisable d'images insolites, esthétiques ou poétiques sur les arbres et la forêt. L'exhaustivité du champ couvert et la répétition dans le temps (dix ans au plus entre deux missions successives de l'Institut géographique national) font de la photographie aérienne un irremplaçable outil de mesure des surfaces, de définition des types de peuplements, de suivi de la dynamique de ceux-ci, tant à l'échelon d'une forêt qu'à celui d'un massif boisé ou d'un État.

LE VETO DES ARTISTES ET DES TOURISTES.
« Les vieilles futaies, très âgées, ont malheureusement toutes atteint leur période de décroissance. Dans les parties même les plus belles, la majorité des arbres présente des signes de dépérissement. Sur la généralité, presque tous les arbres sont morts en cime et attaqués d'une pourriture qui descend progressivement à l'intérieur. Ces futaies, la plupart soumises au veto tout puissant des artistes et des touristes, ne sont plus exploitées. On n'en extrait annuellement que les arbres qui sèchent sur pied ou qui, pourris, tombent sous leur propre poids. » (Récit de l'aménagiste de la forêt de Fontainebleau, 1853.)

PYRAMIDE STRUCTURALE D'UNE PLACETTE
dans la réserve biologique du Gros Fouteau (forêt de Fontainebleau)

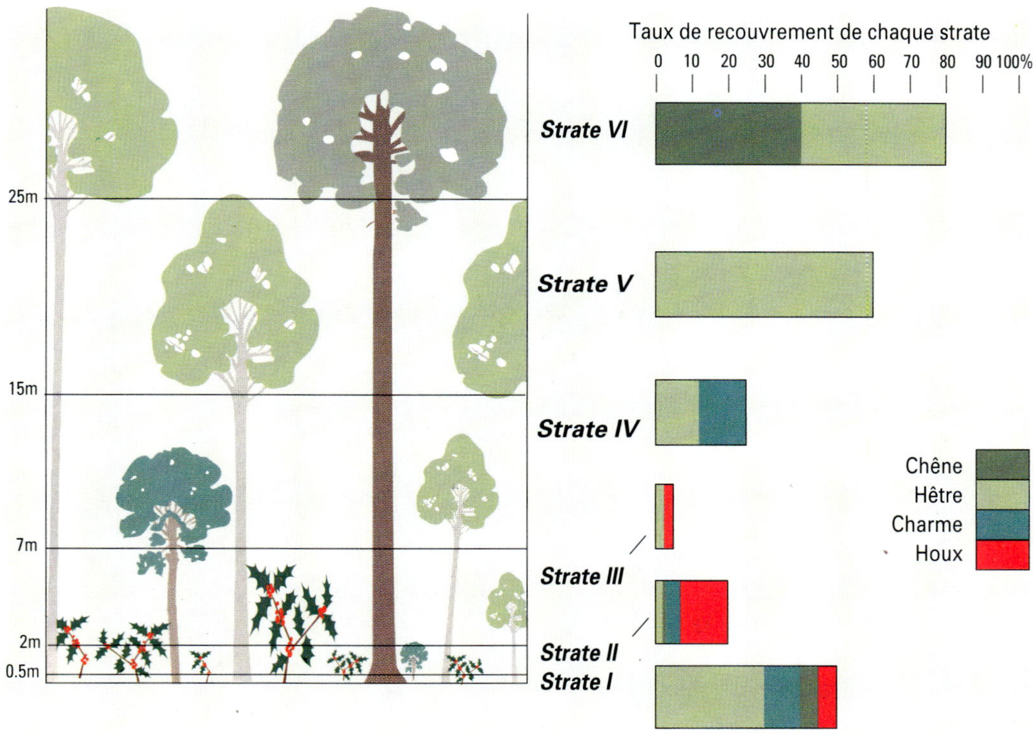

souvent précédée d'éclaireurs, genévriers, aubépines, qui enfrichent prés et champs, est d'autant plus intéressante que de nombreuses terres agricoles sont aujourd'hui abandonnées. Place à la forêt ? Peut-être. Toujours est-il que cette dynamique conquérante laisse deviner les considérables capacités d'extension naturelle de la couverture forestière.

La forêt vue du dedans

Que voit-on à l'intérieur d'une forêt ? Un temple, de « vivants piliers » ? Certes. Mais la vision resterait bien tronquée si ne s'y ajoutaient les éléments, qualitatifs et quantitatifs, nécessaires pour décrire, puis comprendre, l'organisation des sociétés des arbres, dans leur diversité, leurs variations et leurs contrastes, à l'échelle du massif comme à celle de la parcelle. L'arbre s'élève vers le ciel ; il s'inscrit dans la dimension verticale de l'espace. L'arbre explore le sol par le pain de ses racines, le ciel par l'écheveau de sa ramure ; il occupe deux ou plusieurs niveaux horizontaux. La masse végétale de la forêt structure ainsi son volume biologique, la maison forestière. L'organisation verticale du peuplement forestier est la stratification ; elle est codifiée par classes de hauteur. Sa disposition horizontale est la projection au sol de la surface occupée par les individus qui le composent ; elle est estimée par le taux de recouvrement de chaque strate. Apprendre à voir la forêt, c'est acquérir des règles de description, les plus précises possibles, qui permettent ensuite de saisir et de comprendre les acteurs et les processus en œuvre dans la grande vie de la forêt.

Sur une surface élémentaire prise en référence, un peuplement forestier est l'association d'une flore, liste des espèces végétales présentes sur l'unité, et d'une physionomie, expression spatiale et organisée de cette flore, arbres, arbustes, herbes... en place sur le sol et occupant l'espace selon

PROJECTION AU SOL DES STRATES D'UN PEUPLEMENT FORESTIER

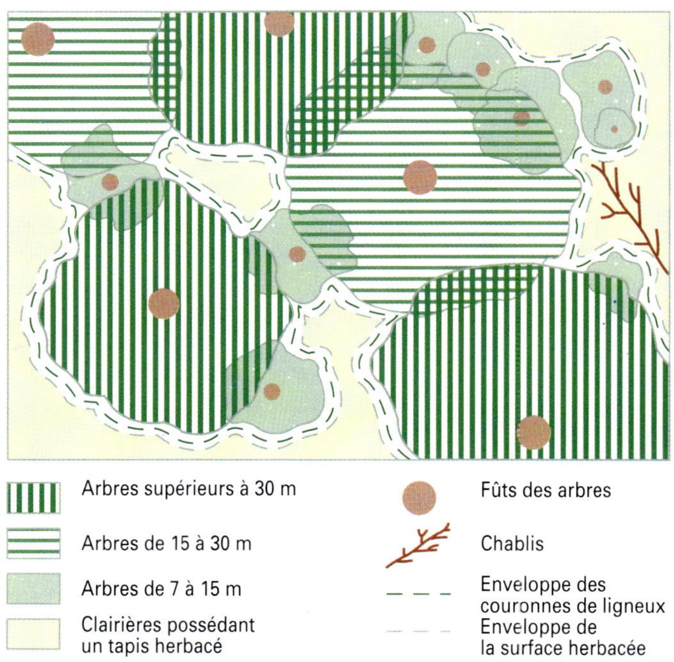

des densités et des fréquences variables. Il existe de nombreuses méthodes d'étude des peuplements végétaux. Celle de la placette consiste à délimiter au sol des carrés ou des cercles de surface constante (400 mètres carrés par exemple) sur lesquels sont réalisés le recensement de tous les ligneux par espèces, par classes de taille, par strates, l'estimation de leur répartition dans l'espace et du recouvrement des strates. Schémas et graphiques peuvent traduire l'organisation du couvert végétal ; ils permettent aussi de comprendre les dynamiques en action et d'anticiper, dans une certaine mesure, sur la composition future des peuplements. Sur le modèle des « pyramides des âges », vulgarisées par la démographie, les histogrammes de structure dessinent l'occupation verticale et horizontale du terrain et de l'espace par les ligneux tandis que les pyramides démographiques appréhendent la distribution statistique de la population ligneuse.

Des hêtres et des chênes en forêt de Fontainebleau

Sur une placette de la réserve biologique du Gros-Fouteau choisie en exemple, l'histogramme de structure du peuplement montre une répartition des ligneux en six strates, avec de francs contrastes d'occupation. Les deux strates hautes, aux forts taux de recouvrement, ferment bien un couvert très dégagé par une présence légère des strates intermédiaires du sous-bois, aux individus très dispersés. De très jeunes ligneux couvrent 50 % de la surface du sol, dans la strate basse dite herbacée.

Sur la placette, un comptage permet de calculer le nombre d'arbres par strate, d'évaluer leur densité à l'hectare, d'apprécier leur âge. Dans les fourrés âgés de dix à quinze ans, 400 tiges ont été comptées, soit 10 000 environ par hectare ; 200 sujets de 20 à 30 ans vivent dans les strates intermédiaires et 13 dans les strates arborescentes supérieures (soit un effectif moyen de 325 par hectare). Les pyramides démographiques montrent que seul le hêtre est présent à tous les niveaux, en mélange avec le charme et le houx dans les strates inférieures. Ce dernier constitue des fourrés denses et fermés dans la strate arbustive, du sol jusqu'à sept mètres de hauteur. La strate supérieure abrite aussi de vieux chênes à raison de neuf ou dix à l'hectare ; leurs houppiers qui s'étalent majestueusement dans la canopée dominent ceux du hêtre. La concurrence entre les individus, au sein d'une même espèce et entre espèces différentes, stimule la croissance mais élimine aussi les sujets les moins vigoureux ; ceux qui croissent lentement sont dépassés en cime ; ils perdent la course à l'éclairement. Les données structurales et démographiques du peuplement de cette placette, représentative de plusieurs parcelles de la réserve biologique, montrent la prééminence du hêtre. Celle-ci s'explique d'abord par la concurrence entre les espèces, liée au faible éclairement qui règne sous la futaie. Mais la dominance du hêtre est aussi une domination, qui se matérialise dans la production de semences et dans le nombre et le devenir des plantules qui en sont issues. Cette concurrence est-elle le fruit d'une évolution naturelle ?

La domination actuelle du hêtre se comprend à la lumière d'informations géographiques et biologiques. Mais des facteurs historiques sont aussi en cause. D'anciens choix sylvicoles ont en effet préparé la prééminence de *Fagus sylvatica.* Au XVIIe siècle, de nombreuses mesures avaient été prises en forêt de Fontainebleau pour protéger le chêne. Des parcelles de chêne en régénération furent clôturées ; l'amour particulier de Louis XIV pour cette essence (« il voulait qu'on épargnât ceux qui entouraient la ville [de Fontainebleau] et ombrageaient les triages où il chassait le plus fréquemment. On respecta donc ceux-ci ») fit que l'exploitation de certains cantons fut limitée. Au XIXe siècle, le mouvement romantique empêcha le rajeunissement des vieilles futaies devenues surannées et dépérissantes. Mais l'homme n'intervenant plus ou presque depuis le milieu du XIXe siècle, sous le couvert de plus en plus dense de la chênaie n'ont pu se développer que des essences de semi-ombre ou d'ombre, comme le hêtre dans ses jeunes années. Cela conduit à la lente substitution de *Fagus* à *Quercus.* Les chênes survivants présentent des signes nombreux de dépérissement en cime, des branches mortes, des attaques par les décomposeurs autour des troncs. Dominant la voûte forestière, ces géants sont l'objet de chablis. Les trouées ainsi ouvertes sont une nécessité pour la régénération de la forêt.

Réserve biologique domaniale. La végétation y évolue sans interférence humaine (voir aussi page 99).

LA FRANCE FORESTIÈRE DANS LE MONDE

Au premier rang dans la Communauté européenne, la forêt française forme 0,4 % du manteau forestier mondial. Les quatre départements d'outre-mer lui apportent un complément tropical d'un grand intérêt scientifique.

Le manteau forestier du globe

Avec 3 600 millions d'hectares environ, soit 27,6 % des terres émergées, la forêt est la formation végétale qui couvre les surfaces continentales les plus grandes. Sa géographie est le fruit de combinaisons interactives entre des facteurs naturels — bioclimatiques, géomorphologiques, pédologiques — et les sociétés humaines. Ces combinaisons expliquent à la fois la répartition actuelle du manteau boisé et son évolution, son extension potentielle et les changements rapides qui affectent aujourd'hui sa composition et ses structures.

La répartition des forêts sur le globe, les caractères des milieux qui les accueillent et la dynamique des peuplements obéissent à un principe de zonalité : l'occupation de la terre par les divers écosystèmes de l'arbre ou de l'herbe exprime le potentiel écologique du milieu qui s'organise selon des gradients de latitude, d'altitude et de longitude. Ce dernier, d'une lecture moins évidente que les autres, est perceptible dans les contrastes qui opposent les façades océaniques orientales et occidentales d'un même continent. Le potentiel écologique dépend avant tout des variables énergétique et hydrique. Le facteur énergétique joue de l'équateur aux pôles comme de la plaine vers la haute montagne. Il associe la diminution des moyennes thermiques, l'allongement de la saison froide, le renforcement du contraste saisonnier de l'éclairement, l'irruption du gel. Le facteur hydrique, mesuré par le total annuel et la répartition saisonnière des pluies, impose ses propres contraintes à la croissance de l'arbre. L'infinie diversité des forêts exprime les multiples combinaisons possibles entre ces deux facteurs. Elle se traduit sur le globe par la substitution des espèces végétales et la transformation des physionomies et des structures de peuplement. Des forêts équatoriales aux forêts boréales ou australes, on observe en effet trois processus. La flore s'appauvrit : par mille kilomètres carrés, on compte deux cents à quatre cents espèces d'arbres aux latitudes équatoriales, dix à trente dans l'Arctique. L'architecture des arbres et de la stratification du couvert se simplifie : les strates arborescentes perdent leur diversité, se réduisent à un ou deux niveaux, les lianes et les épiphytes disparaissent. Enfin la productivité de la biomasse ligneuse diminue : de vingt tonnes par hectare en moyenne dans les forêts des basses latitudes, elle passe à quelque douze à quatorze tonnes dans les forêts tempérées et à six ou sept tonnes au cœur de la forêt boréale.

Le bois part en fumée...

Par rapport à son aire potentielle d'extension, le couvert forestier actuel se trouve réduit, de façon très inégale, il est vrai, selon les régions. Les pays de vieilles civilisations agraires, de hautes densités démographiques — Europe méditerranéenne et occidentale, Inde, Chine — et ceux où la croissance démographique et le besoin corrélatif de terres agricoles sont aujourd'hui les plus aigus, ont les surfaces boisées les plus faibles. En outre, le besoin en énergie non satisfait est dramatique dans les pays pauvres de la planète. Deux milliards d'êtres humains au moins n'ont pour seule source d'énergie que le bois ; 60 % de la production ligneuse mondiale est ainsi consommée sous forme de bois de feu ou de charbon de bois. Littéralement, le bois part en fumée. La demande urbaine croît de manière alarmante. Dans des rayons croissants de plusieurs dizaines de kilomètres, il n'y a plus de bois à glaner autour des agglomérations bourgeonnantes du Sahel africain, sur des espaces dénudés qui étaient naguère couverts de forêts claires.

Cette dangereuse et inquiétante régression conjugue les effets de l'exploitation excessive et surtout de la destruction pure et simple. Tous les écosystèmes forestiers sont touchés. Durant la décennie 1980, les forêts tropicales denses ont abandonné chaque année une dizaine de millions d'hectares aux fronts pionniers de la spéculation foncière, des agricultures vivrières traditionnelles pratiquant le brûlis forestier, des vastes chantiers agricoles ou pastoraux, des grands projets énergétiques aussi. Dans les forêts boréales de conifères du Canada, de la Scandinavie (où se pratiqua aussi jusqu'à la fin du siècle dernier la culture itinérante sur brûlis), l'exploitation industrielle du bois a longtemps pratiqué des

LES GRANDS PAYS FORESTIERS
Superficie boisée en millions d'hectares

URSS	739,9
Brésil	518,3
Canada	264,1
États-Unis	226,4
Zaïre	177,6
Indonésie	118,8
Chine	115
Pérou	70,7
Bolivie	66,8
Inde	59,3
CEE	**59,2**
France (DOM-TOM inclus)	21,65
Monde	**3 600**

FAO 1988.

méthodes de coupes brutales qui exposaient, sur de vastes surfaces, les sols dénudés aux menaces de l'érosion.

L'éloquence, aujourd'hui précise, impérieuse et fiable, des images satellitaires montre à tous la nature et la violence des blessures infligées aux forêts du monde, la dispersion et la multiplication des foyers de destruction comme la fulgurance de la diffusion des formes et des processus du déboisement. A contrario, ces mêmes images montrent aussi, à l'instar de l'Europe, les théâtres de la reconquête forestière des terres vacantes, par accrus naturels ou par plantations. Après le constat et les alarmes lancées par les États, les organismes internationaux, les fondations spécialisées, on peut espérer que viendront les actions de sauvegarde, de préservation, voire de restauration du manteau forestier dans les régions du globe où sa survie est la plus menacée.

Illustration de la montée en puissance de la coopération internationale, c'est à Paris que, six ans après celui de Mexico, s'est tenu du 17 au 26 septembre 1991, le 10e Congrès forestier mondial sur le thème « La forêt, patrimoine de l'avenir ».

PARIS 1991

10e CONGRÈS FORESTIER MONDIAL

LES FORÊTS DU MONDE

Cette carte à petite échelle représente les types de forêts par grands domaines biogéographiques, sans donner une image précise de l'extension actuelle du couvert forestier

- Forêts tropicales denses. Sempervirentes humides ; semi-décidues et décidues en courte saison sèche
- Forêts tropicales claires, décidues en longue saison sèche
- Forêts claires extratropicales, de feuillus sempervirents et/ou de conifères (dont formations de dégradation, maquis, garrigues...)
- Forêts tempérées. Décidues en saison froide ; sempervirentes (façade pacifique des États-Unis et du Canada et hémisphère sud)
- Forêts tempérées mixtes, feuillus et conifères
- Forêts de conifères boréales et de montagne
- Surfaces continentales non forestières (dont savanes et steppes)
- Forêts de la communauté française

Forêts d'Europe

Hormis l'URSS, les trois plus grands pays forestiers d'Europe sont la Suède (27,8 millions d'hectares), la Finlande (23,3 millions d'hectares) et la France. La Communauté européenne, qui compte 58,7 millions d'hectares de forêts, ne représente que 1,2 % de la superficie boisée mondiale. La France, l'Allemagne (y compris l'ex-RDA) et le Luxembourg occupent une position privilégiée entre les péninsules méditerranéennes, aux taux de boisement élevés (15 à 25 %) — qui, il est vrai, intègrent des formations ligneuses basses, garrigues et maquis, dont l'assimilation à la forêt est discutable —, et l'Europe du Nord-Ouest, insulaire et océanique, aux faibles taux de boisement. Pour des raisons climatiques, la suprématie des résineux est incontestable en Europe du Nord. Comme l'italienne et la grecque, la forêt française est fondamentalement feuillue tandis que l'Espagne présente un quasi-équilibre. Les peuplements résineux de l'Europe méridionale recouvrent des réalités biologiques et économiques assez différentes : vieilles futaies de sapins et/ou d'épicéas à fort capital sur pied, jeunes reboisements d'essences à croissance rapide (douglas, épicéa de Sitka, pin de Monterey, etc.), futaies claires des pins méditerranéens, forêts de pins maritimes à culture intensive.

La France en tête ?

France, la première forêt de la Communauté européenne : c'est le cocorico qu'on peut lancer à la lecture des valeurs absolues de superficies forestières. Les taux de boisement, la production totale, la consommation par habitant confirment cette prééminence ; mais elle est à partager avec l'Allemagne. La modeste production à l'hectare (à peine supérieure à la moyenne de la CEE), la nette prépondérance des feuillus par rapport aux résineux (est-ce un atout ou un handicap ?) sont des indices de relative faiblesse de la forêt française en regard du pôle allemand peut-être plus équilibré et à coup sûr plus productif.

TAUX DE BOISEMENT ET PART DES FEUILLUS

	Taux de boisement	Part des feuillus (%)
Finlande	76	8
Suède	68	6
Autriche	46	19
Grèce	43	81
Yougoslavie	41	78
Tchécoslovaquie	36	36
Albanie	36	84
Bulgarie	34	68
Portugal	32	54
Luxembourg	31	66
Pologne	29	22
Allemagne	29	31
Norvège	28	30
Suisse	28	3
France	**27**	**64**
Roumanie	27	74
Espagne	25	52
Italie	21	75
Belgique	20	53
Hongrie	18	86
Danemark	11	37
Royaume-Uni	9	27
Pays-Bas	9	35
Irlande	6	10
Islande	1	...

Eurostat, 1989.
ARMEF, 1991.
Société forestière suisse, 1990.

SUPERFICIES BOISÉES DES ÉTATS MEMBRES DE LA CEE

	Superficie boisée totale (milliers d'ha)*	Progression 1945/50-1990 (en %)**	Forêt publique (en % de la superficie boisée)***
France	15 136	34,5	26
Espagne	12 500	35,5	35
Rép. féd. d'Allemagne	7 200	2,5	56
Italie	6 400	20	40
Grèce	5 750	2	85
Portugal	3 000	15	17
Royaume-Uni	2 200	28,5	44
Belgique	600	3	47
Danemark	500	12	34
Irlande	400	150	80
Pays-Bas	350	16	47
Luxembourg	moins de 100	1	46

Sources : * Eurostat, 1989. ** Normandin, Structures régionales de la ressource forestière, INRA, Nancy, 1988. *** Mémento Armef/Afocel, 1991 ; Société forestière suisse, 1990.

TAUX DE BOISEMENT, PRODUCTIVITÉ. Indépendamment de la superficie même de chaque pays, deux variables déterminent la production de bois : le taux de boisement et la productivité (en mètres cubes par hectare boisé). Au sein de la Communauté européenne, ces deux variables ne se répartissent pas du tout de la même façon : les taux de boisement les plus élevés se rencontrent... en Grèce, les plus bas en Europe du Nord-Ouest (Danemark, Royaume-Uni, Pays-Bas, Irlande) ; les productivités les plus fortes sont celles de la Belgique et du Danemark ainsi que de l'Allemagne (de l'Ouest), les plus faibles celles de l'Italie, de l'Espagne et de la Grèce. Dans les deux cas, la France occupe une position moyenne, mais comme elle est le plus vaste pays de la CEE, elle vient en tête pour la production de bois ; l'Allemagne (de l'Ouest) la talonne toutefois car, bien que deux fois moins grande et dotée d'un taux de boisement comparable, elle bénéficie d'une productivité double. La Belgique, dont la superficie boisée est dix fois moindre que celle de la Grèce, produit néanmoins autant de bois que cette dernière grâce à une productivité dix fois supérieure !

FORÊT PUBLIQUE, FORÊT PRIVÉE. La forêt privée occupe en France une place particulièrement importante (74 % des surfaces boisées) ; seul le Portugal, dans la Communauté européenne, lui accorde une place supérieure (83 %). A l'autre extrême se situent la Grèce (15 %) et l'Irlande (20 %). En Allemagne (de l'Ouest) aussi, la forêt privée est minoritaire, quoique dans une moindre mesure (44 %).

Projets communautaires

La forêt, richesse biologique et composante économique importantes de la Communauté européenne, couvre 58,7 millions d'hectares (23,8 % de son territoire) et produit annuellement 115 millions de mètres cubes de bois (hors Allemagne de l'Est). Mais le secteur forêt-bois n'assure que la moitié de la consommation communautaire : les 320 millions d'Européens en consomment 230 millions de mètres cubes (équivalent bois des produits transformés). Le déficit commercial du secteur atteignait 15 milliards d'écus en 1988. Or tout indique qu'il augmentera d'ici à l'an 2000 ; pour un accroissement prévisible de la consommation de 75 millions de mètres cubes, la hausse de la production n'atteindrait que 30 millions de mètres cubes.

Face à cette faiblesse structurelle, la Communauté n'a pas de réelle politique forestière. Seuls quatre domaines d'intervention impliquant la forêt font l'objet de discussions. Les deux premiers, boisement des terres agricoles abandonnées et mise en valeur des forêts dans les zones rurales, montrent que la forêt et les activités qui lui sont rattachées sont perçues comme une réponse économique et sociale possible à la déprise agricole. Le programme « liège » (la CEE en est le premier producteur mondial) prévoit l'extension à ce produit des règlements agricoles en vigueur. Les propositions relatives à la protection de la forêt, notamment pour lutter contre le dépérissement et les incendies, devraient étendre à la Communauté certains programmes déjà en œuvre aux échelons nationaux ou plurinationaux. En outre, la CEE a décidé la création d'un système d'échange de données fondé sur les inventaires forestiers nationaux des États membres, qui devrait devenir un outil de prise de décision et de suivi. Cet embryon de programme communautaire, directement lié à l'évolution de la politique agricole commune (PAC), pourrait devenir la première étape vers une intégration européenne du secteur forêt-bois, dans le développement duquel la France est amenée à jouer un rôle de premier plan.

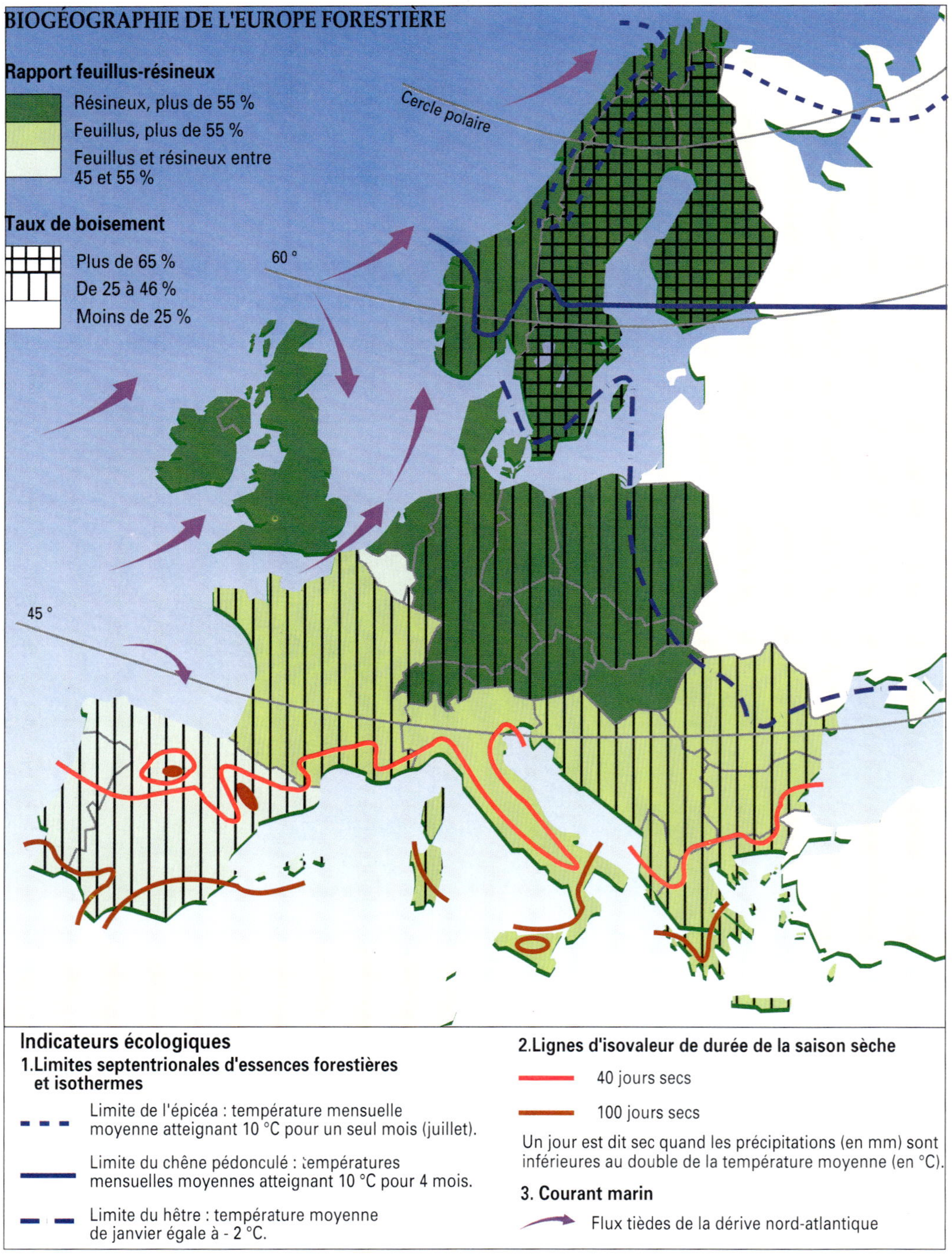

PRODUCTION DE BOIS DES ÉTATS MEMBRES DE LA CEE

	Production totale (milliers de m^3)	Productivité (m^3 par ha)
France	34 000	2,24
Rép. féd. d'Allemagne	29 150	4,04
Espagne	13 700	1,09
Portugal	9 220	3,07
Italie	9 160	1,43
Royaume-Uni	3 870	1,76
Grèce	2 680	0,47
Belgique	2 790	4,64
Danemark	2 300	4,62
Irlande	1 000	2,47
Pays-Bas	910	2,61
Luxembourg	300	3,06
CEE	**109 080**	**2,01**

D'après SCEES et Eurostat, 1989.

Un carrefour écologique

La flore forestière d'Europe est relativement pauvre, comparée à celle des autres continents aux mêmes latitudes. Cela résulte de l'impact des quatre grandes glaciations qui se sont succédé au quaternaire. Elles ont fait disparaître des espèces et des genres, dont certains se sont conservés en Amérique du Nord, en Afrique du Nord ou au Moyen-Orient. À l'échelle de l'Europe, la France est terre d'exceptionnelle diversité écologique. À la palette étendue des substrats, des reliefs et des sols s'ajoute la marqueterie des climats régionaux et locaux. Alors que dans la forêt française la cinquième essence feuillue, le châtaignier, couvre encore 510 000 hectares (soit 3,4 % de la surface boisée) et le douglas, son homologue résineux, 220 000 hectares, en Finlande trois essences seulement, pin sylvestre, épicéa commun et bouleau, couvrent 96 % de la surface forestière.

Des forêts aménagées

La mise en valeur des forêts européennes est fort ancienne. Elle a même atteint, dans un pays comme le nôtre, un haut niveau de perfection. Si l'on excepte les petites forêts très morcelées, les territoires classés forestiers mais qui sont en réalité des formations dégradées (quelles qu'en soient la cause et l'origine), tels maquis et garrigues, presque toutes les forêts européennes sont aménagées, même si les aménagements sont parfois rudimentaires. En ce sens, la forêt européenne est mise en valeur. Récemment sont apparus de nouveaux impératifs, voire de nouveaux enjeux, pour la forêt ; ils sont liés à l'urbanisation, à l'accroissement des populations, aux mutations économiques. En France, c'est à l'*aménagement,* pour les forêts placées sous le régime forestier, au *plan simple de gestion* pour les forêts privées, qu'il revient de prendre en charge ces demandes et d'y apporter des réponses. L'aménagement, établi pour chaque forêt, est un guide qui permet la planification de la gestion forestière. Il oriente les peuplements, dans le temps comme dans l'espace, en privilégiant tantôt l'impératif de production, tantôt la fonction de protection, ou le rôle cynégétique, ou la fonction récréative (dans les forêts périurbaines surtout), étant entendu par ailleurs que toute forêt produit du bois, qu'une forêt bien gérée est un lieu d'accueil et que le rôle écologique d'un couvert boisé est permanent.

L'EUROPE COMMUNAUTAIRE DU BOIS

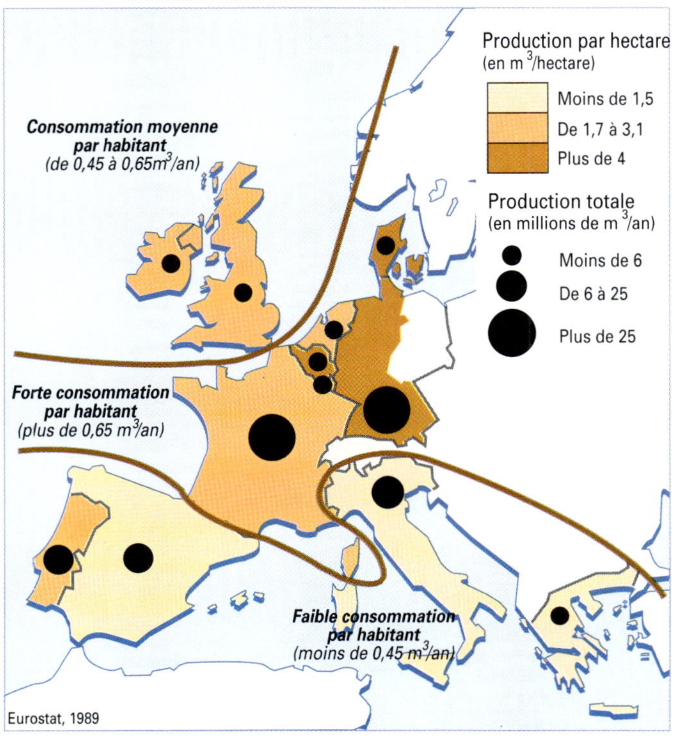

La forêt française tropicale

Aux forêts tropicales denses, sempervirentes et hygrophiles, c'est-à-dire adaptées aux climats tropicaux sans saison sèche, appartient l'impressionnante sylve guyanaise. Opulence, majesté, foisonnement de toutes vies traduisent l'excellence des milieux d'accueil. La saison végétative ne connaît pas d'arrêt et les feuillus qui peuplent ces mondes très clos perdent leurs feuilles rameau par rameau, tous les dix-huit à vingt-quatre mois, suivant leurs rythmes biologiques propres. Mais ces forêts, colosses au pied d'argile, entraînent dans leur mort, quand on les défriche sans précaution aucune, les terreaux humifères sur lesquels elles croissent, qu'elles enrichissent et vivifient. La puissance des reliefs et les fortes oppositions bioclimatiques propres aux pays d'alizé offrent à la Guadeloupe, à la Martinique et à la Réunion des types de forêts très contrastés ; luxuriance des sylves toujours vertes sur les versants au vent et en montagne ; forêts sèches, décidues, aux arbres plus tortueux supportant plusieurs mois de saison sèche, sur les versants et les plateaux hors de l'emprise des alizés ou situés à faible altitude.

Les forêts tropicales françaises offrent des traits communs : un grand potentiel génétique végétal bien loin d'être encore inventorié, et qu'on tente de préserver ; des faiblesses qui, hormis en Guyane, sont nées d'une soumission historique à des cycles agricoles spéculatifs et d'une convoitise forte et renouvelée de la part des populations. Le puissant dynamisme démographique, qui fut longtemps le moteur de l'extension des terres agricoles comme de l'exploitation du bois source d'énergie, est aujourd'hui le vecteur d'une urbanisation très rapide et anarchique, en l'absence de véritable aménagement du territoire. La ressource ligneuse demeure peu exploitée dans les forêts des départements d'outre-mer. Les travaux d'aménagement à y effectuer sont considérables et les recettes restent faibles. Le tissu industriel et commercial nécessaire à la valorisation sur place du bois est insuffisant, sauf en Guyane où, grâce à l'industrie du sciage, le secteur bois pèse dans l'économie locale d'un poids comparable à celui des autres filières productives, or, pêche ou agriculture.

La Guadeloupe

À sept mille kilomètres de la métropole et cent trente de la Martinique, la Guadeloupe associe deux îles séparées par un bras de mer et cinq « dépendances » (la Désirade, Marie-Galante, les Saintes, Saint-Barthélemy, Saint-Martin). La Basse-Terre, montagne volcanique, culmine à 1 467 mètres à la Soufrière ; la Grande-Terre, plateau calcaire, ne dépasse guère 140 mètres d'altitude. Le climat est tropical humide, modéré par l'altitude et l'exposition. Deux saisons rythment l'année : « carême », saison sèche, et « l'hivernage » ou saison des pluies.

Les paysages végétaux de l'île reflètent les contrastes et les nuances bioclimatiques qui opposent, sous l'effet des masses d'air chaud, humide et instable de l'alizé, une côte au vent et une côte sous le vent. Une intense altération des substrats, des sols profonds et évolués constituent l'environnement physique du couvert végétal. Sur la Basse-Terre, un anneau de forêt dense couvre les pentes au-dessus de 250 mètres d'altitude. Pressé par un ourlet de terres agricoles, il a échappé au défrichement des versants lié à trois siècles d'extension des parcelles vivrières et des plantations spéculatives. Sur la Grande-Terre, la forêt sèche ne subsiste que sous forme de lambeaux, dégradée en taillis épineux qui s'enchevêtrent avec les champs cultivés ou la savane d'élevage extensif.

Une diversité née de l'étagement

Près de 8 000 hectares de plaines littorales sont occupés par la mangrove. C'est une forêt de palétuviers, arbres adaptés aux milieux inondés et salés, qui s'épanouit dans la zone de balancement des marées. Les vases marines inondées en permanence sont colonisées et fixées par les palétuviers rouges (*Rhizophora mangle,* étymologiquement « racine-échasse »). En arrière de ce front, les marais déploient les tapis denses mais traversés de multiples chenaux formés par un autre palétuvier *(Avicennia germinans),* qui respire dans ce milieu pauvre en oxygène grâce à des pneumatophores, manchons creux pointant au-dessus de la vase.

Entre le niveau de la mer et 250 mètres d'altitude, les plateaux et les versants sont occupés par des forêts aux arbres à feuilles caduques. Cette forêt sèche, dite xérophile, où domine le gommier rouge, est devenue après abattage et défrichement une formation ouverte, clairiérée, en partie mélangée aux cultures ; elle occupe environ 15 000 hectares sur la Grande-Terre, la Désirade, Marie-Galante et les îles du Nord. Plus haut, entre 250 et 500 mètres sur les versants sous le vent et entre 100 et 300 mètres sur ceux exposés au vent, se déploie la forêt mésophile de la Basse-Terre. Elle a difficilement résisté à la pression conjointe des cultures industrielles — canne à sucre, manguier, bananier, cocotier, qui trouvent là leur optimum écologique — et de l'expansion villageoise et urbaine. Futaie élancée, aux strates nombreuses, elle est peuplée d'essences intéressantes, au florilège évocateur : bois diable, bois gligi, bois lait, bois doux.

A moyenne altitude sur la Basse-Terre apparaît la forêt dense sempervirente et hygrophile, luxuriante et riche en espèces. Une stratification foisonnante, les contreforts à la base des troncs, l'étagement des épiphytes, les silhouettes étranges des fougères arborescentes, les guirlandes de lianes entremêlées créent des paysages somptueux et oppressants à la fois. Cette forêt restée naturelle présente des aspects variés liés aux instabilités chroniques du milieu : coulées volcaniques, séismes, glissements de terrain, cyclones. Vers 1 000 à 1 100 mètres, l'influence des alizés commence à se faire sentir. La forêt s'abaisse, le vent impose sa puissance à des formes tourmentées, la forte nébulosité exacerbe la vitalité des épiphytes et des mousses qui habillent les troncs. Sur les sommets — Soufrière, Carmichaël, Grand et Petit Sans Toucher — les abats d'eau sont énormes, l'air presque toujours saturé d'humidité, l'ennuagement permanent. Un fourré à fuchsia-montagne, palmiste et palétuvier-montagne lutte contre le vent ; sur les crêtes balayées, épuisé, il cède le terrain à une prairie altimontaine à ananas-montagne, fougères basses, violettes et myrtilles. Les rochers s'enveloppent de lichens et de mousses.

« Débauchée » accueille une diaspora tropicale

Dans les arboretums de Débauchée, Desbordes, Guépois et Douville situés en Basse-Terre, l'Office national des forêts mène dans les forêts hygrophile et mésophile des expériences d'introduction et d'acclimatation d'espèces exotiques. On suit les progrès d'essences forestières provenant de toutes les régions du monde tropical, Guyane, Nouvelle-Guinée, Amérique du Sud, Australie, Ouest africain, Chine, Congo. Dans cette nurserie, on mesure les tailles et les diamètres, on calcule les vitesses de croissance et les taux de mortalité, on dresse des bilans comparatifs pour choisir les essences les plus appropriées. Les premiers prix sont allés à l'antillais Hibiscus elatus *et à quelques autres espèces qui peuvent espérer un avenir dans les reboisements de l'île, réalisés jusqu'à maintenant avec le mahogany du Honduras, introduit en Guadeloupe en 1948 et dont les peuplements productifs couvrent 1 500 hectares. En forêt hygrophile, les résultats de régénération naturelle sont assez prometteurs pour que soit envisagée une sylviculture plus respectueuse d'un milieu naturel complexe encore peu étudié.*

En Basse-Terre : la forêt des chutes du Carbet.

Ombres et lumières de la forêt départementale

Formant l'épine dorsale de la Basse-Terre, la forêt qui appartient au département couvre 28 000 hectares, soit 43 % de la superficie forestière de la Guadeloupe. Héritière de la forêt coloniale, son statut est en cours de redéfinition ; placée sous le régime forestier, elle est gérée par l'Office national des forêts. Le périmètre forestier englobe tous les types de peuplement de l'île. La forêt est sous-utilisée, marquée depuis des siècles par un véritable grappillage des bois dans une économie de cueillette ou de valorisation sur place par le charbon de bois ou de petites scieries itinérantes. Les difficultés d'exploitation sont ardues : inaccessibilité, rudesse des conditions climatiques, risques d'érosion, manque de voies d'accès et de débardage. La productivité naturelle est faible, environ deux mètres cubes par hectare et par an pour les essences exploitées. La contribution au marché local du bois d'œuvre est dérisoire : de 1 000 à 2 000 mètres cubes de grumes par an pour des besoins évalués à 200 000 mètres cubes en 1990. L'essentiel des bois consommés est donc importé, d'Amérique centrale pour les produits tropicaux, ou de la métropole. Mais les premières plantations de mahogany grande feuille seront bientôt récoltées et permettront une production annuelle de 3 000 à 4 000 mètres cubes de grumes d'ici à quelques années. Le percement de routes d'intérêt économique et touristique, celle de la Soufrière ou l'itinéraire de la Traversée prolongés par un réseau de routes et de pistes forestières, assure à la forêt un début de désenclavement. Créé en 1989, le Parc national met en valeur l'exceptionnel patrimoine de la forêt tropicale. Sentiers et « traces » de randonnée sont balisés ; des centres d'information ont été créés : Maisons de la forêt, du volcan, du bois. La fonction d'accueil s'organise dans les 17 300 hectares classés en série de protection. Doté d'une richesse floristique exceptionnelle, le massif joue en outre un rôle primordial dans l'approvisionnement en eau de l'archipel.

Contrastes martiniquais

Le plus petit département d'outre-mer (110 200 hectares) compte environ 46 000 hectares de forêts, soit un taux de boisement de 40 %. Cette île au climat tropical est très montagneuse dans sa partie nord, où les massifs de la montagne Pelée (1 397 mètres) et des pitons du Carbet (1 196 mètres) sont le siège d'un volcanisme récent et actif. Séparé du nord de l'île par la plaine du Lamentin, les mornes méridionaux, aux appareils volcaniques plus anciens, forment des plateaux très disséqués courant à une altitude moyenne

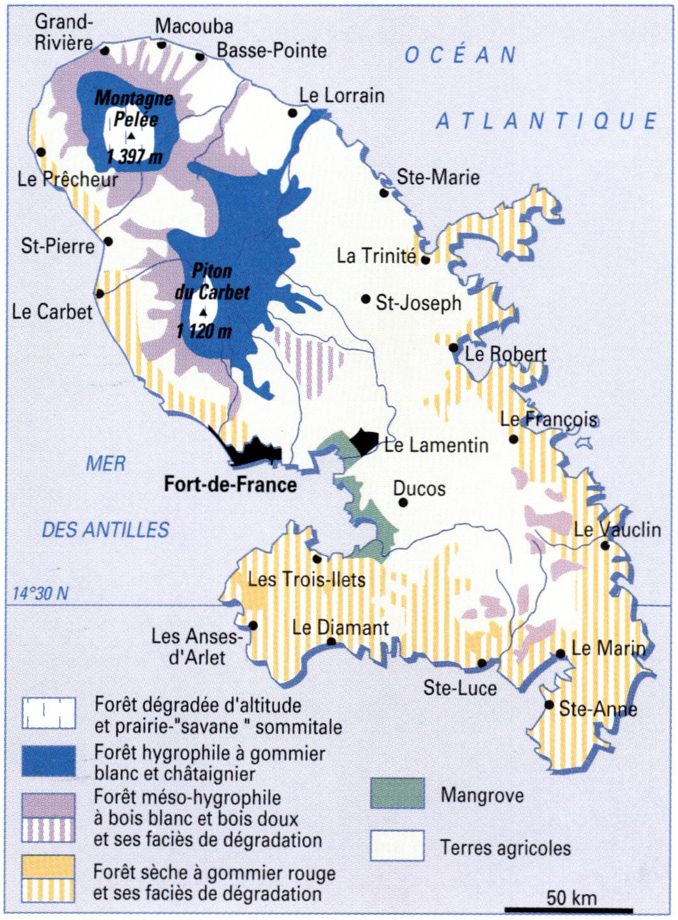

de 300 mètres. La Martinique vit au rythme d'une saison humide de mai à janvier et d'une saison sèche de février à avril, alors que les températures moyennes mensuelles, constantes, oscillent entre 24 et 26 °C. Les caractéristiques forestières de la Martinique s'apparentent à celles de sa grande sœur, la Guadeloupe. De puissants contrastes opposent les deux secteurs de l'île. Les forêts méso-hygrophile et hygrophile qui drapent les flancs des montagnes septentrionales donnent encore l'image probable du couvert naturel primitif, tandis que les forêts sèches du Sud ont été partiellement détruites, remplacées par des formations de dégradation : broussailles, friches buissonnantes et savanes arbustives des vieilles jachères abandonnées par les agricultures vivrières ou spéculatives.

La forêt guyanaise

Fragment de l'immense forêt dense amazonienne, le massif forestier guyanais demeure assez mal connu du grand public. Les explorateurs du XIXe siècle en ont laissé une image trop souvent caricaturale de forêt géante, difficilement pénétrable, d'« enfer vert », mêlant les images de bords de fleuves, où l'eau, les alluvions et la lumière sont des facteurs de prolifération de la vie végétale, et les structures des sous-bois humides et sombres de la forêt dense, moins encombrés sauf dans les aires de chablis.

Puis on est passé au mythe du « trésor vert », à la forêt-réservoir inépuisable de biomasse. Or les études du Bureau agricole et forestier de Guyane tout comme les inventaires réalisés successivement par l'Administration des eaux et forêts, le Centre technique forestier tropical (CTFT) et l'Office national des forêts ont rapidement mis l'accent sur les faibles volumes ligneux exploitables à l'hectare. Des entreprises forestières attirées par les conditions libérales de l'exploitation ont rapidement déchanté, en raison de l'absence de « géants », de la grande diversité des espèces et de la dispersion des essences dans les peuplements, traits propres aux forêts tropicales. Aujourd'hui, s'appuyant sur le dispositif expérimental de Paracou situé à une quarantaine de kilomètres à l'ouest de Kourou, l'ONF met en place une sylvi-

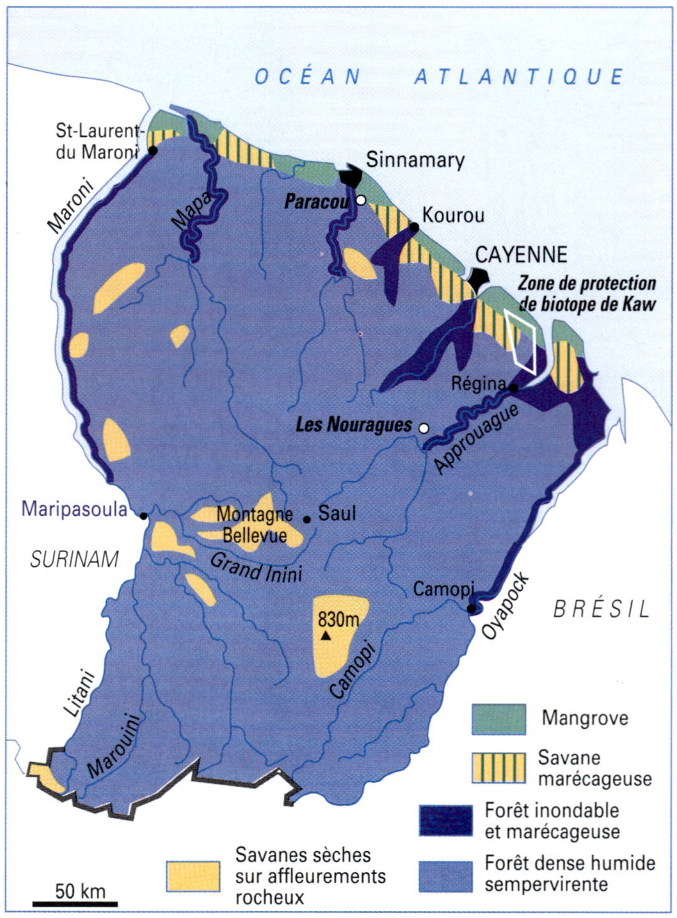

culture extensive des peuplements naturels préalablement exploités de leur bois d'œuvre, en vue de favoriser la croissance des essences qui présentent un intérêt technologique. Cette action est entreprise dans les forêts d'aménagement pilote d'Organabo (9 000 hectares), située entre Iracoubo et Mana, et de Risquetout (4 500 hectares), située entre Montsinery-Tonnegrande, Macouria et Kourou.

Dans le domaine de balancement des marées, hérissée du lacis inextricable des pneumatophores qui enserrent les troncs du manglier noir *(Avicennia germinans)*, la mangrove compose l'étrange vitrine forestière de la Guyane. Elle couvre environ 700 kilomètres carrés, moins de un pour cent de la superficie forestière du département. Longtemps considérées comme des milieux insalubres, les mangroves sont désormais perçues comme des unités de grande importance écologique et économique. Outre leur fonction de réserve nutritive pour des chaînes alimentaires complexes, garante des ressources de pêche, elles jouent un rôle majeur dans les phénomènes d'érosion des littoraux. Ainsi, de 1979 à 1984, la côte de Guyane vit-elle simultanément l'édification de 6 000 hectares de mangroves nouvelles et la destruction de 5 000 hectares de peuplements anciens.

Paracou, centre de recherche forestière

Ce dispositif de recherche sur le terrain a pour but d'améliorer la richesse des formations forestières tropicales humides en essences exploitables par la régénération naturelle des peuplements. Le projet, né en 1982 à l'initiative du CTFT, est coordonné par la Direction régionale de Guyane de l'ONF. Situé dans la zone littorale près de la commune de Sinnamary, le site comprend douze parcelles forestières de neuf hectares chacune, sur lesquelles 33 essences ont été retenues pour leur intérêt économique. Des inventaires systématiques — pyramides des âges, comptage des semis, mesure de croissance — sont réalisés chaque année et alimentent une banque de données. Dix ans d'expérimentation permettent de tirer les premières conclusions applicables à la gestion à long terme de la forêt humide tropicale ou à la mise en œuvre d'une sylviculture peu coûteuse. Le centre est aussi un lieu de formation ouvert à tous les chercheurs, ingénieurs et techniciens forestiers des pays tropicaux.

Les Nouragues, une station suspendue

Décrire, voir vivre et surveiller la forêt du dessus, tels sont les objectifs de la station de recherche des Nouragues, installée, sous la direction du Muséum d'histoire naturelle, près de la rivière Arataye non loin de Cayenne. Au sommet d'un inselberg couvert de savane-roche, à 300 mètres au-dessus de la voûte de la forêt, un centre d'observation accueille des chercheurs de diverses disciplines. Un réseau de 32 kilomètres de layons rend la circulation aisée ; quatre plates-formes d'observation, bâties dans des arbres entre 30 et 40 mètres de hauteur et reliées entre elles par plus de 100 mètres de passerelles aériennes, permettent d'accéder facilement à la canopée pour y conduire observations et suivis.

La forêt guyanaise, dessinée par Riou d'après le texte « Voyage d'exploration dans l'intérieur des Guyanes » du docteur Jules Crevaux, 1876-1877.

À l'autre extrémité du pays, sur les « montagnes-îles » granitiques formant des affleurements rocheux à la frontière brésilienne, ne pousse qu'une végétation basse, discontinue, broussailleuse, au nom évocateur de « savane-roche ». Les contraintes tiennent ici à l'absence de sol, à la sécheresse saisonnière, au fort ruissellement en saison de pluies et aux grands écarts thermiques. Entre ces deux pôles, maritime et montagneux, la forêt dense équatoriale occupe 97 % de la superficie de la Guyane. Aux formations végétales de terre ferme s'opposent les faciès marécageux des Pri-pri, où prolifèrent dans la vase et le sable des arbres aux noms imagés : bois-canon (au tronc creux), bois-fourmis, bois sucré ou moucou-moucou. Par endroits, la forêt est trouée par les « cambrouses », savanes denses à calumets, grandes graminées de un à cinq mètres de haut.

La Réunion : une forêt sur un volcan

À 13 000 kilomètres de la métropole, à 800 kilomètres à l'est de Madagascar, l'île de la Réunion est le seul département français de l'hémisphère austral. L'originalité de la forêt réunionnaise tient à quelques traits physiques majeurs : une île jeune, facteur d'endémisme de la flore ; une montagne, imposant un étagement à la végétation ; un volcan à l'activité ancienne et actuelle ; un océan tropical parcouru par les alizés et les cyclones distribuant la pluie entre des versants au vent et sous le vent. Atouts et contraintes physiques dessinent une première grille de lecture. Les effets d'un court mais tumultueux passé historique fournissent la seconde. L'île, déserte à l'arrivée du Portugais Mascareinas en 1512, fut appelée *England Forrest* en 1613 par le pirate anglais Blackwell. En trois siècles, les forêts originelles littorales ou de basse altitude ont été défrichées, pillées et remplacées par des formations secondaires. De l'*England Forrest* du début du XVIIe siècle, qui couvrait toutes les pentes de l'île à l'exception des coulées de lave du massif de la Fournaise, il ne reste, près de la mer et à basse altitude, que des lambeaux. Le recul de la forêt, outre l'exploitation des plus beaux arbres pour la marine et l'ébénisterie, est dû surtout aux défrichements. Trois déferlantes de la hache accompagnèrent trois spéculations culturales. Au XVIIIe siècle, ce fut l'installation des caféiers ; au XIXe siècle, le besoin de terres pour la canne à sucre provoqua le recul du manteau forestier, d'abord sur les basses pentes puis jusque dans les cirques. Au XXe siècle, la vogue d'une plante à parfum, le géranium, occasionne la disparition de la majeure partie des forêts des Hauts de l'Ouest entre 800 et 1 400 mètres d'altitude. De façon plus sélective, l'exploitation des choux-palmistes a provoqué la raréfaction ou la disparition des palmiers du genre *Acanthophœnix* dans nombre de régions forestières. L'utilisation des feux par les « petits blancs » installés sur les Hauts a aussi contribué à appauvrir la flore et à abattre des pans entiers de forêt.

Sur la côte au vent du sud-est de l'île, dans des conditions écologiques rudes, sur des laves récentes aux sols peu évolués, face aux cyclones et aux embruns chargés de sel, deux espèces introduites et plantées forment un premier écran forestier sur le littoral. Dans le secteur dit des Pas géométriques, ou Pas du roi, bande de terrain littoral de 80 mètres de large en principe propriété de l'État, ces véritables brise-vent sont constitués de vacois *(Pandanus utilis)* et de filaos *(Casuarina equisetifolia)*. Ces deux espèces ont supplanté les forêts primitives de la bande littorale. Elles illustrent les substitutions de flore et de végétation orchestrées par l'homme. Le vacois est même devenu l'une des espèces « utiles » de la Réunion : ses longues feuilles sont matière première pour l'artisanat local.

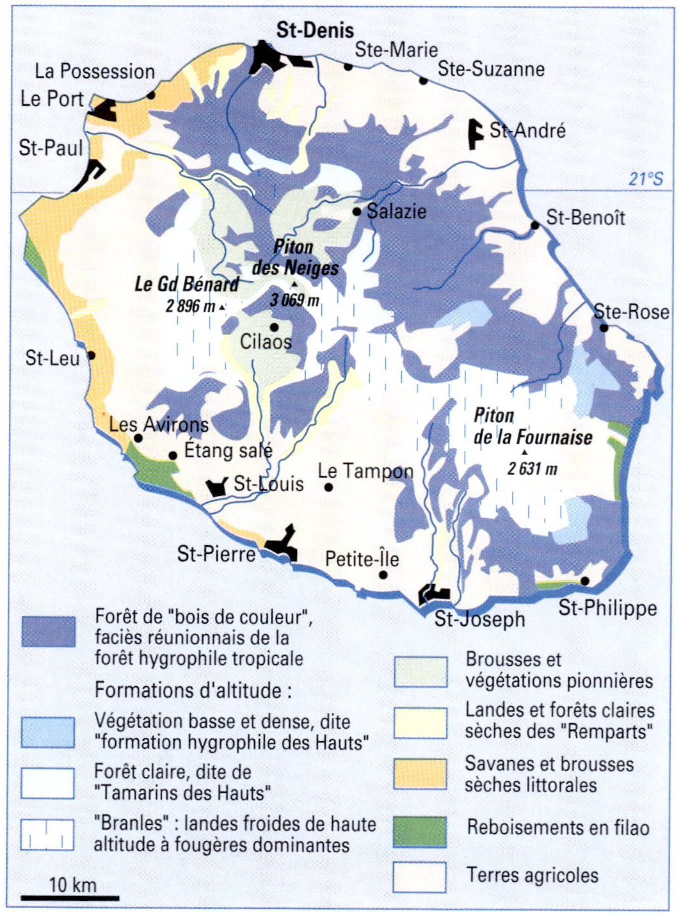

La palette des bois de couleur

Dans certaines forêts réunionnaises prolifèrent des arbres appelés « bois de couleur ». Ce qualificatif s'applique aux noms pittoresques du parler créole, donnés par allusion, entre autres, à la grande diversité des couleurs des feuillages et des troncs. Les bois de couleur forment des forêts assez basses, où les grands arbres, hauts de 10 à 25 mètres, dominent un foisonnement d'arbustes, de buissons, d'épiphytes, de fougères, de lianes et de mousses. Une moitié des espèces de bois de couleur n'appartient qu'aux Mascareignes et à Madagascar. Certaines sont des endémiques de la seule Réunion comme le tan rouge, le bois noir des Hauts ou le bois d'oiseaux.

DIVERSITÉ FORESTIÈRE DE LA FRANCE

Carrefour écologique, la France offre une grande variété de paysages forestiers. Les arbres n'y sont pas moins divers : une centaine d'essences au total, dont dix qui, selon les régions, tendent à dominer la scène.

Les régions forestières

Un boisement inégal

Le taux de boisement de la France métropolitaine est de 25,4 %. Les 153 régions forestières (sur 309) qui dépassent ce taux représentent une superficie boisée de 9,6 millions d'hectares sur un total de 14 millions, soit 68 %. À en croire l'image classique, le quart boisé du territoire national associe deux Frances forestières : à l'ouest la France chauve, à tout le moins très dégarnie, englobe le centre aquitain, la Bretagne, la Normandie, les Pays de la Loire et l'essentiel des régions occidentales et centrales du Bassin parisien ; à l'est, la France chevelue joint à la Lorraine les forêts de montagne — Vosges, Jura, Massif central, Alpes et Pyrénées — et les boisements hétérogènes du Midi méditerranéen. S'y ajoute, seule exception atlantique, le grand massif landais.

Les interrelations entre nature et société expliquent en grande partie la géographie du boisement. Le rôle du milieu est primordial car la couverture végétale naturelle de la France était — ou serait en cas d'abandon de toute activité agricole — forestière. Dans sa période de plus grande extension, il y a trois mille ans sans doute, à l'âge du fer, la forêt devait couvrir environ les quatre cinquièmes du territoire. Mais déjà agissait la force antagoniste : les hommes commençaient à défricher les plaines et les plateaux, s'attaquant peut-être, pour commencer, aux clairières naturelles, aux landes ou aux pelouses qui trouaient les sylves originelles. Expliquent les principaux contrastes de la couverture forestière : le réseau des vallées principales, les terres de grande culture, la civilisation du bocage. Dans la France de l'Ouest, la densité des arbres de haies fait souvent oublier l'absence de toute couverture boisée véritable. Le taux de boisement moyen des quatre régions forestières bretonnes est ainsi de 10,1 %. Défrichements intenses et abusifs du siècle dernier avaient retiré aux paysans leurs traditionnels moyens d'approvisionnement en bois d'énergie. Les arbres de clôture d'un bocage reconquis sur la lande y ont suppléé. « Forêt de ceux qui n'en ont pas », les haies forestières du Nord, de l'Artois et du Boulonnais témoignent des anciennes forêts défrichées. Quelle belle illustration de ces interactions entre l'homme et l'arbre que le triangle d'or vert de la forêt de Gascogne (dénommée par l'Inventaire « Plateau landais »), première région forestière par la taille et le taux de boisement, et pourtant forêt en grande partie artificielle !

Pourquoi des régions forestières ?

Aucun scribe n'a jamais pu emprisonner la forêt. Le foisonnement végétal et la mobilité animale se jouent de tout enfermement dans le carcan des découpages, fussent-ils révolutionnaires et législatifs, aux échelles de la commune comme de l'État. Pour connaître cette intraitable réfractaire, les essences qui la peuplent, les groupements végétaux qui l'animent, les dynamiques qui la parcourent, il faut mener des enquêtes de terrain, traiter des données patiemment relevées, établir des statistiques comparatives. Cette démarche exige que soient établies des unités homogènes de collecte de l'information. Elles doivent rassembler des territoires possédant des milieux naturels identiques ou très voisins.

La région forestière répond à cette nécessité. Définie par l'IFN (Inventaire forestier national), c'est « une unité naturelle qui présente, pour la végétation forestière, des caractères de sols et de climat suffisamment homogènes pour abriter des types de forêts comparables ». Une région forestière groupe donc des forêts qui se ressemblent plus entre elles qu'elles ne ressemblent aux forêts d'une région forestière voisine. Les critères d'altitude, de topographie, de substrat géologique, de sol, d'hydrographie fondent la logique du découpage. Ils déterminent les formes et les tailles de ces unités. Ce découpage échappe à la critique majeure faite à l'encontre des divisions administratives qui sectionnent trop souvent des espaces naturels uniformes. La région forestière d'Argonne, par exemple, comprend un vaste massif forestier, compact et homogène, mais divisé en unités administratives dépendant de trois départements, Ardennes, Marne et

01.X Bugey méridional et Île Crémieux □ **01.0** Dombes □ **01.3** Bugey central □ **01.7** Bresse □ **02.2** Tardenois □ **02.3** Soissonnais □ **02.5** Saint-Quentinois □ **02.7** Hainaut et Thiérache □ **03.1** Monts du Forez □ **03.2** Basse Combraille □ **03.4** Sologne bourbonnaise □ **04.1** Ubaye □ **04.2** Haut Verdon et Haute Bléone □ **04.3** Préalpes de Digne □ **04.4** Préalpes de Haute Provence □ **04.5** Collines et plateau de Valensole □ **04.6** Coteaux de Basse Durance □ **04.9** Montagne de Lure □ **05.1** Briançonnais □ **05.2** Queyras □ **05.3** Embrunais □ **5.4** Champsaur □ **05.5** Valgaudemar □ **05.6** Dévoluy □ **05.7** Gapençais □ **05.9** Rosannais □ **06.1** Haute Tinée □ **06.2** Haut Var □ **06.3** Alpes niçoises □ **06.4** Préalpes niçoises □ **06.7** Coteaux niçois □ **07.1** Coteaux du Nord-Vivarais □ **07.2** Bordure montagneuse de l'Eyrieux □ **07.3** Vallée de l'Eyrieux □ **07.4** Bas Vivarais □ **07.6** Basses Cévennes □ **07.7** Lugdarès et Mazan □ **08.0** Ardenne primaire □ **08.1** Dépressions ardennaises □ **08.6** Première crête ardennaise □ **08.7** Seconde crête ardennaise □ **09.1** Volvestre et Coteaux de l'Ariège □ **09.2** Petites Pyrénées et Plantaurel □ **09.4** Haute chaîne pyrénéenne □ **09.7** Quérigut □ **10.5** Champagne humide □ **10.6** Plateau des Bars-Nord □ **11.4** Razès et Piège □ **11.6** Corbières occidentales □ **11.7** Corbières orientales et Clape □ **11.8** Pays de Sault □ **12.1** Lévezou □ **12.2** Aubrac □ **12.3** Ségala □ **12.4** Grands Causses □ **12.6** Camarès □ **12.7** Basse Châtaigneraie auvergnate □ **12.9** Bordure de l'Aubrac □ **13.4** Bassin de l'Arc □ **13.5** Plateau de Lambesc-Arbois □ **13.7** Alpilles □ **13.8** Plaine de la Crau □ **13.9** Camargue □ **14.1** Pays d'Auge □ **14.2** Campagnes de Normandie □ **14.5** Collines bocaines □ **15.0** Haute Châtaigneraie auvergnate □ **15.1** Artense □ **15.2** Cantal-Cézallier □ **15.3** Planèze de Saint-Flour □ **15.5** Bassin d'Aurillac □ **16.5** Montmorélien □ **16.6** Champagnes charentaises □ **17.2** Saintonge centrale □ **17.4** Groies □ **17.5** Dunes d'entre Loire et Gironde □ **18.1** Pays-fort □ **18.3** Boischaut-Sud et Bocage bourbonnais □ **18.8** Champagne berrichonne □ **19.3** Plateau limousin □ **19.4** Plateau de Millevaches □ **19.6** Bassin de Brive □ **2A.S** Sartenais oriental □ **2A.0** Coteaux du Sartenais occidental □ **2A.8** Renoso-Incudine □ **2A.9** Plaines et coteaux du pays d'Ajaccio □ **2B.1** Cap corse □ **2B.2** Plaine corse orientale □ **2B.3** Castagniccia □ **2B.4** Sillon de Corte □ **2B.5** Nebio et pays de Tende □ **2B.6** Balagne □ **2B.7** Cinto-Rotondo □ **21.3** Plaines prémorvandelles □ **21.5** Plateau bourguignon-sud □ **21.6** Montagne bourguignonne □ **21.8** Vallées et plaine de la Saône et affluents □ **22.3** Bretagne-Nord □ **23.3** Marche de Combraille □ **23.6** Basse Marche □ **24.1** Double et Landais □ **24.3** Périgord blanc □ **24.5** Périgord noir □ **25.1** Premier plateau du Jura □ **25.2** Deuxième plateau du Jura □ **25.3** Pentes intermédiaires jurassiennes □ **25.4** Haut Jura □ **25.9** Avant-monts jurassiens □ **26.1** Plateaux et collines du Bas Dauphiné □ **26.2** Plaine du Rhône □ **26.3** Collines rhodaniennes □ **26.5** Vercors □ **26.6** Haut Diois et Bochaine □ **26.7** Diois □ **26.8** Nyonsais □ **26.9** Baronnies □ **27.1** Lieuvin □ **27.2** Pays d'Ouche □ **27.3** Roumois □ **27.4** Plateaux de Neubourg, Saint-André et Drouais □ **27.8** Vexin normand □ **28.4** Beauce □ **29.6** Bretagne-Ouest □ **30.1** Costières et vallée du Rhône □ **30.3** Garrigues □ **31.2** Lauragais □ **32.1** Bas Armagnac □ **32.3** Astarac □ **32.4** Gascogne centrale □ **32.5** Gascogne orientale □ **33.0** Dunes littorales de Gascogne □ **33.4** Bazadais □ **33.7** Vallées de la Garonne et affluents □ **34.3** Avant-monts du Languedoc □ **34.5** Plaine viticole de l'Aude et de l'Hérault □ **35.1** Bassin de Rennes et plateau-est □ **35.2** Région de Fougères-Dol □ **36.4** Brenne □ **37.2** Gâtine nord-tourangelle □ **37.5** Champeigne □ **37.6** Gâtine sud-tourangelle et Boischaut-Nord □ **38.0** Oisans □ **38.1** Basse vallée de l'Ain et Plaine du bas Dauphiné □ **38.4** Vallée de l'Isère et piémonts □ **38.6** Bas Drac, Trièves-Beaumont □ **38.9** Chartreuse □ **39.5** Petite montagne jurassienne □ **39.6** Coteaux préjurassiens □ **40.1** Marensin □ **40.2** Bas Adour et Chalosse □ **40.4** Plateau landais □ **41.2** Perche Gouët et Vendômois □ **41.5** Sologne viticole □ **41.6** Grande Sologne □ **42.5** Plaine du Forez □ **42.9** Mont Pilat et Boutières □ **43.1** Mezenc-Meygal et Sucs □ **43.3** Devès □ **43.5** Bassins du Puy et de Saint-Étienne □ **43.6** Plateaux forézien et granitique □ **44.1** Bocage angevin □ **44.2** Plateaux boisés nantais □ **44.4** Val de Loire □ **45.2** Orléanais □ **45.3** Gâtinais □ **46.3** Causses □ **46.4** Avant-Causses □ **47.3** Terrefort du Dropt □ **48.1** Margeride □ **48.5** Hautes Cévennes □ **49.2** Mauges □ **49.3** Baugeois □ **49.4** Saumurois □ **49.5** Val d'Anjou □ **50.1** Nord-Cotentin □ **50.2** Plain et Bessin □ **50.3** Bocage normand □ **50.7** Basses collines de Normandie □ **51.2** Vallées de la Marne, Seine et affluents □ **51.4** Champagne crayeuse □ **52.3** Bassigny, Amance et annexes □ **52.6** Plateau de Langres □ **52.8** Plateau des Bars-sud □ **53.3** Bas Maine □ **54.3** Pays Haut □ **54.4** Plateau de Haye □ **55.1** Côtes et collines de Meuse □ **55.2** Woëvre et annexes □ **55.4** Barrois □ **55.5** Argonne □ **56.4** Bretagne centrale □ **56.5** Bretagne-sud □ **57.2** Plateau lorrain □ **57.3** Warndt □ **58.1** Morvan □ **58.2** Plateau nivernais □ **59.1** Flandre maritime □ **59.2** Flandre intérieure □ **59.3** Agglomération lilloise □ **59.4** Bas pays de Flandre □ **59.5** Bassin houiller du Nord □ **59.8** Cambrésis □ **60.1** Pays de Thelle et Vexin français □ **60.5** Picardie verte □ **60.6** Valois et Vieille France □ **61.7** Hautes collines de Normandie □ **61.9** Perche □ **62.4** Plaine d'Artois □ **62.5** Collines d'Artois □ **62.7** Boulonnais □ **63.A** Livradois □ **63.0** Brivadois □ **63.3** Monts Dôme □ **63.5** Haute Combraille □ **63.6** Moyenne Combraille □ **63.9** Val d'Allier et Limagnes □ **64.3** Coteaux basques □ **64.4** Coteaux des gaves □ **64.5** Coteaux du nord-Béarn □ **64.6** Basses montagnes basques □ **64.7** Bordure sous-pyrénéenne □ **65.1** Lannemezan □ **65.2** Plaine et collines du moyen Adour □ **65.5** Front pyrénéen □ **66.0** Corbières méridionales □ **66.1** Fenouillèdes □ **66.3** Plaine du Roussillon □ **66.4** Aspres □ **66.5** Albères et côte rocheuse □ **66.6** Vallespir □ **66.7** Conflent □ **66.8** Cerdagne □ **66.9** Capcir □ **67.3** Plaine de l'Ill □ **67.4** Vallée du Rhin □ **67.6** Collines sous-vosgiennes-est □ **67.8** Basses Vosges gréseuses □ **67.9** Plaine de Haguenau □ **68.2** Sundgau □ **68.5** Hardt □ **69.0** Monts du Beaujolais □ **69.1** Monts du Lyonnais □ **69.3** Plateau du Lyonnais □ **69.9** Agglomération lyonnaise □ **70.2** Plateau haut-saônois □ **70.4** Collines sous-vosgiennes-sud □ **71.A** Plateau de l'Autunois □ **71.2** Beaujolais viticole et Côtes de Bourgogne □ **71.6** Charolais et annexes □ **71.9** Clunisois □ **72.2** Champagne du Maine □ **72.3** Maine roux □ **72.5** Plateau calaisien □ **72.7** Maine blanc □ **73.2** Tarentaise □ **73.3** Bauges □ **73.7** Belledonne, basses Maurienne et Tarentaise □ **73.8** Maurienne □ **74.1** Entre Jura et Savoie □ **74.2** Chablais □ **74.5** Bornes-Aravis □ **74.6** Pays du Mont-Blanc et Beaufortin □ **75.3** Vallée de la Seine □ **75.4** Pays des Yvelines et de Fontainebleau □ **76.1** Petit Caux □ **76.2** Pays de Bray □ **76.3** Pays de Caux □ **76.4** Caux méridional et Pays de Lyons □ **77.1** Brie □ **79.2** Plaines vendéenne et niortaise □ **79.5** Hauteurs de Gâtine □ **79.6** Terres rouges □ **80.1** Marquenterre □ **80.2** Vimeu □ **80.3** Ponthieu □ **80.4** Plateau picard □ **80.6** Santerre □ **81.1** Montagne noire □ **81.2** Monts de Lacaune, Sommail, Espinouse □ **81.7** Albigeois, Castrais et Gaillacois □ **82.3** Pays des Serres □ **82.4** Coteaux de Monclar □ **83.2** Plans et piémont de Haute Provence □ **83.3** Plateaux de Provence □ **83.4** Chaînons calcaires méridionaux □ **83.5** Maures et bordure permienne □ **83.6** Esterel □ **83.7** Dépressions varoise et cannoise □ **84.1** Ventoux □ **84.2** Plateaux et monts du Vaucluse □ **84.3** Bassin d'Apt □ **84.4** Tricastin □ **84.5** Comtat □ **84.7** Lubéron □ **85.1** Marais littoraux □ **85.4** Bocage vendéen et Gâtine-bocage □ **86.2** Richelais et Loudunais-Châtelleraudais □ **86.3** Plaines de Thouars et Moncontour □ **86.4** Brandes □ **87.2** Châtaigneraie limousine □ **88.5** Vôge □ **88.6** Collines sous-vosgiennes-ouest □ **88.7** Hautes Vosges gréseuses □ **88.8** Vosges cristallines □ **89.B** Puisaye □ **89.3** Pays d'Othe □ **89.5** Plateau bourguignon-nord □ **89.6** Plateau bourguignon central □ **90.7** Pays de Belfort et de Montbéliard

LES RÉGIONS FORESTIÈRES

Couverture forestière et divisions écologiques

Les régions forestières sont classées selon le département qui les inclut en totalité ou en majeure partie (2 premiers chiffres de la numérotation)

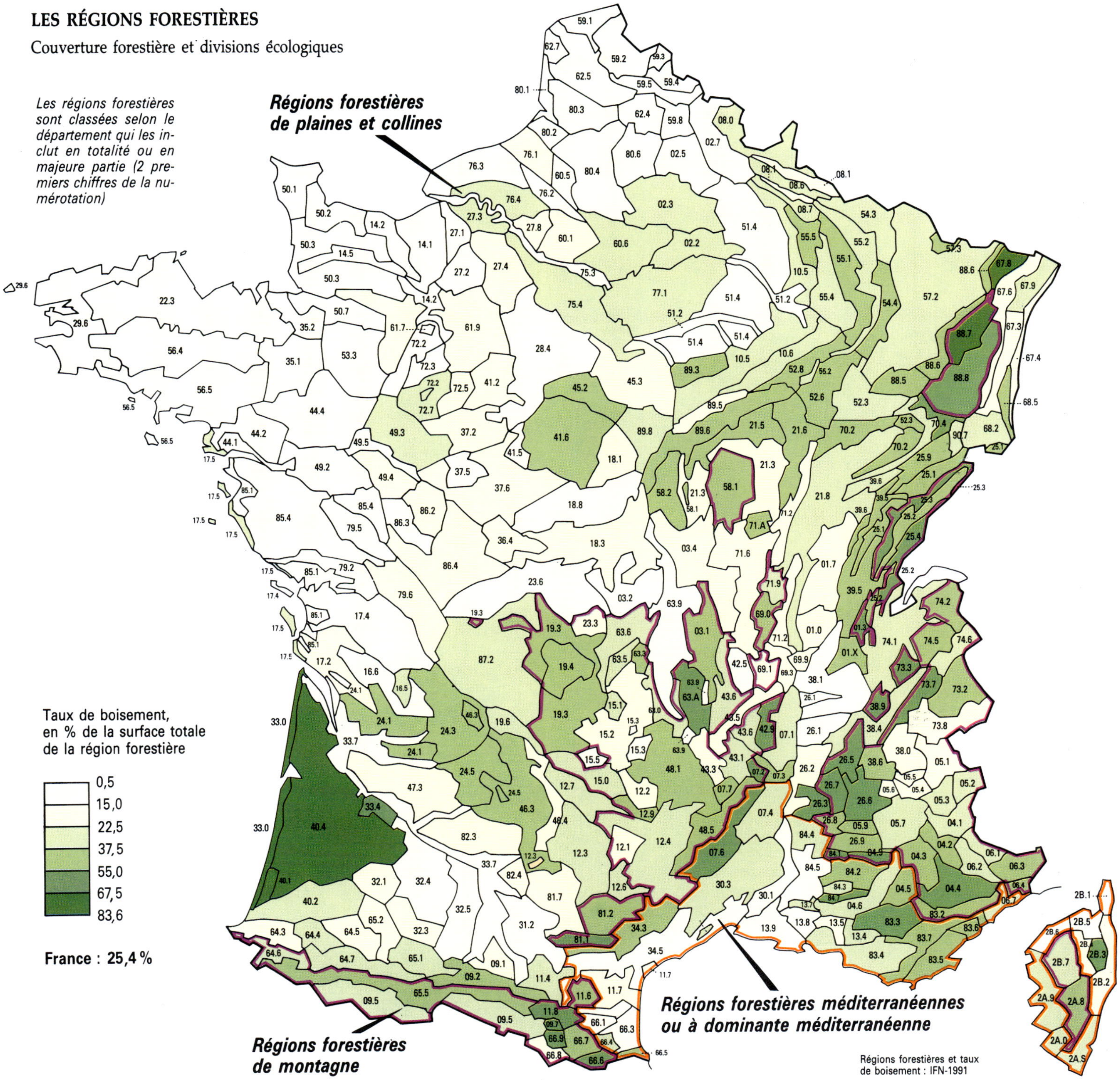

Changement progressif de paysage

La carte donne un caractère tranché au contact entre deux régions forestières appartenant à deux unités écologiques différentes. Cela n'implique pas que les caractères des forêts limitrophes soient brutalement contrastés. Ainsi « lorsqu'on pénètre dans la plaine de Valence (...), sans équivoque apparaît le Midi (...). Dans le creux des vallées, derrière les éperons rocheux qui les abritent du nord, les oliviers font leur apparition (...). Le chêne vert intervient à son tour pour donner au paysage un accent nouveau. Comme l'olivier, il remonte plus haut sur la rive ouest du fleuve (le Rhône) que sur la rive opposée (...). Mais, indépendamment de ces arbres si caractéristiques, d'autres signes végétaux annoncent le Midi (...). La limite du thym vient se placer avec celle du genêt épineux le long du versant nord de la vallée de la Drôme, tandis que d'autres plantes méditerranéennes, plus frileuses, s'arrêtent sur la rive gauche du Rhône à la coupure du défilé de Donzère. » (D. Faucher, dans L'Homme et le Rhône, *Gallimard, 1968.)*

Meuse, et de deux régions, Champagne-Ardenne et Lorraine. La France métropolitaine compte 309 régions forestières. La plus petite, le Quérigut (Aude, code national 09.7), couvre une superficie de 12 190 hectares ; la plus grande, dite « Plateau landais » (40.4), de 1 114 420 hectares. La moins boisée, la Flandre maritime (59.1), a un taux de boisement de 0,5 % ; la plus forestière, les Dunes littorales de Gascogne (33.0), de 83,6 %.

Encore peu diffusée, la carte des régions forestières offre de la France une lecture inhabituelle. Mais le treillis obtenu n'est pas quelconque ; il exprime certains des traits structuraux majeurs du pays. Rien de figé ni de géométrique dans ce puzzle. Auréoles des reliefs de côte du Bassin parisien oriental, mosaïque des reliefs compartimentés des Alpes ou du Massif central, axes des crêtes bretonnes, croissants des plateaux, monts et vaux du Jura, réseau arborescent des grandes vallées, vastes polygones des plateaux sédimentaires ou cristallins, les régions forestières tracent sur l'Hexagone une résille chargée de sens. Conçue comme une base de collecte de l'information, la région forestière a aussi une finalité patrimoniale. Les forêts, ou les terres reboisables d'une région donnée, sont considérées comme ayant des potentialités identiques ; cette ressemblance les rend justiciables d'un même type de gestion. La région forestière propose ainsi aux gestionnaires et aux sylviculteurs un cadre opérationnel pour leurs interventions, par exemple choisir ou favoriser les essences les mieux adaptées aux conditions écologiques locales. Dans ce but, une enquête de terrain de grande ampleur, en cours de réalisation dans la France entière, doit établir les catalogues des stations forestières.

Les essences forestières

Entre les forêts de la zone froide, aux essences peu nombreuses où dominent les résineux, et les forêts tropicales riches d'une grande variété d'espèces feuillues, les forêts françaises occupent sur la façade océanique de l'Europe tempérée une situation intermédiaire. La répartition entre feuillus et conifères y est mieux équilibrée, les essences variées mais en nombre limité. Dix essences, six feuillues et quatre résineuses, composent 82 % des peuplements. Plus de 80 espèces se partagent les 18 % restants ; seules 22 d'entre elles s'honorent de représenter chacune plus de 0,1 % de la superficie boisée.

Les essences feuillues sont largement prépondérantes. Dans les plaines et collines de la moitié nord du pays, les feuillus occupent plus de 70 % des surfaces boisées ; dans la moitié sud, aux reliefs heurtés et aux milieux bioclimatiques contrastés, environ 50 %. Quoi qu'on dise ou qu'on lise, la France reste le pays où les feuillus sont rois. Les résineux apparaissent naturellement sur les bastions montagnards où ils dominent aux moyennes et hautes altitudes, jusqu'à l'étage de la pelouse alpine. Leur expansion en plaine date de la deuxième moitié du XIXe siècle, quand ils furent choisis par les forestiers pour reboiser les vastes étendues landeuses sur des sols pauvres (régions 40.4 Forêt landaise, 41.6 Grande Sologne) ou squelettiques (51.4 Champagne crayeuse) ou pour protéger de l'érosion les littoraux dénudés (17.5, 33.0, 40.1 Dunes du littoral atlantique) et, après 1945, pour reboiser les terres abandonnées par l'agriculture (03.4 Sologne bourbonnaise, 23.6 Basse Marche, 87.2 Châtaigneraie limousine, 50.3 Bocage normand, etc.).

Le roi Quercus

Élevé à une place éminente par les Celtes, anobli par Saint Louis, le chêne — les chênes — trône en majesté dans les forêts françaises, qui lui dédient 41 % de leur manteau, soit près de six millions d'hectares. La famille royale, formée de sept espèces, est présente partout en France. Dans les régions forestières des plaines et des collines, deux essences de lumière, les chênes caducifoliés pédonculé et sessile,

Chêne pédonculé

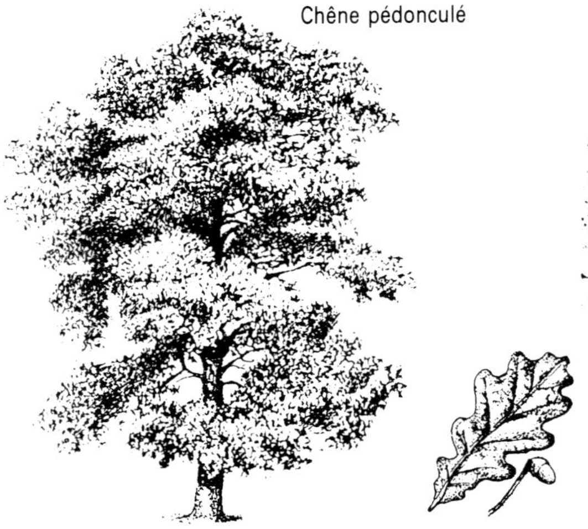

Hêtre

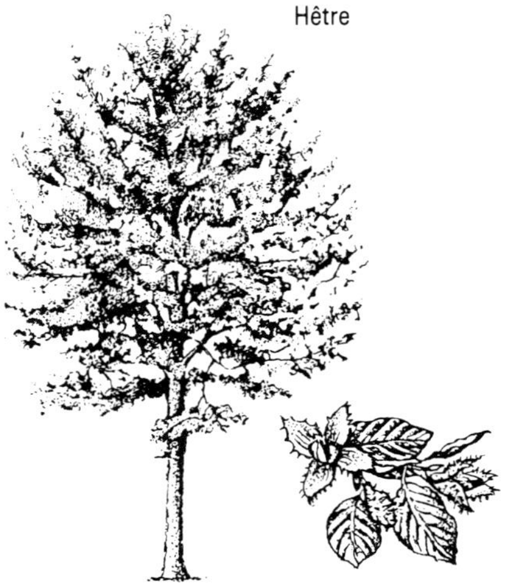

Châtaignier

composent à eux seuls 31 % de la forêt française. Prépondérant dans l'Ouest atlantique, le pédonculé est relayé, dès le Bassin parisien, par le sessile, ou rouvre. Lui-même cède peu à peu la prééminence au hêtre, qui supporte mieux le froid et exige la fraîcheur, sur la façade maritime de la Manche (76.1 Petit Caux, 76.3 Pays de Caux) et dans l'Est submontagnard (88.7, 88.8 Vosges). Les chênes sempervirents, chêne vert bien implanté sur sols carbonatés et chêne-liège en îlots sur les sols siliceux (66.5 Albères, 83.5 Maures), personnifient le monde méditerranéen ; le chêne blanc, ou pubescent, occupe les régions intermédiaires, où l'été, chaud, commence à devenir sec.

Six autres essences jouent un rôle important. Le hêtre (9,2 %) est souvent mélangé aux chênes en plaine et au sapin à l'étage montagnard (11.8 Pays de Sault, 65.5 Front pyrénéen). Le châtaignier est présent en peuplements à peu près purs sur 3,9 % du territoire (24.5 Périgord noir, 28.3 Perche) ; arbre alimentaire, son implantation sur sols siliceux pauvres doit tout à la volonté humaine. Parmi les résineux, le pin maritime a été très fortement développé (10,5 %) comme le pin sylveste (8,8 %) et l'épicéa (5,4 %). Le sapin, lui, offre sa noble parure aux forêts montagnardes.

La cohorte bigarrée des commensaux

Mélangées à ces essences principales se rencontrent, disséminées dans les peuplements, des essences que les forestiers appellent secondaires car elles participent peu à la production ligneuse. Mais elles enchantent et égaient les forêts : dans un monde de houppiers aux fleurs trop discrètes, les corolles vives des fruitiers dont les fruits nourrissent aussi la faune sauvage, l'élégance des ports, la beauté des signes et des couleurs des écorces, la finesse des parfums appartiennent aux merisiers, alisiers, charmes, tilleuls, érables, ormes, frênes, trembles, aulnes... Les feuillus précieux sont très recherchés pour la haute qualité de leur bois (le frêne, le merisier, les érables, les ormes, l'alisier torminal, le cormier...). D'autres fournissent à l'industrie des bois tendres, le bouleau, le tremble, les peupliers indigènes, les saules... Les paysages de montagne se marquent de la silhouette trappue du pin à crochets (66.7 Conflent, 66.8 Cerdagne), de la grâce du mélèze (05.1 Briançonnais, 05.2 Queyras...), des pins cembro ou laricio selon les régions. Aux essences indigènes s'ajoutent de nombreuses espèces introduites, acclimatées, comme le douglas, le pin noir d'Autriche, le robinier, le chêne rouge d'Amérique, l'épicéa de Sitka, le sapin de Vancouver...

Le merisier, un feuillu précieux

Prunus avium L., *le merisier ou guigne, est un arbre fruitier forestier de la famille des rosacées. Atteignant 25 à 30 mètres de hauteur, il possède un long fût cylindrique et droit et une cime pyramidale. L'écorce, lisse à l'état jeune, se détache ensuite en lanières horizontales. Les rameaux portent des feuilles simples, alternes, dentées ; les fleurs, blanches, apparaissent avant les feuilles. Pollinisées par les insectes, elles donnent naissance aux merises, consommées et disséminées par les oiseaux. Le merisier est très exigeant en lumière. On le rencontre à l'état isolé ou en petits bouquets, avec une préférence pour les bords de chemins et les lisières. Sa croissance est rapide mais sa longévité est limitée ; les centenaires sont rares. D'amplitude écologique assez grande, il exprime au mieux ses possibilités dans les sols limoneux, profonds, frais et aérés, riches en éléments nutritifs. Il existe une grande variété de races au sein de l'espèce, qui explique en partie les différences de port, de qualité des bois, de résistance aux maladies.*

Le merisier est une essence très recherchée. La présence de quelques beaux sujets valorise un peuplement. Le bois est facile à travailler, se polit et se courbe bien. Il est utilisé pour la fabrication de meubles, d'articles de bureau

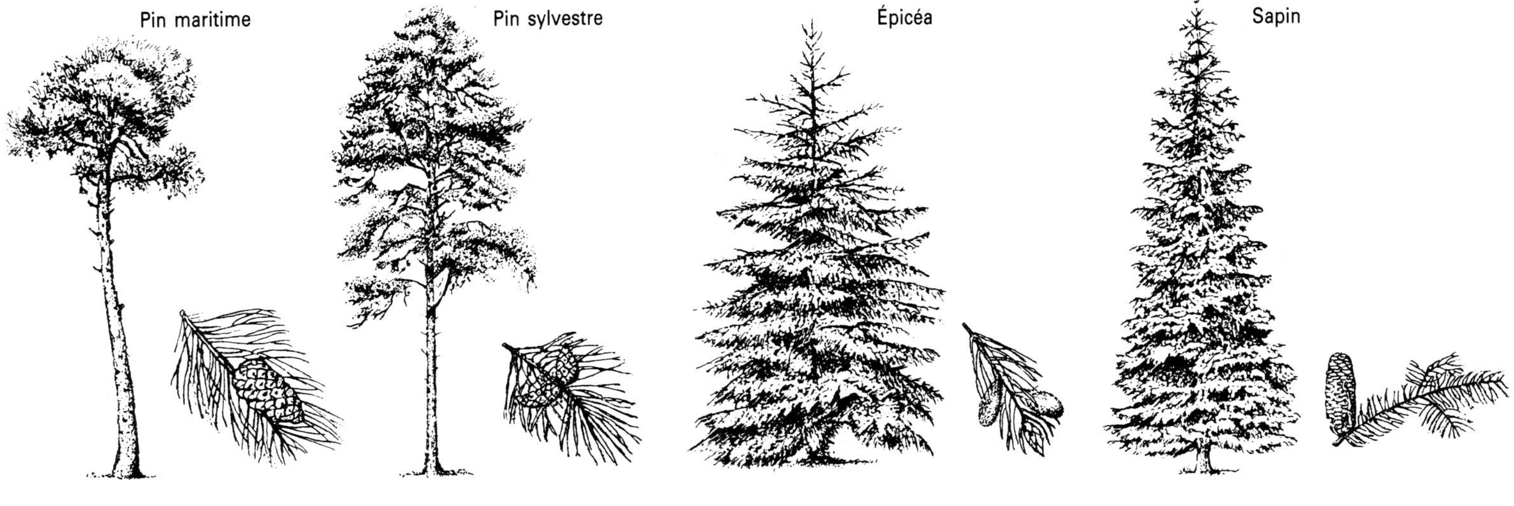

LES PRINCIPALES ESSENCES DE FEUILLUS

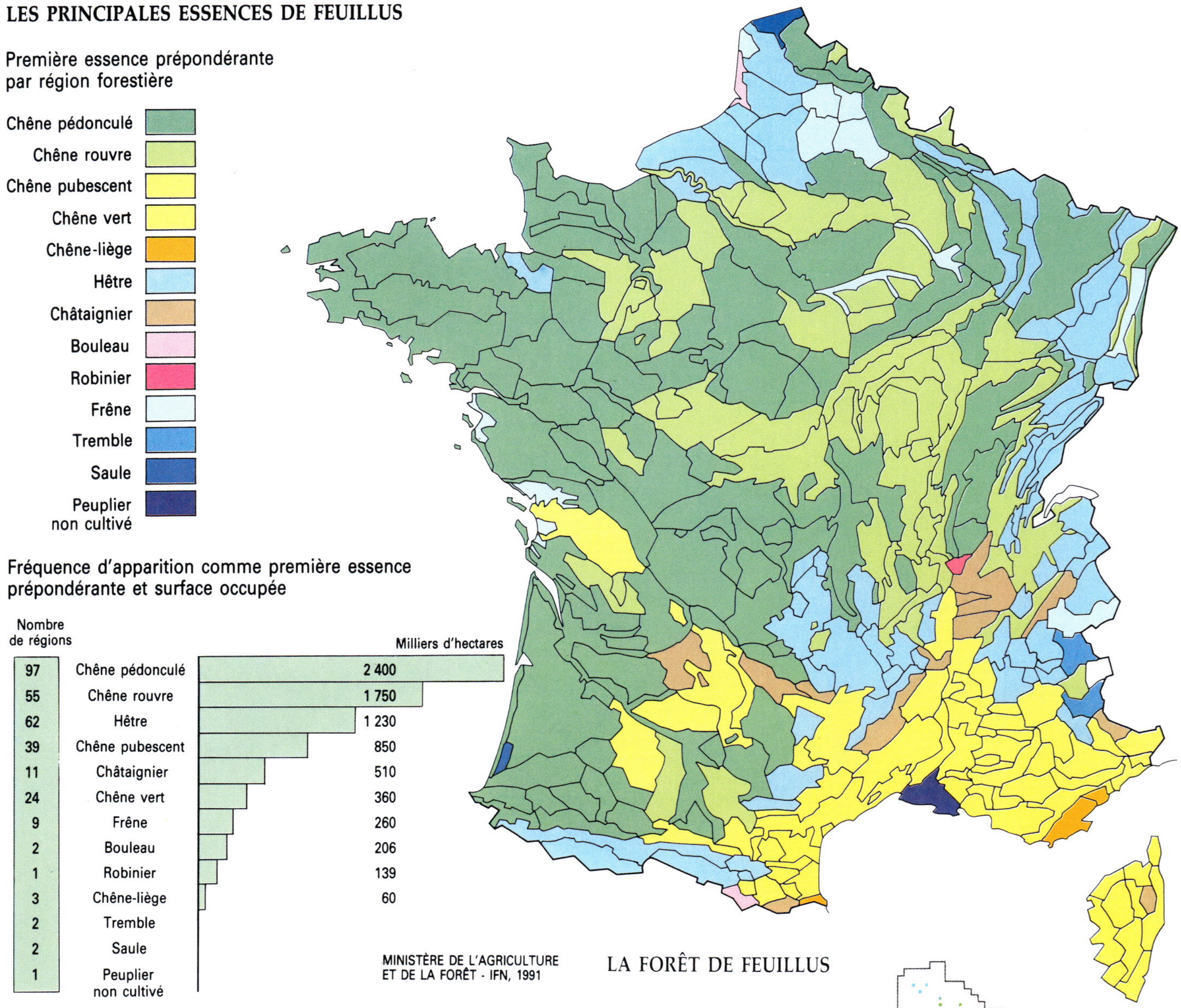

Fréquence d'apparition comme première essence prépondérante et surface occupée

Nombre de régions		Milliers d'hectares
97	Chêne pédonculé	2 400
55	Chêne rouvre	1 750
62	Hêtre	1 230
39	Chêne pubescent	850
11	Châtaignier	510
24	Chêne vert	360
9	Frêne	260
2	Bouleau	206
1	Robinier	139
3	Chêne-liège	60
2	Tremble	
2	Saule	
1	Peuplier non cultivé	

MINISTÈRE DE L'AGRICULTURE ET DE LA FORÊT - IFN, 1991

LA FORÊT DE FEUILLUS

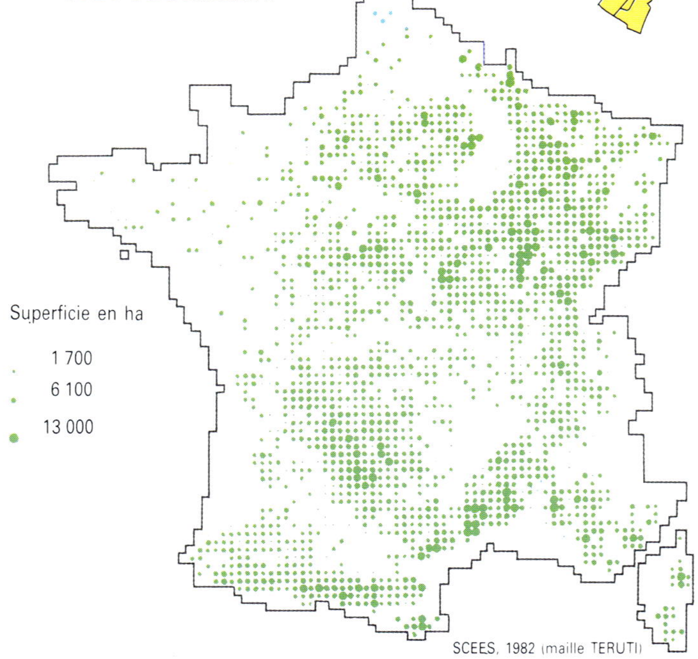

SCEES, 1982 (maille TERUTI)

ou dans la lutherie. Le placage est très demandé par l'ébénisterie. L'Inventaire forestier national nous dit que le merisier représente à peine 5 % de la production totale des feuillus de nos forêts. Présent dans 251 régions forestières sur 309, il est comptabilisé essence prépondérante dans 100 régions, mais sur quelques points de relevés seulement ; Front pyrénéen (code 65.5), Ségala (12.3) et Soissonnais (02.3) viennent en tête avec respectivement 740, 677 et 662 hectares. Dans la France entière, il couvre 24 200 hectares en surface prépondérante, dont 21 662 en forêt des particuliers. Le volume total de bois sur pied est estimé à 11 400 000 mètres cubes, soit 0,9 mètre cube par hectare boisé, et l'accroissement annuel de la ressource à 520 230 mètres cubes. La demande, plus forte que l'offre, oblige à des importations d'Amérique du Nord surtout. Les côtes est du Canada et des États-Unis fournissent le cherry (Prunus serotina) *; la production actuelle y est estimée à 14 millions de mètres cubes par an.*

LES PRINCIPALES ESSENCES DE RÉSINEUX

Première essence prépondérante
par région forestière

- Pin maritime
- Pin sylvestre
- Épicéa
- Pin noir d'Autriche
- Sapin pectiné
- Pin d'Alep
- Pin à crochets
- Mélèze
- Pin laricio
- Douglas
- Autres résineux
- Pas de résineux en essence prépondérante

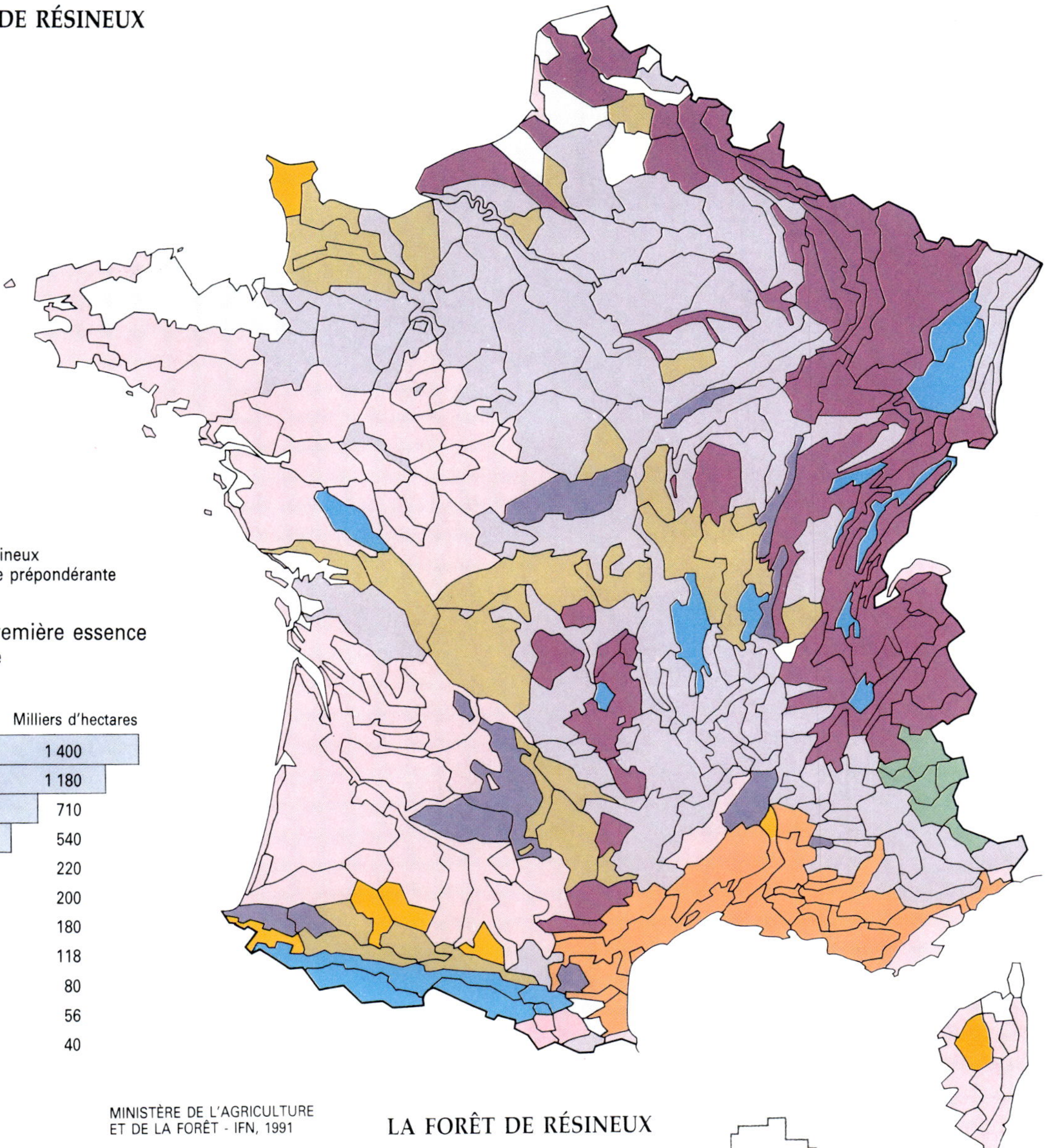

Fréquence d'apparition comme première essence prépondérante et surface occupée

Nombre de régions		Milliers d'hectares
54	Pin maritime	1 400
95	Pin sylvestre	1 180
56	Épicéa commun	710
14	Sapin pectiné	540
28	Douglas	220
21	Pin d'Alep	200
10	Pin noir	180
7	Mélèze	118
6	Pin laricio	80
3	Pin à crochets	56
4	Épicéa de Sitka	40
1	Cèdre	
	Autres résineux	

MINISTÈRE DE L'AGRICULTURE ET DE LA FORÊT - IFN, 1991

LA FORÊT DE RÉSINEUX

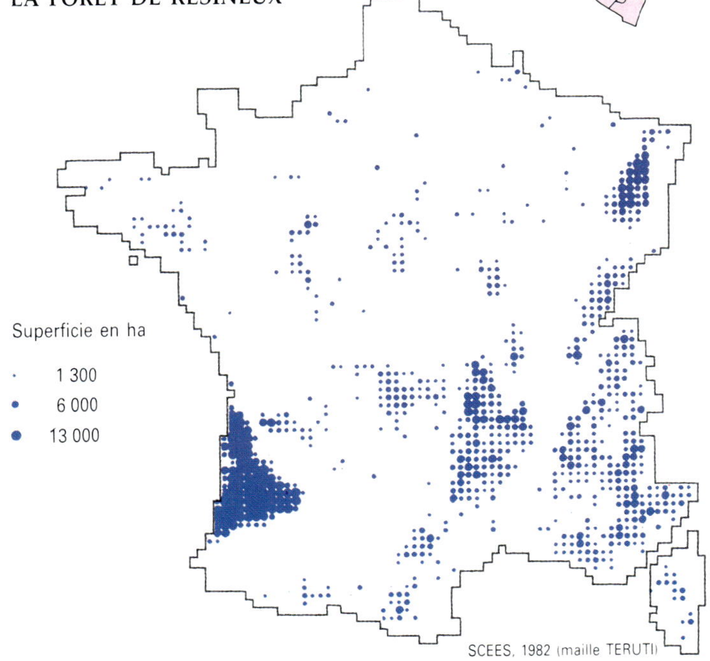

SCEES, 1982 (maille TERUTI)

LA NOTION D'ESSENCE « PRÉPONDÉRANTE ». Sur l'unité de collecte de l'information forestière (placette, parcelle, etc.), l'essence prépondérante d'un peuplement est l'essence la plus représentée, c'est-à-dire celle qui occupe la plus grande surface dans la strate dominante (le « toit » de la formation vue d'avion).
Dans le Queyras (05.2), il n'y a pas d'essence prépondérante feuillue. Cela ne signifie pas que les feuillus sont absents de la région, mais exprime que, sur les points de l'inventaire, jamais le feuillu, en l'occurrence le tremble, n'apparaît prépondérant ; il est toujours, dans les peuplements, dominé par le mélèze.
La même remarque s'applique à la carte des résineux, avec des stations plus nombreuses : 2B.1 Cap corse, 44.4 Val de Loire, 59.1 Flandre maritime, 59.5 Bassin houiller, 80.6 Santerre, 85.1 Marais littoraux, par exemple.

PORTRAITS DE FORÊTS

Les prestigieux massifs domaniaux (voir page 118) ne résument pas la forêt française. D'autres modes de boisement tiennent — ou ont tenu — une place éminente dans les paysages, au gré d'initiatives humaines.

Les Albères entre ciel et mer

Une île végétale

Dessinant une amande longue de 25 kilomètres, la région forestière « Albères et Côte rocheuse » épouse le dernier soubresaut des Pyrénées avant de plonger, par une gerbe de caps, de baies et d'îles, dans la Méditerranée. Elle est isolée de la chaîne par l'étroit couloir qui monte doucement au col du Perthus, antique voie qui vit passer la cohorte des éléphants d'Hannibal. C'est une muraille bleutée qui élève ses maquis zébrés d'échines rocheuses et ses forêts sombres à l'horizon méridional de la plaine roussillonnaise. Souvent, sous la canicule du mois d'août, quand une lourde chaleur écrase la plaine, grésille dans les vignobles et exalte la garrigue, persistent autour du pic Neulos, point culminant des Albères à 1 256 mètres, d'épaisses nuées orageuses. Elles assurent aux crêtes sommitales la nébulosité et la fraîcheur nécessaires à l'épanouissement de la hêtraie montagnarde. La différence de pluviosité entre le littoral et les sommets avoisine les 1 000 millimètres. De plus, à dix kilomètres à vol d'oiseau de la mer, l'hiver est froid sur les hauts : les minimums de température sont compris entre moins trois et moins sept degrés. Le beau gradient altitudinal qui marque ce petit massif, la variété des expositions, des pentes et de l'orientation des vallées assurent une grande diversité de climats locaux et un remarquable étagement de la végétation sur les deux versants français et espagnol.

L'imbrication de la forêt et de ses formations dégradées se comprend dans une histoire de relations très anciennes avec les sociétés humaines. Plusieurs siècles de forte pression agricole, de surcharge pastorale (en 1890 près de sept mille ovins pacageaient dans le massif), de surexploitation forestière sur des pentes fortes et des sols fragiles, d'incendies répétés ont perturbé les équilibres naturels et enclenché des vagues successives de recul du couvert arborescent. Peu à peu sont apparus les paysages actuels, faits de maquis, de garrigues, de landes ou, au terme de l'évolution, de pelouses rases et de terres dénudées et ravinées. Mis à part la côte rocheuse, ou Côte vermeille, ses vignobles de Collioure et de Banyuls et quelques rares subéraies encore exploitées, les Albères sont aujourd'hui vides d'hommes. L'abandon récent de cette petite montagne est inscrit dans les paysages de centaines de kilomètres de terrasses désertées qui s'enfrichent. L'arrêt de l'exploitation des chênes et du hêtre pour le bois de feu et le charbon de bois, la diminution de la pression animale par disparition des troupeaux permettent la reprise d'une dynamique progressive qui installe en maints endroits des stades transitoires de maquis denses, riches en

Les Albères ferment au sud la plaine du Roussillon.

essences résineuses, mais très sensibles au feu. Sur les franges nord du massif, des essais de réintroduction en sous-bois de troupeaux ovins tentent de revitaliser l'économie et de lutter contre le danger d'incendie.

Les essences

Le *chêne-liège,* spontané dans le massif, résistant au feu, abonde au bas des versants, à l'étage méditerranéen chaud et sec, et monte jusqu'à une altitude de 400 à 500 mètres. Le liège a été exploité de tout temps. L'activité de démasclage fut florissante entre 1850 et 1914. Elle

Une forêt-laboratoire, la Massane

Dans la partie orientale des Albères, la forêt communale d'Argelès-sur-Mer, dite des Couloumates ou de la Massane, s'étend sur 330 hectares entre 600 et 1 150 mètres d'altitude. Elle occupe un carrefour biogéographique, à cinq kilomètres seulement de la Méditerranée. La hêtraie la plus méridionale de France vit et se régénère dans un site ramassé, menacé, mais abrité des excès climatiques méditerranéens par la crête méridienne de la Massane. Elle a tôt attiré les naturalistes ; Joseph Pitton de Tournefort (1656-1708), botaniste de Louis XIV, a herborisé sous ses frondaisons. Depuis un siècle, le site a acquis une renommée écologique internationale, notamment en zoologie. La faune invertébrée, insectes et arthropodes du sol surtout, doit sa richesse à la variété des milieux biologiques et à l'arrêt de toute exploitation forestière depuis 1860. La vie et la mort naturelles puis le lent pourrissement sur place des ligneux tombés à terre ont favorisé la maturation de complexes communautés biologiques attachées à la décomposition des arbres morts. Abritées des variations thermiques et hydriques de la surface, des espèces animales vivant profondément enfouies dans le sol sont ainsi devenues endémiques de l'« île » biogéographique que sont les Albères.

alimentait une industrie régionale du bouchon. Le chêne-liège fut alors planté sur de nombreuses terrasses abandonnées par la vigne lors de la crise phylloxérique. Après la Grande Guerre, la concurrence étrangère provoqua l'abandon des subéraies, envahies par des maquis épineux où dominent ajonc, calycotome et cistes. L'aptitude du *chêne vert* à coloniser les espaces ouverts rend sa présence constante ; il s'insinue dans la subéraie de piémont comme dans les marges de la hêtraie d'altitude, profitant des faveurs de l'exposition, de la pente, des sols. Cette essence qui rejette bien de souche fut longtemps exploitée pour le charbon de bois, en peuplements de taillis, dans l'yeusaie comme dans les maquis qui en dérivent. Un monde clos et dense de bûcherons, charbonniers, voituriers peuplait au XIXe siècle tout le massif forestier. Le *hêtre* se trouve ici presque en limite méridionale de son aire. Arbre caractéristique de l'étage montagnard, il végète dans un milieu qui n'est plus méditerranéen, entre 850 et 1 100 mètres d'altitude. Des agressions dont il est l'objet — abroutissement par les troupeaux transhumants, traitement en cépées, choc des vents sur les crêtes — naissent des morphologies tourmentées bien éloignées de la grandeur et de la puissance des hêtres septentrionaux. Quelques belles hêtraies existent cependant, dans la forêt domaniale de Sorède ou celle de Laroque, acquise par l'État en 1884. Les plantations de *châtaigniers* vivent le même déclin que les peuplements de chênes-lièges. Les deux arbres étaient exploités dans le même système économique vini-viticole. Traité en cépée, le châtaignier fournissait des piquets pour fixer le vignoble, des cercles pour les barriques, des merrains et des douelles. Atteints de la maladie du chancre, les arbres dépérissent rapidement, dressant au bord des routes leurs squelettes figés.

Les Landes : une forêt bâtie sur du sable

Immense triangle dont la base longe l'Océan sur 225 kilomètres de la pointe de Grave à l'embouchure de l'Adour, le massif forestier de Gascogne, ponctué de clairières agricoles, est, avec ses 900 000 hectares, le plus vaste d'Europe de l'Ouest, bien visible sur toutes les cartes du continent, de même que sur les images satellitaires. Installée sur une plaine faite de sables mis en place au quaternaire par les vents d'ouest et qui ont masqué les reliefs préexistants et désorganisé le drainage, la forêt landaise se trouve souvent engorgée d'eau. Cette présence étonnante de marécages sur un substrat sableux perméable tient à un contexte écologique original. Des argiles imperméables sous les sables, un horizon de grès cimentés par le fer à faible profondeur, l'alios ou garluche, la faible pente de la plaine, les nombreuses contrepentes héritées des érosions périglaciaires, le barrage édifié par le cordon dunaire littoral et l'insuffisance du drainage naturel conjuguent leurs effets pour perturber l'écoulement des eaux. C'est dans ce milieu aux contraintes fortes — sables pauvres, acidité, hydromorphie — que prospèrent les chênes pédonculés et le pin maritime *(Pinus pinaster).* L'aspect de la forêt a frappé l'imagination des littérateurs. François Mauriac l'évoque souvent dans ses romans, mais c'est Julien Gracq qui en donne la description la plus saisissante.

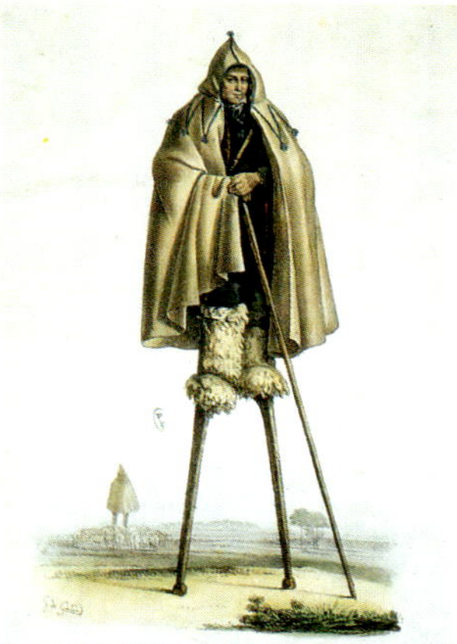

Aux bergers des Landes perchés sur leurs échasses ont succédé, vers la fin du XIXe siècle, les résiniers (ou « gemmeurs ») du « pignada ».

Avant la forêt, la lande

Le nom de « forêt landaise » associe deux termes contradictoires. Forêt et lande sont en effet des formations végétales fort différentes par leurs traits, leur composition et leur dynamisme. L'étude des rapports entre lande et forêt est au cœur de la compréhension du fonctionnement du géosystème landais. Quels sont les rapports spatiaux entre lande et forêt ? Lande à côté de la forêt ou sous les arbres ? Et, dans le temps, la lande a-t-elle précédé la forêt ou lui a-t-elle succédé ? La réponse à ces questions d'histoire forestière n'est pas simple. La toponymie a surtout privilégié le terme de lande (Grandes Landes dans la partie centrale et Petites Landes de l'Adour, du Bazadais, du Marensin...) pour qualifier pays et lieux-dits durant le Moyen Âge et l'époque moderne. Le dicton des pèlerins de Saint-Jacques-de-Compostelle : « Et quand nous fûmes dans la lande, avions de l'eau jusqu'à mi-jambe », et l'image plus récente des bergers sur leurs échasses évoquent ces milieux amphibies où régnaient molinies et ajoncs ; ils évoquent aussi une économie pastorale dominée par l'élevage extensif du mouton et des conditions de vie assez misérables.

POUR JULIEN GRACQ, la futaie de pins maritimes s'apparente « à une sévère et rigide société d'arbres, matriculée et regroupée par classes d'âge, où on circulerait comme dans une Sparte forestière et ségrégationniste, et qui présenterait, juxtaposés par grandes masses, tous les aspects et tous les âges de la vie de l'espèce élue entre la naissance et la mort. C'est ici la Cité des pins, marquée par quelque chose de conquérant, de régulier et de militaire, élevée, recensée, régentée, embrigadée pour lancer ses cohortes et ses manipules à la conquête du pays des sables » (Lettrines).

Du pignada aux grands incendies

C'est par le littoral que commença le véritable boisement du massif landais. La fixation des dunes mobiles, œuvre de Nicolas Brémontier à la veille de la Révolution, fut réalisée à l'aide du gourbet, ou oyat, et du pin maritime. Elle prouva que les sables convenaient bien à la croissance des pins. Puis un faisceau de facteurs contribua au cours du XIXe siècle à passer des reboisements du cordon dunaire ou de secteurs étroits de l'intérieur à la gigantesque forêt de pins, le pignada, dont la superficie dépasse aujourd'hui le million d'hectares. La construction d'un remarquable réseau de drainage, les crastes, pensé et voulu par Jules Chambrelent, l'action de Henri Crouzet, administrateur du domaine de Solferino acquis par Napoléon III, la législation de 1857 sur l'assainissement des terrains de parcours et l'installation des pins constituèrent une première série d'éléments favorables. La demande en bois de mines, en traverses de chemin de fer, en poteaux télégraphiques et l'extraordinaire vogue des sous-produits extraits de la résine consacrèrent le pin maritime « arbre-roi » de la fin du XIXe siècle et du début du XXe siècle. Les diverses générations de cartes témoignent de cet inexorable processus de boisement. Au début du XXe siècle s'épa-

nouit l'âge d'or du massif forestier, symbolisé par les 30 000 gemmeurs qui officient dans les sous-bois. Ils utilisent le hapcho, sorte de hache, pour dégager la cicatrice et recueillent la résine dans un pot fixé à la base de la blessure. En 1920, année faste, ils récupèrent près de 180 millions de litres de gemme ! Aujourd'hui la profession a quasiment disparu, symbole des mutations récentes qu'a connues le massif landais et des nouvelles orientations de la production. La monoculture de pin maritime présente néanmoins un certain nombre de risques majeurs dont les effets ont frappé le massif depuis un demi-siècle. Les immenses incendies de la période 1936-1947 ont été jugulés grâce à la politique exemplaire du DFCI (Service de défense des forêts contre les incendies). D'autres catastrophes frappent toutefois le pignada : les grands froids (ceux de 1985 ont détruit 30 000 hectares de forêt), les attaques d'insectes, les chablis de vent qui peuvent jeter bas en une seule tempête des millions de mètres cubes de bois.

Clairières découpées dans la forêt landaise pour y cultiver le maïs.

Vers la forêt du XXIe siècle

La forêt de Gascogne apparaît à certains observateurs comme un laboratoire de la forêt de demain. Les quatre mètres cubes de bois par hectare et par an récoltés dans les années 1930 sont à comparer aux sept mètres cubes des années 1970 et aux neuf mètres cubes actuels. Les volumes sur pied sont, dans le même laps de temps, passés de 116 à 144 mètres cubes à l'hectare. La destination première de la forêt est la production de bois d'œuvre. Les sciages assurent aujourd'hui la moitié environ des produits de première transformation. Pour répondre aux besoins suscités par ces nouvelles utilisations, les chercheurs et les propriétaires particuliers, très motivés, se préoccupent d'améliorer toutes les étapes de la filière bois. L'intensification culturale devrait conduire à la mise au point d'une véritable *ligniculture,* culture d'arbres visant à produire du bois dans des conditions équivalentes à celles de l'agriculture ; l'amélioration génétique du pin maritime assure l'accroissement constant de la production. Depuis la fin de la dernière guerre, la production de bois de trituration pour la papeterie a presque décuplé, alimentant des unités industrielles géantes comme à Facture ou Mimizan, alors que le gemmage et l'industrie de la résine ont périclité. La forêt landaise suscite l'admiration pour ses résultats, mais qui se teinte de contestation du modèle forestier de type agro-industriel qu'elle propose.

La pinède champenoise : spéculative et transitoire

Dès 1705, des boisements de pins sylvestres furent entrepris dans la Champagne « pouilleuse » pour tenter de valoriser les savarts, blanches terres de parcours à moutons couvertes d'une maigre steppe. C'est au cours du XIXe siècle que les boisements se sont étendus sur ces terres difficiles grâce au pin noir d'Autriche, espèce alors exotique, résistante au calcaire, à la sécheresse et au froid. La grande vague de plantation s'est poursuivie durant un siècle, de 1850 à 1950. À cette date, la dynamique s'inverse brusquement. Commence une phase de grands défrichements, mais le retour aux paysages d'openfield de jadis n'est qu'une apparence, car les structures économiques et sociales sont bouleversées. Une telle transformation résulte de la convergence de plusieurs phénomènes : le besoin, à l'échelle nationale, de terres labourables ; la révolution du machinisme agricole et des engrais ; les aides de la CEE ; l'effondrement conjoint de la valeur marchande des maigres bois de résineux et de l'intérêt cynégétique des pinèdes, alors que s'installait durablement l'épizootie de la myxomatose. Au total, 120 000 hectares de pinèdes champenoises ont été défrichés en vingt ans.

Lire une image satellitaire

L'image satellitaire qui présente une partie de l'est du Bassin parisien, Brie, Champagne et Barrois couvre une zone de 185 kilomètres de côté. Ce document, daté du mois de mai 1983, n'est pas une photographie. Il a été obtenu à partir d'enregistrements numériques effectués par un capteur embarqué sur le satellite américain d'observation de la terre Landsat 3. *Sur des unités élémentaires de surface de 57 mètres sur 79 mètres — les pixels —, les instruments optiques du capteur mesurent le rayonnement solaire réfléchi par la surface de la terre dans trois longueurs d'onde : le vert-jaune, l'orangé-rouge et le proche infrarouge. À la restitution, on affecte respectivement les couleurs jaune, magenta et cyan à chacun de ces trois canaux. La combinaison simultanée des canaux donne une composition colorée dont l'originalité est de faire apparaître en rouge toute végétation active. Les gammes de rouges, de bruns, de bleu-vert et de gris bleutés saisissent les principaux types d'utilisation du sol. Sur cette image, le rouge vif représente les prairies en pleine activité chlorophyllienne ; elles forment une bande le long des grandes vallées. Les rouges plus foncés sont les forêts de feuillus ; les bruns foncés, les boisements de résineux, réduits surtout aux camps militaires de Suippes, Mourmelon et Mailly. Les marrons clairs s'apparentent à des landes ouvertes à genêts, genévriers et aubépines, ou au vignoble. Cette confusion est due à l'état végétatif de la vigne qui, à cette date, a un faible taux de recouvrement et laisse donc apparaître, comme les landes, une surface importante de sol nu. Le bleu-vert marque les sols totalement nus. Les gris bleutés traduisent les surfaces bâties : on localise très bien les principales villes, Reims, Châlons et Troyes. Le noir enfin représente l'eau libre : larges taches des lacs du Der et de la forêt d'Orient.*
Les couleurs informent aussi, indirectement, sur les grands traits du relief et le degré d'humidité des sols. Ainsi les forêts de feuillus correspondent-elles plutôt à la Champagne humide tandis que les conifères se localisent en Champagne crayeuse où dominent les formes géométriques du parcellaire céréalier. Les surfaces herbagères révèlent la présence de sols frais, voire humides, dans le fond des vallées de la Marne, de la Seine et de l'Aube. Sur cette image, l'attention est surtout attirée par la forme en croissant de la Champagne crayeuse. Paysage d'openfield et de grande céréaliculture, cette actuelle Champagne a succédé à une Champagne récemment encore très boisée.

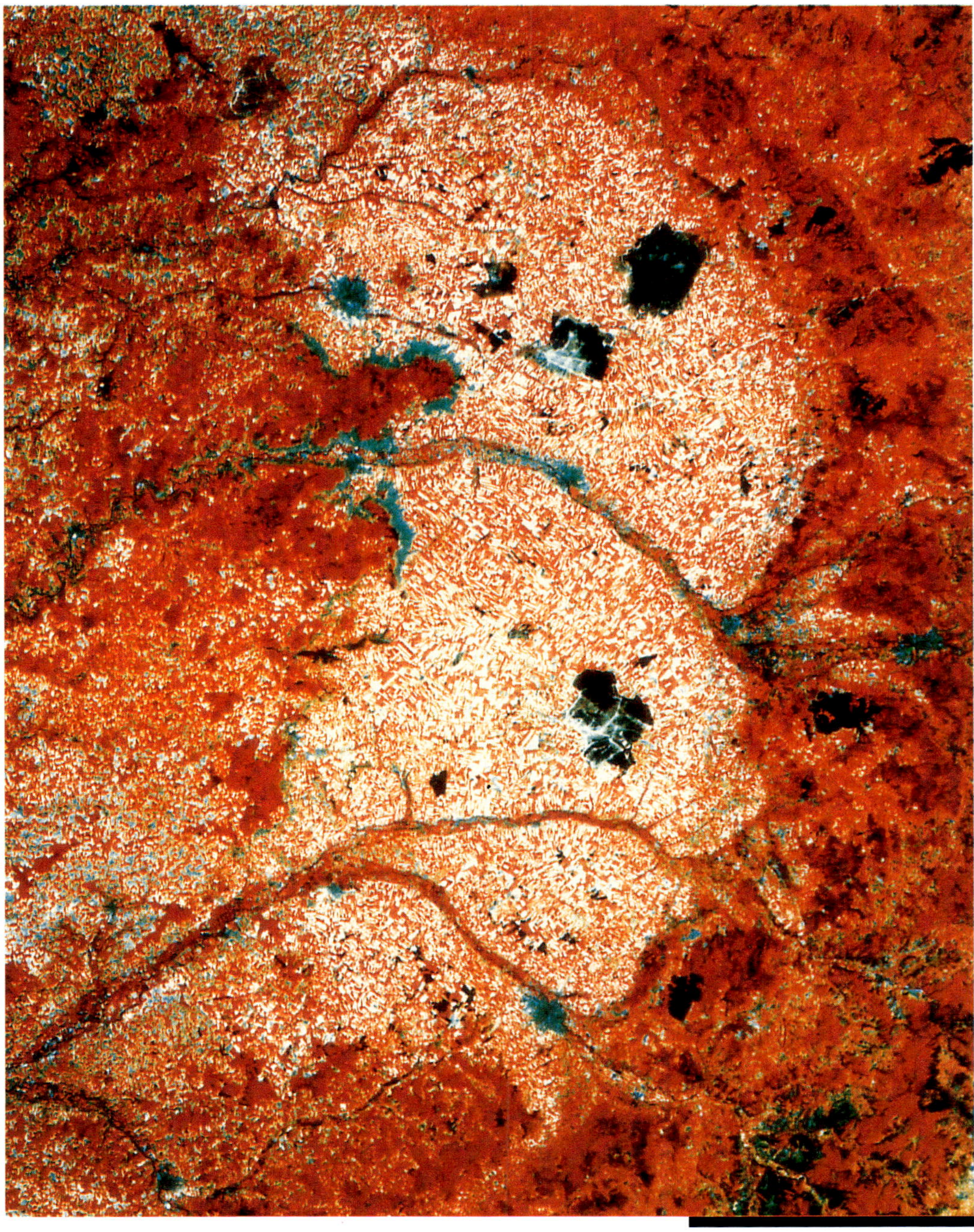

La *Champagne vue par Landsat : les boisements de résineux apparaissent en brun foncé.*

LA PART DE LA NATURE

Pour beaucoup de citadins, la forêt est synonyme de nature. Au sein des paysages ruraux, très travaillés par l'homme, elle reste en effet l'élément le plus « naturel ». Cependant, elle n'est plus la forêt « vierge » mythique qu'imaginent encore certains rêveurs. C'est un milieu qui possède une longue histoire ; soumis aux vicissitudes du climat, il s'est peu à peu transformé. Puis l'homme a fait son apparition et a exercé, pendant des millénaires, son action sur les espaces boisés. Nos forêts actuelles résultent de ces actions conjuguées du temps, du climat, du sol et de l'homme. On comprend qu'elles soient, dans un pays comme la France aux climats et aux reliefs aussi variés, très diverses dans leur nature et leur aspect, d'autant plus que la pression humaine s'y fait sentir de façon très différente selon les régions.

Exploitée, visitée, admirée, la forêt demeure un milieu mal connu. Sa dimension, sa complexité, ses rythmes de croissance en rendent l'observation et la compréhension difficiles. Il faut donc examiner d'abord les différents « rouages » puis étudier le fonctionnement de l'ensemble. L'unité fondamentale ou *écosystème*, portion de massif établie dans un environnement homogène (par son climat et son sol), réunit de nombreux acteurs : végétaux stratifiés, animaux organisés en populations qui se partagent l'espace et qui remplissent une fonction bien déterminée dans la vie de la forêt. L'écosystème forestier connaît une perpétuelle dynamique à l'échelle des temps géologiques, au cours de ses cycles de renouvellement (qu'il s'agisse d'une forêt sauvage ou d'une forêt cultivée), au fil des saisons...

Un réseau complexe de relations se tisse entre les différents acteurs et entre les acteurs et leur environnement. Le fonctionnement de l'ensemble se traduit par la production d'une masse considérable de matière vivante. Diverses perturbations peuvent intervenir et dérégler cette belle machine (liées au climat, aux ravageurs, aux pluies acides...). Enfin les écosystèmes forestiers jouent un rôle majeur dans de multiples équilibres de la planète.

L'ARBRE ROI

La forêt peut être définie comme un milieu naturel dominé par l'arbre. Son volume, ses rythmes de croissance et sa longévité permettent en effet à l'arbre de créer son propre climat et d'engendrer un sol lui aussi spécifique.

Comment définir l'arbre ?

« Plante vivace, longévive, ligneuse, dépassant sept mètres de hauteur, possédant une tige simple et nue à sa base, le tronc, surmontée d'un houppier. » L'arbre se définit d'abord par rapport aux plantes herbacées. Dans le jeune âge, les étapes de leur développement sont identiques. En raison de son caractère vivace et de sa longévité, l'arbre, confronté aux mauvaises saisons (froids hivernaux, sécheresse estivale), développe des organes de protection (écorce, bourgeons à écailles...). Cette longévité a pour conséquence directe l'acquisition annuelle d'unités supplémentaires, qui assurent un accroissement continu pratiquement jusqu'à la mort. L'arbre atteint de ce fait de grandes dimensions (essences de première grandeur dépassant 30 mètres, essences de deuxième grandeur culminant entre 15 et 30 mètres, essences de troisième grandeur ne dépassant pas 15 mètres), ce qui implique la solidité et la rigidité de l'ensemble. Ces propriétés résultent du caractère ligneux des tiges, rameaux, racines... acquis par la fabrication massive de *bois* (avec accumulation importante d'une substance complexe : la *lignine*). La distinction entre arbre et arbuste est une question de hauteur : les arbustes ne dépassent pas 7 mètres. Les arbrisseaux diffèrent des arbres et des arbustes par leur tige ramifiée dès la base. Mais de nombreux arbres ou arbustes ont la faculté de rejeter de souche après la coupe de leur tronc ; ils fournissent ainsi une cépée, par développement de bourgeons apparaissant au niveau de la section. Le tronc est la partie basale de la tige, dépourvue de branches sur une certaine hauteur. Il est engendré par la croissance du bourgeon terminal qui inhibe la croissance des bourgeons latéraux.

Le chêne est en France l'arbre roi. Isolé, il développe de puissantes branches latérales.

Des arbres, donc des forêts, depuis quand ?

Les premiers végétaux ligneux connus sont apparus il y a 400 millions d'années. Les premières « forêts » étaient composées de végétaux apparentés aux fougères dont la tige pouvait atteindre 40 mètres de haut. Les conifères, apparus vers la fin de l'ère primaire, ont connu leur apogée il y a 170 millions d'années. Ils comptaient alors plus de 20 000 espèces mais ne sont plus représentés aujourd'hui que par

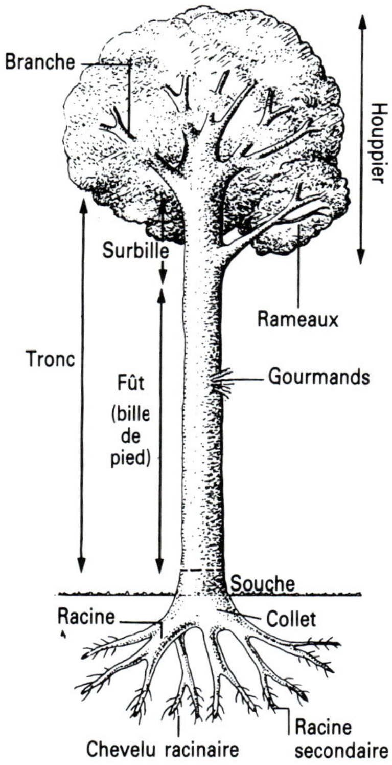

moins de 600 espèces. Ils fructifient par des cônes. Leurs feuilles ont le plus souvent la forme d'aiguilles ou d'écailles et leur bois renferme chez la plupart de leurs espèces des cellules secrétrices produisant des résines (d'où leur nom commun de *résineux*). Ils constituent les éléments essentiels des grandes forêts septentrionales et des montagnes en région tempérée. Les *feuillus* représentent un stade ultérieur de l'évolution ; ils sont caractérisés par des feuilles relativement larges et par la présence de graines encloses dans un ovaire. Apparus il y a 130 millions d'années sous un climat de type tropical, ils se sont adaptés peu à peu aux climats tempérés. Ils regroupent aujourd'hui plus de 25 000 espèces décrites et sont bien représentés sur tous les continents et sous tous les climats : tempérés, tropicaux et équatoriaux (où ils offrent la plus grande diversité). Au fur et à mesure de leur développement, ils ont éliminé les conifères de nombreux milieux, ce qui explique le petit nombre de ces derniers observé actuellement.

L'immobilité créatrice

On reconnaît un arbre à son port, c'est-à-dire à la taille et à la forme de son tronc, au mode de ramification des branches, à l'importance et à la disposition des rameaux... Ce port s'exprime vraiment lorsque l'arbre est isolé. En peuplement, les phénomènes de compétition entre individus entraînent l'allongement des troncs et la réduction des branches. L'axe principal ou tronc peut rester individualisé jusqu'au sommet de l'arbre (conifères) ou disparaître au niveau des premières branches. L'ensemble des branches forme le houppier avec les rameaux et ramilles. Des rameaux fins ou gourmands se développent parfois sur les fûts, à partir de bourgeons dormants, à la suite de la mise en lumière (ouverture du couvert après la coupe de certains arbres).

Des racines aux feuilles

L'*écorce* se compose des tissus extérieurs au bois. Les parties mortes les plus externes constituent le rhytidome dont l'aspect est souvent caractéristique de l'essence (nom

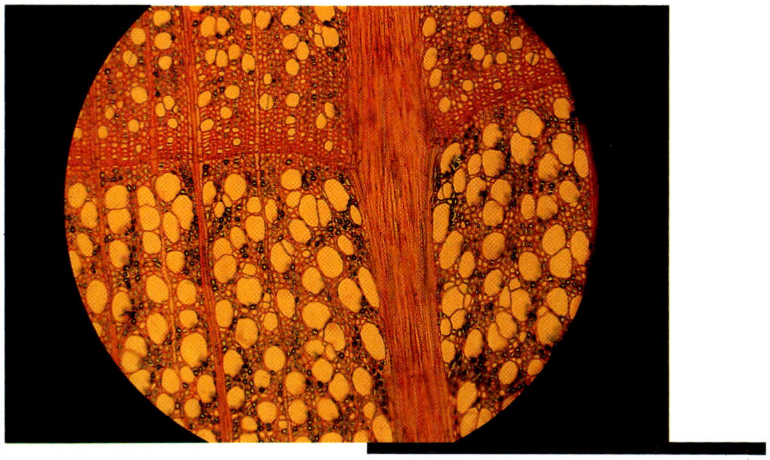

Coupe anatomique de bois de hêtre.

donné par le forestier aux espèces arborescentes) : profondément crevassé chez le chêne pédonculé ou le frêne adulte, se détachant en plaques larges et minces chez le platane... Les *racines* deviennent visibles sur les géants couchés par la tempête. Le rôle d'ancrage de l'arbre dans le sol est diversement assuré. L'enracinement pivotant ou profond est marqué par la prépondérance d'une grosse racine ou pivot, portant des racines plus petites (chêne). L'enracinement fasciculé montre de nombreuses racines de même taille, soit superficielles (épicéa) — l'arbre est alors sensible au vent —, soit obliques (érables). Ces caractères, propres à chaque espèce, peuvent être modifiés par les propriétés des sols. Ainsi, sur une dalle rocheuse ou sur un sol hébergeant une nappe d'eau plus ou moins permanente et proche de la surface, le système d'enracinement se modifiera et s'adaptera à des conditions drastiques. Certaines espèces ont la capacité de fournir des

COUPE D'UNE FEUILLE

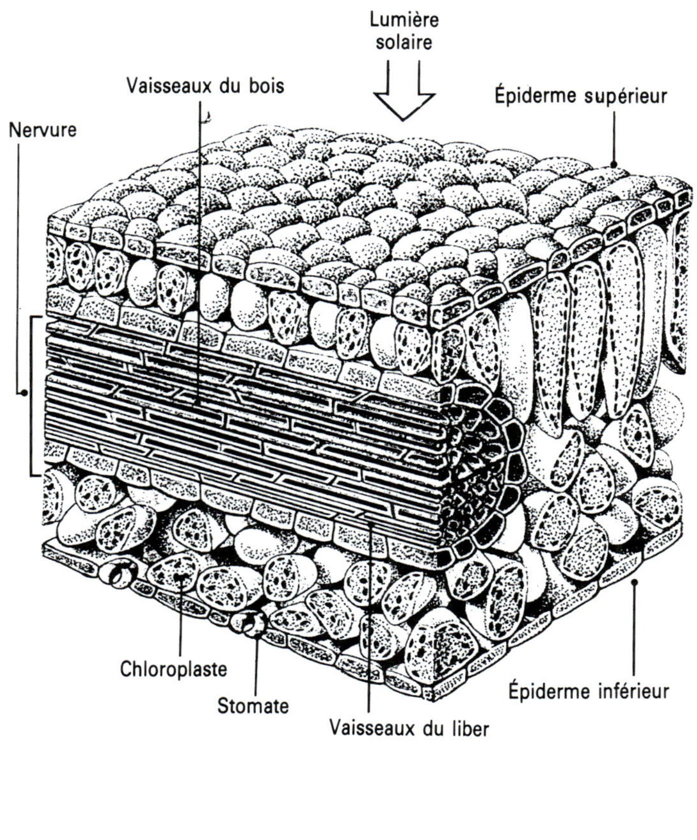

drageons, c'est-à-dire des tiges qui se développent à partir de bourgeons apparaissant sur des racines proches de la surface (tremble, tilleul).

Les *feuilles* montrent une extraordinaire diversité : caduques ou persistantes, molles ou coriaces, aiguilles courtes ou longues, écailles, feuilles simples entières lobées ou dentées, feuilles composées... La masse foliaire d'un peuplement est énorme : les 30 millions de feuilles d'un hectare de chênaie couvrent une surface de plus de six hectares... ; les aiguilles d'un hectare d'épicéa ont une masse de plusieurs tonnes et offrent une surface d'environ quinze fois celle occupée par les arbres ! La coupe d'une feuille découvre les éléments fondamentaux de « l'usine végétale » : les cellules du parenchyme avec leur stock de chloroplastes ; les nervures et leurs vaisseaux, qui assurent la circulation des sèves ; des ouvertures ou stomates (150 à 200 par millimètre carré, un million pour une feuille de tilleul), qui facilitent les échanges gazeux entre les cellules et l'atmosphère.

Le bois

La coupe d'une tige ligneuse ou d'un tronc révèle deux anneaux concentriques, le bois au centre et l'écorce à la périphérie, avec le cambium, le liber et l'écorce au sens strict. A l'échelle microscopique, le bois d'un feuillu est une juxtaposition de tuyaux allongés, les vaisseaux (à rôle de conduction) et de fibres (à rôle de soutien). Les conifères ne possèdent pas de fibres ; leurs vaisseaux particuliers, les trachéides, remplissent les deux rôles. La paroi des cellules contient de la lignine qui leur confère leur rigidité. Les

COUPE D'UN TRONC DE CHÊNE

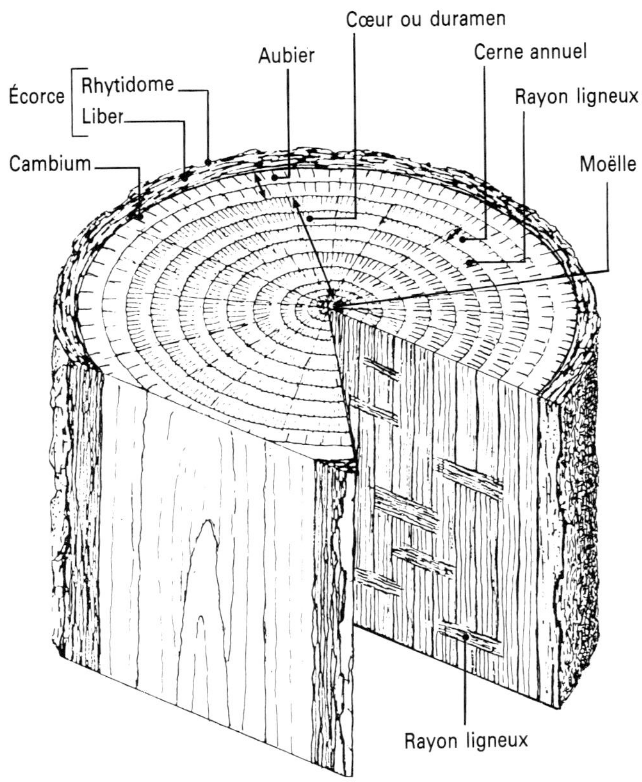

Qualité technologique des bois

La qualité du bois s'estime en tenant compte des divers usages de ce matériau. Ceux-ci ont varié au cours du temps et les technologies de demain définiront de nouveaux besoins.
Les qualités du matériau « bois » sont déterminées par les études de ses propriétés mécaniques et physiques et de sa composition chimique. La densité, la porosité, la dureté, la flexibilité font l'objet de nombreux tests normalisés. L'examen microscopique et macroscopique de la structure du bois (initial et final) apporte également des renseignements précieux. La couleur, par ailleurs, oriente certaines utilisations du bois. La qualité du bois dépend à la fois de paramètres génétiques (variations entre individus) et de la vitesse de croissance, elle-même liée d'une part aux conditions stationnelles, d'autre part au passé sylvicole qui a entraîné une concurrence plus ou moins forte entre les arbres. La qualité des chênes de tonnellerie utilisés pour la maturation des grands crus est fonction de la porosité du bois et des composés chimiques présents dans les tissus ligneux. Une croissance lente et régulière est nécessaire pour obtenir les chênes de qualité « tranchage ». Au cours de la vie d'un arbre, divers aléas peuvent déprécier les grumes : le développement de contraintes de croissance (sur des individus penchés ou croissant sur des pentes), la présence de gélivures (fentes radiales provoquées par des écarts thermiques importants lors d'hivers très rigoureux), de roulures (décollements de cernes, fréquents par exemple chez le châtaignier) ou de restes de mitraille (dans les massifs touchés par les dernières guerres).

RADICELLE

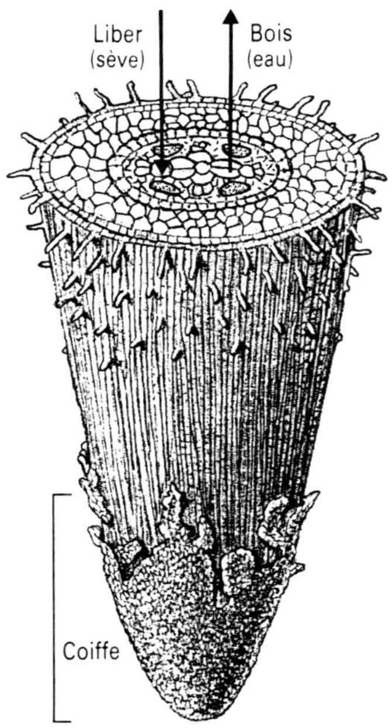

La racine s'allonge à son extrémité par l'apparition de nouvelles cellules. La coiffe protège le méristème. Les poils absorbants assurent la récupération de l'eau et des éléments minéraux qui constituent la sève brute, laquelle chemine dans les vaisseaux du bois. La sève élaborée est apportée par le liber.

cellules ligneuses s'enchâssent les unes dans les autres et donnent ainsi la solidité et la souplesse de la tige. Un anneau de bois ou cerne, fabriqué chaque année, sert essentiellement au transport de l'eau. Avec le temps, cette activité s'atténue et parfois les vaisseaux se bouchent ; seul le bois jeune fonctionne avec efficacité. Il en résulte que, sur une section de tronc, on distingue deux zones concentriques : au centre, le bois de cœur, qui chez certaines espèces (comme le pin, le mélèze, le chêne) peut offrir une forte coloration et s'appelle alors duramen, et le bois d'aubier, plus clair, à la périphérie. Le bois de cœur doit sa couleur à son imprégnation par diverses substances chimiques qui lui assurent une excellente conservation ; il n'a plus qu'un rôle de soutien.

D'autres tissus répartis transversalement par rapport aux vaisseaux, les rayons ligneux, servent à l'accumulation de réserves à la fin de l'automne, réserves qu'ils refournissent au cambium au moment où ses cellules commencent à se diviser et à se multiplier. Le cambium, mince assise génératrice, fabrique, tous les ans pendant toute la vie de l'arbre, un anneau de bois à l'intérieur et un anneau de liber vers l'extérieur. Le liber est le tissu conducteur de la sève élaborée. Toute blessure à l'écorce porte préjudice à la croissance de l'arbre. Les éléments vivants de l'arbre sont donc situés à la périphérie, ce qui explique qu'un arbre creux peut continuer à vivre. L'écorce se développe à partir de l'assise subérophellodermique, sise à l'extérieur du cambium. Son fonctionnement, plus ou moins continu, fournit du liège, tissu protecteur, dont l'épaisseur et l'aspect varient d'une espèce à l'autre. Le rhytidome rassemble les tissus desséchés et morts.

Le fonctionnement de l'arbre

Les arbres, comme toutes les plantes vertes pourvues de chlorophylle, sont capables d'assurer totalement leur fonctionnement à partir des éléments minéraux et de l'air. Par le processus de la *photosynthèse*, la feuille fabrique des substances organiques complexes à partir d'éléments minéraux simples : gaz carbonique de l'air, eau et substances minérales du sol. La source d'énergie est la lumière solaire, captée par la chlorophylle (substance organo-minérale conférant leur couleur verte aux végétaux) concentrée dans les chloroplastes. La synthèse des substances organiques se réalise selon l'équation suivante par l'intermédiaire d'une chaîne complexe de réactions chimiques, avec rejet dans l'atmosphère d'un « déchet » intéressant, l'oxygène :

$$CO_2 + H_2O + * \rightarrow C{-}OH_2 + O_2$$

(* énergie solaire)

Ces réactions nécessitent bien sûr la lumière. Mais elles exigent aussi une température minimale (de l'ordre de 4° pour nos régions tempérées). Il en résulte que les résineux continuent de fonctionner une partie de l'hiver. Dans les régions à hiver doux (sud-ouest de la France), certains conifères connaissent une croissance plus forte qu'ailleurs. La photosynthèse varie selon l'âge de leurs aiguilles (ils les conservent de cinq à sept ans) et selon leur position dans le houppier. Plus de la moitié de l'assimilation totale est l'œuvre des quatre ou cinq pousses supérieures de la cime. La sève élaborée ainsi synthétisée est véhiculée dans toutes les parties de l'arbre par les tubes criblés du liber.

SCHÉMA DU FONCTIONNEMENT D'UN ARBRE

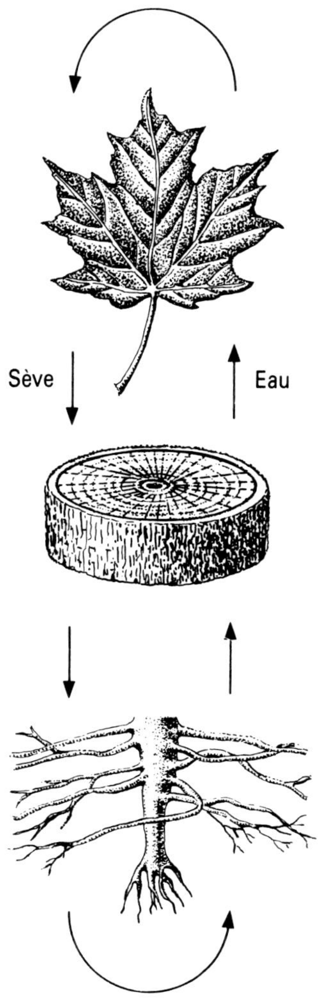

Les végétaux absorbent dans le sol l'eau et les sels minéraux qui leur sont nécessaires par l'intermédiaire des racines. Le système racinaire représente souvent une masse considérable capable d'explorer un volume énorme de sol. Plus il est développé, plus les potentialités nutritionnelles sont élevées et plus la croissance est forte (dans des conditions stationnelles données). L'absorption se réalise au niveau des racines les plus fines (radicelles). La prospection des ressources du sol est favorisée par les champignons qui s'associent aux racines et qui vivent en symbiose avec elles (mycorhize, voir plus loin). Le sol contient une solution de divers éléments minéraux dont certains traversent sélectivement les parois cellulaires des radicelles ; ils se retrouvent peu à peu en solution dans les vaisseaux de la plante. La sève brute ainsi constituée est pompée dans les vaisseaux du bois, jusqu'aux feuilles. Le transport de l'eau est assuré par les vingt cernes extérieurs de l'arbre. Chez certains feuillus (chênes, frênes, ormes), l'eau circule dans les seuls quatre ou cinq cernes extérieurs, les trois quarts étant transportés dans le dernier cerne. Comment expliquer la montée de la sève jusqu'au sommet de l'arbre ? Un premier moteur serait la poussée radiculaire, phénomène actif encore mal connu. Le second moteur n'est autre que la transpiration, à l'origine d'un véritable appel d'eau vers le haut. Elle permet de lutter efficacement contre les élévations excessives de température (un excès de chaleur entraînerait une chute de l'intensité photosynthétique). Elle est assurée par les stomates dont l'ouverture, plus ou moins forte, régule la quantité de vapeur d'eau rejetée ; un chêne rejette en un an plus de 230 fois sa propre masse en vapeur d'eau !

Comme tous les êtres vivants, les végétaux *respirent*. La respiration se traduit globalement par une réaction inverse de la photosynthèse, à savoir une consommation d'oxygène et un rejet de gaz carbonique :

$$C-OH_2 + O_2 \rightarrow CO_2 + H_2O + ^*$$

(* énergie libérée)

L'énergie fabriquée est utilisée pour le fonctionnement cellulaire, qui assure la croissance et le développement de la plante. Un *bilan* s'impose. D'un côté la photosynthèse consomme du gaz carbonique et libère de l'oxygène, de l'autre la respiration utilise de l'oxygène et rejette du gaz carbonique. Ce bilan est pratiquement nul dans une forêt naturelle non exploitée où la décomposition des tissus morts tombés au sol nécessite beaucoup d'oxygène. En revanche, le forestier qui exploite la forêt contribue à fournir un excès d'oxygène à l'atmosphère dans la mesure où il soustrait des bois à l'action des décomposeurs... En bref, l'arbre est un gigantesque cylindre de bois, pourvu d'un système qui collecte les matières premières (le système racinaire) et d'une usine de synthèse de sève élaborée (le feuillage), l'un et l'autre réunis par un ensemble imposant de tuyauterie où les sèves circulent dans les deux sens.

La valeur n'attend pas le nombre des années

La germination marque le début de la vie active de l'arbre. Pour germer, la graine doit être mûre, saine et viable. Mais il est rare qu'une graine tombée au sol ait la possibilité de germer aussitôt ; elle montre souvent une « dormance », qui sera levée par une période de froid et/ou par l'action de la chaleur... En attendant cette levée de dormance, puis les conditions favorables à la germination (température, humidité, lumière), la graine doit résister aux attaques des insectes, oiseaux, rongeurs, aux pourritures, au froid, à l'humidité (les grosses graines sont les plus exposées). La germination est parfois gênée par l'enherbement ou le tassement du sol, par la présence d'une litière épaisse de feuilles mortes... La capacité germinative est variable : très courte chez les saules (une ou deux semaines), elle est d'un hiver et d'un printemps chez le chêne, le châtaignier, le hêtre ; elle se maintient pendant deux ou trois ans chez le pin, l'épicéa, le mélèze et peut atteindre de huit à dix ans chez le pin d'Alep. Après germination, la plantule est soumise aux phénomènes de la croissance et du développement.

La *croissance* rassemble les mécanismes qui permettent un accroissement en hauteur, en poids, en volume ; elle est fortement liée à la fertilité du milieu. Le *développement* est un phénomène plus qualitatif qui se traduit par des états successifs : germination, floraison, fructification, jusqu'à la mort de l'individu. Au cours de ces phases, la plante multiplie et différencie des cellules, des tissus, des organes. Quel que soit le climat, les espèces sont soumises à divers rythmes d'activité et de croissance. Ceux-ci peuvent être liés à l'alternance des saisons en régions tempérées et donc commandés par les variations de température et de lumière. Au printemps se forment les nouvelles feuilles ; chez les conifères l'activité biologique, réduite en hiver, reprend. La croissance en hauteur commence avant la croissance en diamètre, le plus souvent avant même que les feuilles n'aient débourré. Par ailleurs l'observation montre que la plupart des arbres alternent (en conditions naturelles) des périodes de croissance et des périodes de vie ralentie. Chez le chêne, par exemple, la pousse commence dans le courant d'avril ; deux ou trois semaines plus tard, le bourgeon terminal entre en dormance jusqu'à la fin de juin ; débute alors la « pousse de la Saint-Jean », suivie d'un nouvel arrêt de croissance. Ces périodes d'activité exprimée et d'inactivité apparente ne sont pas à mettre en relation avec le climat ; elles sont liées à un rythme interne propre à l'espèce.

Des fleurs et des fruits

La reproduction sexuée commence avec l'épanouissement des fleurs *(floraison)* fournies par des bourgeons spéciaux dits « bourgeons à fleurs ». La maturité sexuelle survient à un âge variable selon les espèces et, pour une même espèce, selon les conditions locales. Les bouleaux, les aulnes, le chêne vert commencent à fleurir vers 10 à 15 ans alors que le hêtre ou le chêne sessile ou pédonculé doivent attendre 60 à 70 ans. Les sujets isolés ou en lisière fleurissent nettement plus tôt que ceux situés en massif ; les sujets peu vigoureux ou en situation difficile sont aussi plus précoces. Pour se développer, les fleurs exigent certaines conditions de chaleur et de lumière. Les fleurs de la majorité des plantes rassemblent à la fois des éléments mâles (à l'origine du pollen) et des éléments femelles (contenant des ovules) ; ces végétaux sont dits hermaphrodites. Toutefois, chez un grand nombre d'arbres (hêtre, chênes, sapin, épicéa), les fleurs mâles et les fleurs femelles sont distinctes mais portées par un même individu (espèces monoïques). Dans le cas de l'if, des saules, des peupliers, les individus fournissent uniquement des fleurs mâles ou des fleurs femelles (espèces dioïques).

La *pollinisation* conduit sur les ovules le pollen, qui assurera après germination la fécondation. Le pollen est souvent échangé entre des individus de la même espèce : toute une série de stratagèmes, qui permettent d'éviter la consanguinité, favorisent cette pollinisation croisée. Le vent est le principal agent de transport du pollen (chêne, charme, hêtre, pin...) ; les insectes le véhiculent chez les tilleuls, les sorbiers... La fécondation assure la *fructification* (formation de graines et de fruits), phénomène régi là encore par la température et l'humidité. Les « bonnes années » à fruits sont caractérisées par des étés chauds et ensoleillés (pas trop secs). On peut compter sur des années de semences satisfaisantes presque chaque année pour les bouleaux et les aulnes, tous les deux ou trois ans pour le pin sylvestre, le sapin, le frêne, tous les trois à sept ans pour l'épicéa, le mélèze, tous les deux

Arbre, quel âge as-tu ?

La croissance en hauteur et en longueur résulte de l'activité de massifs cellulaires ou méristèmes terminaux situés à l'extrémité des racines ou à la base des bourgeons. Leur fonctionnement est sous la dépendance de substances de croissance. L'accroissement est effectif aux extrémités seulement. Un clou fixé dans un tronc ou sur une branche sera donc condamné à rester à la même hauteur tout au long de la vie de l'arbre... La croissance en hauteur augmente rapidement jusqu'à une valeur élevée, puis elle diminue de plus en plus pour se ralentir considérablement à la fin de la vie de l'arbre. Le forestier n'attend pas ce dernier stade pour l'exploiter. Il détermine un âge d'exploitabilité qui correspond à une longévité « économique » (moment où la qualité du bois est bonne, où les dimensions recherchées sont obtenues et où la rentabilité se révèle intéressante). Le cambium assure la croissance en diamètre. En climat tempéré, son activité débute au printemps avec la fabrication du bois initial *(ou bois de printemps) et s'arrête en automne après la production du bois* final *(ou bois d'été). Ces deux formations diffèrent par les caractères de leurs vaisseaux, ce qui permet d'individualiser le cerne fabriqué chaque année et, partant, de déterminer l'âge de l'arbre en comptant l'ensemble des cernes présents.*

CROISSANCE EN DIAMÈTRE

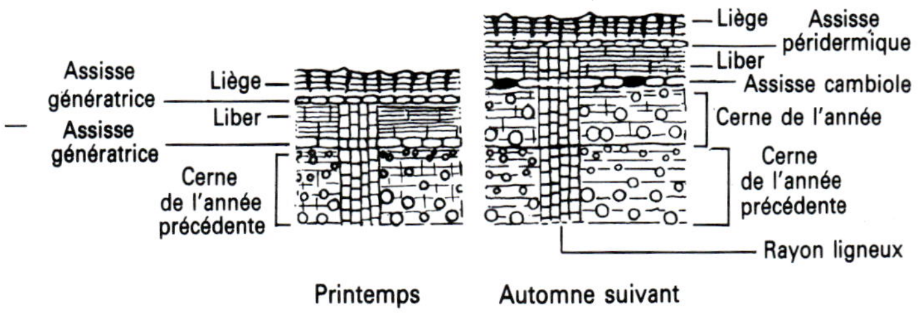

Plantule née d'une faine de hêtre.

CROISSANCE EN LONGUEUR D'UNE TIGE DE HÊTRE

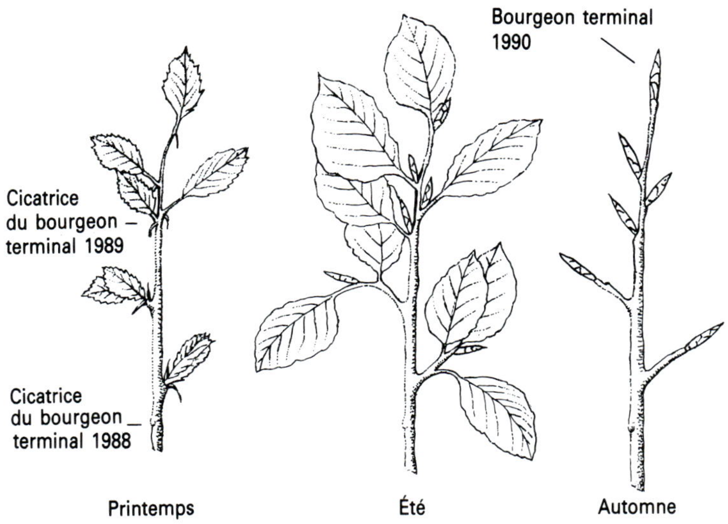

Tout rameau est issu d'un bourgeon né de l'année précédente. Les rameaux de l'année en cours fournissent seuls des feuilles et s'allongent. Les rameaux des années antérieures ne connaissent qu'une croissance en diamètre.

LA CROISSANCE D'UN ARBRE

Variation de la croissance en hauteur au cours de la vie d'un arbre (exemple d'un épicéa du Jura)

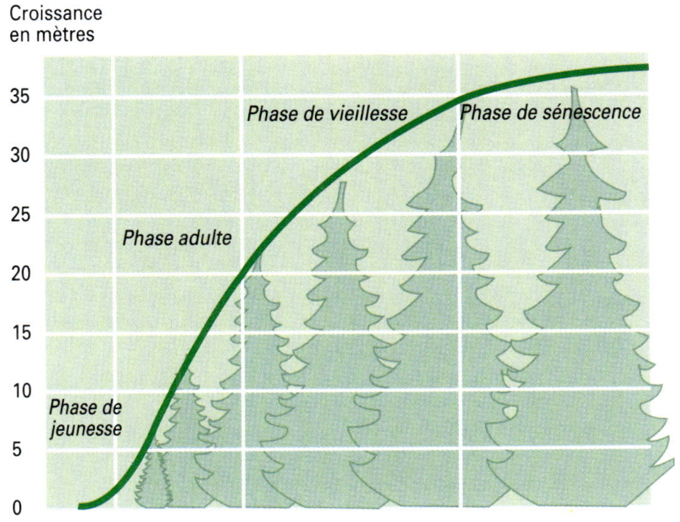

à dix ans pour les chênes et les hêtres (selon les effets des gelées printanières). Les années de fructification exceptionnelle chez les chênes ne se renouvellent que tous les dix à vingt ans. La quantité fournie varie d'une espèce à une autre : quelques milliers de glands pour un chêne, 10 000 à 15 000 faînes pour un hêtre, 20 000 à 30 000 graines pour le pin ou l'épicéa, plusieurs centaines de milliers pour un orme ou un bouleau.

AIRE DE RÉPARTITION DE L'ALISIER *(Sorbus torminalis)*

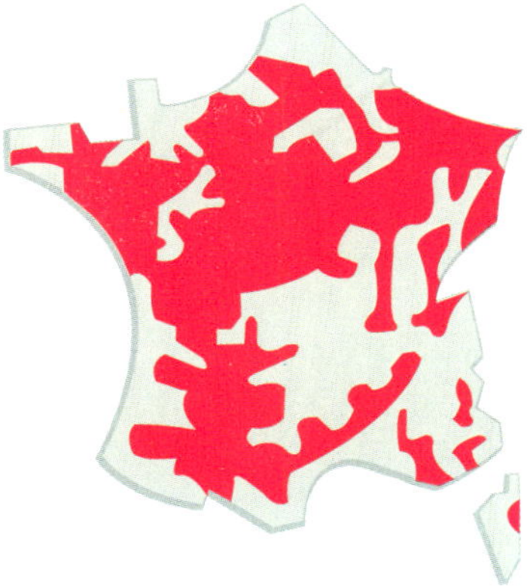

AIRE DE RÉPARTITION. Chaque espèce occupe, à l'état naturel, une certaine superficie que l'on peut délimiter ; c'est son aire de répartition. Cet espace varie dans le temps : il peut régresser ou s'étendre sous l'effet des fluctuations climatiques. Pour qu'une espèce existe en un lieu, il faut déjà qu'elle y soit parvenue (migrations anciennes) et ensuite qu'elle ait pu s'y maintenir (conditions écologiques favorables). L'homme a bien sûr fortement contribué à agrandir les aires naturelles par les plantations d'espèces indigènes ou par l'introduction d'essences exotiques. Pour guider ses travaux de reboisement, le forestier définit l'aire potentielle, c'est-à-dire l'espace où ces espèces introduites peuvent se développer, voire se reproduire naturellement en y devenant subspontanées.

L'arbre, organisme intégrateur

Que d'événements possibles au cours de la vie d'un arbre ! Certains arbres détiennent des records de longévité toutes catégories. Ainsi les chênes et les érables dépassent fréquemment les cinq siècles. Le cèdre, le noyer, le châtaignier, le tilleul peuvent atteindre le millénaire, l'if deux ou trois millénaires. Pendant la durée de sa vie, l'arbre se trouve soumis à de multiples événements qui laissent souvent leur empreinte indélébile au niveau du bois. Une mémoire fidèle est en effet consignée dans les cernes de celui-ci. Leur largeur dépend des conditions locales de croissance (sol, concurrence avec les arbres voisins d'une part, circonstances climatiques d'autre part). Selon que les conditions climatiques ont été bonnes ou mauvaises, le cerne annuel est plus ou moins large. Les différences interannuelles de la largeur des cernes sont proportionnelles à l'intensité du facteur écologique (la température, très influente en montagne, ou la pluviosité). L'observation des cernes permet donc de déduire les conditions qui ont accompagné la vie de l'arbre et de percevoir les accidents climatologiques.

LA MÉMOIRE DE L'HISTOIRE DU PEUPLEMENT. La croissance d'un jeune arbre dépend fortement de la quantité de lumière exploitable par son feuillage, donc de la compétition exercée par les arbres voisins. Par exemple (schéma ci-contre), cet arbre issu d'une réserve de taillis sous futaie a subi une alternance de mise en lumière (lors de la coupe du taillis) et de périodes plus ombragées (à chaque repousse du taillis).

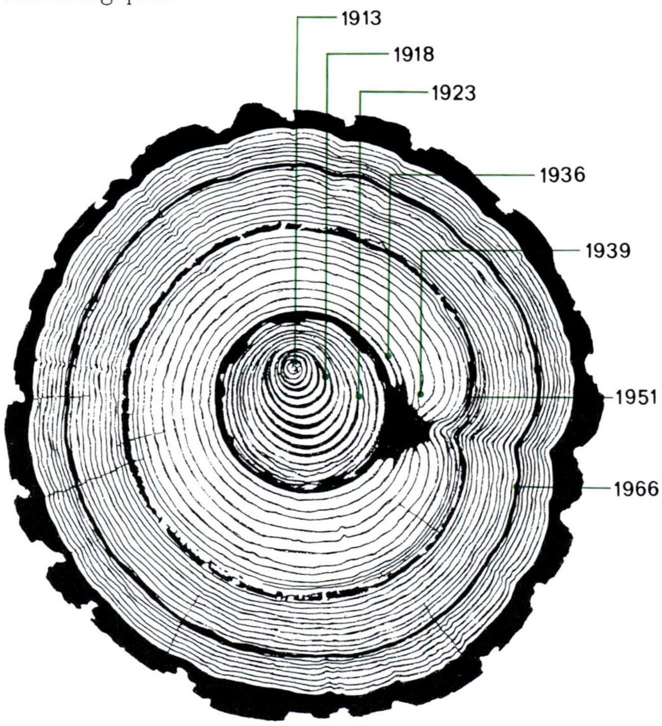

LA MÉMOIRE DES STRESS ENDURÉS. Germination de l'arbre (un pin) en 1913 ; 1918 : croissance normale assez rapide du jeune arbre ; 1923 : le jeune arbre se couche légèrement ; formation de bois de réaction ; 1936 : exploitation des grands arbres, la croissance est rapide ; 1939 : passage d'un feu courant, l'arbre résiste, le bois précédemment formé en conserve la trace ; 1951 : action d'une longue période de sécheresse ralentissant la croissance ; 1966 : pullulation de chenilles s'attaquant aux aiguilles et aux bourgeons ; la croissance est de nouveau ralentie momentanément. (Tiré de Wald und Umwelt.*)*

La dendrochronologie

Cette discipline s'appuie sur les variations annuelles d'épaisseur des cernes. Pour une espèce et par région, des séquences de largeurs de cernes sont définies par décennie à partir d'arbres vivants puis en passant à des arbres ou des restes ligneux de plus en plus vieux. Chaque séquence est caractéristique de sa décennie. On arrive ainsi à une séquence générale des largeurs de cernes sur plusieurs millénaires. L'outil devient alors très efficace pour dater n'importe quel objet : le bois d'un stradivarius, la poutre d'une maison ancienne, le pilotis d'une cité lacustre, le fragment de bois retrouvé dans un site néolithique...

LA MÉMOIRE DE L'HISTOIRE DU PEUPLEMENT

O L O L O OL OL OL O

L – mise en lumière (croissance rapide)
O – période ombragée (croissance lente)

Quelques records

Dans le monde végétal, les arbres détiennent de nombreux records. La longévité atteint 4 900 ans pour le pin de l'Arizona, 3 000 à 4 000 ans pour des cyprès géants des Andes chiliennes, 3 000 ans pour des cèdres du Liban au sud de la Turquie et seulement... 2 500 ans pour un séquoia de Californie dont le volume pourrait approcher les 2 850 mètres cubes ! Un eucalyptus exploité au XIXe siècle en Australie dépassait 125 mètres ; le record est aujourd'hui détenu par un séquoia toujours vert en Californie qui atteint 112 mètres, soit près de deux fois les tours de Notre-Dame. Mais les arbres détiennent aussi les records de développement horizontal avec 40 mètres de circonférence du tronc pour un cyprès au Mexique, 30 mètres pour les baobabs des savanes sèches d'Afrique et des platanes d'Orient en Iran ou dans le Caucase, 31 mètres pour un séquoia géant de Californie. Un figuier couvre de son ombre 1,5 hectare à Bengalore, en Inde. En Europe, un châtaignier des pentes de l'Etna, en Sicile, un olivier des Alpes-Maritimes, un if d'Écosse et deux chênes du Danemark atteignent environ 2 000 ans. Le plus grand arbre de France est actuellement un sapin du Doubs (55 mètres de hauteur, 30 mètres cubes de volume) ; il est sur le point d'être dépassé par des douglas introduits au siècle dernier (comme en forêt du Hohwald dans le Bas-Rhin). Les records d'altitude sont partagés en Europe par le mélèze d'Europe et le pin cembro qui atteignent 2 700 mètres, mais une autre espèce de mélèze se rencontre jusqu'à 4 800 mètres au cœur de la Chine !

Comme record de lenteur, on peut citer un épicéa d'Alaska qui compte tenu des conditions thermiques, à l'âge de 100 ans, présente une hauteur de 28 centimètres pour un diamètre de 25 millimètres. Enfin le plus petit ligneux se rencontre à l'étage alpin au niveau des combes à neige (où la neige s'accumule et tarde à fondre au printemps) ; il s'agit du saule herbacé, haut de deux centimètres, dont la tige s'accroît annuellement de un dixième de millimètre (à 40 ans, le diamètre est d'environ sept millimètres !).

La variabilité génétique des espèces

Une essence occupe une aire souvent vaste qui a pu se fragmenter au cours des âges. Les ensembles de populations ainsi isolés subissent des pressions de sélection différentes selon le climat, les sols... Il en résulte, entre les populations occupant les diverses parties de l'aire, l'apparition de différences plus ou moins marquées quant au port, aux rameaux, aux feuilles... Ces différences justifient la distinction, au sein de l'espèce, de sous-espèces et de variétés. Parfois les différences morphologiques sont plus ténues : on parle alors de races géographiques. Le pin sylvestre présente ainsi une multitude de races (des Pyrénées, d'Auvergne, de Wangenbourg, de Haguenau, des Alpes du Sud...). Enfin, très souvent, les différences ne sont pas visibles ; elles portent sur le fonctionnement du végétal (et en particulier sur son équipement enzymatique) et sur son adaptation à telles ou telles conditions stationnelles ; on désigne ces populations originales par le terme d'écotype. Cette très grande variabilité des essences oblige le forestier à mener une réflexion approfondie sur le matériel génétique à utiliser pour un reboisement, dans une région donnée. Il se doit d'utiliser des provenances locales, bien adaptées au climat et au sol. Par ailleurs il doit assurer la pérennité de cette variabilité.

A gauche, pin sylvestre des Alpes du Sud ; à droite, pin sylvestre de Wangenbourg.

L'ÉCOSYSTÈME FORESTIER

Dans un environnement (climat, sol...) qui forme son décor, l'écosystème forestier met en scène une multiplicité d'acteurs, grands et minuscules, végétaux et animaux, dont les interactions varient à l'infini.

Les ensembles complexes, constitués d'une part par des organismes vivants (leur association étant appelée biocénose), d'autre part par leur milieu suffisamment homogène et bien défini ou biotope, déterminent les écosystèmes forestiers. Un écosystème se définit par une certaine organisation spatiale et une certaine dynamique dans le temps, une multitude de relations entre le sol, les plantes, la faune, le climat, et un mode de fonctionnement à travers une série de cycles (de l'énergie, de l'eau et des matières minérales) qui se traduisent par une productivité plus ou moins élevée selon les conditions offertes par le milieu.

Les écosystèmes forestiers présentent deux caractères spécifiques : d'une part la hauteur des arbres, permettant une certaine stratification bien exploitée par la faune ; d'autre part la longueur du cycle forestier tout au long duquel les paramètres écologiques (interception de la lumière, compétition pour l'eau et les éléments minéraux...) évoluent de façon continue ou par crise. Il en résulte qu'au cours de la vie d'une forêt des dysfonctionnements peuvent apparaître. Mais l'écosystème est régi par un équilibre dynamique capable de réajustements successifs vis-à-vis des modifications progressives ou brutales de la lumière, de la température, de l'eau, des polluants... Les écosystèmes forestiers sont d'une extraordinaire diversité. Certains sont plus fragiles, moins stables ; tous n'ont pas la même capacité de résistance à une agression. Ils retrouvent donc plus ou moins rapidement un nouvel équilibre.

Le décor

Chaque écosystème dispose d'un décor ou environnement (ou biotope), fait à la fois de conditions climatiques (énergie lumineuse et thermique, composition chimique de l'atmosphère, eau des précipitations) et de conditions édaphiques, c'est-à-dire liées au sol (caractères physico-chimiques, eau du sol...). Compte tenu de l'énorme variabilité de ces facteurs écologiques, il en résulte une exceptionnelle diversité des écosystèmes forestiers.

Le climat

Il constitue un facteur essentiel dans la répartition et le fonctionnement des êtres vivants et des écosystèmes. Plusieurs échelles climatiques emboîtées ont été définies. Les grands climats zonaux et généraux s'ordonnent en tranches grossièrement latitudinales ; ils déterminent les grands *biomes* de la planète (forêts équatoriales, tropicales, tempérées, boréales). L'échelle la plus intéressante est celle des climats régionaux, qui s'individualisent selon les conditions des circulations atmosphériques et les caractères du relief. Le territoire français se partage ainsi entre le climat tempéré océanique, le climat méditerranéen et le climat de montagne, qui peuvent être subdivisés à leur tour en sous-unités. L'homogénéité climatique d'une région se traduit souvent par la dominance d'une essence spécifique dans les formations boisées. Les climats locaux diffèrent des climats régionaux dont ils font partie à cause de la topographie ; ils s'observent surtout dans les zones accidentées. Les expositions contrastées entraînent des bilans radiatifs locaux différents ; ainsi s'opposent les végétations des adrets ensoleillés et celles des ubacs ombragés. Les mouvements de l'air sont également souvent modifiés à faible échelle : effets de crête, accumulation d'air froid en fonds de vallon, trous à gelée...

Plus que tout autre type de végétation, la forêt, à cause de son épaisseur, engendre un climat interne ou *microclimat* dans lequel se situe le développement non seulement du sous-bois mais aussi, dans une très large mesure, de l'arbre. Elle détermine des modifications très importantes des données énergétiques qui deviennent totalement originales (lumière, variations de température) et des conditions hydriques (augmentation de l'humidité relative). En retour, la forêt influence les conditions climatiques locales et régionales : elle modifie l'humidité de l'air, la pluviométrie et pèse sur la dynamique de l'atmosphère. Les facteurs climatiques qui exercent l'empreinte la plus marquée sur la végétation sont la température et les précipitations (sous toutes leurs formes). Elles agissent non pas tellement par leurs moyennes annuelles mais surtout par leur mode de répartition au cours de l'année et par leurs valeurs extrêmes exprimées lors des années exceptionnelles (exerçant des effets limitants ou éliminateurs sur les espèces). Des conditions stationnelles particulières (d'exposition ou de sols) compensent parfois des conditions climatiques difficiles ou les exacerbent, ce qui compromet alors la croissance des peuplements.

Le sol

Le sol, support où les racines fixent les végétaux, apporte en outre les réserves d'eau qui tempèrent les discordances et les déphasages susceptibles d'apparaître entre les précipitations et la consommation. Il est aussi un réservoir de nourriture minérale. Les prélèvements effectués par la végétation sont en partie compensés par l'altération de la roche sous-jacente, qui réapprovisionne le sol ; ils le sont également par le retour à l'état minéral des substances organiques à travers la décomposition de la litière. La roche, sous l'effet de la végétation, de la pluie et du gel, se désagrège et fournit une altérite qui reste sur place ou qui est entraînée par le vent, par l'eau (alluvions) ou qui, tout simplement, glisse sur les versants (colluvions). C'est dans ce matériau d'origine que le sol naît et se développe de l'interaction entre les êtres vivants, les constituants minéraux (très variables selon la roche mère) et les facteurs climatiques. Il acquiert, au fur et à mesure de son évolution, des caractères nouveaux qui se traduisent par une différenciation en « couches » superposées ou horizons. Dans nos climats tempérés, les sols ont moins de dix mille ans ; les altérites à partir desquelles ils se sont formés ont été mises en place après la dernière glaciation. Le sol, par ailleurs, héberge en propre une flore (algues), une faune (vertébrés fouisseurs, vers, insectes et myriapodes ou arachnides) et un grand nombre de microorganismes (bactéries, champignons) qui, bien que passant presque inaperçus, jouent un rôle de première importance dans le fonctionnement de la forêt. Ils font subir aux débris végétaux qui tombent sur le sol une transformation plus ou moins rapide qui conduit à l'intégration de ceux-ci aux matières minérales et donc à la formation de l'humus (voir plus loin).

Le sol exerce un tri sélectif sur les espèces qui confrontent leurs exigences et tolérances écologiques avec les

PROFIL D'UN SOL FORESTIER. L'ouverture d'une fosse permet d'observer l'ensemble du sol et d'étudier ses caractères : profondeur exploitable par les racines ; variations, sur l'ensemble du profil, de la taille des constituants (ou texture : sables, limons ou argiles), qui influent sur la capacité de rétention en eau et de fixation des éléments minéraux ; variations du mode d'assemblage des constituants (ou structure), de la couleur des matériaux. Mais la description fine et la compréhension du sol nécessitent aussi de réaliser des analyses chimiques en laboratoire sur des échantillons de terre prélevés dans les différents horizons.

caractères physico-chimiques qui leur sont offerts. L'arbre, en effet, tire du sol l'eau et les éléments nutritifs. Sa croissance sera d'autant plus forte que les racines pourront exploiter un volume plus important de terre. De nombreuses causes peuvent toutefois limiter ou contrarier l'absorption : la faible épaisseur du sol, l'abondance des cailloux et des blocs, l'existence d'un plancher argileux tassé et compact difficilement pénétrable, la permanence d'une nappe d'eau créant des conditions asphyxiques. Le sol doit fournir en permanence une alimentation suffisante en eau. Celle-ci est d'autant mieux assurée que les éléments fins (argiles) sont abondants ; les sols sableux ou pierreux sont très sensibles au dessechement. Mais, inversement, des sols trop argileux peuvent bloquer la circulation de l'eau et engendrer des nappes plus ou moins temporaires (sols hydromorphes), limitant l'enracinement. La richesse chimique du sol joue bien sûr un rôle fondamental dans la croissance. Elle dépend pour une grande part de la disponibilité en éléments minéraux qui découle de la nature chimique de l'altérite, de l'intensité de l'activité biologique et de l'abondance des argiles.

Un monde végétal stratifié

Le caractère le plus original du milieu forestier réside sans doute dans l'organisation des végétaux en strates qui permettent une exploitation rationnelle de l'espace et plus particulièrement de la lumière. On peut ainsi distinguer : une strate de plantes sans fleurs (avec mousses, lichens et champignons) ; une strate herbacée, parfois subdivisée en plusieurs niveaux ; une strate arbustive avec deux niveaux ; une strate arborescente tantôt uniforme (dans les plantations et dans certaines forêts exploitées), tantôt avec plusieurs niveaux, distincts (en taillis sous futaie) ou en gradation continue (en forêt tropicale). Au cours de sa vie, une espèce peut participer successivement à plusieurs strates. Les conditions de luminosité, d'hygrométrie et de température diffèrent selon la strate à laquelle participe l'espèce. L'état actuel d'équilibre d'un peuplement résulte donc d'un long processus de sélection, d'adaptation et de tolérance réciproque qui se traduit par une interdépendance, fondement même de la cohabitation de toutes les espèces de l'écosystème forestier.

Arbres et arbustes

Les arbres organisent la structure verticale du milieu forestier en fonction de leur degré de développement, de leur modèle d'architecture, de leur taille (arbres de première et de deuxième grandeur), des processus de compétition (arbres dominants ou dominés). Le forestier, par ailleurs, élimine les individus mal conformés ou non désirés. La strate arbustive oscille entre un et sept mètres. On y trouve de jeunes arbres et des espèces spécifiques (arbustes ou arbrisseaux) réunies sous la dénomination de morts-bois. Leur diversité et leur recouvrement dépendent à la fois de la lumière qui arrive au sol et de la richesse minérale du substrat. Si le houx, le buis, le sureau et le lierre vivent à faible éclairement, à l'opposé les genêts à balais ou purgatif, la callune, le rhododendron ont besoin de beaucoup de lumière. Les forêts à couvert clairiéré, installées sur terrains calcaires, hébergent le plus grand nombre de morts-bois (troène, viorne, cornouillers, fusain, camerisier, aubépines...). En revanche, les morts-bois se raréfient sur sols acides où s'observent à l'état dispersé le néflier, la bourdaine, le sorbier des oiseleurs. En forêts méditerranéennes dégradées, les arbustes constituent des peuplements continus aussi bien sur silice (bruyère arborescente, arbousier, calycotome, genêts) que sur calcaire (buis, viorne-tin, alaterne, pistachier...) ; ils contribuent fortement à la vulnérabilité de ces espaces « boisés » lors des départs d'incendie. Les morts-bois en populations denses assistent la régénération des arbres (comme le noisetier que les Jurassiens nomment « berceau du sapin » ou « mère de l'épicéa » car il crée l'ombre nécessaire au développement de ces essences) ou au contraire empêchent ou gênent le développement des semis (comme le buis ou les ronces, par leur recouvrement trop dense).

Herbes et fougères

Dans une futaie feuillue adulte, la couverture des « herbes », souvent éparse, se réduit à un petit nombre d'espèces bien adaptées au microclimat forestier (surelle, aspérule, lamier jaune, balsamine des bois...). Ces forestières typiques constituent pour le gestionnaire de précieuses indicatrices. Elles sont à la base des communautés végétales rassemblant, dans un milieu, des espèces qui offrent des exigences écologiques voisines, unies par des liens de concurrence et de tolérance. Ainsi les sols frais et riches sont couverts par l'ail des ours, la ficaire, la scille à deux feuilles, la circée de Paris. Sur sols acides, la canche flexueuse, la laîche à pilules, la germandrée scorodoine prennent le dessus. Mais, dans des conditions de sols identiques, le tapis herbacé varie considérablement avec la structure forestière (en liaison avec

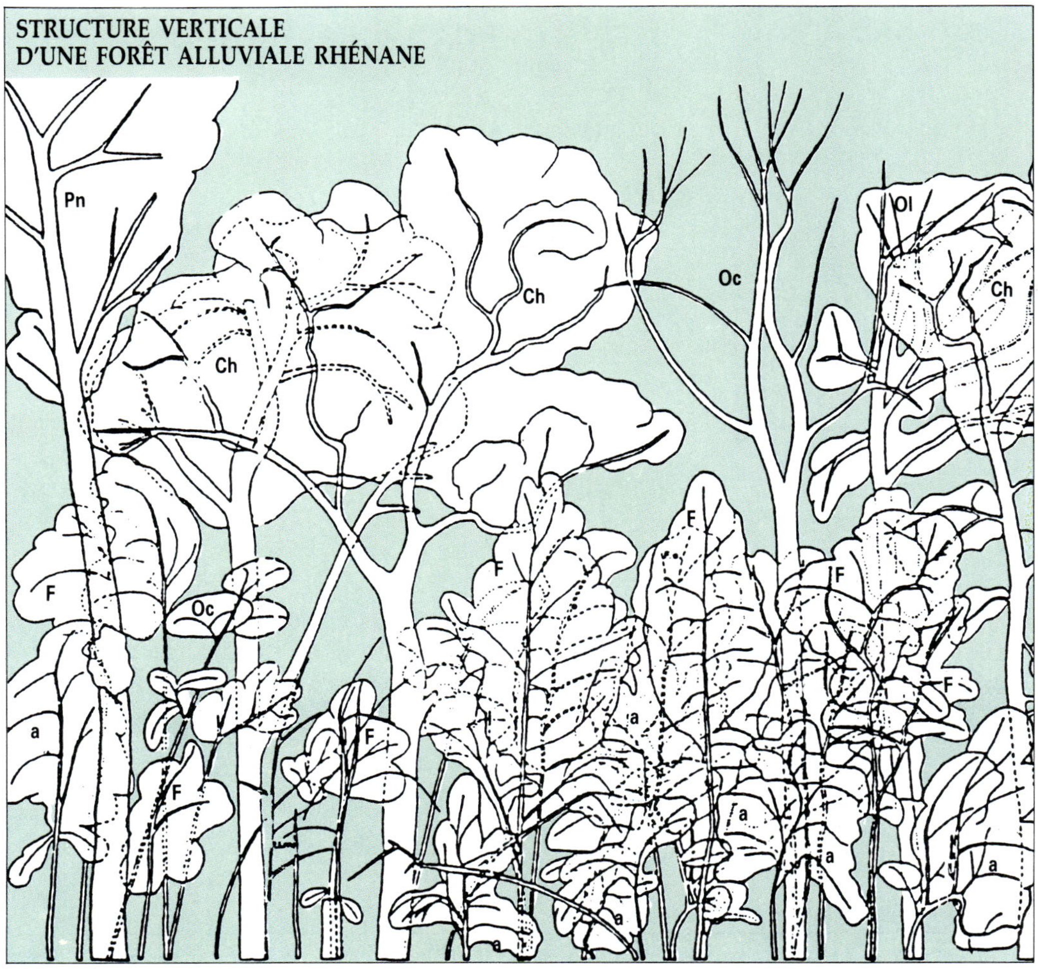

a - aubépine
Ch - chêne pédonculé
F - frêne commun
Oc - orme champêtre
Ol - orme lisse
Pn - peuplier noir

D'après DISTER, 1985

Le blechnum en épi, très fréquent dans les forêts sur sols acides du Sud-Ouest.

QUELQUES PLANTES HERBACÉES FORESTIÈRES COMMUNES

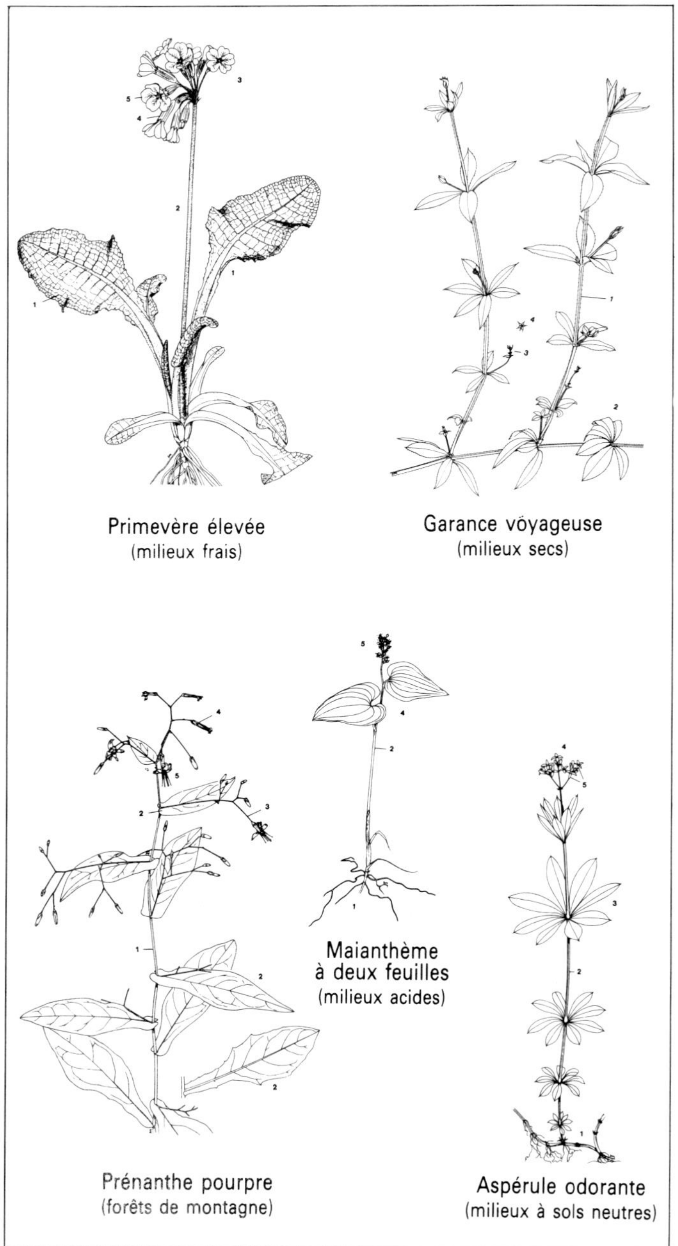

*Tiré de la **Flore Forestière Française**, tome 1 : Plaines et collines ; JC Rameau, D. Mansion, G. Dumé. Éd. I.D.F., Paris.*

la lumière et le degré d'humidité), avec l'essence (qui commande la qualité de l'humus) et surtout avec l'âge du peuplement. Peu développé dans les jeunes peuplements dont le couvert ombrage le sol, le tapis herbacé se développe avec le relèvement du couvert et « explose » lors d'une coupe, envahissant très vite l'espace éclairé. Il peut alors faire obstacle à l'installation des semis (la canche cespiteuse sur argile, la canche flexueuse sur sables, la molinie ou crin végétal sur sols hydromorphes).

La fréquence des fougères varie avec les caractères climatiques ; abondantes dans les régions atlantiques arrosées ou les montagnes océaniques, elles deviennent rares dans le Sud-Est méditerranéen. La flore des hautes herbes qui caractérise les sous-bois frais recèle souvent la fougère mâle, la fougère femelle, le polystic à aiguillons. Sous climat très océanique, ces mêmes espèces se retrouvent en plein découvert, en lisière forestière ou sur les talus. L'osmonde royale habite les bords de ruisseaux et les dépressions tourbeuses de l'ouest et du sud de la France. La scolopendre et la doradille affectionnent les éboulis ombragés des montagnes calcaires. La fougère aigle mérite une mention spéciale ; elle fréquente aussi bien les landes (qu'elle a recolonisées après abandon du pâturage) que les forêts claires (chênaies, pineraies...) ; elle devient envahissante sur les sols acides et compromet parfois la régénération des chênes, du hêtre et des pins.

Mousses et lichens

Les herbes dissimulent parfois le tapis muscinal, c'est-à-dire les mousses. Celles-ci dépendent très étroitement de l'eau et montrent des périodes de dessiccation suivies de phases de « reviviscence » lorsque les précipitations sont abondantes. Une strate muscinale très développée joue un rôle non négligeable dans le cycle de l'eau : elle se gorge d'eau en saison humide et la restitue ensuite peu à peu à l'atmosphère. Les polytrics et les dicranes recherchent les sols acides. Les sphaignes prospèrent dans les terrains humides : au fur et à mesure de leur croissance, la partie inférieure se décompose incomplètement pour donner des horizons tourbeux. Les mousses vivent également en épiphyte sur les arbres (elles diffèrent selon l'essence et l'âge des tiges), sur les rochers et sur les souches pourrissantes. Certaines espèces concentrent des métaux lourds et constituent de bons indicateurs du degré de pollution de l'air par ces produits.

Symbiose d'une algue riche en chlorophylle et d'un champignon filamenteux, les lichens sont les premiers colonisateurs des rochers, des éboulis, des zones sableuses ; ils y préparent lentement le retour de végétaux plus exigeants. Il s'agit alors d'espèces « crustacées », inséparables du support, ou foliacées (parmélies, peltigères...). Sur sols sableux, sensibles à la sécheresse, les cladonies composent parfois à elles seules le tapis végétal, sous un couvert d'arbres rachitiques. Les troncs et les branches des arbres sont aussi couverts de lichens de taille et de forme variées ; leur abondance révèle souvent une humidité atmosphérique élevée (comme à l'étage montagnard) ou une croissance lente des arbres (les lichens s'installent dans ce cas sur l'écorce qui ne s'exfolie plus). Ils tachent les écorces de marbrures, de hiéroglyphes (cas du graphis) ; le thalle est parfois gaufré (pulmonaire) ou en forme de petits buissons (évernies, ramalines) ; les draperies de l'usnée barbue habillent l'arbre de guirlandes. L'abondance et la diversité des lichens sur les arbres d'alignement sont en relation avec la pureté de l'air ; ces végétaux sont très sensibles à la pollution de l'air par le dioxyde de soufre. Ils servent ainsi de bioindicateurs pour déterminer la concentration de ce polluant dans l'air que nous respirons.

Les champignons

La forêt est sans conteste le milieu qui héberge le plus grand nombre d'espèces de champignons. Ils s'installent à tous les niveaux de l'écosystème : sur le sol, dans la litière, sur le bois mort et les souches, autour des racines, sur les troncs, les feuilles ou les fleurs. Ils passent le plus souvent inaperçus car leur forme de végétation se réduit à l'état de filaments mycéliens que l'on entrevoit parfois sur les feuilles mortes ou dans l'humus. Cependant, si certains donnent des fructifications minuscules et aussi imperceptibles que le mycélium, d'autres développent des appareils reproducteurs volumineux ou carpophores qui libèrent des myriades de spores. Ils font l'objet de la convoitise des « mycophages » (mais, attention, il est recommandé avant de collecter les « champignons » de bien connaître la vingtaine d'espèces dangereuses ou mortelles !). Les carpophores apparaissent au printemps (morille et mousseron), en été (girolles) ou en automne (amanites, lépiotes, bolets, lactaires, russules, tricholomes, hébélomes...) quand la température est clémente et les pluies abondantes (ce qui explique leur éclipse totale en période de sécheresse ou de refroidissement). Les champignons adoptent diverses stratégies pour satisfaire leurs besoins alimentaires. Certains tirent leur nourriture de la décomposition des matières organiques mortes (présentes dans la litière ou le bois mort), ce qui leur vaut le qualificatif de saprophyte. D'autres entrent en contact étroit avec de nombreux végétaux (dont les arbres) pour établir des relations symbiotiques, appelées mycorhizes (voir plus loin), avec leurs racines. Chacun peut s'associer à de multiples essences ou à quelques-unes d'entre elles ; c'est le cas des truffes liées au chêne et au noisetier, des morilles prospérant au pied des ormes et des frênes ou des lactaires délicieux appréciant les peuplements de résineux. Enfin beaucoup de champignons parasitent divers organes végétaux. Les conséquences des maladies ainsi causées (mycoses) diffèrent selon l'état sanitaire préalable de l'arbre, le type de champignon et les tissus ou organes touchés. La réceptivité à une attaque parasitaire dépend de l'essence et des individus (au sein d'une population, certains individus se révèlent plus sensibles que d'autres par prédisposition génétique). L'arbre fragilisé par des conditions climatiques difficiles, par l'action de ravageurs, par une sylviculture inadaptée... ou, tout simplement, âgé est plus réceptif. Le sol héberge en outre des myriades de microorganismes (bactéries, virus) qui interviennent efficacement dans les processus de minéralisation de la matière organique.

Amanite tue-mouches.

Une faune très diverse et organisée

Une grande forêt de hêtres de l'étage montagnard ou une chênaie du centre de la France héberge plus de 6 000 espèces animales différentes. Certaines d'entre elles, au cours de leurs diverses activités, fréquentent aussi les prairies et les champs voisins. Par ailleurs, l'action de l'homme sur les paysages ruraux a modifié le comportement de nombreuses espèces qui exploitaient initialement des espaces ouverts ; elles cherchent maintenant refuge en lisière ou au sein des massifs. Mais beaucoup d'animaux, strictement inféodés au milieu forestier, disparaîtraient sans doute avec lui.

Les individus d'une même espèce, liés par des relations multiples et occupant un milieu donné, constituent une population, unité élémentaire de l'organisation de l'écosystème. Chaque population possède ses propriétés et son fonctionnement particulier (densité, taux et forme de croissance, fluctuations des effectifs avec des cycles saisonniers ou annuels et des phases d'équilibre et de déséquilibre...) qu'elle exerce à l'intérieur d'un habitat judicieusement choisi (situé dans l'une des strates, à la surface ou à l'intérieur du sol, en lisière...). Au sein de cet espace, les individus se dispersent, restant isolés les uns des autres, ou, au contraire, se réunissent, soit en couple ou en famille, soit en groupes sociaux présentant une organisation complexe. Dans une société animale, les comportements individuels se fondent dans le comportement social du groupe. Les fourmis rousses en fournissent un exemple remarquable. Dans les forêts montagnardes, elles développent d'énormes colonies qui réunissent de nombreuses fourmilières reliées entre elles par des kilomètres de labyrinthes empruntés sans relâche. Chaque fourmilière rassemble une reine chargée de la reproduction et une multitude d'ouvrières qui se partagent tous les travaux nécessaires à la subsistance et à la croissance de la société. Au cours de la vie des fourmis rousses, les fonctions se succèdent selon une ordonnance immuable : soins apportés aux larves, construction de la fourmilière, recherche des matériaux de construction, « traite » des pucerons pour la récolte de miellat (sève élaborée extraite des plantes par ces « suceurs »), enfin chasse de diverses proies. Leur régime alimentaire se répartit entre le miellat (60 %), les insectes (33 %) et la sève des plantes (4 %).

Certains animaux (vertébrés ou insectes surtout) affichent un sens affirmé de la propriété. L'individu, le couple ou la famille circonscrit un espace ou territoire où il exerce l'ensemble de ses activités et qu'il défend avec conviction contre tout intrus de la même espèce. Ce domaine intime est souvent divisé en secteurs réservés chacun à une activité particulière. Les mâles adultes de grand tétras (ou coq de bruyère) hivernent dans de vieilles futaies très claires, stratifiées ; ils se nourrissent alors d'aiguilles de résineux. Les femelles, pendant la même période, recherchent des futaies identiques mais à couvert plus dense. Les milieux d'estive sont semblables pour les deux sexes ; outre la stratification qui assure le couvert et le perché, ces milieux doivent renfermer une riche fruticée (strate à sous-arbrisseaux). Les sites d'élevage des jeunes comprennent des zones de prés-bois et de clairières à l'écart des gêneurs, munies d'un tapis végétal exubérant qui offre de nombreux insectes. Les jeunes recherchent les petits arbres pour s'y poster la nuit. Les places de chant sont de petits espaces clairiérés (tourbières, trouées, plantations, pistes), installés sur de faibles pentes (replats ou mamelons dégagés) qui retiennent la neige tard dans la saison. Toutes ces exigences ne peuvent être satisfaites en un même lieu. Aussi le domaine vital du grand coq de bruyère s'étend-il sur une surface de 20 à 50 hectares.

Coq de bruyère, dit aussi grand tétras.

LES ANIMAUX DE LA FORÊT

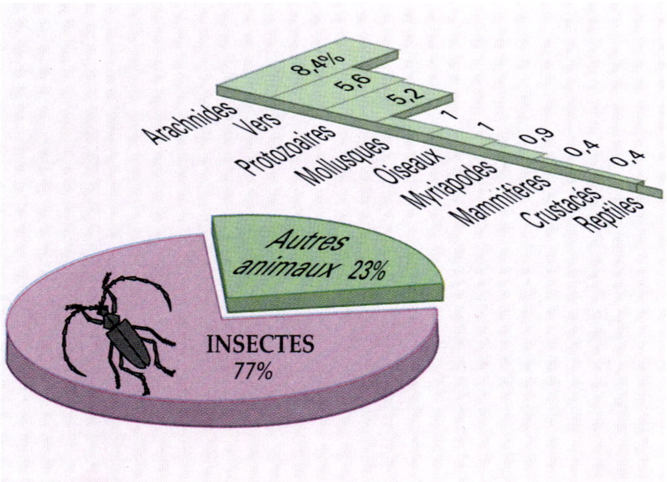

LE TERRITOIRE DU BLAIREAU. Le blaireau a besoin d'un terrain sablonneux pour y établir son terrier. Des places fixes sont prévues pour se chauffer au soleil, jouer ou comme WC (d'après E. Neal).

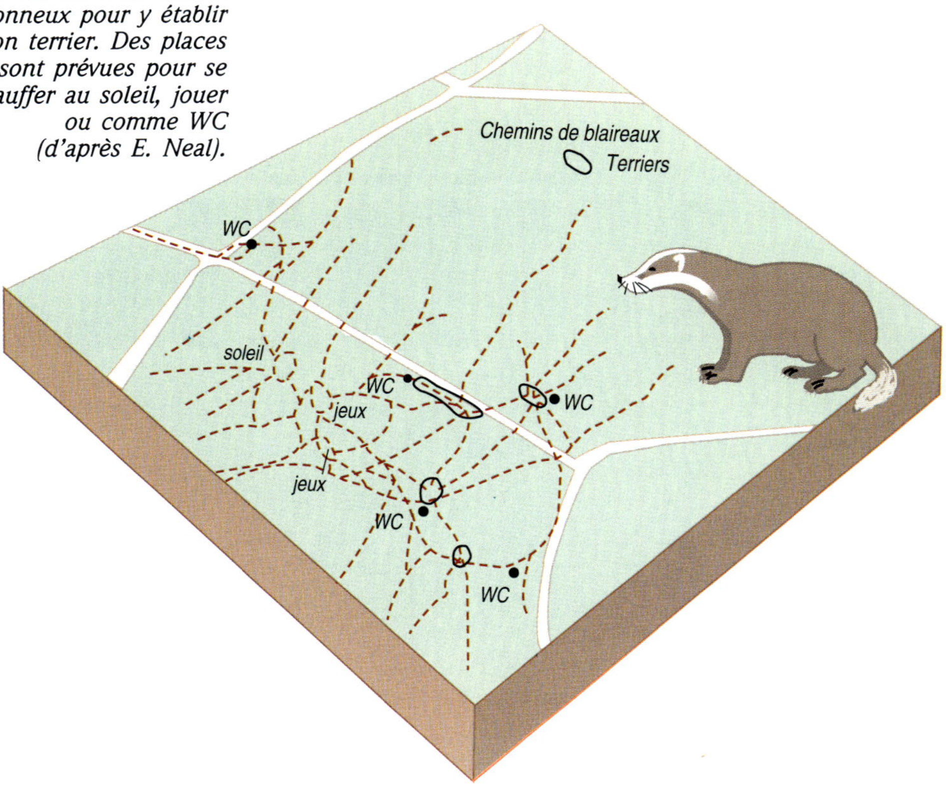

À chaque espèce sa niche écologique

Sa richesse en espèces fait de la forêt le meilleur exemple d'exploitation maximale et rationnelle de l'espace offert et de toutes les ressources alimentaires dispensées. L'énergie disponible est utilisée par chaque organisme pour sa croissance, sa maintenance (respiration, régénération des tissus, recherche de nourriture), l'aménagement de son territoire, sa reproduction. Réduire le plus possible les pertes énergétiques constitue l'objectif prioritaire ; le meilleur moyen d'y parvenir est de se spécialiser — sur un type de nourriture peu convoité, sur un espace peu fréquenté par les autres — et de s'activer à un moment opportun de la journée. Chaque espèce joue un rôle et occupe une place déterminée dans l'écosystème (sa niche écologique). Cette remarquable organisation résulte d'une longue évolution qui a sélectionné, en fonction des caractères variables du milieu, les êtres les mieux adaptés à remplir tel ou tel rôle.

Le monde des insectes

Leur nombre d'espèces et la multitude des individus de leurs populations font des insectes un élément essentiel de la vie animale forestière. C'est en forêt qu'ils forment les communautés les plus complexes et les plus diverses ; leur forme, leur taille, leur organisation, leur mode de vie et leur rôle dans l'écosystème offrent une variété extraordinaire. Les différents régimes alimentaires des insectes donnent une idée de cette richesse entomologique. Beaucoup se nourrissent aux dépens du feuillage. Ils provoquent parfois des défoliations spectaculaires, plus ou moins dangereuses pour l'arbre. Une centaine d'espèces de lépidoptères peuvent, au stade de la chenille, attaquer les feuilles de chêne ; mais certaines d'entre elles seulement sont susceptibles de pulluler et d'entraîner une forte défoliation, comme la tordeuse verte du chêne qui attaque les jeunes pousses au printemps. Elle est parfois relayée en été par la processionnaire du chêne, surtout gênante pour le promeneur en raison de son caractère urticant. La chenille processionnaire des pins affectionne les pins méridionaux (pin d'Alep, pin maritime et pin noir). Le lophyre du pin (hyménoptère) dévaste certaines années les peuplements de pins sylvestres. Divers insectes adultes ajoutent leurs effets à ceux des larves précédentes : le hanneton, l'orchestre du hêtre, la chrysomèle du tremble, la galéruque de l'orme...

Quelques insectes s'intéressent aux bourgeons, aux jeunes pousses et aux rameaux que les larves « mineuses » ou « tordeuses » déforment ou détruisent (bupreste sur les chênes, saperde du tremble). Le bois est aussi l'objet de multiples convoitises de la part d'espèces se nourrissant du liber, du cambium et du bois proprement dit. Les plus redoutables sont les scolytes ou ips dont les larves vivent dans l'aubier en y dessinant de courtes galeries typiques de l'espèce. Ils y bloquent la circulation de la sève ; le plus connu est l'ips typographe qui s'attaque à l'épicéa. Les fleurs sont parfois attaquées par le cétoine doré ; les fruits et les graines sont minés par les balanins (faîne, châtaigne et gland). D'autres insectes, les cochenilles, opèrent des prélèvements de sève élaborée à l'aide de pièces buccales en stylet (la cochenille du hêtre, qui affaiblit cette essence dans certaines régions ; la cochenille du pin maritime, responsable de la disparition de 120 000 hectares de pinèdes dans le sud-est de la France). Les populations de ces ravageurs sont régulées par les insectes entomophages ; les chenilles défoliatrices sont, par exemple, décimées par le calosome, les ichneumons et les tachinaires. Certains insectes assurent le nettoyage du sol en consommant les cadavres (nécrophore ou silphe à corselet rouge) ou en éliminant les excréments (comme le bousier ou géotrupe). Les arbres morts et les branches tombées au sol sont désagrégés progressivement par de nombreux coléoptères (capricornes...), lépidoptères ou hyménoptères. Enfin les litières hébergent des millions d'insectes minuscules (collemboles), participant à la décomposition des feuilles mortes.

ÉVOLUTION DES POPULATIONS D'OISEAUX AU COURS DE LA CROISSANCE D'UNE FUTAIE

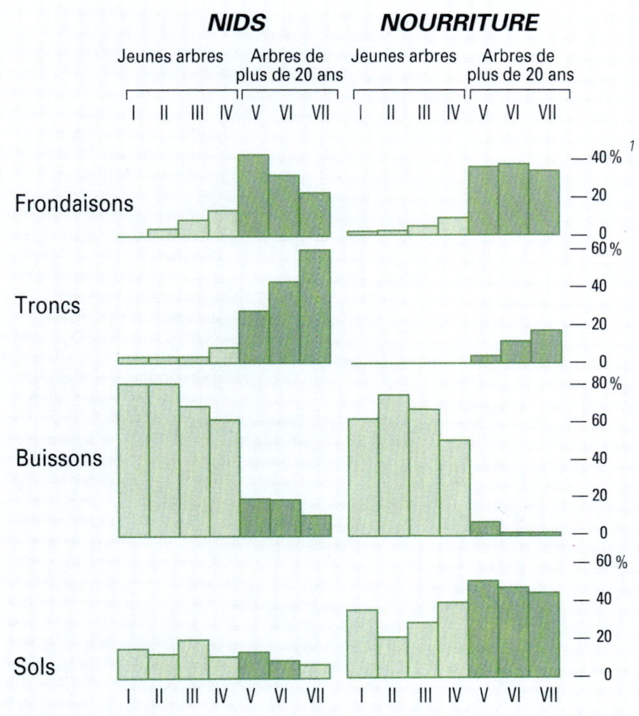

I Régénération de 1 -3 ans
II Régénération de 4 -7 ans
III Régénération de 9 -12 ans
IV Peuplement de 13 -20 ans
V Peuplement de 40 -70 ans
VI Peuplement de 71 -125 ans
VII Peuplement de 150 -200 ans

1 En % de la biomasse vivant sur la forêt

Les oiseaux migrateurs font plus volontiers escale dans les jeunes arbres, alors que les oiseaux sédentaires s'abritent dans les arbres de plus de 20 ans.

Les oiseaux

Une chênaie bourguignonne héberge plus de soixante espèces d'oiseaux qui s'y reproduisent régulièrement ; une douzaine d'autres espèces s'y rencontrent temporairement lors de passages ou de périodes d'hivernage. Armé de patience, le promeneur observera ainsi de nombreux passereaux, des pics, des rapaces... La forêt est un biotope accueillant : elle offre non seulement une nourriture abondante (beaucoup d'oiseaux recherchent les insectes, quelques-uns mangent les graines et les fruits, d'autres enfin ont un régime mixte), mais aussi des conditions favorables aux différentes exigences du comportement, telles que postes de guet ou de chant, sites de nidification. Chaque espèce occupe une strate particulière pour chanter, se situant par rapport au sol (troglodyte) ou par rapport au sommet de l'arbre (pouillot véloce). Le merle niche principalement dans les arbustes, la mésange charbonnière utilise les cavités des troncs, le rouge-gorge s'installe au sol, le pinson recherche le sommet des frondaisons.

La gestion du forestier transforme peu à peu la chênaie et modifie donc, dans l'espace et dans le temps, les différentes niches écologiques. La faune ornithologique évolue parallèlement aux peuplements forestiers. Dans les phases jeunes, couvertes par les herbes et les buissons bas, les fauvettes et les pouillots dominent. Avec la croissance des fourrés et l'apparition de buissons élevés, rouges-gorges et rossignols occupent l'espace, tandis que la tourterelle des bois trouve ses conditions optimales ; mais en règle générale l'abondance des populations est alors à son niveau le plus bas. Avec le vieillissement de la futaie, les arbres fournissent du bois mort et des cavités utilisés par les mésanges. De nombreuses espèces nouvelles apparaissent : pics, étourneau, rouge-queue à front blanc... La quantité d'oiseaux dépend de la variété des espèces qui peuvent nicher, donc du degré de complexité structurale des milieux forestiers et de la physionomie des végétaux ligneux (les buissons et les arbres âgés sont très favorables, les jeunes arbres plutôt défavorables).

Grands et petits mammifères

Nombreux mais discrets, fuyant le contact de l'homme, volontiers nocturnes, ces animaux passent souvent inaperçus. Pour les voir il faut connaître leurs habitudes, être assidu et faire preuve de patience. Ils laissent aussi de nombreux indices qui renseignent sur la présence et la localisation des espèces dans la forêt. Les empreintes constituent une source d'observation pratique mais dont l'interprétation n'est pas toujours aisée (pas assez enfoncées dans le sol ou trop vieilles). Les sangliers sont trahis par la terre retournée à la recherche de nourriture ou les bauges situées dans les endroits humides ; l'écureuil par les déchets de noisettes, les restes de cônes d'épicéa décortiqués ; les chevreuils par les zones grattées avec le pied près de la couchette. Les excréments apportent également des informations sur les habitudes et le régime des animaux (laissées du chevreuil, fumées du cerf, fientes du sanglier et du renard...).

Les grands mammifères herbivores sont représentés, dans les forêts de plaine et de moyenne montagne, par les cervidés : cerf, chevreuil et, en Alsace, daim. Chez les cervidés, seuls les mâles portent sur la tête des bois (et non des cornes) qui tombent chaque année et repoussent avec un développement accru. Le cerf, espèce vraiment forestière, a besoin de forêts étendues. Animal superbe, le plus grand de nos mammifères sauvages, il se laisse difficilement voir, mais on l'entend brâmer à la fin du mois de septembre, à la tombée du jour. Si le chevreuil vit surtout en forêt, les bois de quelques hectares et le bocage lui conviennent également. C'est un animal de petite taille, ne dépassant pas trente kilogrammes. Le daim, disparu de nos forêts, a été réintroduit en Alsace et s'y est considérablement développé ; ses bois palmés et sa robe tachetée de blanc sont caractéristiques. Dans les forêts d'altitude et en haute montagne, on trouve le chamois (isard dans les Pyrénées), le mouflon, le bouquetin. Ces quatre dernières espèces sont pourvues de cornes véritables et permanentes. Le sanglier vit surtout en forêt, mais c'est un animal qui se déplace beaucoup et, à l'occasion de ses sorties, commet des dégâts importants dans les cultures (notamment de maïs, pommes de terre et betteraves). Les rongeurs, en forêt, ont tendance à proliférer et occasionnent alors des dommages considérables qui peuvent empêcher toute régénération. En tête vient le lapin, dont les populations ont baissé depuis l'arrivée de la myxomatose dans les années cinquante. Il y a aussi les campagnols, qui détruisent les jeunes plants en rongeant l'écorce et s'attaquent même aux peuplements plus âgés, grimpant pour cela dans les cimes. Le lièvre, jamais abondant, ne cause pas de dégâts, non plus que l'écureuil.

Les grands carnivores ont été éliminés par l'homme, complètement (loup et lynx au XIXe siècle) ou presque (ours, dont il subsiste quelques individus dans les Pyrénées). Depuis quelques années, on assiste au retour du lynx dans l'est de la France, de façon naturelle à partir de la Suisse ou par réintroduction volontaire. Les carnassiers sont surtout représentés aujourd'hui par le renard, le chat sauvage et plusieurs espèces de la famille des mustélidés : putois, martre, fouine, hermine, belette. Le renard vit en forêt mais ses facultés d'adaptation lui ouvrent tous les milieux (en Angleterre, il existe des populations de renards permanentes dans certaines villes). Ses proies favorites étant le lapin et les campagnols, il est très utile à la forêt. Les renards sont malheureusement les vecteurs de la rage, réapparue dans l'est de l'Europe au début des années quarante et arrivée en Moselle en 1968. Depuis lors, des campagnes de destruction systématiques ont fait baisser les effectifs, sans pour autant enrayer la rage. On s'oriente aujourd'hui vers la vaccination à l'aide d'appâts, mais l'opération est délicate et onéreuse. Les petits mammifères insectivores (musaraigne, hérisson, taupe) limitent les populations de certains insectes.

Chat sauvage : c'est l'un des carnassiers encore fréquents dans les forêts françaises.

Une dynamique permanente

À toutes les échelles de temps, la forêt évolue : au gré des changements climatiques — très lents —, des interventions humaines — le cas échéant réversibles — ou, plus simplement, au rythme des saisons.

Ce que racontent les pollens

À l'échelle des temps géologiques, la mise en place des essences et des forêts actuelles est d'origine récente. Elle a procédé, au cours des dix derniers millénaires, d'une série de transformations radicales des paysages végétaux, avec

L'ÉVOLUTION DES ESPÈCES FORESTIÈRES AU COURS DES TEMPS POST-GLACIAIRES

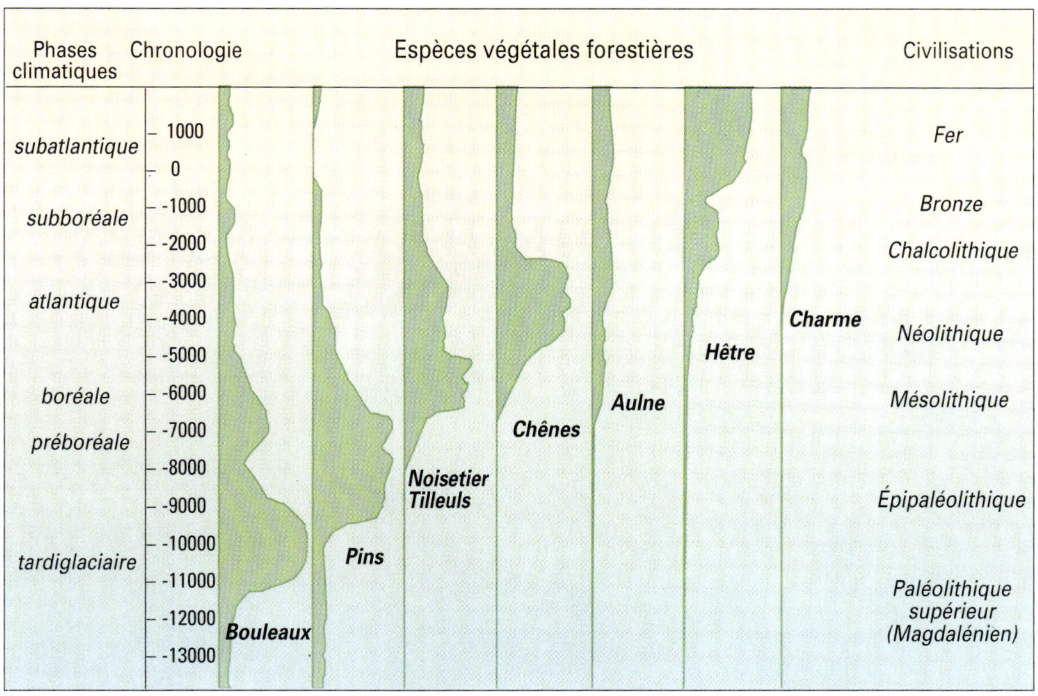

pour moteur une succession de changements climatiques. La toundra, qui occupait la majorité des espaces non glacés, a peu à peu fait place à divers peuplements forestiers. L'étude des pollens permet de reconstituer les modalités et la chronologie de cette reconquête opérée par les arbres. Grâce à sa cuticule externe, le pollen se conserve en effet sur de longues durées dans les milieux pauvres en oxygène (tourbières, sédiments, sols acides...). Selon les espèces, le pollen diffère

LA MISE EN PLACE DES FORÊTS ACTUELLES. Il y a dix mille ans, le climat s'adoucit nettement : les glaciers reculent et laissent des surfaces dénudées qu'envahissent les bouleaux puis les pins. Au Boréal (— 8700, — 7500 ans), le climat devient plus chaud et plus sec qu'actuellement ; le noisetier puis les ormes, les tilleuls et les chênes s'installent. À l'Atlantique (— 7500, — 4500 ans), le climat reste chaud mais devient plus humide ; la chênaie mixte envahit l'espace. Au Subboréal (— 4500, — 2800 ans) et au Subatlantique (— 2800 ans à nos jours), le climat se refroidit et devient encore plus humide ; le hêtre s'associe aux chênes en basse altitude et le remplace à l'étage montagnard, en compagnie du sapin et de l'épicéa (dans les Alpes, le Jura ou les Vosges).

Autorégénération de la forêt sauvage

Les forêts vierges (ou naturelles), c'est-à-dire soustraites de tout temps à l'action de l'homme, n'existent plus en métropole ; elles demeurent en revanche bien représentées dans les départements d'outre-mer et en particulier en Guyane. Il existe en France métropolitaine des forêts « subnaturelles », peu influencées par l'homme ou abandonnées depuis une période plus ou moins longue. Pour observer le fonctionnement d'une forêt naturelle européenne, il faut se rendre en Pologne (Bialowieza) ou dans quelques massifs montagnards de Yougoslavie, de Tchécoslovaquie ou d'Autriche.

Toute surface forestière est soumise à deux phases qui alternent dans le temps et dans l'espace. Dans la première ou phase de croissance prédominent les phénomènes lents : croissance, maturation et vieillissement. La seconde, dite de rajeunissement, est courte et brutale ; elle démarre par une rupture plus ou moins étendue du couvert, c'est-à-dire par la création d'une trouée. L'ouverture du peuplement favorise la pénétration du rayonnement solaire qui permet le rajeunissement de la forêt. À ce moment précis s'installent tous les éléments ou presque du peuplement d'avenir. La trouée résulte soit de la mort sur pied de vieux individus arrivés à leur terme et dont le feuillage s'éclaircit progressivement, soit de la mort accidentelle d'arbres à la suite d'un événement brutal et fortuit ou chablis. Ceux-ci sont causés par le vent, les tempêtes, le feu, les inondations, les glissements de terrain, les avalanches, les ravageurs... Le chablis, phénomène imprévisible, entraîne une modification du microclimat, de l'humus, du tapis herbacé. L'évolution du peuplement qui en découle dépend de la dimension de la trouée. Une petite ouverture causée par un arbre qui meurt est très vite cicatrisée par les régénérations d'essences d'ombre qui attendaient en sous-bois l'arrivée de lumière pour accélérer leur croissance (recrûs). Les grandes trouées sont envahies par des essences qui exigent la lumière pour leur germination et le développement de leurs semis ; leurs graines étaient préalablement présentes dans le sol ou sont apportées par le vent ou les animaux au moment de la perturbation.

La forêt sauvage est un emboîtement, une mosaïque d'états de croissance qui confèrent une structure plus ou moins complexe aux peuplements. On y distingue des unités de régénération d'avenir (constituées par des arbres en croissance soumis à la concurrence), du présent (avec les arbres adultes les plus ramifiés) et du passé (avec des arbres dont l'état sanitaire se détériore). En perpétuelle dynamique, la forêt naturelle est capable à tout moment de répondre à une perturbation plus ou moins intense en se reproduisant à l'identique.

LA MOSAÏQUE FORESTIÈRE

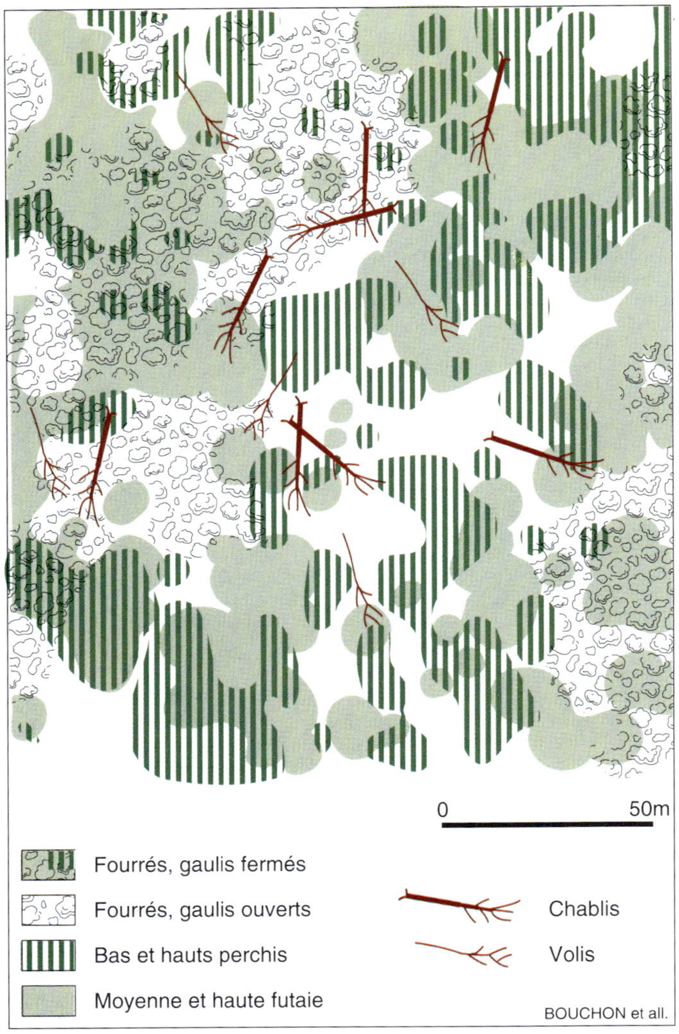

Bisons dans la forêt — demeurée naturelle — de Bialowieza (Pologne).

LA RÉSERVE INTÉGRALE DE LA TILLAIE (forêt de Fontainebleau) constitue un laboratoire très précieux pour la compréhension des phénomènes sylvigénétiques. La mosaïque observée montre la dynamique suivante : des phases d'attente, avec les chablis et les volis, où les semis ne sont pas encore installés ; des phases d'établissement (fourrés et gaulis ouverts) ; des phases de compétition (fourrés et gaulis fermés, bas et haut perchis) marquées par une intense concurrence entre les divers individus ; des phases de maturité (moyenne et haute futaie) qui correspondent au degré de maturation forestière le plus élevé.

par sa forme, sa taille, son ornementation. Il est donc aisé d'identifier les arbres qui peuplaient un site à un moment donné. Par ailleurs les sédiments qui recèlent ce pollen peuvent être datés avec précision. Il est ainsi possible de restituer les différents paysages végétaux qui se sont succédé dans une région. À la fin du tertiaire, le climat était très humide et plus chaud de cinq ou six degrés que le climat actuel. Nos grandes essences forestières (ou leurs proches ancêtres) côtoyaient des espèces aujourd'hui propres aux forêts d'Amérique du Nord (séquoia, cyprès chauve, carya) ou d'Extrême-Orient (ginkgo). Les conditions très favorables permettaient la croissance en un même lieu de plantes à présent isolées à des altitudes ou des latitudes différentes. L'ère quaternaire a connu, à l'échelle de l'ensemble du globe, plusieurs refroidissements responsables de glaciations. Celles-ci ont exercé une influence considérable sur la répartition de la végétation ; elles ont entraîné la disparition de la vie sur les vastes zones englacées, des migrations d'espèces et l'élimination de certaines d'entre elles. Ce phénomène, plusieurs fois renouvelé, a alterné avec des périodes interglaciaires au cours desquelles la forêt se reconstituait.

Changements climatiques et migrations

Les changements climatiques s'effectuent très lentement. Les essences d'une zone climatique donnée se trouvent peu à peu éloignées de leurs conditions optimales. Elles présentent des symptômes de dépérissement, deviennent très fragiles face à l'action des insectes et des champignons, et finissent par mourir. Les trouées ainsi créées sont colonisées par les essences adaptées issues du territoire voisin. Le même processus se produit de proche en proche simultanément, entraînant de vastes migrations qui se développent sur plusieurs siècles. Ces migrations modifient constamment l'aire des espèces, en les étendant ou en les fragmentant ; elles soumettent les populations à de nouvelles pressions de sélection, à l'origine de nouveaux écotypes ou de nouvelles sous-espèces.

Une conséquence importante des glaciations est la réduction du nombre des essences constatée en Europe. La riche flore tertiaire, refoulée vers le sud par le froid, s'est heurtée à des barrières (Méditerranée et chaînes de montagne orientées ouest-est). Seules quelques espèces résistantes ont trouvé refuge dans les zones abritées du pourtour méditerranéen. Nos forêts sont donc pauvres en espèces arborescentes si on les compare aux biomes tempérés de l'Amérique du Nord et de l'Extrême-Orient (où les migrations ont pu se dérouler sans contraintes topographiques). Par ailleurs, certaines espèces ont développé des caractères de concurrence très performants qui leur permettent de dominer fortement les autres espèces au sein des peuplements (d'où les chênaies, les hêtraies, les sapinières...). Les migrations n'ont évidemment pas cessé, mais l'action de l'homme rend leur observation difficile. Par exemple, le charme, abondant dans le nord-est de la France, n'a pas achevé sa progression vers l'ouest et le sud-ouest du pays. Au Canada, la forêt résineuse boréale semble s'étendre lentement aux dépens de la toundra en raison de l'élévation de température que nous connaissons depuis un siècle.

L'action pluriséculaire de l'homme

Très tôt l'homme a agi sur la sylve primitive et cette action est devenue un facteur écologique au même titre que les facteurs climatiques ou pédologiques. Depuis des milliers d'années, l'homme et la forêt se livrent une âpre lutte pour l'occupation du territoire. Ce que nous voyons aujourd'hui de la forêt ne représente, en fait, que les vestiges qui ont survécu à ce combat. L'une des actions les plus intenses fut le défrichement qui a considérablement réduit la surface boisée et contribué à un morcellement extrême des massifs. Ce morcellement a provoqué le développement des milieux de transition ou lisières, riches en essences de lumière (héliophiles) et dont les manteaux arbustifs sont des refuges pour la faune (insectes et oiseaux). Les forêts des régions atlantiques, installées sur roches acides, ont connu des pratiques très perturbatrices comme le prélèvement de litière, de la couche d'humus, voire du tapis herbacé, le tout servant à fumer les cultures pratiquées à proximité. Les sols, à l'origine très fragiles, se sont appauvris et ont subi une évolution irréversible (podzolisation très poussée) qui a interdit le maintien de l'état boisé. La forêt dégradée a fait place à une lande où se mêlent bruyères, ajoncs et genêts (Bretagne, Landes...).

Il faut souligner le rôle important des prélèvements de bois effectués pour le chauffage domestique et pour l'alimentation. En 1870, la production forestière se partageait en 19 % pour le bois d'œuvre et 81 % pour le bois de chauffage. Mais la forêt a surtout souffert du développement industriel : jusqu'à l'utilisation du « charbon de terre » à partir de 1850, le charbon de bois fut l'unique source d'énergie pour les tuileries, les verreries, les fours à chaux ou à plâtre, les salines et la métallurgie. Aussi dans de nombreuses régions a-t-on assisté à une énorme progression des taillis avec les essences qui rejettent de souche (charme, chênes...), aux dépens du hêtre dans les forêts des collines. En montagne, le sapin a été sacrifié au profit du hêtre exploité aussi en taillis. Les chênaies méridionales se sont, elles aussi, retrouvées à l'état de taillis ; le chêne pubescent surexploité a disparu d'une grande partie de la région méditerranéenne, remplacé par le chêne vert.

De tout temps le paysan a utilisé la forêt pour le pâturage et pour le panage (porcs allant à la glandée). Une chronique bourguignonne du XIVe siècle comparait la forêt à une « estable sans pareille ». Ces activités ont conduit à un véritable pillage de la forêt, par élimination des jeunes pousses et des semis. La structure forestière a ainsi subi une profonde dégradation, prenant l'allure de prés-bois avec des arbres disséminés au sein de clairières agrandies. Le pâturage a favorisé la feuille aux dépens du bois ; beaucoup d'arbres ont été réduits à l'état d'arbustes. En plaine, il en est résulté une futaie de « fruitiers » avec de gros arbres disséminés (chêne surtout). Le chêne, en effet, était protégé pour les glands ; essence héliophile, il est de plus favorisé par les ouvertures du couvert. Le hêtre, essence d'ombre, a en revanche reculé. Se sont aussi créées de vastes étendues de pelouses pâturées qui

Moutons en forêt au cours de la transhumance en Lozère.

se sont maintenues pendant des siècles sous l'action des animaux. En montagne, les limites forestières sont descendues de plusieurs centaines de mètres avec l'extension des alpages et les forêts ont fait place à de vastes prés-bois. Depuis le siècle dernier, ces pratiques ont presque totalement disparu. Sous climat océanique, la restauration des peuplements a été rapide. En région méditerranéenne, la dégradation reste au contraire poussée, compte tenu de l'extrême lenteur de la maturation des peuplements soumis aux effets drastiques du climat. L'ouverture des milieux forestiers s'est révélée catastrophique : elle a conduit à l'érosion des sols et accru les risques d'incendies.

Mais à toutes les époques, fort heureusement, l'homme a eu besoin de la forêt pour en tirer des matières premières. Au sein des massifs épargnés pour ces raisons économiques, il a contribué sans cesse à en modifier la structure primaire. Conservant les essences qui lui paraissaient les plus avantageuses, éliminant celles qu'il jugeait sans valeur, l'homme a profondément transformé la forêt, lui donnant, selon les époques, des aspects variés en fonction de ses besoins. Si la gestion forestière reproduit quelques-uns des processus du cycle naturel, elle y ajoute des interventions volontaristes. Lors de la phase de croissance (à l'échelle d'une parcelle, reproduisant la trouée), le forestier mène des opérations d'amélioration qui guident les peuplements vers un objectif choisi : il modifie par des coupes la répartition des espèces, il élimine les arbres mal conformés, il sélectionne une structure de peuplement en fonction des besoins, il impose une densité à un âge donné. La phase de rajeunissement est programmée dans le temps ; l'homme récolte le fruit de la gestion passée et installe les jeunes peuplements qui seront à l'origine de la future récolte. Il faut néanmoins souligner qu'une grande partie des surfaces boisées gérées sont peu artificialisées.

Les stratégies de reconquête

Depuis le néolithique se sont succédé de multiples cycles débutant par une période d'intensification des activités agricoles et se terminant par une période de déprise. L'espace rural présente des zones de transition ou *saltus* qui subissent alternativement de tels phénomènes selon l'évolution de la démographie. Lors des périodes d'abandon, les arbres précédemment épargnés assurent la reconquête active des espaces ouverts et la reconstitution progressive de la sylve grâce à différentes stratégies de reproduction qui leur confèrent un pouvoir migrateur plus ou moins efficace. Ce pouvoir migrateur dépend d'abord du nombre de semences produites et de la manière dont peut s'opérer leur dissémination.

Certaines espèces investissent une grande part de leur énergie dans la production d'une multitude de graines, ceci chaque année (bouleaux, saules, aulnes, ormes, tremble) ; elles ont au départ un avantage incontestable sur les espèces faiblement productives. La dissémination à longue distance fait appel à l'intervention d'un agent extérieur. Le vent est certainement l'agent le plus actif en Europe, d'autant plus efficace que les semences sont plus légères ou qu'elles présentent une grande surface par rapport à leur volume. Beaucoup possèdent des dispositifs de dispersion (touffes de poils des graines de saule et de peuplier, samares de l'orme, du bouleau, de l'aulne, du frêne et de l'érable, ailes des graines de pin, d'épicéa, de mélèze, bractée de l'inflorescence des tilleuls...). Les oiseaux assurent la dissémination des fruits charnus que le vent est incapable de transporter, après les avoir ingérés (fruits des sorbiers, alisiers, merisiers, viornes, cornouillers, genévriers...). Non seulement la faculté germinative n'est pas perdue mais, pour certaines graines, elle est activée (cas des aubépines). En forêt tropicale, où les arbres produisent essentiellement des fruits charnus, l'action des oiseaux est encore plus déterminante. Les graines et fruits secs sont dispersés par des animaux qui accumulent des provisions pour l'hiver (semences perdues lors du transport ou provisions non utilisées). Les glands, châtaignes, noisettes, faînes, cônes de résineux, noyaux de drupe sont ainsi véhiculés par les campagnols, écureuils ou geais.

DE L'ARBRE AUX MANTEAUX FORESTIERS
les stratégies de la reconquête de l'espace

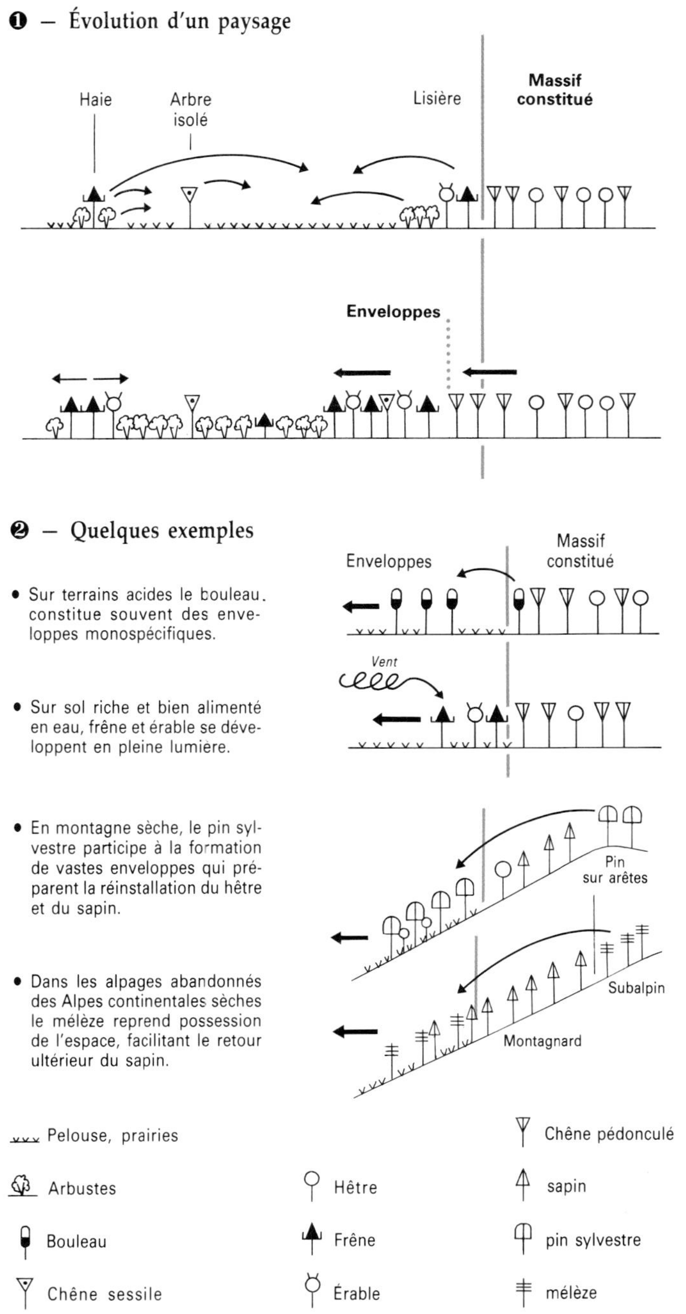

Sur un mètre carré on peut trouver jusqu'à 4 000 graines de bouleau, de 500 à 700 de pin sylvestre ou d'épicéa, de 400 à 500 de hêtre ou de sapin lors des années de bonne fructification. L'expérience montre que 50 à 100 graines au mètre carré sont nécessaires et suffisantes pour assurer un réensemencement naturel ; au-delà, on constate un énorme déchet. Ces graines constituent la banque de semences en place depuis des années et capables d'attendre des conditions favorables ou qui arrivent au moment où la reconquête devient possible.

Modalités de la reconquête

Les graines germent et se développent librement lorsque le blocage exercé par la pression humaine cesse. Une sélection s'exerce sur les régénérations : seules les espèces de pleine lumière à l'état juvénile vont poursuivre leur essor à ce stade. Les essences pionnières possèdent donc des caractères spécifiques qui les favorisent dans la conquête des terrains ouverts, à savoir le grand nombre de semences (le plus souvent disséminées par le vent) et la capacité de régénérer en pleine lumière (bouleaux, peupliers, saules, aulnes, pins, frênes, ormes, tilleuls, érables). Elles transforment fréquemment le milieu en enrichissant le sol et en créant les conditions propices à l'installation d'essences plus exigeantes et qui, surtout, nécessitent une ambiance lumineuse tamisée pour se développer (chêne sessile, hêtre, sapin). La reforestation s'effectue selon différents processus. La colonisation frontale est de règle quand subsiste une certaine pression de pâturage. Lorsque l'activité humaine cesse brutalement, la reconquête s'opère par l'intermédiaire de noyaux arbustifs qui s'accroissent et finissent par confluer, laissant en vieillissant la place aux essences pionnières. Parfois les arbres s'installent directement en milieu herbacé, par dispersion ; c'est le cas du pin sylvestre, du bouleau, des chênes pubescent et pédonculé, des frênes, des érables, de l'épicéa. Quel que soit le modèle de la recolonisation forestière, différentes enveloppes finissent par apparaître à la périphérie des massifs constitués ou autour d'une haie : enveloppe arbustive, enveloppe avec des essences pionnières et, après un ou plusieurs siècles, enveloppe avec les essences de demi-ombre ou d'ombre. La forêt est de retour.

Au fil des saisons

L'écosystème forestier est en perpétuel changement sous l'influence des rythmes naturels, journaliers et saisonniers, ou encore imposés par l'homme aux peuplements. Les êtres vivants ont adapté leurs différentes activités au fil de la journée et des saisons, ce qui a pour conséquence de limiter les phénomènes de concurrence entre espèces et d'exploiter au maximum le biotope. Prenons l'exemple des saisons. En région tempérée, l'hiver est celle du repos obligé pour la végétation à cause des basses températures et des jours courts. Les plantes ont le choix entre plusieurs stratégies pour résister à ces rigueurs. Les conifères (mélèze excepté) conservent leurs aiguilles et se contentent de limiter leur niveau d'activité. La plupart des feuillus ont perdu complètement leurs feuilles en automne ; les bourgeons mis en place avant la mauvaise saison sont efficacement protégés par leurs écailles. Le chêne pubescent conserve ses feuilles mortes dites marcescentes jusqu'au printemps. Les petits arbrisseaux (callune, myrtille...) peuvent être recouverts d'une couche de neige protectrice qui leur épargne les grands froids. Quelques graminées et laîches demeurent vertes, cachant frileusement leurs bourgeons au ras du sol. Mais de nombreuses espèces

Mélèze en automne.

sont devenues invisibles ; elles dissimulent plus ou moins profondément dans la terre leurs tubercules, bulbes ou rhizomes, ou, à la surface de l'humus, leurs graines (plantes annuelles).

La tristesse du sous-bois est égayée par les taches vertes du houx et des buis, de la lauréole et du lierre, qui a conservé l'habitude ancestrale de fleurir en automne et de mûrir ses fruits en hiver. Les activités animales sont également souvent ralenties. Certaines espèces choisissent l'hibernation ; elles restent engourdies tout l'hiver (reptiles, batraciens), se réveillent parfois un court instant pour grignoter un fruit mis en réserve (loir) ou, profitant d'un réchauffement partiel, elles se risquent à l'extérieur pour une courte promenade (hérisson, blaireau, ours). D'autres conservent une énergie trépidante en quête d'aliments devenus rares. Les tapis de feuilles mortes sont fouillés sans relâche, à grand bruit, par les merles. Les bourgeons et les chatons floraux déjà formés servent de nourriture aux bouvreuils. Dans les fissures des écorces et dans diverses cachettes hivernent les insectes (à l'état d'œufs, de larves ou d'adultes), capturés jour après jour par les mésanges, les sitelles, les grimpereaux et les pics. Les fruits sont une manne exploitée par les pigeons ramiers et les pinsons du Nord qui affluent les « bonnes années ». Lorsque la neige recouvre le sol, les conditions de survie deviennent plus difficiles encore. Les traces multiples permettent de révéler la présence jusque-là insoupçonnée de certains animaux.

À la fin de l'hiver et avant la foliaison des arbres dont les feuilles les privent d'un accès suffisant à la lumière, apparaît la première vague de fleurs avec la nivéole ou le perce-neige d'abord, puis les scilles, les jonquilles, les corydales... Ces espèces vernales ont formé leurs ébauches florales en été ; pour allonger leur hampe florale, elles doivent subir successivement une période de froid et un réchauffement progressif ; elles peuvent fleurir ainsi très précocement. Les ligneux ne sont pas en reste : les saules, trembles, noisetiers ouvrent leurs chatons, le cornouiller mâle se couvre de fleurs jaunes et le joli-bois embaume le sous-bois. Vers la fin de mars, les floraisons se succèdent à un rythme accéléré : anémone sylvie, ficaire, primevères, renoncules et pervenches. Entre la fin d'avril et le début de mai, la sève se porte vers les bourgeons qui débourrent et découvrent les feuilles encore froissées et les fleurs : le printemps est enfin arrivé.

Avec le début de la saison de végétation commence la saison des amours pour les animaux. Les oiseaux construisent leurs nids et s'accouplent après diverses parades. De juin à août fleurissent successivement les graminées, les épiaires, les germandrées, la verge d'or, la campanule gantelée. Les plantes vernales ont pris leur quartier d'hiver, faisant disparaître leurs organes aériens. L'automne arrive, marqué par l'embrasement des feuillages (pourpres des érables et des alisiers, ocres et cuivres des hêtres...), la maturation et la dispersion des fruits et le développement explosif des champignons. Les feuilles finissent par tomber. La longueur de la nuit joue un grand rôle dans cette chute. La migration des sels minéraux et de substances carbonées ou azotées vers les rayons ligneux précède le processus ; les produits seront remobilisés au printemps suivant. La chute des feuilles protège l'arbre des risques de sécheresse hivernale (l'eau n'étant pas disponible dans le sol gelé). Le calme qui tend à s'instaurer est encore troublé par les grands cris tristes du cerf qui tente de séduire les biches.

Un réseau complexe de relations

De nombreux mécanismes biologiques sont à l'œuvre : compétition entre les espèces, chaînes alimentaires (la plupart des animaux sont tour à tour mangeurs puis mangés), flux d'énergie, recyclage de la matière organique morte.

Exigences et tolérances

L'arbre accomplit tout son cycle dans une même station caractérisée par son climat et son sol. Son développement s'effectue au contact d'autres individus, d'autres espèces, avec lesquels il entre en compétition pour l'eau, la nourriture, la lumière et l'espace vital. La connaissance du comportement de chaque espèce (besoins, exigences, tolérances) vis-à-vis de ces facteurs est indispensable au forestier qui veut installer des peuplements stables, en équilibre avec le milieu.

L'ombre et la lumière

Chaque phase du développement d'un arbre exige un certain minimum de lumière. A l'état adulte, toutes nos essences expriment pratiquement le même besoin à cet égard. En revanche, dans les stades jeunes — germination et développement des semis — les tempéraments diffèrent. Certaines espèces ont alors besoin de la pleine lumière (espèces de lumière, ou de demi-lumière, dites héliophiles, comme le bouleau, le tremble, le mélèze, la plupart des pins, le chêne pédonculé, le chêne pubescent, le frêne, le chêne-liège, le chêne vert, les ormes, les aulnes...). D'autres tolèrent un éclairement tamisé ou le recherchent (espèces de demi-ombre ou d'ombre dites sciaphiles : châtaignier, charme, hêtre, épicéa, sapin, if...) ; la situation d'abri qu'elles affectionnent les protège également contre les gelées printanières et la sécheresse. La distinction s'atténue avec l'âge ; mais les individus d'espèces de lumière, dominés par leurs congénères, disparaissent très vite des peuplements alors que les essences d'ombre subsistent plus longtemps.

Le chaud et le froid

La température joue un rôle important dans la répartition spatiale des espèces ; elle agit par ses moyennes (annuelles, mensuelles, de la période de végétation) et surtout par ses extrêmes, qui exercent un effet limitant voire éliminateur. Les dégâts causés par les hivers exceptionnels, assez limités dans les forêts composées d'essences spontanées, peuvent être catastrophiques dans les reboisements conduits avec des espèces exotiques (eucalyptus) ou avec des provenances d'espèces indigènes mal adaptées au climat local (provenance portugaise de pin maritime ou italienne de pin d'Alep). Le froid peut provoquer la mort totale ou partielle des arbres ou induire des dommages d'ordre mécanique ou physiologique. Les espèces les plus sensibles sont bien sûr les espèces méridionales (le pin d'Alep, le chêne-liège sont détruits par une température de − 5°C pendant plusieurs jours, le pin maritime par une température de − 20°C). Parmi les espèces les plus résistantes, on peut citer les pins sylvestre, à crochets, cembro et surtout le mélèze. Les grands froids provoquent parfois des dégâts mécaniques comme la gélivure des chênes. Sous l'effet de contrastes thermiques, des fentes radiales plus ou moins profondes s'ouvrent quelquefois à la base du tronc, ce qui déprécie la grume. Les gelées printanières sont nocives à certaines espèces quand elles interviennent au moment du développement des bourgeons (détruisant les jeunes feuilles, les fleurs et les pousses) ; elles perturbent ainsi la croissance (fourchaison du frêne) et la reproduction à venir, voire détruisent le semis (hêtre).

Les sols et l'eau

Certaines essences ne supportent pas la présence de calcaire dans la terre fine du sol et, de ce fait, se rencontrent sur des altérites siliceuses ; on les qualifie de calcifuges (pin maritime, châtaignier, chêne-liège, chêne tauzin, épicéa...). À l'opposé, d'autres espèces fréquentent les sols calcaires où elles trouvent par ailleurs une chaleur plus élevée et des conditions plus sèches (pin d'Alep, chêne pubescent, érable de Montpellier...). Beaucoup sont indifférentes, mais le calcaire du sol perturbe parfois leur croissance (pin sylvestre). L'agriculture a généralement abandonné les sols les plus pauvres à la forêt. De nombreuses espèces s'en accomodent en raison de leur grande frugalité (bouleau, pin maritime, pin sylvestre). D'autres essences exigent en revanche une alimentation minérale importante ; aussi ne se rencontrent-elles que sur les sols riches : c'est le cas du frêne, des merisiers, des

DIAGRAMME ÉCOLOGIQUE

Répartition du chêne pédonculé selon l'humidité et l'acidité du milieu

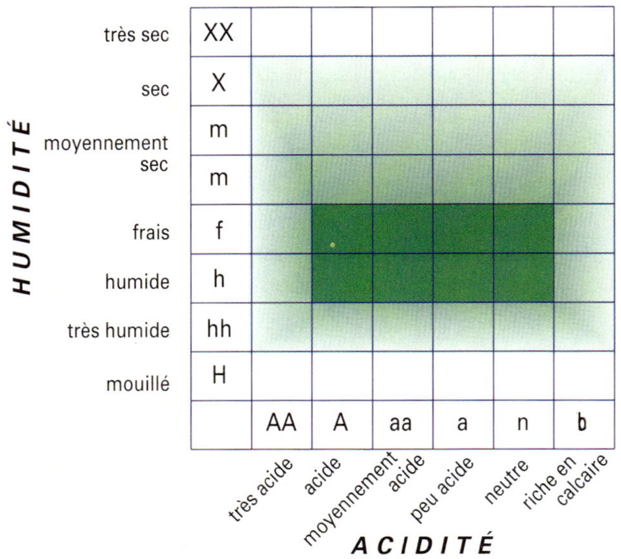

ormes. Les besoins en eau diffèrent également selon les essences. Apportée par les précipitations, l'eau est mise en réserve par le sol plus ou moins efficacement (selon la profondeur de celui-ci et la taille de ses éléments) et elle s'y maintient inégalement selon les conditions d'exposition. L'arbre est sensible à la résultante de ces différents facteurs, c'est-à-dire au bilan hydrique. Les xérophiles tolèrent une faible alimentation en eau (chêne vert, chêne pubescent) ; le hêtre, le sapin, le frêne, le chêne pédonculé affectionnent les milieux à bilan hydrique favorable. L'excès d'eau qu'entraîne la présence d'une nappe plus ou moins temporaire élimine de nombreuses espèces ; seuls les aulnes et les saules supportent les sols gorgés d'eau en permanence.

Le problème de l'eau montre que l'arbre réagit en réalité à un ensemble de facteurs (liés au climat et au sol). Un facteur qui devrait être limitant se trouve souvent compensé par un autre facteur favorable. À titre d'exemple, les sols très filtrants d'un versant sont recherchés par le hêtre, l'érable sycomore ou le sapin, lorsque celui-ci est en situation d'ubac, avec une humidité de l'air très élevée et une évapotranspiration limitée. Les exigences et tolérances varient en outre considérablement selon l'intensité de la concurrence exercée par les autres espèces. Ainsi le frêne et le merisier s'installent en pionnier en lisière de la hêtraie-sapinière vosgienne ; ils disparaissent très vite sur sols pauvres dès que le sapin s'étend à leur niveau. Le chêne pubescent subsiste dans la moitié nord de la France sur des calcaires superficiels, si les autres espèces sont peu performantes et peu dynamiques. Le comportement d'une espèce varie enfin selon la provenance. Les plantations de mélèzes des Alpes françaises échouent à l'étage des collines, mais les populations de Pologne fournissent des plants très bien adaptés à ces conditions. Depuis longtemps, en fonction de leurs exigences et tolérances, les espèces se sont réparties dans les différentes régions naturelles en donnant des combinaisons particulières et originales qui dépendent des conditions offertes.

Les phénomènes de compétition

Dès sa naissance et pendant toute sa vie, chaque arbre de la forêt affronte la concurrence implacable de ses voisins, végétaux et animaux, d'espèces et de tailles diverses, aussi bien dans le sol pour la recherche de l'eau et des éléments nutritifs que dans l'air pour la lumière. Comme dans toutes les batailles, il y a des vainqueurs et des vaincus : certains individus sortent intacts, d'autres sont mutilés ou éliminés. Cela commence dès la germination : les plantules enfoncent leur première racine fragile dans un sol déjà encombré par les racines des arbres adultes et celles des plantes herbacées ; la lutte se développe aussitôt pour obtenir une part de l'eau et de la nourriture. Il en résulte la réduction rapide du nombre des semis chez les espèces qui nécessitent une nutrition minérale élevée (frêne ou érables). Cette compétition est d'autant plus vive que les semis développent un enracinement superficiel. Mais l'entreprise devient aléatoire, voire impossible, quand le sol est recouvert d'une plante sociale comme les canches, la molinie bleue ou le crin végétal. Pour éviter un tel blocage, qui apparaît après la mise en lumière, le gestionnaire forestier, avant d'exploiter le peuplement, peut attendre qu'une régénération abondante se soit développée sous couvert. Sinon il ne lui restera qu'à planter et, dans ce cas, il devra réduire la concurrence du tapis herbacé.

Dans l'air, la lutte pour la lumière et l'espace n'est pas moins rude. Les jeunes semis s'allongent grâce à leur bourgeon terminal : les plus grands, les plus robustes, les moins exigeants en lumière finissent par dominer et étouffer les autres. En sous-bois dense et sombre, les semis n'ont aucune chance de se maintenir. Si le couvert s'éclaircit légèrement, les régénérations d'essences d'ombre apparaissent et survivent ; les semis d'espèces de lumière meurent d'autant plus vite que le sol est pauvre ou que la concurrence souterraine est élevée. Le mélèze ne tolère aucune limitation de la lumière tout au long de son existence. Des semis de chêne pédonculé persistent deux ou trois ans sous couvert puis disparaissent. Les seules espèces capables de supporter un ombrage durable sont l'épicéa, le sapin et l'if, qui peuvent attendre sagement plus de cinquante ans en sous-bois avec une croissance pratiquement nulle et qui restent capables ensuite de « répondre » à une éclaircie en reprenant leur développement. Pour réussir les opérations de régénération naturelle, le forestier opère des dosages subtils de la lumière par des coupes bien adaptées aux essences présentes.

En peuplement, le voisinage prive les branches basses de la lumière nécessaire à leurs feuilles ; elles pourrissent et tombent plus ou moins rapidement. Cet élagage

naturel est complet chez les feuillus. Dans le cas des conifères, la décomposition des branches mortes est plus lente ; des chicots peuvent subsister et laisser des nœuds qui déprécient les grumes (le forestier peut y remédier en pratiquant lui-même un élagage précoce). L'élagage naturel cesse vers 80 ans : l'arbre montre alors une forme forestière sans branche sur la moitié de sa hauteur, par opposition à l'arbre isolé bas branchu. Chez les individus adultes, la lutte est ardente au niveau des houppiers : selon la densité du peuplement, ceux-ci deviennent larges ou étroits, régulièrement développés dans toutes les directions ou dissymétriques. La croissance en hauteur et surtout en diamètre en dépend : l'épaisseur du cerne annuel sera d'autant plus grande que la cime est plus développée. La concurrence concerne aussi la fructification : la production de graines sera d'autant plus forte que le houppier est imposant et fortement exposé au soleil. La forme définitive de l'arbre (diamètre, hauteur, nombre et ampleur des ramifications) résulte de ces phénomènes de compétition et du jeu de l'ombre et de la lumière. Au même âge, l'arbre isolé atteint un diamètre plus important que son collègue perdu dans un peuplement, mais il présente de nombreux défauts (forme conique, présence de nœuds...). C'est pourquoi le forestier choisit d'élever les arbres en massif ; il obtient ainsi des fûts longs et cylindriques, dont les cernes annuels plus étroits donnent un bois qui est souvent de meilleure qualité technologique.

Chaînes alimentaires et réseaux trophiques

Les végétaux chlorophylliens produisent une énorme quantité de matières végétales, offertes sous différentes formes (feuilles, fleurs, fruits, graines, bois...) à divers consommateurs, animaux vertébrés ou invertébrés qui transforment les tissus végétaux vivants et donc l'énergie et les éléments minéraux qu'ils représentent en tissus animaux. Cette énergie et ces éléments nutritifs sont réutilisés plusieurs fois dans le cycle écologique. Prenons l'exemple de l'écureuil. De mœurs diurnes, il se nourrit principalement de fruits (faînes, noisettes, graines de résineux) qu'il recherche le matin entre 8 heures et 10 heures et ensuite après 16 heures. Consommateur primaire (ou herbivore), il est convoité à son tour par des prédateurs (martre, fouine, chat sauvage, putois) ou consommateurs secondaires, eux-mêmes proies éventuelles de superprédateurs comme l'autour...

On voit ainsi se dessiner des chaînes alimentaires où, tour à tour, chaque organisme est mangeur puis mangé. Les parasites (puces, tiques...) en occupent l'extrémité. Tous les tissus morts (feuilles, branches, bois, cadavres d'animaux...) sont de leur côté recyclés par une foule d'organismes qualifiés de décomposeurs (invertébrés, champignons et micro-organismes saprophages, c'est-à-dire se nourrissant de matières putréfiées). Leur activité permet de réintroduire dans le cycle écologique l'énergie et les éléments minéraux contenus dans la litière et les bois morts, d'une part sous forme de saprophages vivants, d'autre part sous forme d'éléments réutilisables par les plantes. Les décomposeurs transforment donc les chaînes alimentaires en cycle écologique.

Consommateur de fruits, l'écureuil est une proie de divers mammifères prédateurs.

Les divers organismes se répartissent dans tout l'espace offert par le monde végétal. Les décomposeurs inféodés au sol attirent de nombreux vertébrés en quête de nourriture (crapauds, salamandres, lézards, orvets, hérissons, musaraignes et taupes). Les couleuvres, les blaireaux, les belettes, les hermines, les putois, les renards, les chats sauvages chassent à terre. Le sanglier fouille avec son groin proéminent et mange tout ce qui se trouve au niveau du sol. Les cerfs et chevreuils consomment les feuilles, les jeunes branches, les pousses et les écorces. Le loup autrefois, avant son éradication, limitait leurs populations. Beaucoup de réputés carnivores comme le renard, la fouine, le blaireau s'alimentent en automne et en hiver des fruits livrés par la strate arbustive, elle-même occupée par les muscardins, les lérots et des oiseaux (fauvettes, mésange charbonnière, rossignol...) qui font des festins d'insectes ou de baies et de graines. D'autres oiseaux occupent la strate arborescente, accompagnés de l'écureuil, de la martre et de chauves-souris pendues aux branches ou réfugiées dans des troncs creux. Mais ces oiseaux chassent souvent au niveau du sol ; c'est le cas des rapaces diurnes ou nocturnes qui recherchent les rongeurs et les insectes. Les pics prospectent les écorces et les bois morts en quête d'insectes et de larves ignorés des autres occupants.

Équilibre et régulation

Les chaînes alimentaires se compliquent ainsi à l'infini et forment un réseau trophique, dans lequel certaines espèces interviennent à divers niveaux. En conditions normales, l'ensemble de ces espèces vit en équilibre ; les populations d'herbivores et de phytophages sont limitées par les carnivores, eux-mêmes régulés par les superprédateurs. Des perturbations d'origine extérieure peuvent faire apparaître des déséquilibres plus ou moins durables. Plus le milieu végétal est diversifié, et donc capable d'héberger une faune variée, plus les phénomènes de régulation seront rapides. Une pullulation de ravageurs entraînera une augmentation des effectifs de leurs prédateurs naturels qui assureront une limitation rapide de leurs dégâts. Mais l'homme a souvent contribué à perturber ces phénomènes naturels de régulation. Après l'élimination des grands prédateurs (loup et lynx), les populations d'herbivores (cerfs, chevreuils) atteignent fréquemment des densités très dommageables à la pérennité de l'écosystème forestier. L'homme se doit d'intervenir énergiquement pour contrôler le niveau de ces populations : la chasse devient alors une nécessité écologique. Autre exemple : en monoculture de résineux, les systèmes de régulation sont limités ; ces écosystèmes artificialisés se révèlent très sensibles à certaines attaques de ravageurs.

Les mammifères prédateurs

Le régime alimentaire des mammifères prédateurs est difficile à établir par observation directe compte tenu de leurs habitudes nocturnes ; il faut faire appel à leurs fientes et analyser les restes contenus (poils, griffes, dents, écailles, pépins et noyaux...) pour connaître avec précision les proies qui composent leur nourriture habituelle. Le lynx, réintroduit depuis quelques années dans certaines forêts, se nourrit de lapins ou de lièvres et de faons ; il exerce aussi une prédation active sur le renard. L'ours ne s'attaque pas au grand gibier ; il est avant tout végétarien et complète l'ordinaire de charognes ou d'animaux blessés. Les jeunes campagnols au nid sont des proies faciles pour les sangliers, blaireaux, musaraignes et hérissons. Les adultes de campagnol roussâtre sont activement chassés en lisière par les renards, belettes et hermines. Renards, chats et putois effectuent des prélèvements importants de lapins quand ces animaux abondent. Les insectes représentent une part non négligeable de l'alimentation du renard, des fouines et des martres. L'ours, la martre et le blaireau pillent le miel et le couvain des abeilles sauvages. Lors des pullulations de rongeurs, les populations de prédateurs répondent plus ou moins efficacement. La belette, qui possède un régime très spécialisé (constitué de microrongeurs), voit sa densité augmenter avec celle des proies ; quand l'équilibre est rétabli, elle peut difficilement s'intéresser à d'autres proies. Le renard est au contraire un généraliste qui se saisit des rongeurs les plus abondants et aisés à capturer ; en cas de pullulation de ravageurs, sa reproduction ne varie guère et il peut ensuite se reporter sur d'autres proies.

Les décomposeurs des litières

La faune du sol montre une extraordinaire diversité avec de minuscules unicellulaires (ou protozoaires), de nombreux vers, des gastéropodes, des crustacés (cloportes), des arachnides (araignées et acariens) et des insectes : certains sans ailes sautent sur les feuilles mortes (collemboles) ; il s'y mêle des adultes ailés (scarabées, carabes, staphylins, silphides...) et des larves de diptères. Quelques-uns consomment des proies vivantes ou des fragments de végétaux ; mais la plupart jettent leur dévolu sur les cadavres et les multiples débris de végétaux morts. Il en est ainsi des animaux qui vivent dans l'humus, se nourrissant de la litière et de la mycoflore qui s'y développe. Ils jouent un rôle fondamental en découpant finement les feuilles. Les fragments découpés sont ingurgités, incomplètement digérés, puis rejetés sous forme de boulettes fécales. Une aiguille de pin qui subit ce traitement, après son transit dans l'appareil digestif des microinsectes, voit sa surface initiale passer de 180 millimètres carrés à 1,8 mètre carré dans les boulettes fécales !

LES ANIMAUX DE LA LITIÈRE

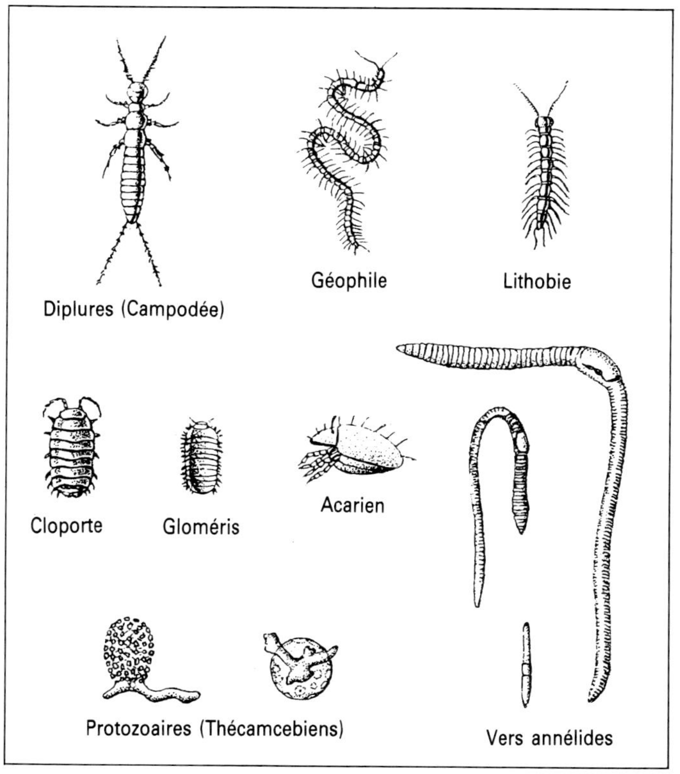

Le matériel foliaire ainsi fragmenté est ensuite plus rapidement dégradé par les autres habitants du sol, en particulier les bactéries. Les animaux assurent d'ailleurs le transport de ces micro-organismes à la surface même de leur corps ou dans les boulettes rejetées. La faune du sol se charge également du déplacement des feuilles mortes par enfouissement. Les vers de terre remontent de la matière minérale à la surface du sol, parfois sur plusieurs décimètres. Leurs galeries aèrent le milieu, ce qui favorise le développement des bactéries et des champignons. Quand l'amplitude verticale de ces mouvements est grande, la matière organique fraîche se trouve diluée en profondeur avec la matière minérale ; les processus de dégradation s'accélèrent.

Les décomposeurs du bois mort

Si la masse de bois mort qui tombe au sol est peu importante en forêt gérée, elle est en revanche considérable en forêt naturelle (jusqu'à six tonnes par hectare et par an). Sous l'action des saprophages, la matière ligneuse recyclée représente alors la moitié de celle décomposée dans la litière. Le bois est un aliment très particulier (fait de cellulose, de lignine...) qui n'intéresse qu'un petit nombre d'utilisateurs bien armés pour s'y attaquer. Au cours de la décomposition d'une branche ou d'un tronc mort, plusieurs étapes se succèdent dans lesquelles interviennent des espèces différentes. Au cours de la phase de colonisation, le bois est envahi par des saprophages primaires qui utilisent le bois intact. Par exemple, certains coléoptères possèdent des pièces buccales leur permettant d'ouvrir des galeries dans le bois dur ; ils peuvent aussi digérer la cellulose. Les champignons entrent par les blessures de l'arbre ou sont transportés par les insectes ; ils empruntent aussi les galeries creusées. Puis vient la phase de décomposition avec l'entrée en jeu des saprophages secondaires qui, soit sont incapables de creuser eux-mêmes le bois et s'attaquent au bois déjà travaillé par les champignons, soit s'attaquent aux insectes ou champignons de la première vague. La décomposition du bois s'accélère et se diversifie ; les nouveaux arrivés éliminent le bois déjà attaqué et favorisent donc l'action des saprophages primaires à la recherche de bois intact. Dans un arbre abattu, la phase de colonisation s'étend sur deux ans et la décomposition demandera une dizaine d'années. Sans l'intervention des invertébrés, la destruction demanderait deux fois plus de temps. Le bois est transformé en une masse friable constituée surtout des déjections des divers organismes. Il est alors livré à la phase d'humification ; les espèces de la litière entrent en jeu et intègrent peu à peu les résidus à l'humus.

Les champignons parasites

Les producteurs (plantes vertes) ou les consommateurs sont susceptibles d'être attaqués par des parasites, qui recherchent généralement un hôte spécifique. De nombreux champignons sont spécialistes en la matière. Les feuilles peuvent faire l'objet d'attaques par les blancs (ou oïdium) qui les recouvrent d'un mince coton de mycélium (chênes et hêtre). La répétition de telles proliférations diminue l'activité photosynthétique et entraîne parfois la chute précoce des feuilles ; le chêne tauzin y est particulièrement sensible. La rouille vésiculeuse du sapin s'en prend aux bourgeons et aux pousses qu'elle déforme en « balais de sorcière » ; quand elle gagne ensuite le tronc, elle y provoque une hypertrophie appelée chaudron ou dorge, qui déprécie la grume. Les parasites du bois pénètrent le tronc ou les branches à l'occasion de blessures ; leur présence s'exprime à l'extérieur par l'apparition de chancres (sur le châtaignier) ou de carpophores souvent coriaces (polypores, amadouvier). Mais les effets pervers dérivent de l'action du mycélium à l'intérieur du bois ou de l'écorce : la pourriture du tronc (polypores) ou des racines (armillaire couleur de miel) entraîne peu à peu le dépérissement de l'arbre. Les jeunes semis ne sont pas épargnés ; ils peuvent se trouver parasités par des champignons qui provoquent leur « fonte ». Ces maladies parasitaires deviennent épidémiques quand le parasite a la possibilité de se propager grâce à un agent de dissémination efficace (le vent ou un insecte, comme c'est le cas du champignon responsable de la maladie des ormes).

LES MYCORHIZES

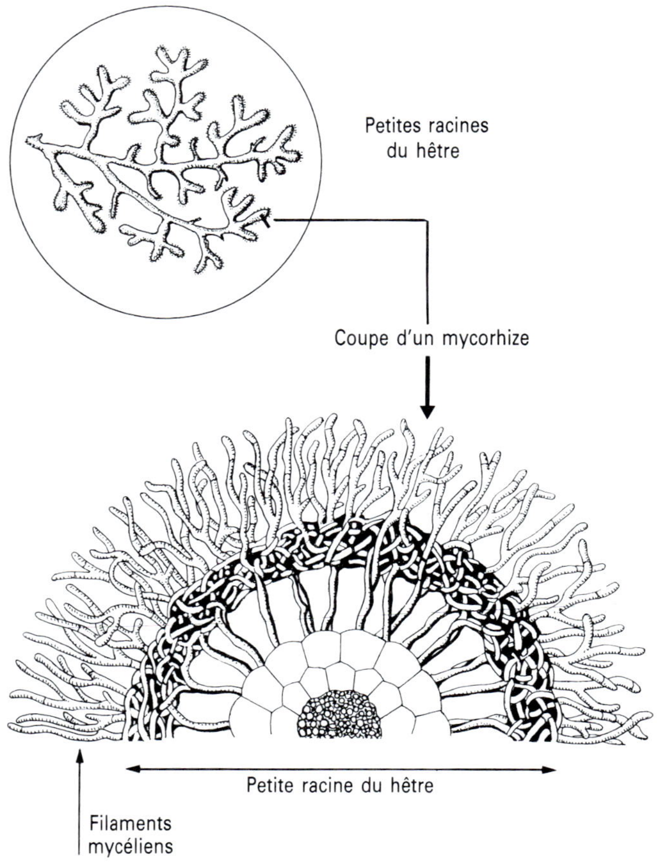

Des amitiés particulières

Il arrive très fréquemment que deux végétaux s'associent d'une manière intime. L'entraide mutuelle ou symbiose qui en découle peut être indispensable à la survie de chacun ; elle en améliore au moins la croissance. Cachés dans le sol, les filaments mycéliens des champignons tissent de multiples relations avec les arbres (et souvent aussi avec les plantes herbacées). Ils se rapprochent des racines et s'y regroupent en un fin coton. Le mycélium établit un étui dense et épais ou pénètre dans les tissus racinaires en s'insinuant entre les cellules. Cette association symbiotique porte le nom de mycorhize. En l'absence de chlorophylle, le champigon ne peut synthétiser de sucres ; l'arbre lui fournit ces produits. La concentration en sucre dans les racines conditionne d'ailleurs la croissance des filaments et l'extension de l'infection mycorhizienne. Les peuplements forestiers sont fréquemment installés sur des sols pauvres, en particulier en azote et en phosphore directement utilisables. Le champignon est capable de dégrader les éléments organiques ou minéraux et donc de libérer des éléments assimilables qu'il absorbe et redistribue peu à peu à son partenaire. La surface de contact des racines avec la terre se trouve en outre multipliée, ce qui permet une meilleure exploitation du sol et des gains de productivité importants. Le champignon intervient parfois pour protéger l'arbre de l'excès de calcaire ; c'est ainsi que le pin noir d'Autriche, espèce calcifuge, une fois mycorhizé prospère sur terrains calcaires. Le mycélium peut aller jusqu'à fabriquer des substances de croissance ou libérer des antibiotiques qui défendent le « grand frère » contre les agressions extérieures d'organismes pathogènes. L'absorption racinaire n'est donc pas le seul fait des poils absorbants ; les champignons jouent un rôle prépondérant en leur qualité d'intermédiaire entre le sol et la racine.

PROMENEUR, ATTENTION ! Les parasites véhiculés par certains animaux peuvent être dangereux. Certaines « tiques » (ou ixodes) inoculent à l'homme un parasite responsable de la maladie de Lyme, qui se traduit par des douleurs articulaires et des troubles nerveux. Plus grave est l'échinococcose que l'homme peut contracter en avalant des fruits (fraises, framboises, myrtilles) contaminés par l'urine du renard ou d'autres déjections animales ; il n'existe en effet aucun remède contre ce parasite qui détruit irrémédiablement le foie de l'hôte. Il est donc conseillé de consommer ces fruits une fois cuits ou après un lavage et une conservation au réfrigérateur.

Des bactéries vivent en symbiose dans les racines de certaines plantes, donnant des nodosités facilement identifiables ; elles sont capables de fixer l'azote de l'air présent dans le sol. De telles symbioses existent chez de nombreuses légumineuses (dont le robinier faux acacia), l'argousier, les aulnes... Le robinier faux acacia, introduit en France au XVIIe siècle, se montre particulièrement apte à coloniser des sols nus, pauvres en azote. L'argousier, espèce arbustive qui prospère sur les cailloutis torrentiels ou les arrière-dunes, se révèle très bien adapté pour les plantations à réaliser sur le terre-plein des autoroutes. Les aulnes servent parfois d'accompagnement pour améliorer les conditions des arbres voisins ; l'aulne blanc est utilisé pour la fixation et la création de sols (reverdissement de terrils ou de fronts de carrière).

L'armillaire couleur de miel, champignon parasite des racines des arbres.

Le fonctionnement de la forêt

Flux et cycles

La forêt a besoin, pour fonctionner, de l'énergie solaire. Les différents rouages de l'usine sont mis en action par l'arrivée annuelle, par hectare, de plus de neuf milliards de kilocalories ! Seuls les végétaux chlorophylliens sont capables d'utiliser cette énergie. Les grands arbres directement exposés possèdent le maximum de capteurs ; ils reçoivent et utilisent donc le maximum d'énergie. La quantité de lumière disponible diminue fortement de strate en strate, chaque niveau utilisant au mieux l'énergie incidente. Mais seule une part infime de l'énergie disponible (environ un pour cent) est exploitée pour assurer la production de matière et le fonc-

Armes chimiques

Tout le monde connaît le pouvoir que possèdent certaines bactéries de fabriquer des substances antibiotiques toxiques pour d'autres populations microbiennes. Les exemples de guerres chimiques entre espèces sont fréquents en milieu forestier. Dans les chênaies qui hébergent des truffières, les plantes herbacées disparaissent dès que le mycélium de la truffe mycorhize les racines des arbres. Ces places brûlées témoignent de l'excrétion par le champignon de substances qui freinent ou inhibent la croissance des plantes supérieures. Si les landes et les maquis sont généralement pauvres en espèces, les conditions stationnelles n'y sont pour rien. Le sol contient bien une quantité de graines ; mais leur germination est bloquée par quelques espèces à secrétion très active. Certaines bruyères comme la callune exsudent des substances qui éliminent les champignons mycorhiziens des pins et autres conifères, compromettant ainsi les plantations de ces essences. Encore plus étonnant : le sapin libère des « poisons » qui, sur certains sols, empêchent la régénération de ses propres semis (autotoxicité). Ainsi apparaissent des problèmes de régénération dans des peuplements forestiers trop purs. Dans une forêt naturelle composée d'un mélange d'essences (sapin, épicéa, hêtre), on observe l'alternance dans le temps de ces espèces.

FONCTIONNEMENT DE L'ÉCOSYSTÈME

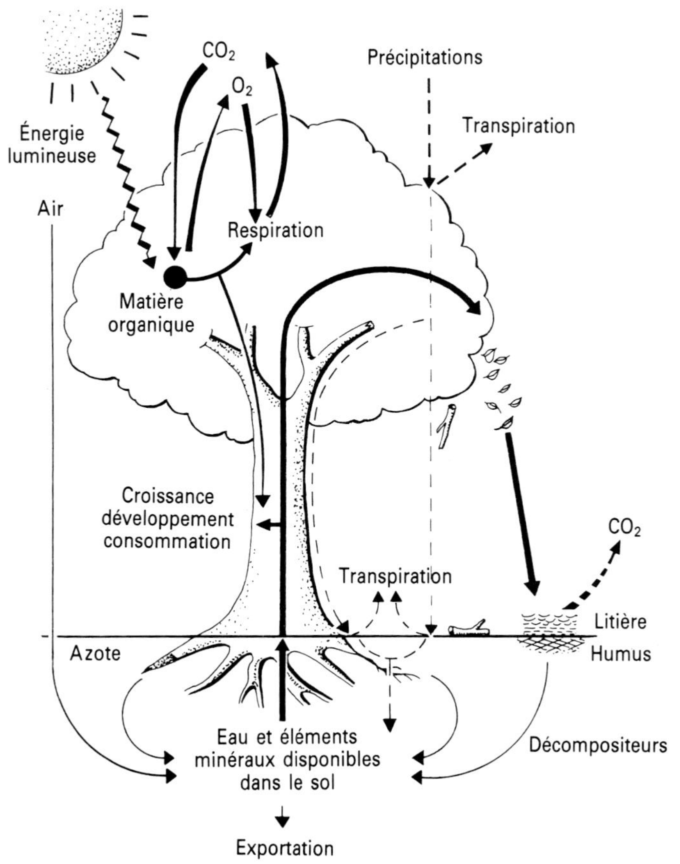

tionnement des êtres vivants. Les plantes vertes (ou producteurs) transforment par la photosynthèse l'énergie lumineuse en molécules chimiques alimentaires (par exemple l'amidon) qui permettent à la fois la croissance, la reproduction et la respiration. Ces substances circulent ensuite dans l'ensemble de l'écosystème, à travers tous les membres, du mangeur au mangé, puis au recycleur, fournissant ainsi l'énergie nécessaire à tous (c'est ce qu'on nomme le flux d'énergie).

Les producteurs et les prédateurs abandonnent au niveau du sol une masse importante de matières mortes, de cadavres ou d'excréments livrés aux décomposeurs qui en assurent le recyclage. La matière organique non consommée est de la sorte transformée en humus, qui se minéralise plus ou moins rapidement ; des éléments minéraux simples sont ainsi remis à la disposition des producteurs. Ces substances minérales (qui participent à la construction des êtres vivants) circulent dans l'écosystème selon des modalités immuables. Venues des réservoirs que sont l'air et le sol, elles participent aux réseaux trophiques, puis reviennent au sol où elles sont bloquées plus ou moins longuement dans l'humus avant de réalimenter... les réservoirs : l'air (en gaz carbonique) et le sol (en éléments minéraux). Ces trajets plus ou moins circulaires constituent les cycles biogéochimiques.

Le rôle de l'humus

En milieu forestier, les racines des arbres absorbent dans le sol une partie des éléments échangeables (K, Ca, Mg, etc.) fixés sur les argiles. Ces éléments se retrouvent dans les parties aériennes des végétaux, dans le bois ou dans les feuilles ; leur retombée sur le sol « recharge » celui-ci par le haut. À ce processus s'oppose l'appauvrissement quasi continu des horizons de surface car l'eau entraîne vers le bas des éléments minéraux et des argiles. Les retombées annuelles de débris végétaux, composées pour l'essentiel de feuilles mortes (80 % dans les hêtraies ou les chênaies), représentent sous nos climats de l'ordre de quatre tonnes de matière sèche par hectare et par an (dont environ 50 kg d'azote, 40 kg de calcium, 20 kg de potassium). À ces chiffres il faut ajouter les apports, situés dans le sol lui-même, que sont les racines mortes des arbres et de la strate herbacée (de l'ordre de deux à quatre tonnes de matière sèche par hectare et par an).

Tous ces débris végétaux vont subir des transformations qui aboutissent à la production de gaz carbonique, d'azote minéral, d'éléments minéraux assimilables (K, Ca, Mg, Mn...) et de matière organique dite humifiée jouant un rôle dans la fixation des éléments nutritifs et pouvant présenter des liaisons fortes avec les argiles du sol. Ces trans-

RECYCLAGE DES FEUILLES EN FORÊT

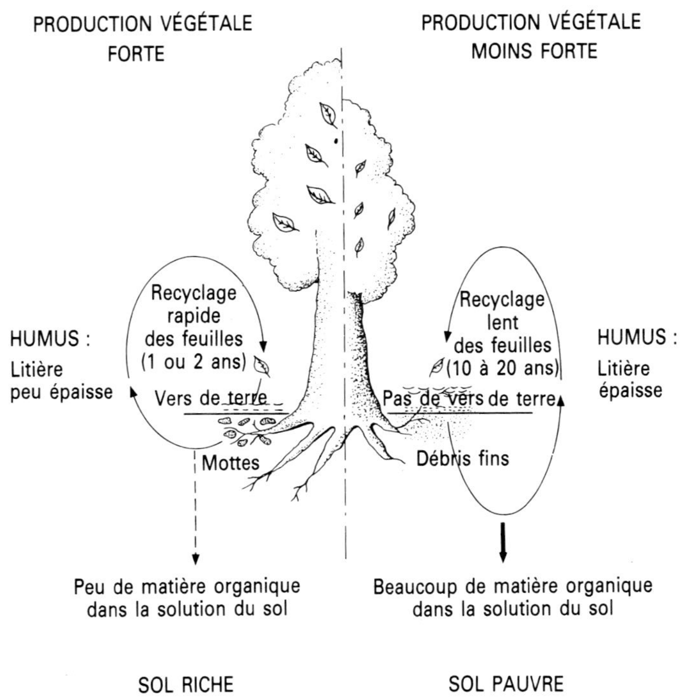

D'après Toutain, 1987.

formations s'opèrent à des rythmes plus ou moins rapides selon la richesse de la station et la présence ou l'absence d'organismes vivants efficaces tels que les vers de terre ou les champignons de la pourriture blanche. Si les conditions de milieu (climat, roche mère, végétation) sont favorables à l'installation de ces organismes dans le sol, les débris végétaux vont être rapidement transformés. Il y aura peu de litière au sol, les éléments contenus dans les débris végétaux seront rapidement recyclés, il y aura peu de pertes et l'énergie apportée au sol par ces restes végétaux aura été utilisée pour fabriquer une matière très réactive permettant des échanges efficaces d'éléments avec les racines. La productivité végétale dans de telles stations sera forte. Les humus seront du type *mull*. En revanche, si les conditions de milieu n'autorisent pas l'installation de ces organismes (climat froid, pauvreté de la roche mère en argile ou en calcium, végétation acidifiante), les transformations de la matière organique d'origine végétale seront lentes, beaucoup d'éléments nutritifs libérés seront perdus (par exemple en hiver) pour les racines ; enfin l'eau de pluie qui pénètre dans le sol entraînera beaucoup de matière organique soluble, acide et agressive qui attaquera la roche mère et appauvrira le sol. L'énergie apportée par les débris végétaux aura été utilisée pour altérer les réserves du sol et l'appauvrir. La productivité végétale de ces stations sera faible, la litière épaisse ; l'humus mal aéré sera du type *moder* ou *mor*. En bref, l'humus est un remarquable indicateur des caractères et du mode de fonctionnement de l'écosystème.

Biomasse et productivité

La biomasse des forêts dépasse de beaucoup celle des autres milieux. On estime la biomasse totale de la planète à un montant compris entre 1 650 et 2 000 milliards de tonnes de matière sèche. La couverture forestière représente 90 % de ce total (alors que les océans en recèlent moins de 1 %). La part des animaux est négligeable, de l'ordre de un pour mille : quelques centaines de kilogrammes à l'hectare, surtout d'insectes et de vers ; la part moyenne des vertébrés s'établit à moins de un pour dix mille ! Couvrant une superficie deux fois supérieure à celle des prairies, pelouses, steppes et savanes, la biomasse des forêts est quinze ou seize fois plus grande ; elle est plus de cent fois celle des cultures, alors que la superficie des champs équivaut à un peu plus du quart de celle des surfaces boisées.

On appelle productivité la quantité de matière produite par unité de temps et de surface (exprimée en tonnes de matière sèche par hectare et par an). L'écologue s'intéresse à la productivité *biologique*, qui concerne tous les compartiments de l'écosystème, alors que le gestionnaire ne se préoccupe que de la productivité *forestière*, c'est-à-dire de la quantité de bois fabriqué qui s'estime en mètres cubes par hectare et par an. L'appréciation de la productivité biologique nécessite de multiples mesures sur les différents éléments de l'écosystème, dont il faut doser l'accroissement annuel de biomasse. De telles recherches ont été menées en Belgique et en France (forêt de Fontainebleau) sur divers types forestiers. Une part de la productivité biologique est investie dans la fabrication d'organes plus ou moins rapidement caducs (feuilles, fleurs et fruits) ; elle s'élève à vingt tonnes par hectare et par an de feuilles dans une forêt guyanaise, à sept tonnes dans un bois de chênes verts en région méditerranéenne, à quatre tonnes de feuilles et de fruits dans une chênaie-hêtraie du centre de la France. Une autre part assure l'accroissement de la masse ligneuse ; il est de l'ordre de cinq ou six tonnes par hectare et par an en forêt de Fontainebleau. Les forêts tropicales élaborent donc moins de bois que de feuilles ; celles-ci fournissent une litière abondante rapidement décomposée qui crée une fertilité immédiate élevée.

La productivité varie avec l'âge des peuplements ; elle est maximale dans les jeunes peuplements et diminue fortement dans les peuplements âgés (le forestier fixe l'âge d'exploitabilité en suivant de près l'évolution de cette productivité). Elle diffère aussi, bien sûr, selon l'essence et les conditions stationnelles offertes par le milieu. Les records observés en France sont détenus par le douglas et certains peupliers hybrides qui atteignent de 20 à 30 mètres cubes par hectare et par an. Des productivités de l'ordre de 45 à 50 mètres cubes s'observent avec le douglas (au Chili) ou des pins (en Nouvelle-Zélande et dans le sud du Brésil). Compte tenu de la production de feuilles (à peu près constante), de celle d'aubier (soumise aux variations climatiques) et de celle de fruits (souvent irrégulière au cours des années), il existe un gradient de productivité moyenne qui décroît de l'équateur vers les régions boréales. On estime ainsi à vingt tonnes par hectare et par an le rendement des forêts tropicales, à dix tonnes celui des forêts tempérées et à huit tonnes celui de la forêt boréale (et des forêts méditerranéennes). La productivité secondaire (accroissement de la biomasse des consommateurs) est nettement inférieure à la productivité primaire. Les animaux n'utilisent en effet qu'une très faible partie des organes végétaux fabriqués chaque année (si l'on excepte le cas du pâturage en forêt). De plus, la productivité d'un niveau trophique (par exemple, celui des prédateurs) n'atteint que 10 % de celle du niveau précédent (celui des herbivores).

L'approche de la productivité forestière ou économique est différente ; elle prend en compte la seule portion de biomasse ligneuse aérienne utilisable (branches pour le bois de feu, tronc atteignant un certain diamètre et une certaine longueur de bille pour les bois utilisés par l'industrie) et les conditions d'exploitabilité (volume de bois sur pied, répartition au sein de la forêt, conditions topographiques et climatiques d'exploitation, facilité de desserte). Il en résulte que les surfaces forestières exploitables ne représentent plus que 50 % à 70 % de l'étendue totale. La production totale annuelle chute de 75 milliards de tonnes à 5 milliards de tonnes seulement mobilisables à l'échelle de la planète. La productivité économique moyenne avoisine trois tonnes et demie en forêt équatoriale, trois tonnes en forêt tempérée et moins d'une tonne en forêt boréale.

Les écosystèmes forestiers sont les premiers producteurs de biomasse de la planète avec 75 milliards de tonnes de matière sèche par an sur une production totale mondiale estimée à 170, devant les océans (55 milliards de tonnes). Cette biomasse alimente directement ou indirectement (au travers des prédateurs et des organismes qui la consomment) l'ensemble de la vie de la planète. Les forêts tropicales fournissent 66 % de la productivité forestière, les forêts tempérées 20 %, les forêts boréales 14 %. Si la biomasse forestière domine largement, la productivité des espaces boisés ne s'élève qu'à 40 % environ de celle de la planète toute entière. Les savanes fabriquent par an presque autant de tissus végétaux nouveaux que les forêts tempérées. Dans le domaine de la productivité, les écosystèmes forestiers sont très largement dépassés par les végétations de marais (comme les roselières) et, souvent, par les peuplements d'algues marines. L'activité photosynthétique des forêts tropicales humides est plus forte que celle des forêts tempérées (elles fabriquent environ cinq fois plus de « sucres ») ; mais leur activité respiratoire est aussi plus intense, si bien que l'écart de production annuelle de biomasse nouvelle se réduit en conséquence : une trentaine de tonnes de matière sèche en moyenne dans le premier cas, dix à vingt dans le second cas.

ÉVALUATION DE LA BIOMASSE DANS UNE CHÉNAIE-CHARMAIE

(Quelques productivités primaires nettes sont indiquées entre parenthèses)

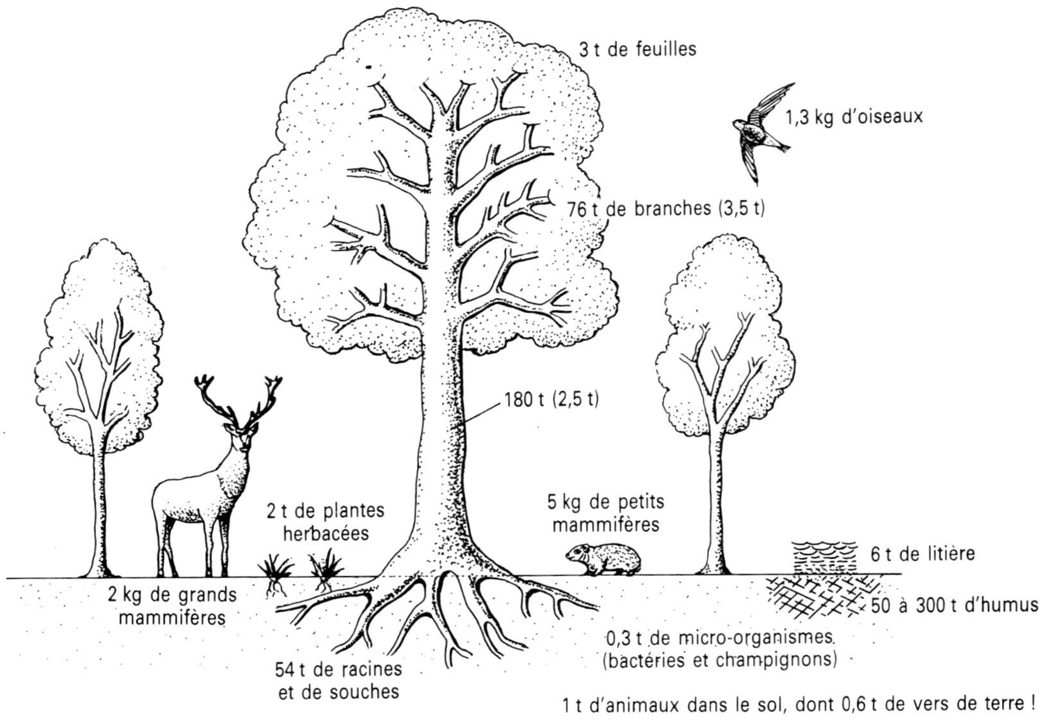

D'après Duvigneaud.

Il est intéressant d'apprécier la quantité de matière vivante présente à un instant donné, c'est-à-dire la biomasse (exprimée en tonnes de matière sèche par hectare) pour bien comprendre non seulement l'organisation mais aussi le fonctionnement de l'écosystème. On constate ainsi une répartition très inégale entre les différents acteurs : la masse ligneuse représente la plus grande partie de la biomasse avec 315 tonnes dont 180 pour les grumes exploitées par le forestier. L'essentiel de la faune est invisible en raison de son inféodation au sol ; la biomasse de vers de terre est étonnante (plus de 600 kg à l'hectare). Enfin l'humus concentre un volant énorme de matière organique morte, momentanément immobilisée.

PERTURBATIONS ET PROBLÈMES

La répartition spatiale des écosystèmes, le bon déroulement des cycles forestiers et la succession normale des séries de végétation dépendent aussi d'accidents ou perturbations dont l'impact peut se marquer temporairement ou durablement dans le paysage.

Les phénomènes climatiques exceptionnels

Durant leur longue vie, les peuplements forestiers sont pratiquement tous confrontés à certaines variations extrêmes des conditions climatiques (sécheresses prolongées, vents violents, froids intenses...). Ces épisodes peuvent provoquer des mortalités localisées et, plus souvent encore, des dégâts qui marquent durablement les arbres et déprécient leur valeur marchande. À terme, les arrière-effets de ces événements climatiques remarquables sont peut-être plus importants encore. Des arbres affaiblis deviennent plus sensibles aux attaques d'insectes ou de champignons pathogènes opportunistes, ainsi qu'aux effets des variations climatiques locales, ce qui peut amorcer un cycle de dépérissement. Toutes les essences et tous les peuplements ne réagissent pas de la même façon à ces accidents. Leur résistance met en jeu des interactions complexes entre des caractéristiques génétiques, l'adaptation à l'environnement local, la sylviculture actuelle et passée, leur état physiologique au moment du stress et l'intensité de l'épreuve. Les choix sylvicoles peuvent diminuer le risque, sans jamais le faire disparaître.

Grâce à l'importance de leur système racinaire qui les approvisionne en eau, les arbres sont d'ordinaire assez résistants à la plupart des sécheresses estivales. Pour combattre le risque de déshydratation, ils peuvent ralentir leur photosynthèse et leur croissance, limiter leur transpiration (par exemple en perdant des feuilles) et accepter une plus ou moins grande dessiccation de leurs tissus. Mais, à ce jeu, les espèces méditerranéennes, comme le chêne vert ou le cèdre, sont bien évidemment plus performantes que des essences de climat montagnard humide, comme le sapin ou le hêtre. Six à dix fois par siècle, des sécheresses exceptionnelles, intenses et durables, causent des dommages significatifs dans les régions les plus touchées (ce fut le cas en 1893, 1911, 1921, 1949, 1955, 1959, 1976, 1983, 1988-1989).

Une quinzaine de fois par siècle, la forêt paie un tribut important à des tempêtes et tornades (vents tourbillonnants) dont la vitesse excède toujours 100 kilomètres/heure. Les dégâts atteignent alors de quelques centaines de milliers à quelques millions de mètres cubes d'arbres renversés ou brisés (douze millions en 1982, quatre en 1984, six en 1987, sept en 1990), en fonction des pointes de vitesse atteintes (220 kilomètres/heure sur les côtes de Bretagne en 1987) et de la durée de l'épisode (presque trois jours dans le Massif central en 1982). L'importance des feuillus en France, la diversité des peuplements dans une même région, ainsi que des densités de tiges par hectare en moyenne plus faibles que dans les pays de tradition sylvicole germanique expliquent probablement, en partie au moins, que nous connaissions peu les grandes catastrophes qui secouent la forêt allemande depuis plus d'un siècle (six tempêtes occasionnant au moins 10 millions de mètres cubes de dégâts depuis 1870, dont une de 65 millions de mètres cubes en 1990).

RÉSISTANCE AU FROID

Minimum de températures hivernales occasionnant des dégâts

Pin d'Alep	– 6°C
Pin parasol	– 11°C
Chêne vert	– 13°C
Cyprès	– 14°C
Pin maritime	– 20°C
Sapin	– 30°C
Chêne pédonculé	– 30°C
Chêne rouvre	– 30°C
Hêtre	– 30°C
Épicéa	– 30°C
Pin cembro	– 42°C

Une dizaine de fois par siècle (en 1915-1916, 1916-1917, 1929, 1939-1940, 1940-1941, 1941-1942, 1946-1947, 1955-1956, 1962-1963, 1985), des froids intenses dans certaines régions provoquent des dommages graves à certaines essences (mortalités d'organes, d'arbres isolés ou de peuplements) ou à la qualité de leur bois (ainsi la gélivure du chêne). En Sologne, près de 80 000 hectares de pin maritime, déjà affaiblis par le verglas du début de 1879, ont été tués par les grands froids de l'hiver 1879-1880. Ces grands froids sont un des facteurs importants qui expliquent l'aire de répartition des espèces et variétés. De façon plus localisée, des épisodes de grêle, de verglas (manchons de glace se formant autour des branches et les cassant) ou de neige lourde (brisant les cimes et les branches) peuvent conduire à récolter précipitamment quelques dizaines ou centaines de milliers de mètres cubes.

Les insectes ravageurs

L'assez grande diversité écologique de nos forêts explique probablement à la fois le grand nombre d'insectes ravageurs rencontrés à l'état endémique et la quasi-absence de grandes menaces entomologiques récurrentes, comparativement avec la situation de l'Europe orientale. Le faible niveau d'artificialisation des forêts françaises permet aux mécanismes naturels de contrôle de régulation des populations d'insectes de jouer à peu près librement. Ces mécanismes mettent en jeu les relations entre les arbres et les insectes, les facteurs climatiques et l'équilibre entre les insectes et leurs prédateurs ou parasites. Les choix sylvicoles influent sur certains de ces paramètres (choix des essences, peuplements monospécifiques, densité, périodicité des interventions...), rendant les peuplements plus résistants ou plus sensibles aux accidents climatiques qui peuvent affaiblir les arbres et à la rupture des équilibres qui contrôlent les niveaux de population.

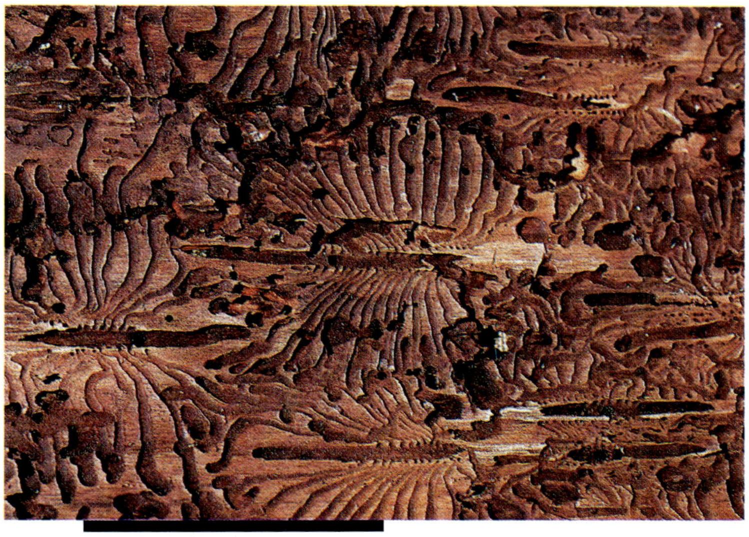

Galeries creusées sous l'écorce par le scolyte typographe de l'épicéa. Ci-contre : chablis après une tempête.

LA COCHENILLE MATSUCOCCUS FEYTAUDI

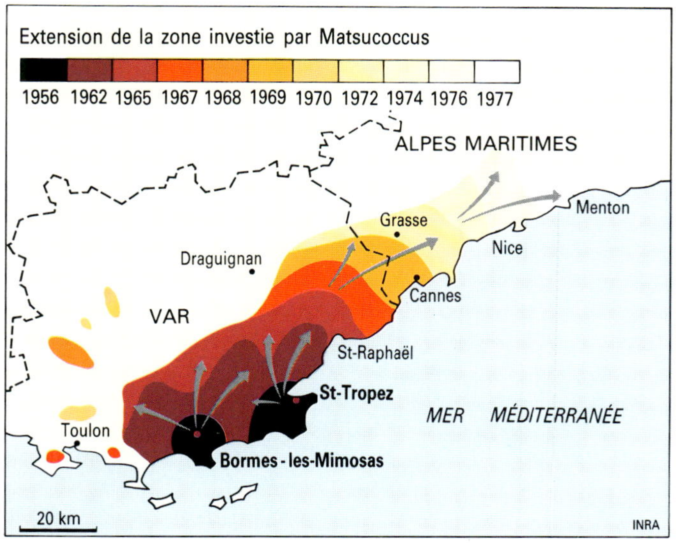

LA PROCESSIONNAIRE DES PINS

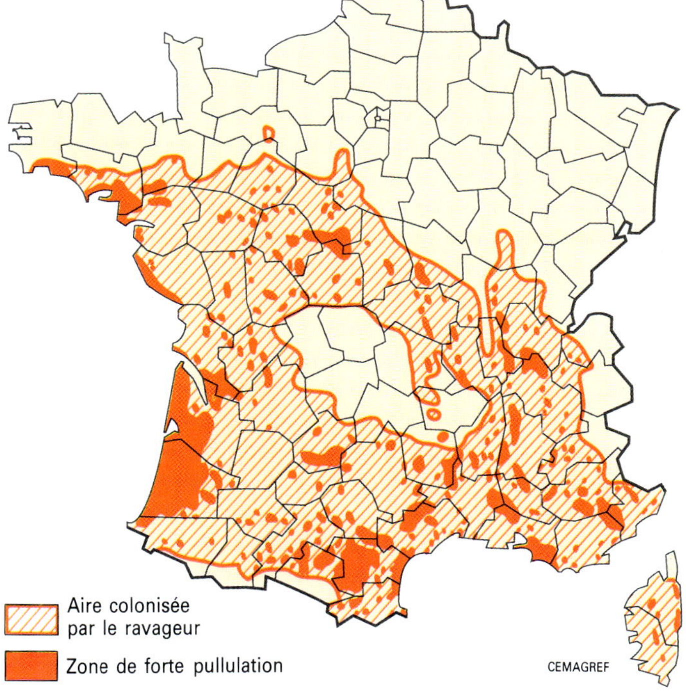

Périodiquement, ces populations explosent, provoquant des pertes de croissance et de fructification (insectes défoliateurs des feuillus ou des résineux), des dessèchements de cime (cas de certains insectes piqueurs-suceurs), la déformation de la tige (cas de la tordeuse des pousses de pin) ou la mort de jeunes plants ou semis (larves du hanneton, hylobe). Certains insectes qui attaquent isolément ou en masse peuvent tuer des arbres déjà affaiblis : c'est le cas des scolytes dont la reproduction et le développement larvaire se déroulent sous l'écorce, dans la partie vivante de l'arbre. Parfois c'est la succession des attaques de deux insectes (un défoliateur, puis un scolyte, par exemple) qui affaiblit un arbre jusqu'à la mort. Le sylviculteur doit alors déterminer, en fonction des objectifs de production de bois et des contraintes financières qui lui sont propres, le seuil de dommages qu'il peut accepter sans intervenir pour tenter de réduire le niveau de population et de dégâts. Pour certains insectes (chenille processionnaire du pin, chenille processionnaire du chêne, bombyx cul-brun), la nuisance que représentent leurs poils urticants peut justifier à elle seule une indication de traitement dans les zones touristiques.

La lutte est le plus souvent mécanique : elle s'efforce d'interrompre le cycle de reproduction de l'insecte en éliminant par la tronçonneuse et le feu les arbres déjà attaqués ou susceptibles de l'être. Plus rarement — et c'est le cas de la chenille processionnaire du pin, de l'hylobe et, dans une moindre mesure, de quelques insectes défoliateurs menaçant la fructification des chênaies mises en régénération naturelle — des produits biologiques (*Bacillus thuringiensis* en spores inactivées) ou chimiques sont employés sur quelques dizaines de milliers d'hectares. Après avoir suscité beaucoup d'espoirs, la lutte biologique (jouant sur l'équilibre entre l'insecte et un de ses prédateurs) s'est révélée décevante, même si quelques méthodes particulières sont opérationnelles (*Rhizophagus grandis* contre le scolyte *Dendroctonus micans*, par exemple). Il n'existe en France qu'un seul cas de véritable catastrophe écologique provoquée par des insectes forestiers : la disparition de quelque 100 000 hectares de pin maritime autochtone en Provence, dans les années 1960-1970, à la suite des ravages causés par la cochenille *Matsucoccus feytaudi*, avec l'aide du pissode du pin, insecte sous-cortical opportuniste.

LE CHANCRE DU CHÂTAIGNIER. Cette essence couvre en France une surface de 510 000 hectares. Après avoir longtemps joué un rôle social et économique, le châtaignier a perdu beaucoup de son importance depuis le début du siècle. La cause principale de cette régression est d'ordre pathologique avec, dès 1860, la maladie de l'encre, d'origine racinaire et, depuis 1957, la maladie du chancre, importée vraisemblablement d'Italie ; cette dernière favorise, sur les branches, les troncs et les rejets, la formation de chancres à évolution rapide suivie de leur dessèchement. La lutte biologique par inoculation de souches hypovirulentes, valable en verger, est difficilement applicable en châtaigneraie forestière.

LE CHANCRE COLORÉ DU PLATANE. Tout d'abord observée à Marseille, la maladie du chancre coloré, spécifique du platane, se limite actuellement au sud-est de la France, mais risque, à défaut de mesures prophylactiques rigoureuses, de s'étendre à l'ensemble du pays. La maladie est propagée par contacts racinaires entre arbres voisins, mais surtout par l'homme (taille, élagage, travaux de terrassement au niveau des racines, contamination par la sciure infectée). Les essais de lutte chimique se sont révélés négatifs.

Les champignons pathogènes

L'originalité de la pathologie des arbres forestiers tient à l'importance des champignons pathogènes racinaires. Difficiles à détecter et à atteindre, ils posent des problèmes malaisés à résoudre au sylviculteur qui découvre qu'une de ses parcelles est infectée. Certains d'entre eux semblent s'attaquer essentiellement à des arbres déjà nettement affaiblis, agissant un peu comme un fossoyeur en pourrissant les racines jusqu'à la mort par dessèchement. D'autres paraissent doués d'un véritable pouvoir pathogène et peuvent contaminer des arbres encore très vigoureux, en s'étendant en tache autour du premier arbre et en créant ainsi un rond de mortalité.

La définition du degré d'agressivité, c'est-à-dire de la capacité d'infecter un arbre sain et de s'y développer, n'est pas simple pour les trois principales espèces d'armillaire présentes dans nos forêts, tant feuillues que résineuses. Néanmoins *Armillaria ostoyae* cause d'indéniables mortalités dans les Landes, préjudiciables à la culture du pin maritime. Une autre maladie racinaire, provoquée par *Heterobasidium annosum* (ou *Fomes annosus*), peut tuer les pins suivant le même processus que celui de l'armillaire. Mais elle s'attaque aussi au mélèze et surtout à l'épicéa, sans tuer l'arbre, en pourrissant par l'intérieur le bois qu'elle rend de la sorte impropre à la commercialisation. Ce champignon très discret détruit ainsi 500 000 mètres cubes de bois d'épicéa chaque année, soit près de 10 % de l'accroissement biologique annuel de cette essence. Il existe une méthode de protection préventive, reposant sur l'antagonisme entre champignons au moment du processus d'infection d'une nouvelle souche par des spores disséminées par le vent. Elle consiste à badigeonner la souche fraîchement coupée avec le champignon *Peniophora gigantea*, ou avec de l'urée qui favorisera l'installation de ce champignon ; la spore d'*Heterobasidium annosum* qui arrive sur la souche ne peut alors s'y développer pour aller infecter les arbres voisins, en passant par les racines qui s'anasto-

LA MALADIE HOLLANDAISE DE L'ORME. Vraisemblablement d'origine asiatique, cette maladie est apparue en 1919 pour la première fois en Hollande (d'où son nom) et, dans le nord de la France, puis s'est développée dans toute l'Europe. Son introduction en Amérique du Nord (États-Unis puis Canada) provoque de très graves dégâts sur l'orme américain qu'elle détruit sur des surfaces considérables. Vers 1970, une nouvelle souche plus agressive fut introduite en Europe à la faveur d'importations de grumes. Disséminée par deux insectes coléoptères (scolytes), elle est à l'origine de l'épidémie actuelle en France et dans d'autres pays européens. Les possibilités de lutte chimique par injection de fongicides demeurent très limitées ; il vaut mieux recourir aux méthodes prophylactiques sylvicoles.

mosent. Les champignons foliaires provoquent des pertes de croissance généralement sans gros impact, sauf mortalité localisée de jeunes plants ou semis fragiles. C'est le cas, par exemple, de l'oïdium du chêne, parfois redoutable en pépinière ou en phase de régénération. Les champignons qui provoquent des chancres ou des déformations sur le tronc causent un dommage économique grave lorsqu'il ne reste pas assez de tiges indemnes pour constituer le peuplement définitif.

Il n'existe pas à ce jour, pour la forêt française, de problèmes pathologiques aussi préoccupants pour l'avenir d'une espèce que la maladie hollandaise de l'orme champêtre ou le chancre coloré du platane. Néanmoins ces deux exemples illustrent les risques qui découlent de la multiplication des échanges internationaux de marchandises, à la faveur desquels circulent aussi les champignons. Pour les plus importants des risques identifiés — tels que celui d'introduire en Europe *Ceratocystis fagacearum*, l'agent du flétrissement américain du chêne — des contrôles sanitaires aux frontières sont mis en œuvre par les services de la protection des végétaux du ministère de l'Agriculture et de la Forêt.

Les dépérissements

La question des « pluies acides »

Au début des années 1980, sur une partie de l'Europe et de l'Amérique du Nord, l'observation de symptômes tels que la défoliation partielle ou l'altération de la couleur du feuillage de certains conifères avait fait suspecter un phénomène général de dépérissement des forêts, attribué aux effets de la pollution atmosphérique transportée à longue distance sur tout un continent (les fameuses « pluies acides »). Ces grands types de symptôme ne font néanmoins que révéler un problème physiologique vécu par l'arbre, et ne sont pas caractéristiques d'un effet de la pollution. Ce phénomène semblait donc différent des cas de pollutions très locales et bien identifiées, décrits dans les années 1970, par exemple en vallée de Maurienne (fluor) ou dans la basse vallée de la Seine (soufre).

Les réseaux d'observation mis en place dans toute l'Europe (ils concernent près de 45 000 arbres en France) ont montré l'existence en Europe centrale et orientale de vastes zones de quelques centaines de milliers d'hectares, très polluées et caractérisées par des mortalités généralisées ou

Un symptôme de dépérissement : le jaunissement des feuillages.

Le climat de pollution dans les Vosges

Les mesures faites à la Tour du Donon, ainsi que dans les six stations vosgiennes du réseau DEMENT (Dépôt d'éléments minéraux sur les écosystèmes naturels terrestres), permettent de décrire le climat de pollution dans les Vosges de la façon suivante. Pendant les hivers et les saisons de végétation des années 1989 et 1990, la pollution soufrée a été faible et très homogène sur l'ensemble du massif vosgien. En revanche les froids de l'hiver 1990-1991 ont été accompagnés d'une forte pollution soufrée : 134 microgrammes par mètre cube. La pollution par les oxydes d'azote est faible, voire très faible. La pollution par l'ozone est en revanche élevée. En 1989, elle a dépassé 70 microgrammes par mètre cube pendant la moitié du temps, et 108 microgrammes par mètre cube pendant 10 % du temps, durant les périodes printanière et estivale. L'ozone est à coup sûr phytotoxique, et peut-être déjà nocif pour l'homme, à ces concentrations ambiantes.
Les concentrations moyennes en acidité, en soufre et en azote des précipitations sous couvert forestier dans les Vosges paraissent relativement modérées par rapport à la situation décrite dans les Ardennes, l'ensemble du Benelux et le nord-est de l'Allemagne. Les teneurs et les dépôts de polluants varient considérablement dans l'espace.

des situations sanitaires extrêmement critiques. Ailleurs, et notamment en France, les notations annuelles et les travaux scientifiques ont mis en évidence une diversité d'évolution (réversible le plus souvent) selon les essences, les régions, les conditions écologiques locales et l'histoire des peuplements. Les dommages visuels les plus inquiétants concernent des peuplements résineux, très jeunes ou relativement âgés, dans les montagnes à roches acides (crêtes gréseuses des Vosges, par exemple). Malgré un aspect inquiétant du feuillage de certains d'entre eux, la croissance des arbres ne semble pas affectée ; elle pourrait même bien être supérieure à ce qu'elle était au début du siècle. Les conclusions du programme français de recherche DEFORPA conduisent à incriminer :
— des facteurs prédisposants tels que, pour la défoliation, des conditions sylvicoles (peuplements denses ou âgés) et écologiques (caractéristiques physiques défavorables des sols et climat rigoureux) défavorables ; pour le jaunissement du feuillage, la pauvreté minérale de certains sols, accentuée par les dépôts polluants acides (acides sulfurique, nitrique...) ou acidifiants (ammonium) qui ont un effet cumulatif au fil des années ;
— des facteurs déclenchants tels que, pour la défoliation, une série d'années sèches ; pour le jaunissement du feuillage, des années contrastées sur le plan pluviométrique ;
— des facteurs aggravants, tels que des insectes ou des champignons pathogènes opportunistes attaquant les arbres affaiblis.

L'action effective des polluants gazeux (dont l'ozone) est encore mal connue dans ce contexte. Peut-être interviennent-ils en modifiant de façon subtile la physiologie des arbres, les rendant ainsi plus sensibles à des stress climatiques. Enfin, si les peuplements résineux sont plus souvent concernés que ceux de feuillus par un type de dépérissement dans lequel la pollution atmosphérique joue un certain rôle, c'est probablement en raison de deux considérations : d'une part les résineux, plus frugaux et rustiques, sont plus abondants que les feuillus sur les sols chimiquement pauvres et dans des conditions climatiques rudes ; d'autre part leur feuillage plus développé, qu'ils conservent plusieurs années, intercepte davantage de pollution.

Des phénomènes complexes

La pollution atmosphérique ne peut être incriminée dans l'ensemble des dépérissements signalés en Europe depuis quelques années, notamment en zone de plaine et sur des peuplements feuillus. Il est néanmoins difficile de savoir si l'augmentation sensible des cas recensés, notamment en France, révèle une tendance de fond, ou bien si elle provient d'une sensibilité accrue des observateurs. Dans la plupart des cas, ces dépérissements mettent en cause des facteurs naturels (stress climatiques, dynamique de vieillissement des peuplements...), des facteurs liés à un choix humain (techniques de plantation, mauvaise adaptation de l'essence à son

Schématiquement, quatre grands ensembles géographiques peuvent être distingués : région polluée (les Vosges du Nord) ; régions modérément polluées (les crêtes des Vosges moyennes et les vallées industrielles du versant lorrain) ; régions peu polluées (les sommets des Vosges du Sud) ; régions très peu polluées (le piémont lorrain et les contreforts alsaciens des Vosges du Sud).

QU'EST-CE QU'UN DÉPÉRISSEMENT ?
C'est un affaiblissement généralisé, dont les causes premières ne peuvent a priori être identifiées, affectant une ou plusieurs essences et se caractérisant par des symptômes visibles sur le terrain — notamment la mort d'organes pérennes (rameaux...) — et évolutifs. Un stade ultime, mais non obligatoire, est alors la mort d'un certain nombre d'arbres.

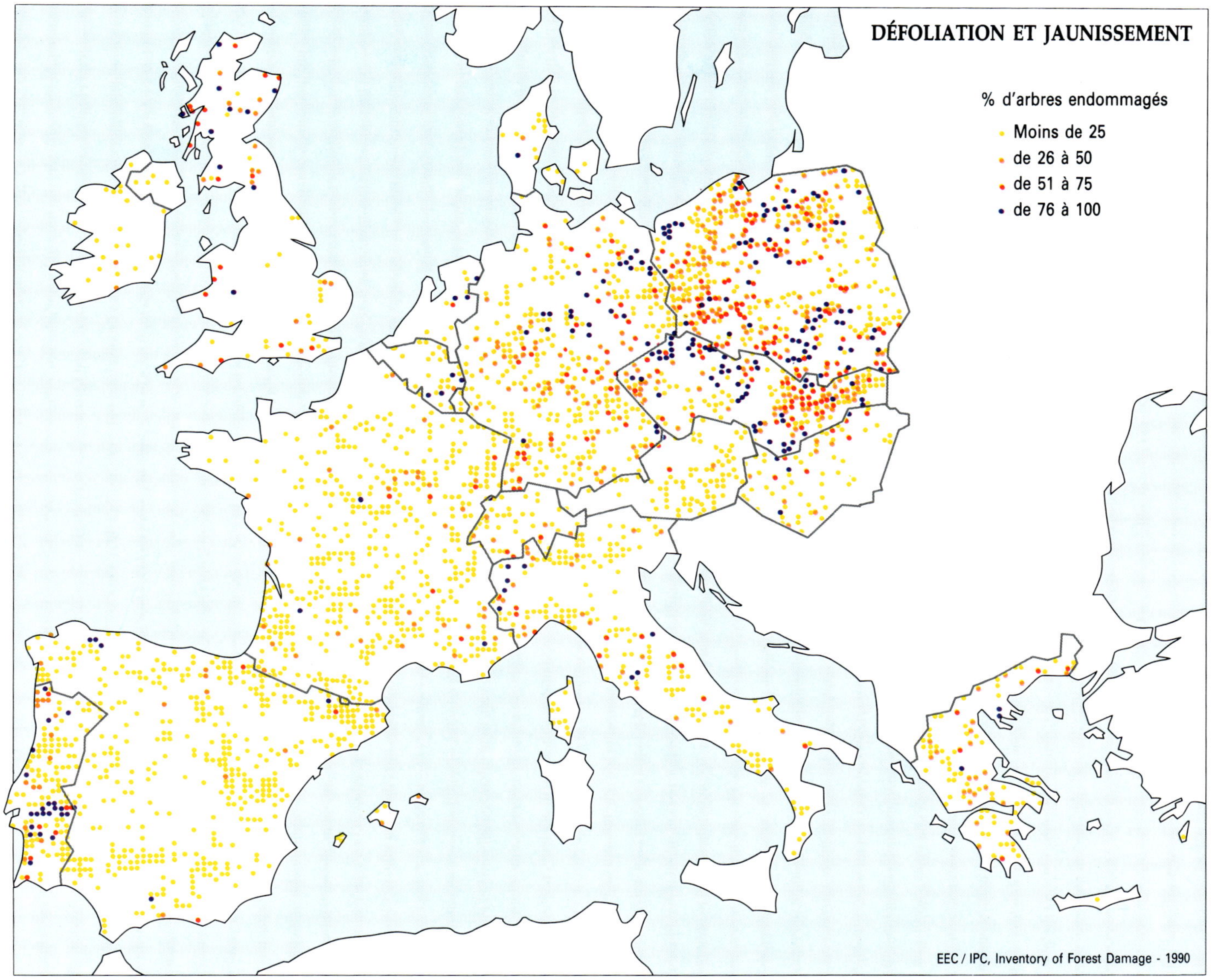

environnement local...), ou le plus souvent à une interaction entre facteurs naturels et sylvicoles. Ils révèlent alors un risque pris par le sylviculteur, consciemment ou non, et qu'il convient ensuite d'assumer.

Les cas de dépérissement du chêne pédonculé sont parmi les exemples les plus étudiés, un peu partout en Europe comme en France, où il est la deuxième grande essence forestière. Son dynamisme colonisateur et sa facilité de régénération naturelle semblent avoir favorisé son extension dans des milieux qui lui sont peu favorables en cas de sécheresse intense et prolongée. Cette essence exige en effet une bonne alimentation en eau tout au long de la saison de végétation ; elle accepte même des périodes d'engorgement du sol. Une sylviculture insuffisamment attentive aux tempéraments écologiques différents des deux grandes espèces de chêne, rouvre et pédonculé, souvent en mélange en France, a probablement conduit à privilégier involontairement le second. La série de déficits hydriques des quinze dernières années a sans doute révélé le problème, en contribuant à fortement affaiblir des chênes pédonculés en situation déjà délicate. Les attaques de champignons pathogènes, racinaires essentiellement, de champignons foliaires et d'insectes défoliateurs ou sous-corticaux dans une moindre mesure, ont alors aggravé le processus, le menant parfois jusqu'à la mortalité.

Les forêts et l'effet de serre

L'énergie solaire que reçoit, et réfléchit en partie, la Terre n'est pas suffisante pour nous garantir une température moyenne supérieure à – 18°C. L'apport des 33°C supplémentaires qui rendent notre planète si propice à la vie provient de la présence dans l'atmosphère de gaz tels que le gaz carbonique et l'ozone, entre autres ; en interceptant une partie du rayonnement émis par la Terre, ces gaz se comportent comme les parois de verre d'une serre, d'où leur nom de gaz à effet de serre. En brûlant des énergies fossiles (charbon, pétrole...), l'homme enrichit l'atmosphère en gaz carbonique, renforçant ainsi cet effet de serre. L'émission d'autres gaz à effet de serre, tels que le méthane ou les CFC, va dans le même sens, suscitant une certaine inquiétude quant à l'évolution de notre climat. Certes les incertitudes demeurent grandes à propos des mécanismes en jeu et de leur impact réel sur un éventuel réchauffement de la température moyenne, notamment pour tout ce qui concerne le rôle des océans, des nuages, des sols et de la végétation. Mais beaucoup d'experts et de gouvernements ont commencé à réfléchir et à se concerter sur les conséquences possibles de cet effet de serre renforcé, ainsi que sur les mesures à prendre en vue de sa limitation dans un cadre mondial, seul adapté à la prise en charge de ce risque.

Les quantités de carbone stocké dans la végétation et les sols des forêts sont du même ordre de grandeur que celles présentes dans l'atmosphère sous forme de gaz carbonique. Par ailleurs, les forêts et les océans jouent un rôle primordial dans les échanges de gaz carbonique avec l'atmosphère. En France, les émissions de gaz à effet de serre provenant des incendies de forêt et des défrichements sont très limitées, à la différence de la zone tropicale. Globalement, la forêt française fixe chaque année plus de carbone qu'elle n'en émet par sa respiration, compte tenu de l'extension qu'elle connaît de façon continue depuis deux siècles. En effet, seule une forêt jeune, en pleine croissance, présente un bilan positif de sa fixation de carbone. À maturité, le bilan devient nul, le dégagement par la respiration de tous les êtres vivant en forêt compensant à peu près parfaitement la fixation par photosynthèse. Mais le stockage de carbone devient permanent dans la mesure où le capital sur pied n'est pas détruit. Cette condition est réalisée si la forêt est laissée à elle-même, ou si l'homme ne coupe pas plus de bois que la forêt n'en produit, c'est-à-dire si la forêt est aménagée, ce qui est le cas en France.

Il est difficile d'apprécier exactement l'impact sur nos forêts du changement climatique découlant d'un effet de serre renforcé. D'une part, l'augmentation de la teneur de l'atmosphère en gaz carbonique et un léger accroissement de la température moyenne devraient stimuler la photosynthèse, dans la mesure où l'alimentation en eau et en substances minérales ne deviendrait pas un facteur limitant. D'autre part, si le réchauffement se poursuivait au-delà d'un seuil malaisé à apprécier, les forêts connaîtraient alors des changements profonds dans leur répartition et leur composition en espèces, certaines d'entre elles pouvant être éliminées.

Les incendies de forêt

En moyenne, chaque année en France, 5 500 feux recensés sont responsables de la destruction de 45 000 hectares de forêts, et surtout de maquis et garrigues. Ces surfaces incendiées varient fortement d'une année sur l'autre, essentiellement en fonction des conditions météorologiques (sécheresse et vent), de moins de 7 000 hectares à plus de 80 000 hectares. L'essentiel des incendies concerne le sud-ouest de la France et surtout la zone méditerranéenne. Il ne s'agit pas là d'un phénomène nouveau, puisque le premier document officiel à traiter de la protection des forêts contre l'incendie fut le Règlement de Provence, en 1322. Le massif forestier de l'Esterel a entièrement brûlé au début du XVIe siècle et en 1764, puis entre 1838 et 1840 sur la moitié de sa surface. Durant le XIXe siècle, la forêt méditerranéenne n'a jamais autant été la proie des flammes, proportionnellement à sa surface. Par ailleurs les incendies qui ont ravagé les Landes en 1947 (390 000 hectares) et en 1949 (140 000 hectares et 82 morts) sont parmi les plus importants et les plus meurtriers des grands incendies connus dans le monde au cours des deux derniers siècles.

La forêt est le type de milieu le plus complexe des zones tempérées, pouvant héberger jusqu'à 10 000 espèces différentes d'animaux et de végétaux, dont la moitié d'insectes. L'incendie d'un hectare de pineraie provençale peut causer la mort de 300 oiseaux, 400 petits mammifères, plusieurs dizaines de tortues, serpents et amphibiens et plus de cinq millions d'insectes. Mais, après le premier feu détruisant une forêt bien développée et en équilibre écologique, la recolonisation progressive du milieu par les graines et les

LES INCENDIES DE FORÊT

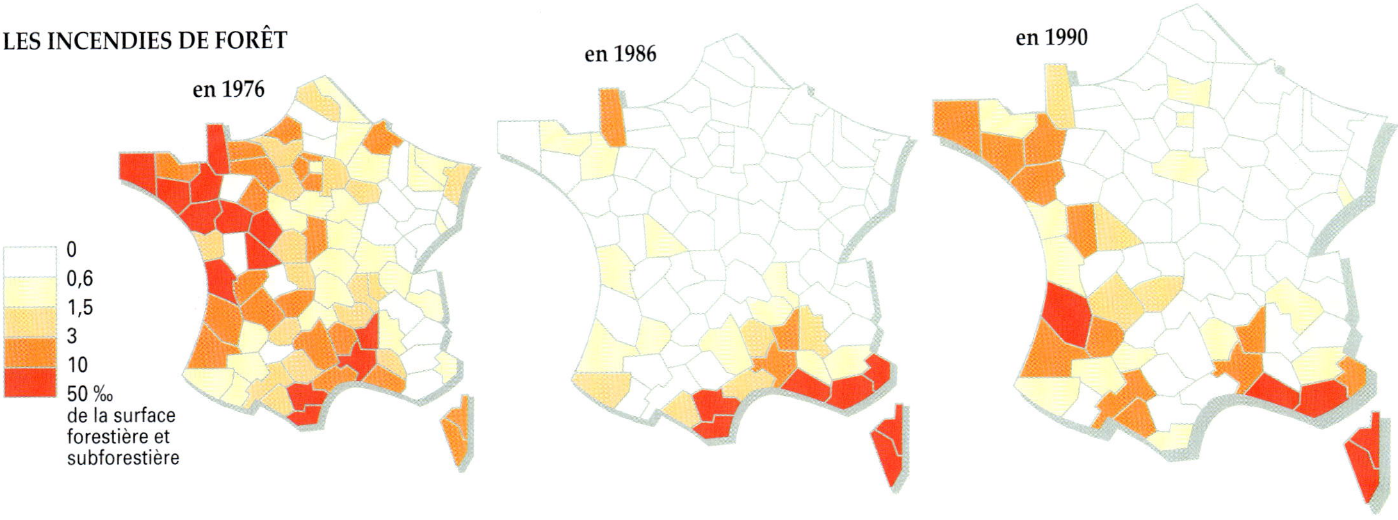

animaux permet la reconstitution de l'écosystème, sans catastrophe écologique. Le problème écologique majeur demeure la répétition des incendies au même endroit, à une fréquence incompatible avec la vitesse de reconstitution de l'écosystème, entraînant alors un processus de dégradation du sol et des formations végétales.

Sous climat méditerranéen ou comparable, le sol mis à nu subit directement l'impact des averses violentes et l'érosion commence à arracher et à entraîner des particules de terre. Des mesures ont montré, en Arizona, qu'en deux ans après un incendie l'érosion peut concerner de 8 000 à 25 000 tonnes de terre par kilomètre carré, au lieu d'une vingtaine de tonnes par an précédemment sous une végétation ressemblant beaucoup à une garrigue. Par ailleurs, le feu détruit une partie de la matière organique, libérant brutalement de l'azote et de la potasse dont la repousse ne pourra pas entièrement profiter, et qui manqueront ultérieurement. Si le feu revient trop souvent, certaines espèces sont progressivement éliminées, incapables de s'adapter aux nouvelles conditions de concurrence avec d'autres espèces plus rustiques. Les résineux, moins exigeants quant à la richesse minérale des sols et dont les graines légères sont disséminées par le vent, sont ainsi favorisés aux dépens des feuillus avec lesquels ils ont toujours cohabité en zone méditerranéenne. Au cours de ce processus de dégradation, un maquis haut, où dominent l'arbousier et la bruyère arborescente, cédera la place à un maquis bas, avec la bruyère à balai et la lavande des Maures, puis à une formation végétale à ciste de Montpellier et ciste à feuille de sauge. Ces formations couvrent de moins en moins bien le sol, facilitant l'érosion. Si le feu continue à revenir, on peut aboutir à une pelouse à hélianthème à gouttes. Mais sur les sols siliceux où se développe le maquis (Corse, Maures, Esterel et Pyrénées-Orientales), il est plus facile de parcourir le processus inverse — de restauration d'une végétation forestière relativement riche et complexe — que sur les sols calcaires à garrigue, dans la mesure bien entendu où la menace du feu diminue.

Trop de cervidés

Les sangliers et les cervidés, cerfs et chevreuils pour l'essentiel, font partie intégrante des écosystèmes forestiers européens. Il est donc normal qu'ils y prélèvent leur nourriture et y inscrivent les marques de leur comportement. Néanmoins, au-delà d'un certain seuil qui caractérise la capacité d'accueil biologique d'un écosystème, une densité excessive de ces animaux peut causer des dégâts importants, modifiant insidieusement la composition de la végétation, mutilant une proportion significative des arbres, et parfois mettant en cause localement la capacité de l'écosystème à se régénérer. Des animaux perturbés dans leur repos, leur activité alimentaire ou de reproduction peuvent également causer des dommages. Depuis l'introduction en France de la myxomatose, qui régule les populations de lapins, et la quasi-disparition du pâturage en forêt, les cervidés sont désormais la principale menace que peuvent causer des mammifères à la forêt. Dans certaines zones de l'est et, de façon plus ponctuelle, dans le centre et le sud-ouest de la France, les dégâts dus au grand gibier sont devenus la première préoccupation des gestionnaires forestiers. Cela s'explique à la fois par la disparition, ou presque, des grands prédateurs naturels, et par une pression de la chasse localement insuffisante.

L'écorçage des arbres par les cerfs peut faciliter l'attaque de divers insectes ou champignons.

La consommation excessive de semences peut être lourde de conséquences dans les régions où les arbres ne fructifient que peu fréquemment, comme c'est le cas pour les chênes dans l'est de la France. L'*abroutissement,* c'est-à-dire la consommation des jeunes pousses et des rameaux, peut conduire à la mort de très jeunes plants, ou du moins causer des pertes de croissance et des déformations (fourchaison par exemple). Ce comportement alimentaire concerne davantage certaines essences que d'autres, notamment les chênes, le sapin et le merisier. Lors de la régénération d'une hêtraie-sapinière, il peut conduire à voir disparaître les jeunes sapins, ne laissant plus qu'une hêtraie pure. Dans d'autres cas, c'est l'ensemble des semis naturels ou des jeunes plants qui peut, localement, avoir été consommé. L'*écorçage,* en hiver ou en été, semble pallier certaines carences nutritionnelles, mais peut aussi traduire d'autres problèmes physiologiques ou comportementaux. En mutilant l'arbre, il peut faciliter les attaques de certains insectes ou champignons. Les arbres à écorce lisse, comme le hêtre, l'épicéa ou le frêne, sont très vulnérables jusqu'à un âge avancé. Les *frottis* sur de jeunes arbres permettent aux cervidés de se débarrasser du « velours » qui gaine leurs bois au moment de leur croissance annuelle, en écorçant, brisant ou mutilant la tige. Y sont très sensibles le sapin de Douglas, le merisier, le peuplier et le mélèze : les résineux peuvent en mourir, et les feuillus repartir de la souche avec plusieurs tiges indésirables.

Parallèlement, on peut assister à une modification locale de la flore, les espèces les plus appréciées se raréfiant au profit de celles qui n'intéressent pas, ou peu, les cervidés. Au-delà d'un certain seuil de déséquilibre des populations de cervidés (eu égard à la capacité d'accueil du milieu), on constate certes des baisses du poids moyen des animaux à un âge donné, une ossature réduite ou plus fragile, la multiplication des infections parasitaires, une baisse de la fécondité... Mais ces paramètres sont longs à déceler et, quand on y parvient, l'impact du déséquilibre s'est déjà marqué sur l'écosystème forestier.

LA FORÊT, SOURCE DE VIE

Dans les grands équilibres de la biosphère (c'est-à-dire de la parure vivante de la Terre), la forêt joue un rôle fondamental : elle agit sur le climat, les sols, le cycle de l'eau... Le patrimoine génétique qu'elle abrite doit absolument être préservé.

Les rôles régulateurs de la forêt

Effets sur le climat

Certaines influences de la forêt sur le climat restent controversées. Il n'en demeure pas moins qu'un massif boisé oppose une résistance réelle aux changements climatiques et exerce une action régulatrice. L'évapotranspiration soutenue au niveau d'une zone forestière entraîne un abaissement de la température sensible en altitude sur plusieurs centaines de mètres. La forêt agit sur le régime des courants et, par voie de conséquence, sur les températures. Par exemple, les vents qui arrivent sur un massif ont peu de prise au niveau du sol : en lisière s'accumule un coussin d'air plus calme qui dévie les courants au-dessus de la cime des arbres. Les marges forestières bénéficient ainsi d'un microclimat particulier très apprécié par de multiples espèces.

Dans les territoires soumis à une agriculture intensive, le vent déferle avec force, faute d'obstacles. Les haies, les bosquets, les galeries riveraines qui subsistent dans ces paysages jouent un rôle important, reconnu dans certaines régions où des rideaux protecteurs sont implantés. Ils consistent généralement en une ou deux rangées d'arbres à croissance rapide, accompagnées d'essences de deuxième grandeur et d'arbustes. Le rideau fonctionne comme un massif forestier : il dévie les courants au-dessus des arbres et réduit ainsi leur violence au niveau des cultures. Les bienfaits sont multiples : protection contre les ravages du vent lui-même, calme relatif de l'air au contact du sol, ce qui assure une hygrométrie plus régulière et un taux constant de gaz carbonique (donc une photosynthèse soutenue). On obtient donc une augmentation sensible des rendements agricoles. L'effet protecteur du rideau est de l'ordre de cinq fois sa hauteur contre le vent, de quinze à vingt fois celle-ci sous le vent. La structure du rideau influe sur sa perméabilité ; il convient d'éviter les brèches, mais aussi les trop fortes densités qui engendrent des tourbillons indésirables.

La forêt et l'air

La forêt intervient efficacement dans l'épuration de l'air en éliminant certaines de ses impuretés. Les poussières en suspension se déposent lentement sur les feuillages, les pousses, les branches et les troncs. Souvent humides, ils agissent en piégeant les particules. Chaque pluie lave l'arbre et entraîne les poussières au sol, renouvelant aussitôt le pouvoir filtrant. De plus, le frein puissant qu'oppose la forêt aux mouvements atmosphériques a pour résultat d'accumuler sur elle les particules. Aussi le milieu forestier accomplit-il une véritable filtration ; il peut extraire de trente à soixante tonnes de poussière par hectare et par an avec une efficacité qui varie selon les essences (forte chez le hêtre, plus faible chez le pin sylvestre). Si l'on trouve 4 000 000 de microbes par mètre cube d'air dans un grand magasin et 575 000 sur les boulevards parisiens, le nombre de germes tombe à 50 en forêt de Fontainebleau ! Cette différence est liée bien sûr à la fréquentation humaine. Mais des travaux récents ont mis en évidence l'effet bactéricide de substances fabriquées par les feuilles de quelques essences forestières. Le sapin et le pin sylvestre seraient très efficaces vis-à-vis de certains germes pathogènes. La forêt peut aussi exercer un effet modeste dans la lutte contre le bruit. L'écran n'est pas parfait : une tronçonneuse s'entend à plus de deux kilomètres... Des expériences ont toutefois montré qu'un massif profond de 200 mètres pouvait réduire l'intensité des bruits de 35 à 45 décibels. Enfin, grâce à la fonction chlorophyllienne, un hectare de futaie (chêne ou hêtre) fixe chaque année de six à dix tonnes de carbone et libère dans le même temps de douze à vingt tonnes d'oxygène ; la forêt rééquilibre ainsi le milieu en oxygène.

Le cycle de l'eau

Les écosystèmes forestiers jouent aussi un rôle important dans l'économie de l'eau de la planète. Sans qu'il soit à ce jour possible de le quantifier, il semble bien que les apports d'eau, à partir des pluies et des brouillards, soient

Village dans son écrin forestier : Grandfontaine, au pied du Donon dans les Vosges alsaciennes.

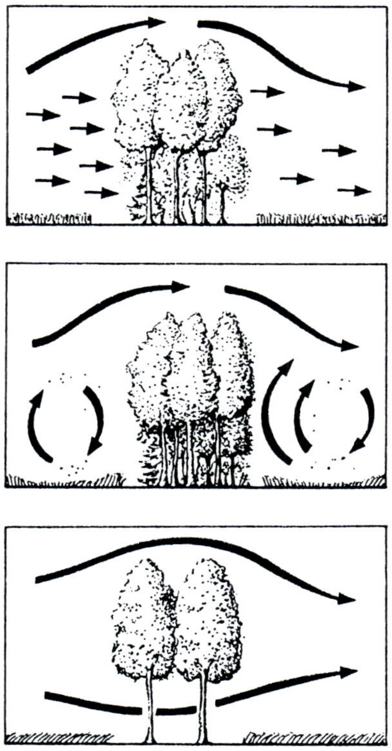

RIDEAUX ABRIS. Densité idéale (en haut) : le rideau dévie l'essentiel du vent mais reste perméable. Densité trop élevée (au milieu) : des tourbillons se développent. Densité trop faible (en bas) : le rideau ne joue pas son rôle.

significativement plus élevés en forêt qu'en terrain ouvert. Sur un sol imperméable et nu, l'eau des précipitations ruisselle et emporte les particules fines ; l'érosion, si elle est durable, devient irréversible. En forêt, une partie des précipitations est interceptée par le feuillage (de 15 à 20 % pour le hêtre, 35 % pour le douglas) et réévaporée ; une autre partie ruisselle le long des troncs (jusqu'à 15 %). Par ailleurs, l'impact des gouttes d'eau qui arrivent au sol est amorti et l'humus forestier souvent épais peut se gonfler d'eau. Cela facilite l'infiltration. La composition du sol forestier, souvent meuble, est très schématiquement la suivante : 50 % de matières minérales, 10 % de matières organiques et 40 % de pores. Les racines descendent profondément. Il en résulte une capacité de rétention nettement supérieure à celle d'un champ cultivé. L'eau infiltrée alimente les réserves du sol et recharge les nappes phréatiques. Le ruissellement et l'érosion sont donc limités ainsi que l'ampleur des crues après un orage. L'arbre joue un rôle actif dans le processus. Pour produire un kilogramme de matière sèche de biomasse, un arbre a besoin de beaucoup d'eau : 340 kg pour un chêne, 170 kg pour un hêtre ou un douglas. Au total, les écosystèmes forestiers transpirent et évaporent beaucoup d'eau (de 3 000 à 7 000 tonnes par hectare et par an sous nos climats). Cette eau est rendue totalement pure à l'atmosphère.

La protection des sols

En montagne, le couvert forestier remplit de nombreuses fonctions. Il fixe les versants et les protège contre les glissements de terrain et les affouillements. Ce rôle est assuré par l'ensemble des racines entrelacées (un arbre adulte dispose de plusieurs kilomètres de racines). La forêt, cependant, se révèle impuissante lorsque l'arrachement se produit

L'HARMONIE D'UN PAYSAGE naît de la diversité des surfaces végétales juxtaposées en mosaïques plus ou moins complexes (forêts, bosquets, haies, arbres isolés, prairies, pelouses, cultures...). Les forêts et autres structures qui intègrent des arbres contribuent fortement aux équilibres paysagers par les coupures qu'elles opèrent au sein des espaces cultivés. Souvent nous ne prenons conscience de leur importance qu'en traversant les paysages vides, déserts et monotones des grandes régions agricoles.

Le massif de l'Aigoual

Au milieu du siècle dernier, à la suite des destructions dues à la hache et aux troupeaux, il ne restait plus sur l'Aigoual qu'une faible couverture boisée. En 1865, après des inondations généralisées en 1856, furent décidés des périmètres de reboisement obligatoire. Les travaux, menés entre 1880 et 1907 sous la direction de Georges Fabre (acquisition de terrains et plantations sur plus de 10 000 hectares), mirent en œuvre le pin à crochet, l'épicéa, le mélèze, le sapin, le hêtre, le frêne. Une place importante fut donnée au pin à crochet, très bien adapté aux crêtes (3 000 hectares). Sa couverture est aujourd'hui réduite : il a rempli son rôle pionnier en favorisant l'installation d'essences plus exigeantes (sapin). Les résultats sont remarquables : les cours d'eau sont assagis, le massif forestier reconstitué, qui couvre 16 000 hectares, est passé au stade de la production ; les travaux se poursuivent par enrichissement en sapin, épicéa et hêtre.

en dessous de l'horizon racinaire ; elle est alors emportée avec le glissement. Mais elle contribuera peu à peu à la reconstitution du sol. La forêt elle-même se montre peu propice au départ des avalanches car les arbres ne permettent pas une accumulation régulière de la neige. Le danger vient des espaces pâturés ou abandonnés situés au-dessus de la limite actuelle de la forêt où l'herbe couchée constitue une surface de lancement idéale. La forêt, déchirée ou détruite par le déferlement des vagues de neige, les arrête parfois ou du moins ralentit leur mouvement... La moitié des avalanches destructrices se déclenchent en dessous de la limite naturelle de la forêt, dans les zones défrichées patiemment au cours des siècles pour étendre le pâturage. Le forestier s'efforce actuellement, à grands frais, de restaurer ce couvert protecteur. Les étroites galeries riveraines d'aulnes, saules et frênes qui bordent les cours d'eau jouent un rôle fondamental dans l'ancrage des berges face à la force érosive de la rivière en crue, ainsi que dans l'équilibre global de l'écosystème aquatique. Il convient donc de les préserver.

Préserver la diversité de la vie en forêt

La forêt française est un milieu entretenu et cultivé par l'homme. Mais, au sein de paysages régionaux souvent banalisés et appauvris par une agriculture intensive et le développement de l'urbanisation, elle apparaît comme un milieu « naturel » qui héberge une foule d'espèces et qui sert de refuge à de nombreux animaux chassés des espaces ouverts. Aussi convient-il d'abord de se montrer très attentif aux divers projets qui menacent son intégrité et la « grignotent » peu à peu (lotissements, lignes de transport de force, gravières, carrières, pistes de ski...). La biodiversité forestière constitue en effet un patrimoine incomparable que nous avons l'obligation morale de préserver pour les générations à venir.

Cette responsabilité concerne en priorité le gestionnaire des espaces forestiers. Les actions menées doivent non seulement assurer la protection de la diversité actuelle, mais aussi permettre l'émergence de la diversité en devenir. Ce souci de conservation implique la recherche des moyens propres à assurer la pérennité effective des éléments forestiers qui possèdent une réelle qualité ou valeur biologique (par éléments nous entendons les espèces et leur variabilité génétique, les écosystèmes ou les ensembles d'écosystèmes). La qualité biologique est liée à la rareté, à l'unicité ou au caractère typique représentatif de l'élément. La valeur biologique se réfère au rôle joué par l'élément vis-à-vis des activités et préoccupations humaines (rôle de protection contre l'érosion des sols ou des rives des cours d'eau, contre les glissements de terrain ou les avalanches).

Les ressources génétiques forestières

Sur des aires de répartition souvent vastes, aux conditions écologiques contrastées, les espèces indigènes offrent une grande variabilité de leurs diverses populations. Or les pratiques sylvicoles actuelles telles que l'utilisation de plus en plus fréquente de la régénération artificielle — voire de compléments de régénération naturelle mettant en œuvre des plants ou des semences issus de zones de récolte géographiquement limitées et plus ou moins éloignées du lieu d'utilisation — tendent à restreindre ou à modifier notablement la diversité naturelle. Ces inconvénients risquent de s'amplifier demain avec la commercialisation de variétés améliorées et, a fortiori, de variétés clonales. Aller trop loin dans cette direction reviendrait à ignorer que les changements constants de la biosphère et des besoins des sociétés peuvent amener, dans un futur plus ou moins lointain, le reboiseur et les améliorateurs à rechercher certains gènes ou certaines provenances provisoirement délaissées. Conserver la diversité, source indiscutable de richesse, dans sa forme naturelle constitue donc un enjeu sur lequel il est urgent de se pencher. Il faut permettre à l'évolution biologique de se poursuivre, sans contrainte et sans limitation, sous les pressions de sélections nouvelles imposées par le milieu.

Les actions conservatoires s'intéressent en priorité aux espèces menacées de disparition. Pour le moment, en France, seul l'orme champêtre décimé par la graphiose est concerné. Sa préservation passe par un inventaire des individus épargnés, la collecte de certains d'entre eux judicieusement choisis (représentatifs de la variabilité générale), leur multiplication par voie végétative et, enfin, l'installation des plants obtenus en conservatoires. Pour les grandes espèces forestières, les actions commencent par la définition de massifs assez étendus installés dans des biotopes très variés. Le forestier devra y renouveler à l'identique les peuplements en faisant appel à la régénération naturelle uniquement. À la

Plantes forestières rares : à gauche, le sabot de Vénus ; à droite, la pivoine coralline.

périphérie de ces réserves génétiques est prévue une zone d'isolement où les plantations ne feront appel qu'à des plants issus de semences prélevées dans le noyau central (ceci afin d'empêcher toute hybridation non désirée).

Les plantes rares

En France, les espèces strictement forestières (liées au microclimat engendré par les peuplements fermés) sont exceptionnellement des raretés absolues, c'est-à-dire des espèces endémiques à aire réduite ou ne regroupant que des populations très disséminées ; celles-ci se rencontrent plutôt dans les milieux associés à la forêt (en pelouses intraforestières ou en lisière). Mais souvent la rareté des espèces vivant en forêt est relative. Les populations à préserver se trouvent en limite de leur aire de distribution à l'échelle de la France ou de l'une de ses régions. C'est le cas, par exemple, d'espèces continentales comme la bruyère des neiges, qui apparaît dans quelques pineraies de Maurienne ou des Alpes-Maritimes, ou le pin couché, présent dans quelques sites alpins. C'est le cas aussi d'espèces montagnardes qui offrent de rares localités en plaine comme l'aconit tue-loup, la nivéole ou l'étonnant sabot de Vénus ou encore d'espèces méridionales très dispersées dans la moitié nord de la France comme la garance voyageuse ou le baguenaudier. Les plantes remarquables sont recensées dans les listes nationales ou régionales d'espèces à protéger. Mais la délimitation de leurs populations sur le terrain est loin d'être terminée. La prise en compte de leur préservation passe par la connaissance de leur comportement et de la dynamique de leurs populations. Une gestion conservatoire est à imaginer dans chaque cas par le forestier. C'est ainsi que, pour préserver la pivoine coralline ou le sabot de Vénus, qui exigent une assez forte intensité lumineuse, il conviendra de maintenir des peuplements ouverts.

Des animaux à protéger

L'homme est responsable de la disparition de certaines espèces animales et de la raréfaction de nombre d'entre elles. La conservation de multiples espèces passe par la pérennité des espaces boisés. Elle implique aussi souvent que la gestion forestière habituelle se modifie pour offrir un habitat plus conforme aux exigences des animaux. L'*ours des Pyrénées* est aujourd'hui le symbole le plus médiatisé du combat mené pour la survie d'une espèce menacée de disparaître à court terme. « À quoi ça sert un ours ? Et à quoi sers-tu, toi ? Tu existes et c'est tout et c'est déjà prodigieux. Eh bien ! c'est pareil pour l'ours. Il faut le sauver non pas parce qu'il est beau ou utile ou parce que nous l'aimons, mais parce qu'il existe, qu'il est un être vivant et a le droit de vivre » (groupe Ours Pyrénées). Sauver l'ours, c'est avant tout réconcilier les Pyrénéens et l'ours, et faire en sorte que l'utilisation de la montagne et de la forêt ne détruise pas ses biotopes (qui doivent être riches et diversifiés sur les plans alimentaire et topographique) ou ne dérange pas ses activités (limitation ou arrêt de la chasse et de l'exploitation forestière, fermeture de certains axes de circulation).

Depuis la seconde moitié du XXe siècle, la majorité des populations de *grands tétras* voit ses effectifs décliner. Certaines disparaissent des milieux forestiers ou sont localisées dans des zones faiblement exploitées. Dans le massif vosgien, les forestiers accomplissent un effort énorme pour inverser cette évolution regrettable. Gérer l'espace du grand tétras implique avant tout de prendre en compte ses exigences alimentaires (des aiguilles de résineux en hiver, des bourgeons de hêtre au printemps et une fruticée abondante à la belle saison). Garantir sa survie, c'est aussi maintenir sa tranquillité l'hiver afin d'éviter tout déficit énergétique qui lui serait fatal. La gestion conservatoire se développe à deux échelles : celle du massif où l'on s'efforce de faire évoluer les peuplements vers une futaie irrégulière par parquets, à faible densité (permettant le développement de la fruticée) ; celle de la parcelle où s'opèrent le choix des essences à favoriser (pin, sapin, hêtre), la préparation d'arbres « perchoirs » ou d'arbres « abris » et l'entretien ou le renouvellement des petites trouées utilisées comme places de chant.

La rosalie des Alpes, seule espèce européenne de ce genre de coléoptère, affectionne les hêtres. Menacée par l'urbanisation et les incendies de forêt, la tortue d'Hermann régresse.

ANIMAUX PROTÉGÉS

La tortue d'Hermann est en régression générale. Les dernières populations habitent les massifs des Maures et de l'Esterel et quelques zones de Corse et des Pyrénées-Orientales. Cet animal recherche les forêts claires méditerranéennes, à arbres épars (pin pignon, pin maritime, chêne vert et chêne-liège) et à maquis dense en sous-bois (à cistes et bruyères), localisées sur roches siliceuses dans les dépressions d'origine alluviale, à sol meuble. Son cycle annuel comprend une hibernation (de novembre à février), suivie d'une faible activité de mars à avril ; l'activité maximale se développe en mai et en juin pour décliner progressivement jusqu'en novembre. La tortue se nourrit de divers végétaux du maquis. Elle pond sur des surfaces bien exposées en bordure de vignes, creusant dans le sable une cavité où elle dépose entre trois et cinq œufs qu'elle recouvre de terre. L'incubation dure d'août à octobre. Les populations régressent dramatiquement avec l'urbanisation et surtout les incendies de forêt (de 5 à

LA PROTECTION DES ESPÈCES. La loi du 10 juillet 1976 et plusieurs textes d'application protègent un très grand nombre d'espèces animales sur le territoire français. La liste exhaustive des espèces protégées ne peut être donnée ici (se reporter aux publications spécialisées). En voici un échantillon. Parmi les mammifères, l'ours, le lynx, le chat sauvage, le bouquetin, la genette, le vison, la loutre, l'écureuil et le hérisson jouissent d'une protection totale. Il est interdit de les tuer, de les capturer, de les transporter, de les naturaliser, de les vendre. D'autres espèces font l'objet d'une protection partielle : classées gibiers, elles peuvent donc être tuées et emportées par le chasseur, mais celui-ci ne peut en faire commerce. Il en est ainsi du chamois, de l'isard, du lièvre variable et de la marmotte. Pour tous les mustélidés (putois, martre, belette), cette protection partielle est complétée par l'interdiction de les emporter et de les naturaliser.
La protection dont bénéficient un très grand nombre d'oiseaux comporte l'interdiction de les tuer, capturer, naturaliser, transporter, vendre ou acheter, ainsi que de détruire ou enlever les œufs et les nids. Parmi les espèces ainsi totalement protégées, on trouve la grande majorité des petits oiseaux ; tous les rapaces, diurnes et nocturnes ; tous les hérons ; les cygnes ; tous les pics ; le loriot, le rollier, le grand corbeau.

10 % de ses biotopes brûlent tous les ans). Des mesures de protection efficaces s'imposent rapidement, en particulier dans le Var.

Parmi les innombrables espèces d'insectes qui exploitent le milieu forestier, beaucoup méritent l'attention compte tenu de leur raréfaction plus ou moins récente. Prenons l'exemple des insectes saproxyliques qui, pendant une partie de leur cycle de vie, dépendent de bois mort ou mourant, d'arbres moribonds ou morts, debout ou tombés à terre ou de champignons du bois. On notera que ces espèces ne représentent aucun danger pour les arbres sains voisins. Certaines d'entre elles ont disparu depuis deux ou trois siècles. À l'échelle de l'Europe, l'artificialisation poussée de nombreux massifs (par des enrésinements monospécifiques) a entraîné une diminution sévère des espèces associées aux arbres dégradés et aux bois morts des essences feuillues. Les quelques réserves intégrales forestières françaises offrent des conditions très favorables au développement de leurs populations par l'abondance des bois morts issus des chablis. Mais dans chaque massif le forestier peut jouer un rôle bénéfique, tout simplement en laissant les arbres morts et le bois là où ils tombent, lorsque leur seule utilisation possible, après extraction, serait celle de bois de chauffage.

Les écosystèmes forestiers exceptionnels

La qualité biologique des écosystèmes forestiers relève de leur rareté, de leur diversité et de leur degré d'artificialisation. Les écosystèmes rares sont installés dans des conditions stationnelles marginales comme les érablières des ubacs couverts de blocs rocheux, les pineraies ou pessières tourbeuses de montagne... Ils correspondent souvent à des reliques de périodes climatiques anciennes et, de ce fait, possèdent un intérêt exceptionnel : les tillaies à noisetiers des combes dijonnaises se perpétuent à l'identique depuis le boréal. La diversité s'apprécie par le nombre d'espèces présentes et par le degré de complexité structurale. C'est ainsi que les forêts riveraines rhénanes sont les milieux forestiers européens les plus riches en espèces ligneuses ; la dynamique y juxtapose des forêts pionnières à bois tendre et des forêts matures à bois durs ; certaines parcelles offrent encore la superposition de plusieurs strates arborescentes et arbustives.

Parfois les conditions topographiques chahutées, ou la diversité des roches qui affleurent, permettent la réunion dans un même site de multiples milieux très contrastés, possédant globalement une grande richesse floristique et fournissant une multitude de niches écologiques pour les espèces animales. C'est le cas des « reculées » jurassiennes, des combes dijonnaises, des gorges du Verdon où se côtoient des chênaies pubescentes, des hêtraies, des érablières ou tillaies, des pelouses, des éboulis et des rochers. Ces sites constituent les éléments les plus remarquables de notre patrimoine naturel.

Les réserves

Le souci d'assurer la pérennité des patrimoines écologiques forestiers s'inscrit désormais dans le cadre d'une politique de plus en plus active de *protection de la nature*, sur l'initiative du ministère de l'Environnement et du ministère de l'Agriculture et de la Forêt. La mise en réserve constitue l'un des moyens d'assurer la protection recherchée. Dans un premier temps, la mise en *réserve intégrale*, excluant toute intervention humaine, a été appliquée, tant pour assurer le maintien d'espèces animales (réserve de chasse) que pour conserver certains peuplements forestiers esthétiquement remarquables (réserve artistique de la forêt domaniale de Fontainebleau instituée en 1851). La mise en réserve intégrale n'est toutefois applicable que dans quelques cas. Certaines réserves intégrales ont montré leur limite : la prolifération du gibier y a mis en péril l'avenir même de la forêt, étant donné l'impossibilité d'assurer le renouvellement de celle-ci. Des peuplements réguliers laissés à la seule évolution naturelle se dégradent et leur pérennité n'est plus assurée ; il est nécessaire de les irrégulariser insensiblement avant d'arrêter, le cas échéant, la gestion. En outre, la qualité d'un écosystème peut découler de la gestion forestière préalable et l'évolution naturelle ne permet pas de maintenir cet intérêt. Les réserves intégrales ont néanmoins apporté la preuve de leur utilité. Elles ont livré des enseignements fondamentaux quant à l'évolution naturelle des milieux forestiers, de leur flore et de leur faune et quant au fonctionnement des écosystèmes. Le principe de réserves intégrales n'est donc pas remis en cause ; en revanche, on limite leur surface à certaines zones forestières présentant un intérêt majeur pour la conservation des espèces animales ou végétales, à certains milieux très peu influencés par l'homme et à certains espaces présentant une grande qualité biologique. Dans de telles zones — où toutes interventions humaines, même à caractère sanitaire, sont proscrites et la fréquentation du public interdite — seule s'exerce l'activité d'observation et de recherche sur les espèces, le milieu et son évolution.

La plupart des réserves sont désormais des *réserves dirigées*, bien qu'elles répondent toujours à l'idée de protéger certaines espèces animales ou végétales ou certains écosystèmes. Dans de telles réserves, des interventions — y compris des actions sylvicoles — visent à maintenir les conditions nécessaires à la survie et au développement des espèces ou des écosystèmes dont la protection est recherchée. En assurant la pérennité du milieu de vie de certaines espèces, elles contribuent ainsi directement à leur sauvegarde. Ces réserves, qui peuvent être entourées d'une zone tampon assurant la transition avec la forêt traitée de façon classique, s'intègrent facilement dans l'aménagement forestier. Elles peuvent être ouvertes au public.

Instituées par la loi du 10 juillet 1976 relative à la protection de la nature, les *réserves naturelles* répondent à des objectifs divers parmi lesquels figurent la préservation d'espèces animales ou végétales et d'habitats en voie de disparition ou présentant des qualités remarquables, la reconstitution de populations animales ou végétales ou de leurs habitats, la préservation de biotopes remarquables. Chaque réserve fait l'objet d'un décret de création. En métropole et dans les départements d'outre-mer, il existe aujourd'hui plus de cent réserves naturelles qui s'étendent sur plus de 110 000 hectares. Quinze de ces réserves concernent des forêts. La réserve naturelle de la Massane (dans les Albères) permet, par exemple, de préserver une hêtraie méridionale étonnante où les bois morts abondants alimentent une faune entomologique d'une extraordinaire diversité.

Les *réserves biologiques domaniales* sont créées en forêt domaniale par l'Office national des forêts dans le cadre des aménagements forestiers, conformément aux principes fixés par une convention passée en 1981 entre les ministres de l'Environnement et de l'Agriculture et de la Forêt et l'ONF. Actuellement, 109 réserves biologiques domaniales ont été approuvées par arrêté ministériel ; elles couvrent 7 700 hectares de réserves intégrales, 7 000 hectares de réserves dirigées et 1 400 hectares de zones tampons. Ces réserves sont gérées par l'ONF. La possibilité d'élargir la création de réserves biologiques à l'ensemble des forêts soumises, sous la dénomination de réserves biologiques forestières, a été ouverte en 1986. Deux réserves biologiques forestières ont été ainsi créées.

Les *réserves de chasse* sont des territoires sur lesquels la chasse est interdite par arrêté ministériel (réserves nationales de chasse ou réserves approuvées). Les premières, au nombre de 35, s'étendent sur 50 000 hectares. Six d'entre elles sont situées en forêts domaniales et intéressent un territoire de 18 000 hectares. Pour les seules forêts domaniales, les réserves de chasse approuvées concernent 130 territoires, d'une surface totale de 72 000 hectares.

Des forêts vierges pour demain : les forêts anciennes

Le Conseil de l'Europe a récemment proposé la constitution d'un réseau de réserves intégrales forestières à l'échelle de l'Europe. Les massifs ou parties de massifs concernés doivent être peu artificialisés. Ils offrent de ce fait un grand intérêt comme témoin des potentialités réelles et du fonctionnement optimal des écosystèmes forestiers (forêts subnaturelles ou forêts anciennes). Il s'agit le plus souvent de forêts constituées par les différentes essences naturelles — représentées par du matériel génétique autochtone (pérennité assurée dans le temps par régénération naturelle) — et traitées en futaie. L'intérêt de ces forêts remarquables, représentatives à l'échelle régionale, peut être maintenu par la simple poursuite de la gestion exemplaire à l'origine de leur état actuel. En outre, quelques forêts offrant ces caractères n'ont pas été gérées depuis un certain temps en raison de difficultés de desserte. L'abandon de la gestion a entraîné le retour des cycles sylvigénétiques naturels propres aux forêts sauvages européennes. De telles forêts se prêtent parfaitement à la constitution rapide de réserves intégrales forestières, véritables laboratoires qui permettent l'étude du fonctionnement d'un écosystème forestier en dehors de toute intervention humaine. On peut envisager ensuite de compléter le réseau en y ajoutant quelques portions de massifs, représentatives des grands types d'écosystèmes français et possédant des caractères similaires.

La forêt française, une mosaïque d'écosystèmes

De la Méditerranée à l'Atlantique en passant par les massifs montagneux, la France s'orne d'écosystèmes forestiers très divers. L'empreinte de la gestion humaine y est plus ou moins forte ; aussi artificiel soit-il, aucun peuplement ne saurait toutefois ignorer les leçons de l'écologie.

En liaison avec les divers climats régionaux (sous les influences de la latitude, du degré de continentalité et de l'altitude), s'individualisent des végétations *zonales*. Les zones peuvent être découpées à leur tour en régions naturelles où l'homogénéité repose non seulement sur le climat mais aussi sur les conditions topographiques ou géologiques et sur le mode d'utilisation de l'espace par l'homme. Chacune regroupe un éventail propre de types d'écosystèmes (ou types de stations forestières), bien caractérisés par une flore, des conditions écologiques et un mode de fonctionnement. Il s'agit là d'unités fondamentales non seulement sur le plan écologique mais aussi et surtout sur le plan de la gestion. Enfin, en se plaçant à l'échelle du gestionnaire ou du promeneur, se situe le massif forestier qui réunit quelques types de stations forestières juxtaposées selon une logique topographique et pédologique. Il faut ajouter à ces paysages forestiers, qui dépendent de conditions stationnelles précises, les forêts créées de toutes pièces par l'homme, par l'intermédiaire des plantations.

Bois de chênes-lièges dans le massif provençal des Maures.

LA VÉGÉTATION FORESTIÈRE ACTUELLE

Le fond gris représente les forêts actuelles. Chaque zone colorée correspond à un territoire possédant les mêmes potentialités forestières

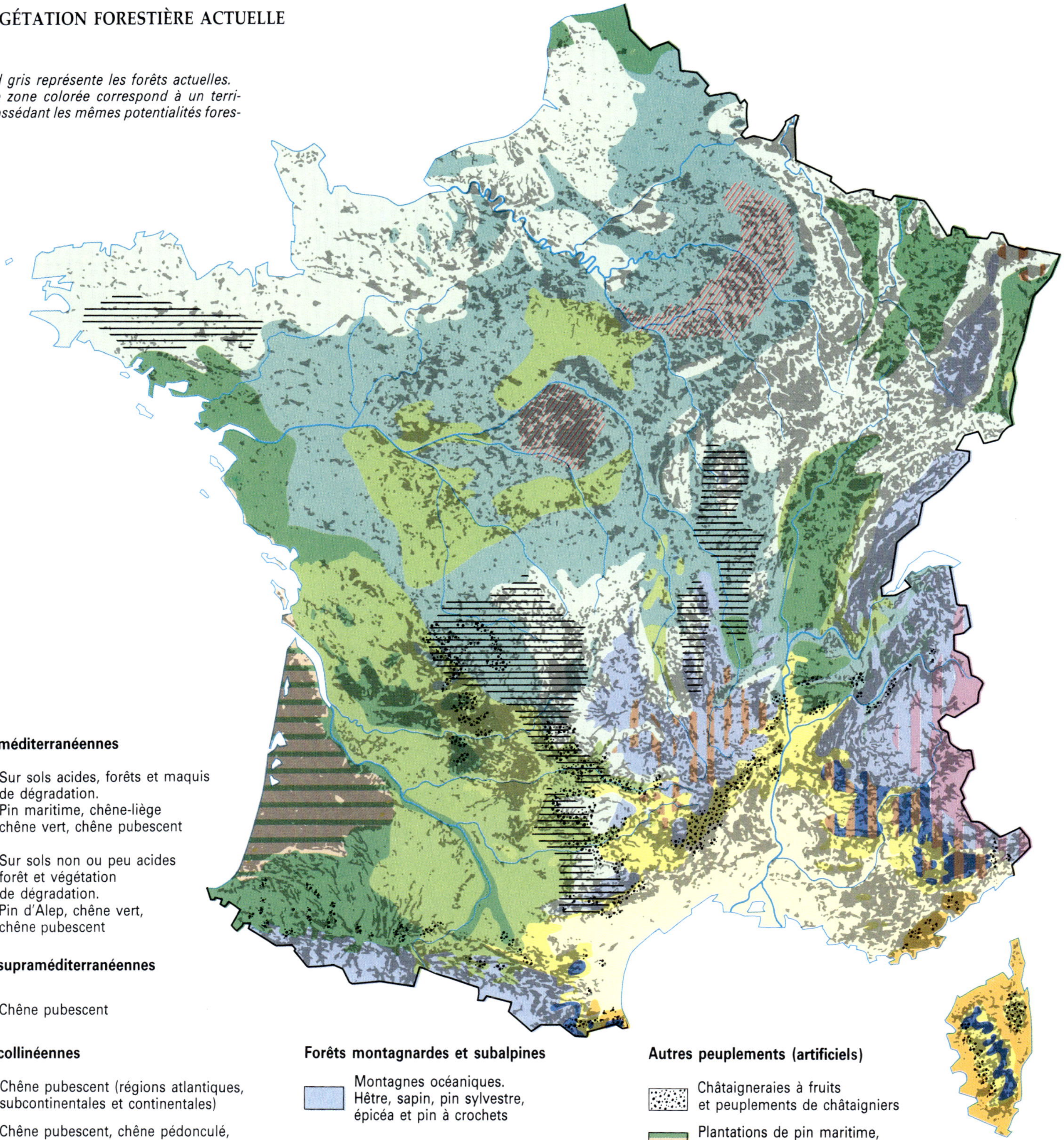

Forêts méditerranéennes

- Sur sols acides, forêts et maquis de dégradation. Pin maritime, chêne-liège chêne vert, chêne pubescent
- Sur sols non ou peu acides forêt et végétation de dégradation. Pin d'Alep, chêne vert, chêne pubescent

Forêts supraméditerranéennes

- Chêne pubescent

Forêts collinéennes

- Chêne pubescent (régions atlantiques, subcontinentales et continentales)
- Chêne pubescent, chêne pédonculé, chêne sessile (hêtre rare)
- Chêne pédonculé dominant, chêne sessile (hêtre absent ou rare), charme
- Chêne sessile, chêne pédonculé, charme (hêtre absent ou rare)
- Chêne sessile, hêtre, charme (chêne pédonculé)
- Pin sylvestre

Forêts montagnardes et subalpines

- Montagnes océaniques. Hêtre, sapin, pin sylvestre, épicéa et pin à crochets
- Montagnes intra-alpines. Sapin, épicéa, pin sylvestre, mélèze pin cembro, pin à crochets
- Forêts de transition (entre les domaines océanique et intra-alpin) Hêtre, sapin, pin sylvestre, épicéa pin à crochets, pin cembro, mélèze
- Montagnes méditerranéennes. Hêtre, sapin, pin sylvestre, pin laricio de Corse

Autres peuplements (artificiels)

- Châtaigneraies à fruits et peuplements de châtaigniers
- Plantations de pin maritime, et peuplements naturels d'arrière-dune. Îlots de chêne pédonculé
- Plantations de pin sylvestre, pin noir ou pin maritime
- Plantations de douglas

Carte adaptée d'une carte de la végétation potentielle (OZENDA, 1987)

Les forêts riveraines

Elles occupent le lit majeur inondable des cours d'eau. Les écosystèmes forestiers y varient en fonction de l'amplitude et de la durée des crues et de la vitesse du courant. En bordure de l'eau, dans les zones les plus souvent touchées par les crues, le sol ne peut évoluer, car les litières sont entraînées. Avant les travaux de régularisation, les berges étaient soumises à des actions érosives répétées, qui détruisaient partiellement la végétation installée auparavant. Dans ces conditions difficiles, les saules (blanc et fragile...) et le peuplier noir constituent les forêts primaires (forêts à « bois tendre »). En s'écartant des rives, les effets de l'eau se limitent à une immersion plus ou moins prolongée. D'autres essences s'installent : les frênes, les ormes, l'aulne glutineux, le chêne pédonculé (forêts à « bois dur »), qui fournissent des forêts remarquables par leur diversité biologique. En région méditerranéenne, cette zone est occupée par le peuplier blanc et le frêne oxyphylle. Dans les dépressions où l'eau stagne une grande partie de l'année, l'aulne reste seul (aulnaies marécageuses). Au bord des petits cours d'eau se rencontrent généralement des galeries étroites avec l'aulne et le frêne ou avec l'érable sycomore et le frêne. Les forêts riveraines sont alimentées en permanence par les limons de crue qui leur confèrent une grande fertilité.

Les forêts méditerranéennes

Des conditions difficiles

Si les températures sont clémentes (avec des hivers souvent doux et des étés chauds), les précipitations sont très irrégulières au cours de l'année et d'une année sur l'autre ; l'existence d'une saison sèche qui peut durer de la fin de juin à la mi-septembre exerce une forte contrainte sur le fonctionnement des écosystèmes. Ces conditions climatiques défavorables sont accentuées par les conséquences de l'action de l'homme, très intense depuis des millénaires dans la région (exploitation abusive, défrichements, pâturages par le mouton et la chèvre, incendies...). Les sols mis à nu fréquemment ont été plus ou moins tronqués par l'érosion (surtout sur terrains calcaires). Il en résulte, pour de nombreux milieux, une accentuation de la sensibilité à la sécheresse.

Garrigue dans le Conflent, aux environs de Prades (Pyrénées-Orientales).

Les végétaux présentent un certain nombre de caractères propres qui marquent leur adaptation à la sécheresse : l'enracinement est profond ; les feuilles réduisent leur surface, s'enroulent et se protègent en développant des tissus cutinisés ; elles se couvrent d'une abondante pilosité ; leurs glandes épidermiques à essences volatiles permettent d'assurer un refroidissement superficiel. La forêt primitive à peuplement dense et sombre, qui créait un microclimat favorable protecteur, a fait place soit à des bois ouverts où le climat drastique agit constamment sur le sol, soit à des formations arbustives de dégradation : sur les terrains calcaires, garrigues à chêne kermès, à romarin, à genévrier cade ; sur les terrains siliceux, maquis à arbousier, bruyère arborescente, genêts ou cistes. Le travail ingrat du forestier consiste à « essayer » de rétablir un couvert, le plus sombre possible, afin de réduire les strates basses et donc de limiter la sensibilité au feu de la végétation.

Les essences et les paysages

Sur calcaire le pin d'Alep prend possession des terrains après incendie ou abandon des cultures ou des vignes ; ses peuplements très clairs hébergent une strate arbustive très fournie. Il fait place ensuite au chêne vert ou au chêne pubescent (leur semis pouvant germer et se développer sous la protection du pin). Le chêne vert, dont les feuilles sont persistantes, occupe de vastes espaces ; il est souvent considéré comme l'arbre caractéristique de la région méditerranéenne. Mais, sur les sols profonds, le chêne pubescent se réinstalle ; ailleurs, il s'associe souvent au chêne vert et finit, lentement, par se substituer à lui. Dans l'antique forêt régionale, le chêne pubescent devait largement dominer, le chêne vert étant alors relégué sur les sols les plus superficiels. Sur silice, le chêne-liège occupe les zones les plus chaudes (Maures, Esterel, Roussillon, littoral de la Corse), accompagné du chêne vert dans les zones les moins perturbées (Chartreuse de la Verne, forêt du Dom...), voire du chêne pubescent. Le chêne vert reste seul en altitude, parfois accompagné du pin maritime. Sur les îles, au large d'Hyères (Port-Cros, Porquerolles), le pin d'Alep et le chêne vert dominent les paysages.

Le pin parasol à l'état spontané occupe quelques zones sableuses de la Camargue et de la dépression périphérique des Maures. Il a été développé en plantation en raison de son caractère esthétique et surtout pour le couvert plus fermé qu'il engendre. Dans la bande littorale la plus chaude et la plus sèche, une végétation arbustive domine avec l'oléastre (olivier sauvage), le lentisque et le myrte, le caroubier... ; souvent fragmentaire, elle n'est vraiment bien représentée qu'entre Nice et Menton. Tamaris et laurier rose forment, dans la même zone, des galeries dans le lit des cours d'eau temporaires. Dans les basses montagnes du pourtour méditerranéen, le chêne vert disparaît ainsi que ses compagnons les plus fréquents. La forêt passe à une chênaie pubescente dite « supraméditerranéenne » ; le chêne pubescent y côtoie l'érable de Montpellier, l'alisier blanc... Sur terrain siliceux se rencontrent les zones d'indigénat du châtaignier (Cévennes, Maures, Corse, Pyrénées-Orientales).

Les forêts des plaines et collines

Quelle que soit la région, les sols légèrement inondés ou plus ou moins hydromorphes sont le domaine du chêne pédonculé qui structure donc les forêts des vallées (remplaçant les forêts riveraines dès que l'on s'éloigne du cours d'eau) et les massifs des dépressions argilo-limoneuses (Woëvre lorraine, Plateau lorrain, Ried de l'Ill en Alsace, Bresse...). Il est généralement accompagné du charme ou du noisetier et du frêne sur sols riches, des bouleaux ou du tremble sur sols acides. Sur le reste du territoire, en fonction de l'abondance des précipitations et des réserves en eau des sols (donc du bilan hydrique général), la physionomie des espaces boisés est dominée soit par le chêne pubescent (en zones sèches : Quercy, Périgord, Limagne, région de Colmar) ; soit à la fois par le chêne pubescent et le chêne sessile selon la sécheresse du sol (Côte dijonnaise, Revermont jurassien, Berry, Charentes, côteaux molassiques du Sud-Ouest...) ; soit par le chêne sessile prépondérant (lorsque les précipitations sont inférieures à 750 millimètres : centre de la France, Sologne, régions de la Loire...) ; soit enfin par un mélange de hêtre et de chêne sessile avec une dynamique, et donc une dominance, du hêtre d'autant plus forte que la pluviosité est plus élevée (Bretagne, Normandie, Nord et Nord-Est, et toutes les zones de basses montagnes où s'observe le passage progressif de la hêtraie-chênaie à la hêtraie ou à la hêtraie-sapinière).

La diversité des essences d'un massif forestier dépend aussi de la richesse minérale des sols. Sur matériaux sableux ou sur altérites de roches siliceuses, la disponibilité en éléments nutritifs est limitée ; les peuplements présentent des fertilités médiocres et sont en outre fréquemment dégradés en raison d'une mauvaise gestion ancienne. Dans les peuplements ainsi ouverts, les essences dominantes côtoient les bouleaux, le tremble ou le sorbier des oiseleurs (Sologne, périphérie du Massif central). Dans le passé, le châtaignier a souvent été introduit (Limousin) ; plus récemment, des plantations ont été effectuées pour reboiser au mieux ces terrains difficiles (avec le pin maritime dans le Sud-Ouest, le pin sylvestre en forêt d'Orléans..., le douglas dans le Massif central..., le chêne rouge, l'épicéa de Sitka...). Sur limons épais, les conditions de croissance sont souvent excellentes. Le chêne ou le hêtre sont alors accompagnés du charme et de feuillus précieux comme le frêne ou le merisier (Picardie, Sundgau alsacien...). Sur calcaire, la fertilité dépend de l'épaisseur du sol d'une part, de la quantité de calcaire présent dans la terre d'autre part. Les essences secondaires montrent alors le maximum de diversité avec le charme, les érables, les alisiers, le cormier, le tilleul, les ormes... (plateaux calcaires bourguignons, hauts marnais et lorrains, premiers plateaux du Jura...). Sur les sols les plus déficitaires en eau, le chêne pubescent domine, avec la présence de l'érable de Montpellier, des alisiers et du cormier.

L'empreinte de la gestion ancienne

Ce rapide survol considère la végétation qui devrait exister si l'homme n'était pas intervenu, c'est-à-dire la végétation potentielle en équilibre avec le climat et le sol, identique souvent à la végétation primitive là où les actions de l'homme n'ont pas entraîné de modifications irréversibles des stations. Mais la gestion ancienne a fortement modifié les potentialités réelles des milieux. Le traitement en taillis sous futaie a contribué à avantager les essences rejetant de souche (charme, tilleul sur sols riches, chêne sessile sur sols pauvres comme dans le Morvan) et a fait régresser les essences d'ombre comme le hêtre (son importance est aujourd'hui nettement moindre que ce qu'elle devrait être). Le chêne sessile a lui aussi disparu ou s'est raréfié dans certaines régions au profit du chêne pédonculé très héliophile, qui couvre dorénavant de vastes surfaces (sud-ouest, ouest, nord de la France), où il montre souvent des symptômes de dépérissement après de fortes sécheresses. La reconquête des terres abandonnées a conduit à des « recrûs » dominés par les chênes pédonculés ou pubescents (Sud-Ouest...). Dans d'autres régions, l'homme a avantagé une essence en éliminant les autres (hêtraies pures de Normandie). Le visage actuel de la forêt française est donc très différent de ce qu'il était ou de ce qu'il pourrait être.

Les forêts de montagne

Dans tous les massifs montagneux, le caractère fondamental de la végétation réside dans son ordonnance selon l'altitude sous la dépendance du gradient thermique. Deux étages boisés se succèdent : le *montagnard* commence entre 600 et 1 200 mètres selon les régions, faisant place au *subalpin* entre 1 200 et (parfois) 1 700 mètres. La limite forestière supérieure varie bien sûr déjà avec la latitude. Mais elle est plus basse dans les chaînes peu élevées (Vosges : 1 200-1 300 mètres, Jura ou Massif central : 1 300-1 500 mètres) que dans les grands massifs (Alpes du Nord : 1 800-2 000 mètres, Alpes du Sud : 1 900-2 400 mètres, Pyrénées : 2 000-2 300 mètres). Elle s'élève quand on passe des contreforts extérieurs au centre du massif, ou sur les adrets ensoleillés. La disparition de la forêt sur les montagnes peu élevées est due à l'effet de crête (action du vent). Sinon, le facteur limitant n'est autre que la durée de la période de végétation : en dessous de trois mois, les réserves accumulées sont insuffisantes pour le démarrage de nouveaux bourgeons, la formation du bois d'été, l'aoûtement des rameaux et la maturation des fruits. Les conditions de croissance sont très favorables à l'étage montagnard ; elles deviennent souvent difficiles à l'étage subalpin, compte tenu du climat (ampleur

des contrastes thermiques entre le jour et la nuit, enneigement souvent très long, violence des vents sur les crêtes et les cols) et de la topographie escarpée. Selon les climats régionaux, on peut distinguer schématiquement trois grands types de montagne. Les massifs océaniques reçoivent des précipitations qui atteignent les records nationaux (jusqu'à trois mètres !) ; l'humidité atmosphérique y est très élevée à l'étage montagnard qui, en conséquence, constitue la zone par excellence de la forêt (ambiance climatique idéale pour l'arbre, production importante, vastes surfaces de forêts à haut rendement). Les caractères « séchards » méditerranéens se font sentir dans les Pyrénées-Orientales, les Alpes du Sud et certaines vallées de la Corse. Le massif alpin possède une série de vallées (hautes Tarentaise et Maurienne, Briançonnais, Queyras et Ubaye) soumises à un climat continental marqué par des précipitations peu importantes et, surtout, des contrastes thermiques très accentués qui éliminent certaines essences (le hêtre par exemple).

Les Vosges, le Jura, le Massif central

Le massif vosgien est fortement dissymétrique : le versant lorrain en pente douce est plus arrosé que le versant alsacien plus pentu ; les granites et roches volcaniques abondent au centre et au sud, les grès au nord. La hêtraie-sapinière couvre l'essentiel de l'étage montagnard ; le sapin se raréfie au-delà de 900 mètres ; les sommets sont occupés par des hêtraies de plus en plus rabougries et déformées par le vent ; les lisières supérieures le sont par les sorbiers et alisiers. Sur les sols les plus acides, le pin sylvestre s'est maintenu et donne des peuplements remarquables. L'épicéa, arrivé très tardivement (il y a 3 000 ans), est inféodé aux pentes d'éboulis et aux fonds tourbeux. L'action de l'homme se traduit par la disparition du sapin à la base et en altitude dans certains secteurs (hêtraies pures), par la raréfaction du hêtre au profit du sapin presque pur entre 600 et 900 mètres et par le développement des plantations d'épicéas. Sur la calotte supérieure s'étendent les landes primaires subalpines (ou hautes chaumes). Le Jura offre un étagement assez semblable sur ses différentes marches d'escalier : la hêtraie-sapinière se développe dès les pentes du deuxième plateau et s'exprime totalement sur ce dernier. Les affleurements rocheux ou *lapiaz* sont exploités par l'épicéa ; ces pessières naturelles, très développées sur les hautes chaînes, partagent l'espace avec des hêtraies à érables. Quelques pineraies de pins à crochets résistent aux grands froids des crêtes sommitales (Crêt de la Neige). Les tourbières sont fréquentes ; leur évolution conduit souvent à une pineraie de pins à crochets ; en bordure, la pessière exploite les sols moins mouilleux. Dans le Massif central se succèdent des hêtraies, des hêtraies-sapinières et quelques hêtraies d'altitude surmontées de landes subalpines (Mont Dore et Cantal). L'homme a fortement déboisé les espaces montagnards. Le pin sylvestre a reconquis de grandes surfaces au sud. Les zones abandonnées par le pâturage sont plantées de sapin, d'épicéa et de douglas.

L'ÉTAGEMENT DES ESSENCES

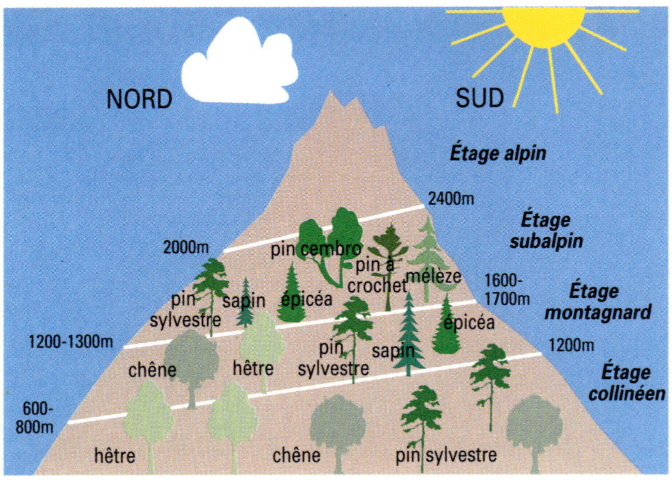

Les Pyrénées, les Alpes

Une dissymétrie climatique caractérise les deux grands versants de la chaîne pyrénéenne et la plupart des vallées. En ombrée, les hêtraies de la base sont relayées peu à peu par la hêtraie-sapinière. Le sapin monte seul au pied de l'étage subalpin avant d'être remplacé par le pin à crochets. En soulane, le pin sylvestre règne sur l'étage montagnard et cède la place à son cousin le pin à crochets à l'étage subalpin.

Dans les Alpes, la végétation forestière atteint une complexité maximale à cause de l'existence de deux gradients climatiques. En fonction de l'éloignement de la Méditerranée se succèdent, en effet, les Alpes du Sud, relativement sèches, et les Alpes du Nord, océaniques. De l'ouest vers l'est sévit par ailleurs un gradient de continentalité qui conduit à distinguer une zone externe, soumise au nord à de fortes précipitations et au sud à des influences méditerranéennes, et une zone continentale, sèche et lumineuse. Les Préalpes du Nord, très arrosées, présentent le même étagement que le Jura, avec cependant un grand développement de l'étage subalpin conquis par l'épicéa et le pin à crochets ; l'aulne vert fait son apparition au bord des torrents. Au sud, l'épicéa disparaît pratiquement en raison d'une pluviosité plus faible. Dans les Alpes internes, les adrets portent le pin sylvestre et le pin à crochets ; sur les ubacs, le sapin subsiste seul à l'étage montagnard ; l'étage subalpin voit se succéder l'épicéa et la forêt remarquable de mélèzes et de pins cembros. Certaines zones défrichées aux siècles derniers se sont reboisées naturellement avec le pin sylvestre au sud, l'épicéa au nord-ouest et le mélèze à l'est. En Corse, l'étage montagnard, outre le hêtre et le sapin, abrite le pin laricio, l'un des plus beaux conifères de notre pays.

Sapins au bord du lac de Longemer (Vosges).

L'écologie au service de la gestion forestière

Lors d'une randonnée dans un massif forestier, le promeneur peut traverser une hêtraie de plateau dont les arbres très élevés forment un couvert dense. Lorsqu'il descend sur l'adret, la hêtraie fait place à une chênaie pubescente très ouverte, riche en arbustes, qui réunit des arbres courts et tortueux. Arrivé dans le fond de vallon, il découvre un autre univers, dominé par les frondaisons du chêne pédonculé recouvrant un tapis herbacé d'une exubérance sans pareil, ou par l'aulnaie-frênaie à hautes herbes, qui sinue le long de la rivière. Un massif forestier est donc une mosaïque de stations forestières qui correspondent à autant d'écosystèmes différents. On comprend l'importance de la connaissance fine de cette diversité et de ses causes pour le gestionnaire. Il pourra choisir les essences les mieux adaptées à tel ou tel type de station, réserver les investissements aux parcelles les plus fertiles, adapter la sylviculture aux conditions écologiques, prendre en compte la fragilité de certains sols...

Pour aider le forestier dans sa gestion, les chercheurs élaborent des typologies forestières, à l'échelle d'une région naturelle homogène sur le plan climatique. Il s'agit de documents d'aide à la décision qui rassemblent l'essentiel des données écologiques nécessaires au gestionnaire. Les divers types d'écosystèmes sont définis à partir de la flore et des caractères du biotope. Le forestier peut ainsi les identifier facilement en se référant à des ensembles d'espèces végétales ayant les mêmes exigences étroites vis-à-vis d'un facteur donné du milieu (degré d'acidité, richesse minérale du sol, type d'humus, degré d'humidité du sol...). Ces *groupes écologiques* permettent la reconnaissance rapide et efficace des différents types de stations et leur cartographie par cheminement à travers les parcelles d'un massif. Lorsque la typologie des stations forestières d'une région est terminée, les chercheurs déterminent les caractéristiques du fonctionnement de chaque type d'écosystème. La productivité forestière est estimée pour les essences dominantes. La qualité des bois est appréciée selon la station et la sylviculture passée. Des études plus approfondies peuvent être menées sur les difficultés de régénération naturelle dans certaines stations et sur les moyens d'y remédier. Des liaisons sont recherchées entre la sensibilité aux stress hydriques ou à la pollution atmosphérique et les caractères des divers sols. Enfin diverses précautions sont conseillées, qu'il s'agisse de sylviculture (éviter les grandes coupes rases au niveau des sols hydromorphes au moment de la régénération) ou d'exploitation (proscription des engins lourds pouvant tasser le sol et modifier ses propriétés).

La gestion d'une forêt exige une planification de la production et des travaux dans l'espace et dans le temps. Elle s'appuie sur l'élaboration, tous les vingt ans environ, d'un document d'aménagement. À cette occasion, le forestier dresse d'abord la carte des peuplements actuels (avec les différentes essences, leur âge, le mode de traitement). Il passe ensuite à la cartographie des stations forestières en utilisant la typologie régionale. Il sait que, dans tel type de station, il peut développer par exemple le chêne de qualité tranchage ou le merisier dans de bonnes conditions. À partir de la carte des stations forestières, il peut donc établir la carte des potentialités forestières, c'est-à-dire de la forêt idéale, en équilibre parfait avec le climat et les sols, la plus intéressante sur le plan économique (du point de vue de la production et de la qualité des bois). Il possède alors tous les éléments pour définir les objectifs des vingt années à venir (choix des essences, de la sylviculture, de l'âge d'exploitabilité...) afin de se rapprocher un peu de cette forêt idéale. Mais il devra bien sûr, par ailleurs, tenir compte des moyens financiers dont il dispose... Si la forêt est dégradée, il passera à des plantations ; l'étude des stations et leur cartographie, d'une part, les données sur les essences, d'autre part, lui permettront de choisir judicieusement les espèces à développer : la ou les essences les mieux adaptées, qui ne perturberont pas à moyen terme les potentialités futures de l'écosystème, objectif fondamental de la gestion forestière, quel que soit le choix retenu.

Les forêts créées par l'homme

Les premiers grands reboisements remontent au XVIIIe et surtout au XIXe siècle. Ils avaient pour objectif de lutter contre l'érosion (plantations effectuées sur 100 000 hectares de littoral afin de fixer les sables des dunes, sur 250 000 hectares en montagne pour fixer les sols) ou la mise en valeur de landes (constitution du vaste massif landais avec près d'un million d'hectares d'un seul tenant en pins maritimes), de friches (100 000 hectares en Champagne crayeuse) ou de forêts dégradées (avec les pin sylvestre et maritime, au nord-ouest du Massif central et en Sologne où 120 000 hectares furent ainsi plantés). Depuis sa création en 1946, le Fonds forestier national, alimenté par une taxe sur les produits forestiers, se consacre au développement de la production forestière par l'intermédiaire de subventions offertes pour effectuer des reboisements. Plus de deux millions d'hectares ont été reboisés de la sorte. Il s'agissait d'espaces agricoles abandonnés, ou encore de forêts dégradées ou ne correspondant plus aux besoins actuels. Les essences résineuses ont été favorisées dans un premier temps (pin maritime, pin sylvestre, pin noir d'Autriche, pin laricio, épicéa commun, épicéa de Sitka, douglas, sapin pectiné, sapin de Nordmann, sapin de Vancouver) ainsi que les peupliers. Depuis plusieurs années un effort est entrepris en faveur des plantations de feuillus (noyer, merisier, frêne, chêne rouge, érable...).

Particularités écologiques des peuplements artificiels

Les plantations de résineux constituent des écosystèmes très artificialisés en raison de la présence fréquente d'une seule essence en peuplement très régulier (la diversité biologique y est très faible). Elles sont souvent moins résistantes qu'un peuplement d'essences indigènes aux différentes perturbations, stress, attaques de ravageurs et de parasites, qui peuvent s'abattre sur elles.

On accuse parfois les résineux d'acidifier le sol. Qu'en est-il exactement ? L'acidification est un processus naturel d'évolution des sols sous nos climats. Il se manifeste aussi sous les peuplements feuillus, mais il est plus rapide sous un peuplement de conifères. Sous ce dernier, la décomposition de la matière organique se fait en effet plus lentement (humus plus noir et plus épais), ce qui immobilise des stocks supplémentaires de matières minérales et produit davantage d'acides organiques qui diffusent dans le sol.

On observe néanmoins d'importantes variations de ce pouvoir acidifiant selon les espèces (les pins maritime et sylvestre et l'épicéa commun fournissent une litière qui se décompose très difficilement), les caractères du sol (richesse minérale initiale du sol) et les conditions écologiques locales (pluviosité). En moyenne montagne, une vieille hêtraie est plus acidifiante qu'un peuplement de douglas. En règle générale, il est conseillé de ne pas utiliser les pins ou l'épicéa sur des sols fragiles. En revanche, sur des sols très dégradés, les résineux sont souvent les seuls capables de valoriser les stations (pins maritime et sylvestre).

Le *douglas : planté surtout dans le Massif central et le Morvan.*

LA PART DE L'HOMME

Comment expliquer la diversité de la forêt française ? La part de la nature est certes importante, mais bien des aspects que revêtent les forêts de notre pays procèdent de l'œuvre des hommes qui se sont succédé sur notre territoire : leurs interventions ont puissamment façonné le milieu forestier. Dans un pays comme la France, l'action humaine s'est en effet exercée très tôt. Aussi la place de la forêt dans l'espace rural a-t-elle beaucoup évolué au cours de l'histoire. Sous l'influence des besoins de la société, elle continue d'évoluer aujourd'hui. À la fin du XXe siècle, le rôle de production du bois demeure bien sûr important, mais celui de protection ne saurait être négligé, tandis que le rôle social de la forêt ne cesse de grandir.

Pour remplir toutes ces fonctions d'une manière pérenne, la forêt doit être l'objet d'un ensemble de soins organisé. L'aménagement se propose de « définir ce que l'on veut faire, compte tenu de ce que l'on peut faire, et en déduire ce que l'on doit faire » (L. Bourgenot). La sylviculture — littéralement culture de la forêt — met en œuvre ces décisions. S'il existe autant de sylvicultures que d'essences, de mélanges d'essences, de conditions de station et d'objectifs de gestion, certains types généraux peuvent néanmoins être distingués, à savoir les traitements en taillis, en futaie et en taillis sous futaie ; il s'y ajoute les méthodes pour passer de l'un à l'autre, dites méthodes de conversion. La part de l'homme dans l'aspect actuel de nos forêts et dans leur devenir est ainsi saisie dans sa complexité. Mais le tableau serait incomplet si la notion de propriété forestière n'était pas évoquée. Celle-ci se répartit en effet entre l'État (12 % du patrimoine), les collectivités (18 %) et les propriétaires privés (70 %) ; or chacun de ces grands types de propriété, expliqué en partie par l'histoire, répond à une certaine finalité.

En bref, il s'agit de montrer ce que la part de l'homme, séculaire ou actuelle, conservatrice ou destructrice, modeste ou puissante, a représenté et représente encore dans nos forêts et en quoi, de nos jours, elle devient de plus en plus raisonnée.

LA FORÊT D'HIER À AUJOURD'HUI

Dans la longue histoire de la forêt française, le XIXe siècle a marqué un tournant : promulgation du Code forestier, puis reboisements à grande échelle. Un nouvel essor résulte de l'action du Fonds forestier national depuis 1947.

Une évolution sous contrainte

Les seules conditions de sol et de climat ne sauraient, dans un pays de vieille civilisation comme la France, expliquer la localisation, la composition en espèces et l'aspect des forêts actuelles. Les caractéristiques de ces dernières dépendent en effet étroitement de l'action humaine, qui a puissamment marqué de son empreinte les forêts françaises. Cette action s'exerce depuis plus de deux millénaires et se poursuit de nos jours. Elle se traduit par une modification de l'emprise même de la forêt, au gré des défrichements et des reboisements, et par son asservissement aux besoins changeants d'une société en évolution.

Gravures extraites des « Oisivetés de Monsieur de Vauban, contenant plusieurs mémoires à sa façon ».

Le défrichement, façonnage du paysage rural

Créer, puis agrandir les terroirs cultivés pour nourrir une population en expansion, tel a été pendant longtemps l'impératif de survie de la société humaine. La forêt, qui limitait le territoire cultivé, a donc été considérée comme une réserve foncière, un espace à conquérir, par le jeu du déboisement et du défrichement. Ce mouvement, commencé très tôt, prit une extension considérable au Moyen Âge : la conquête agricole fut alors le fruit conjugué de la volonté des pouvoirs laïcs et des abbayes, canalisant et organisant le dynamisme d'une population en croissance. Essartements, villes neuves, hébergements pour accueillir les colons se multiplient ; la toponymie actuelle montre l'importance de ces installations nouvelles pour le développement des champs au détriment de la forêt. De même, les noms de nombreuses abbayes (Sauvelade, Marienwald, Sault ou Bellebranche) rappellent les anciennes forêts qu'elles ont défrichées partiellement ou en totalité.

Si ce défrichement s'est poursuivi jusqu'au milieu du XIXe siècle, il ne s'est pas exercé avec la même intensité et la même vigueur dans toutes les régions et à toutes les époques. Les périodes de régression démographique (IXe, X^e puis XIVe et XVe siècles) ont vu la forêt réoccuper des terroirs cultivés. Le progrès technique a par ailleurs permis de conquérir sur la forêt des sols précédemment jugés impropres à la culture, mais aussi de limiter le défrichement grâce à l'augmentation des rendements. À la suite de cette longue évolution, la forêt n'occupait en France, au milieu du XIXe siècle, qu'environ neuf millions d'hectares. Globalement, la forêt pouvait alors se définir comme un espace résiduel qui avait échappé au défrichement, sans doute du fait de conditions stationnelles

La réglementation actuelle du défrichement

La conservation des espaces boisés serait impossible si les propriétaires pouvaient librement défricher leurs bois. La législation prévoit que tout défrichement doit être autorisé par l'administration forestière. S'il s'agit de propriétaires forestiers privés, le refus éventuel d'autorisation de défrichement doit être assorti de l'un des motifs d'intérêt général prévus par le Code forestier ; ils sont relatifs, pour l'essentiel, à la conservation des sols, à la défense nationale, à la salubrité publique, au ravitaillement en bois provenant de reboisements d'intérêt général, à l'équilibre biologique d'une région, au bien-être de la population, à l'aménagement de zones de boisement obligatoire. Les jeunes bois dans les vingt ans de leur plantation, les parcs ou jardins attenants à une habitation principale de moins de dix hectares, les bois isolés de moins de quatre hectares ainsi que les bois situés dans une zone où la mise en valeur agricole ou pastorale est déclarée d'intérêt général peuvent être librement défrichés. S'il s'agit de collectivités et personnes morales dont les bois sont soumis au régime forestier, le défrichement nécessite une autorisation expresse de l'administration forestière délivrée pour un objet déterminé, dont l'intérêt doit être suffisant pour justifier la suppression de l'état boisé.

(climat, sol, pente) rendant les sols impropres à la culture, mais aussi en raison de la protection imposée par le pouvoir central ou local, fermement décidé à maintenir un espace forestier initialement nécessaire à l'exercice de la chasse, mais surtout absolument indispensable à l'économie.

Heurs et malheurs de la forêt ancienne

Au fur et à mesure qu'elle régressait, la forêt était davantage mise à contribution pour fournir aux hommes les biens et les services dont ils avaient besoin ; elle constituait des espaces de parcours pour leurs troupeaux et continuait à abriter un gibier abondant. La forêt ne pouvait toutefois pas, spontanément et naturellement, répondre à tant de besoins souvent contradictoires, qui menaçaient son existence même. C'est pourquoi « la forêt est la première richesse naturelle menacée à avoir été réglementée » (Georges Bertrand). En

Le mémoire intitulé « Traité de la culture des forêts » commence ainsi : « Il y a longtemps qu'on se plaint que les futaies se ruinent ; qu'elles s'anéantissent partout ; que dans peu elles seront réduites en taillis... ».

outre se sont élaborées peu à peu des règles selon lesquelles les forêts devaient être traitées pour répondre aux besoins humains. Les traitements imposés aux forêts ont eu d'importantes répercussions dont les traces demeurent visibles de nos jours.

La forêt, en premier lieu, a dû fournir des quantités considérables de bois d'œuvre tant l'emploi de celui-ci était varié et intéressait tous les secteurs de l'activité : outillage, ameublement, charronnage, tonnellerie, mais surtout construction des habitations et construction navale. Le bois a longtemps constitué le seul matériau de construction, pour les habitations comme pour les ouvrages d'art. Même après le développement de la maçonnerie, il a conservé une place fondamentale dans la charpente et les huisseries. Par ailleurs, jusqu'au milieu du XIXe siècle, la construction navale utilisait exclusivement le bois, en particulier le chêne. Faire en sorte que les forêts continuent à produire des bois d'œuvre pour la construction des bâtiments civils et pour la marine a toujours

LE BOISEMENT DE LA SOLOGNE

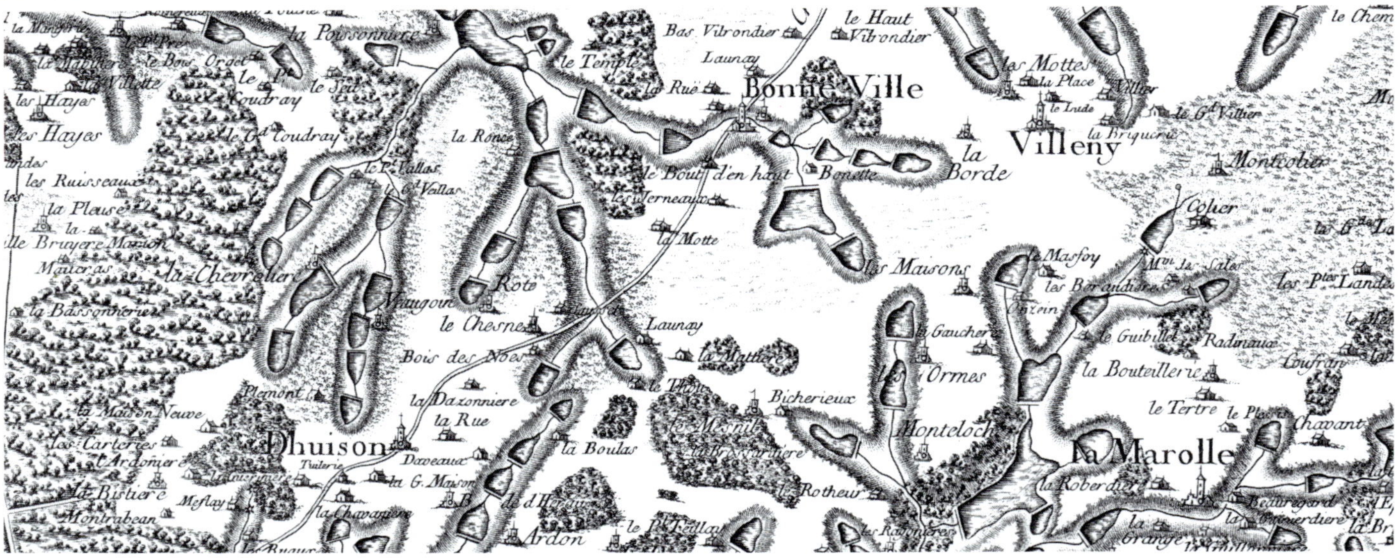

Extrait de la Carte de France à 1 : 86 400 dite « Carte de Cassini » ou « de l'Académie ». (1683-1744). Feuille N° 29

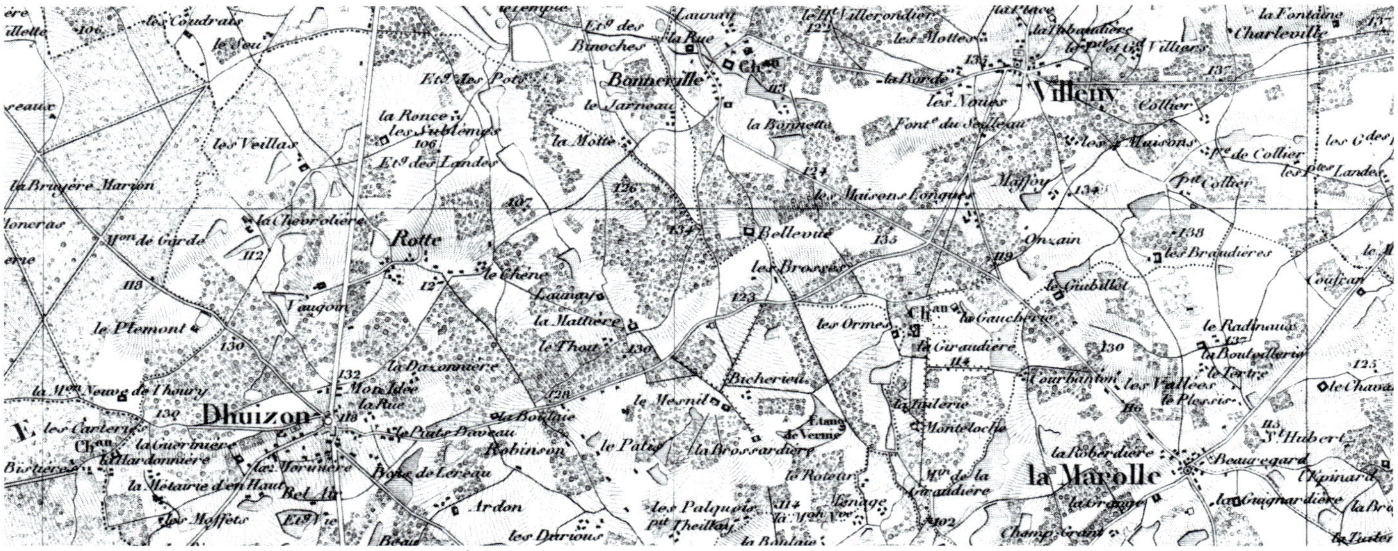

Extrait de la Carte de France à 1 : 80 000 dite « Carte d'État Major ». (1818-1881) Feuille 108 : Blois (1845)

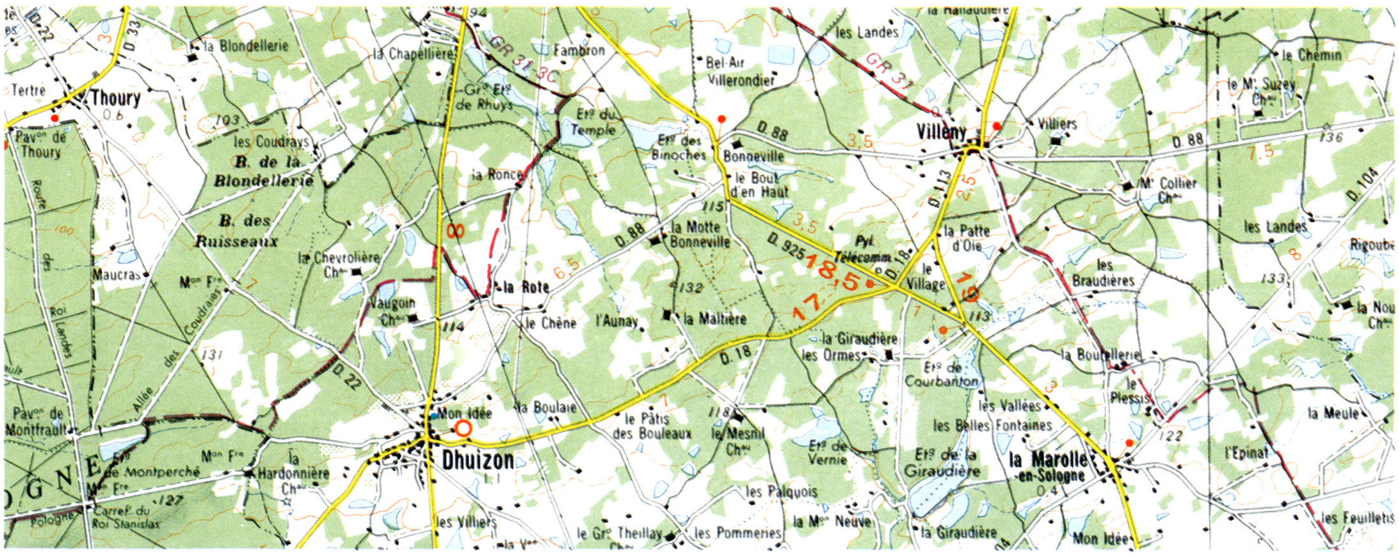

Extrait de la Carte IGN 1 : 100 000, Série Verte N° 26 : Orléans-Tours (1991)

été une préoccupation majeure des rois de France. Ils ont édicté toute une série de règlements destinés à favoriser — singulièrement dans leur domaine mais aussi dans celui des collectivités civiles et ecclésiastiques — la production de bois d'œuvre, par la réserve d'arbres dans les coupes et le traitement en futaie. Beaucoup de nos belles futaies de chênes actuelles ont appartenu au domaine de la Couronne.

En second lieu, la forêt a constitué jusqu'au XVIIIe siècle, époque à laquelle l'usage de la houille a commencé à se répandre en France, la seule source de combustible pour les usages domestiques comme pour les besoins industriels. Si l'on sait qu'en 1830 encore, pratiquement toute la fonte et l'acier fabriqués en France l'étaient à partir du bois et que la consommation de houille ne dépassa celle de charbon de bois qu'en 1860, on mesure les quantités prodigieuses de combustible industriel que durent fournir les forêts, auxquelles s'ajoutèrent d'énormes masses de bois de chauffage à usage domestique. Pour faire face à une telle demande, les forêts étaient traitées en taillis. La nécessité de produire aussi du bois d'œuvre, en association avec le bois de chauffage, a conduit à réserver quelques arbres à chaque passage de coupe et à constituer le taillis sous futaie. Ces modes de traitement, généralisés à presque toutes les forêts feuillues, ont eu des conséquences considérables sur l'évolution des forêts françaises : élimination des résineux en moyenne montagne au bénéfice des feuillus, multiplication des essences rejetant de souche (charme, chênes) au détriment du hêtre, appauvrissement des sols, constitution de peuplements médiocres, produisant une quantité limitée de bois d'œuvre trop souvent de qualité insuffisante.

Enfin la forêt a longtemps constitué un lieu de parcours privilégié pour le bétail : les porcs se nourrissaient de glands ; les bovins, ovins et équidés venaient brouter l'herbe, mais aussi les repousses ligneuses. Pour augmenter les capacités d'accueil des porcs en forêt, les chênes ont été favorisés, voire introduits où ils n'existaient pas naturellement. Par ailleurs, une charge de bétail trop forte, un pâturage anarchique détruisant toute repousse, conjugués avec un traitement en taillis épuisant pour le sol, ont contribué à ruiner certaines zones forestières fragiles et à les transformer en landes pour peu que l'incendie survienne. Au milieu du XIXe siècle, la forêt française se trouvait ainsi profondément dégradée et clairiérée et se caractérisait par la prédominance de peuplements feuillus traités en taillis et en taillis sous futaie.

Le renouveau forestier

Avec la promulgation du Code forestier en 1827 s'est ouverte une période de renouveau et de développement forestier, voulue certes par les pouvoirs publics, mais aussi rendue possible par l'évolution économique. L'augmentation des rendements agricoles, la diminution de la population

Le Fonds forestier national

Le Fonds forestier national (FFN) est un compte spécial du Trésor, créé en 1946. Alimenté par une taxe fiscale de 4,7 % sur les produits d'exploitation forestière (les grumes) et sur les sciages, il a pour objet de financer les interventions de l'État en faveur du reboisement et de l'équipement des forêts de production ; il contribue aussi à l'amélioration de la productivité forestière, des entreprises de travaux forestiers et des scieries.
Les aides du FFN revêtent plusieurs formes :
— des subventions en nature (fourniture de plants) ;
— des subventions en espèces ;
— des prêts à taux réduits (0,25 % pour le reboisement, 2,5 % pour l'équipement) ;
— des contrats de travaux (l'Administration effectue les travaux et se rembourse sur les ventes de bois ; ce type d'aide est aujourd'hui supprimé).
Le FFN a accompli une œuvre considérable. Depuis sa création, il a permis notamment de boiser 2 060 000 hectares et de créer 16 900 kilomètres de routes forestières.
Une réforme toute récente (1er janvier 1991) a modifié le mode de perception de la taxe, qui ne vise plus l'exploitation forestière mais l'industrie du bois (scierie, menuiserie, industrie des panneaux et du papier) et dont les taux varient de 0,1 % à 1,3 % selon les produits.
Pour demander une aide du FFN, il convient de s'adresser à la direction départementale de l'Agriculture et de la Forêt.

LES SUPERFICIES BOISÉES AVEC L'AIDE DU F.F.N. (1947-1990)

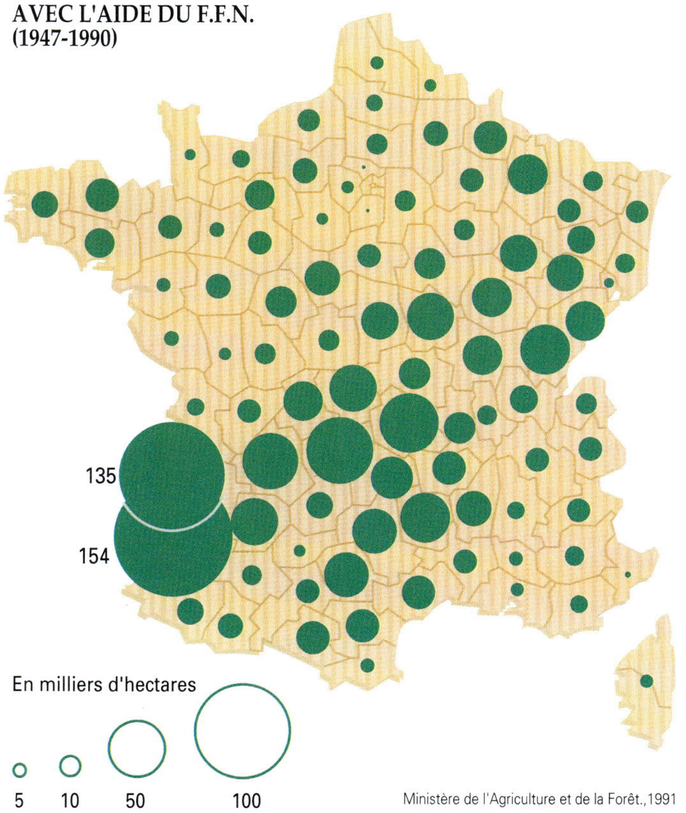

Ministère de l'Agriculture et de la Forêt., 1991

agricole, l'évolution des modes de culture et l'émergence d'une économie agricole d'échange ont libéré des terres pour les forêts et diminué l'emprise de l'agriculture sur la forêt. La généralisation du recours aux combustibles minéraux, en réduisant la demande de bois de chauffage, a favorisé les mises en conversion de taillis. Conjointement, d'autres besoins se sont faits jour auxquels il a fallu répondre : protection de sites soumis à l'érosion, demande considérable de bois matière première pour les industries de la trituration, demande d'accueil en forêt de la part d'un public sans cesse plus nombreux, enfin prise de conscience de l'importance du paysage et du rôle joué par la forêt.

L'évolution ne s'est pas effectuée sans heurts, sans contestations, sans retours en arrière suivis de progressions ; elle ne s'est pas déroulée dans toutes les régions avec la même intensité et au même rythme. Trois aspects essentiels la caractérisent : une remise en ordre de l'existant, une reconquête d'espaces abandonnés, une réorientation du rôle de la forêt. La remise en ordre a d'abord concerné les forêts domaniales dans lesquelles, dès le milieu du XIXe siècle, un important effort de délimitation, bornage, équipement et reboisement des vides a été entrepris, en même temps qu'une sylviculture novatrice se mettait en place. Un effort de même nature est mené dans les forêts des collectivités en liaison étroite avec les élus. Enfin la forêt privée, depuis une trentaine d'années, s'est organisée et fait preuve d'un dynamisme certain.

La forêt couvre à nouveau de vastes territoires qu'elle occupait jadis. Le reboisement naturel a certes joué, mais la reconquête a été voulue et conduite par les forestiers. De vastes zones ont été reboisées dès le XIXe siècle, soit pour être mises en valeur par la forêt (Landes, Sologne, Limousin, Maine), soit pour lutter contre l'érosion (Cévennes, sud du Massif central, Alpes du Sud et Alpes du Nord), soit pour fixer les dunes (littoraux aquitain, charentais et vendéen). Après la Première Guerre mondiale, certaines zones dévastées par les combats, notamment près de Verdun, ont été reboisées. À partir de 1947, enfin, grâce à l'action du Fonds forestier national, une politique dynamique de reboisement essentiellement résineux a été lancée et menée avec persévérance. Environ 1 700 000 hectares de forêt résineuse productive ont été constitués, contribuant ainsi à créer une ressource ligneuse aujourd'hui très recherchée. Cette reconquête forestière classe désormais la forêt française au premier rang en Europe. Son accroissement annuel moyen de 63 millions de mètres cubes, sans commune mesure avec ce qu'il était au siècle dernier, lui permet de répondre aux nouvelles sollicitations de l'industrie. Depuis le milieu du XIXe siècle, les objectifs assignés aux forêts ont évolué. Ayant à l'époque une fonction essentiellement productive, elles ont vu leur rôle de protection se développer et remplissent de plus en plus une mission sociale. Les forestiers se doivent de gérer la forêt pour concilier cette triple exigence et assurer la pérennité des massifs et le maintien de la potentialité des sols.

L'appropriation des forêts

La notion de propriété forestière résulte d'une longue évolution historique. La forêt, tant qu'elle occupait l'essentiel du territoire, constituait un patrimoine commun *non approprié*, dans lequel il était possible de puiser pour constituer (par le biais du défrichement) des terroirs cultivés (forêt vient de *foresta*, « ce qui est en dehors »). Avec l'accroissement du territoire cultivé, la forêt devient peu à peu résiduelle ; elle est alors appropriée par le roi et les seigneurs. Telle est la situation à l'époque féodale. Le caractère collectif des territoires subsiste néanmoins partiellement, du fait de droits d'usage concédés aux riverains de la forêt pour satisfaire leurs besoins en bois de chauffage, voire en bois d'œuvre, et surtout en pâturage. Au Moyen Âge la situation évolue dans trois directions :
— la forêt des communautés laïques se constitue par reconnaissance du droit de propriété aux collectivités anciennes jouissant d'usage ou aux collectivités nouvellement créées pour procéder à la mise en culture ;
— les communautés ecclésiastiques s'enrichissent d'un patrimoine forestier très important à la suite de multiples donations faites aux abbayes par le roi et les seigneurs ;
— enfin commence à se constituer une propriété forestière privée au fur et à mesure que les roturiers acquièrent des portions de forêts seigneuriales.

À la Révolution, les forêts royales et les forêts ecclésiastiques seront confisquées et constitueront les forêts domaniales ; les forêts des collectivités s'étendront largement. La forêt privée connaîtra une vaste extension tant au XIXe qu'au XXe siècle.

RÉPARTITION ACTUELLE DU PATRIMOINE FORESTIER

Milliers d'hectares

Forêts domaniales	1 770
Forêts des collectivités publiques	2 530
Forêts appartenant aux particuliers	10 000
Total	14 280

L'intérêt général que présente le patrimoine forestier pour la collectivité a conduit très tôt le pouvoir à limiter le droit de propriété. Si les rois de France ont d'abord réglementé l'exploitation des bois de leur domaine, dès le XVIe siècle, ils sont intervenus au nom du « commun profit du royaume » pour imposer des obligations aux forêts n'appartenant pas au domaine royal. Aujourd'hui, c'est le Code forestier qui impose des contraintes aux propriétaires. Les forêts domaniales et les forêts des collectivités publiques, qui constituent ensemble les forêts publiques, sont gérées par l'Office national des forêts (ONF) selon les modalités définies par le Code forestier et désignées sous le vocable de *régime forestier*. Les propriétaires privés ont la responsabilité de la gestion de leur domaine, sous réserve du respect des dispositions du Code forestier concernant le défrichement, les coupes et la nécessité d'établir un plan simple de gestion pour les forêts de plus de 25 hectares.

L'Office national des forêts

L'Office national des forêts (ONF) est un établissement public national à caractère industriel et commercial, mis en place le 1er janvier 1966. L'ONF a pour mission d'assurer la gestion des forêts domaniales et des forêts des collectivités pour le compte de leurs propriétaires. Il a été chargé par l'État de certaines missions de service public : accueil du public en forêt, protection du territoire par la forêt (dunes littorales, terrains érodables en montagne), participation à la protection des forêts et milieux naturels. Enfin l'ONF exécute pour le compte de l'État, des collectivités et des particuliers des études, des travaux destinés à la création, à la gestion et à l'animation des espaces naturels. Une loi de décembre 1990 a ouvert de nouvelles possibilités à l'ONF : il peut prendre des participations dans des entreprises industrielles et commerciales en dehors de l'exploitation et la transformation du bois, développer des activités relevant de son domaine d'action en France et à l'étranger et, sous certaines conditions, passer des contrats avec les propriétaires privés.

L'ONF jouit de la personnalité civile et de l'autonomie financière. Son budget est alimenté par les produits des forêts domaniales, les produits de la gestion des forêts des collectivités (frais de garderie versés par les collectivités, augmentés d'un versement effectué par l'État afin de solder le coût réel de la gestion), le montant des conventions et marchés passés avec l'État ou les collectivités pour l'exécution de travaux ou de tâches diverses. Sur ce budget, l'ONF finance l'ensemble de ses missions et, en particulier, paye les charges afférentes à la gestion des forêts domaniales. À ce titre, il verse aux collectivités locales les impôts fonciers correspondant aux forêts domaniales. L'ONF est soumis à l'impôt sur les sociétés et verse en outre des dividendes à l'État, propriétaire des forêts domaniales. L'ONF emploie 12 400 personnes, dont 7 400 ingénieurs, techniciens, agents et personnels administratifs et 5 000 ouvriers forestiers. Il est organisé en vingt-cinq directions régionales articulées en services de gestion et services de terrain. Son chiffre d'affaires s'est élevé en 1990 à 3,2 milliards de francs.

LA PROPRIÉTÉ FORESTIÈRE

Les couleurs correspondent aux trois grandes catégories de propriétaires, la carte visualise la sur-représentation de l'une ou de l'autre par rapport à la moyenne française présentée par le graphique.
Les régions les plus boisées apparaissent en couleurs vives, les autres en couleurs claires.

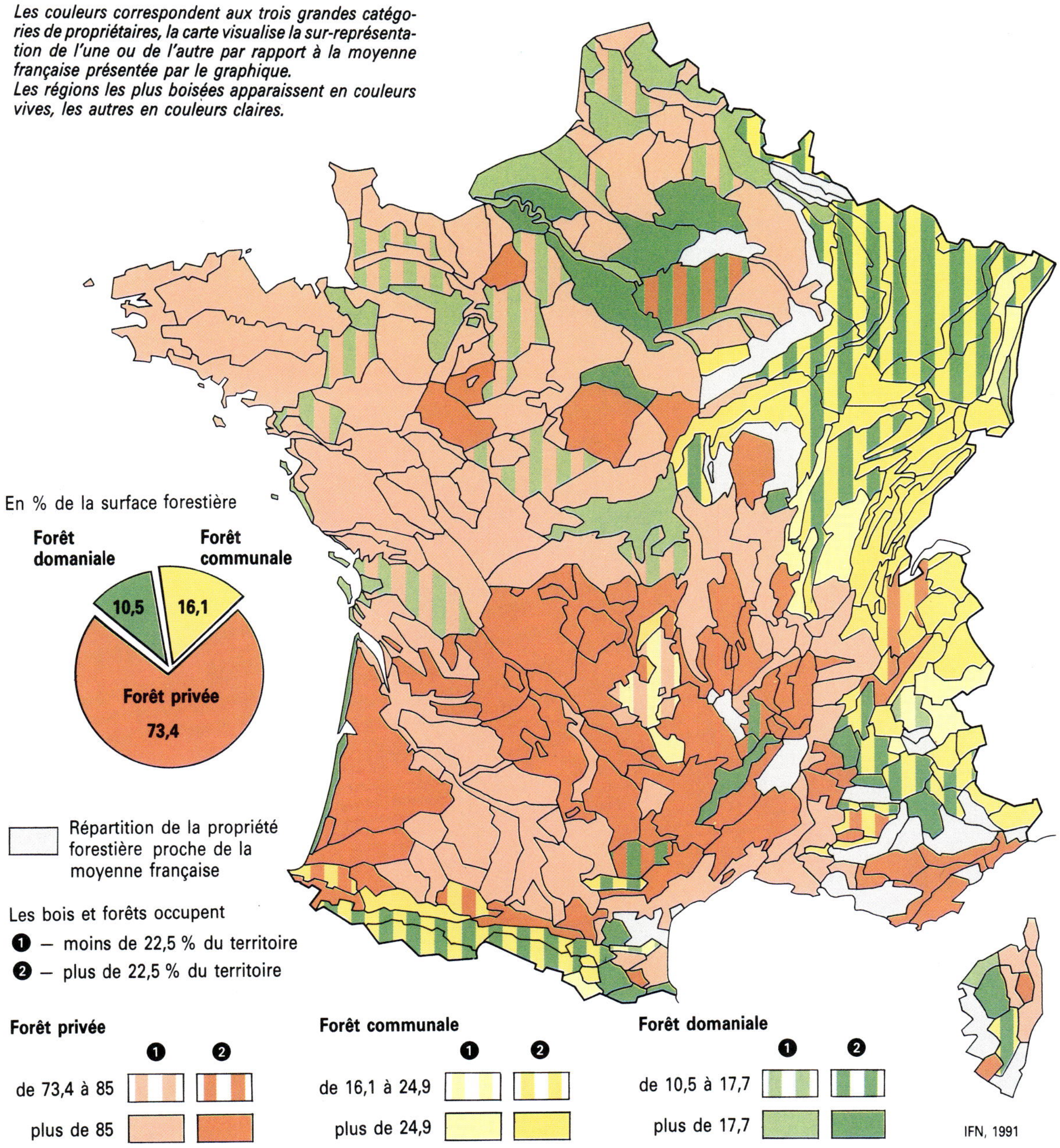

LES FORÊTS PUBLIQUES

Propriété de l'État ou des communes (parfois des départements ou des régions), les forêts publiques sont gérées par l'Office national des forêts. A une importante fonction productive, elles joignent une fonction sociale d'accueil du public.

Les forêts domaniales

L'État possède, en France métropolitaine, 1 514 forêts s'étendant sur 1 770 000 hectares. Les forêts domaniales représentent donc 12 % du territoire forestier. Gérées à présent par l'ONF, elles ont fait depuis très longtemps l'objet de soins vigilants et attentifs et d'une gestion rigoureuse de la part de l'Administration des eaux et forêts. Ces forêts sont très inégalement réparties. Très importantes en Île-de-France, en Normandie, dans les Alpes du Sud et les Cévennes, elles tiennent une place marquante en Lorraine, en Champagne-Ardenne et dans le Centre, mais sont très peu représentées en Franche-Comté, dans le Massif central et dans l'Ouest. Leur origine — double — explique cette répartition.

En tout premier lieu, elles comprennent 1 030 000 hectares de forêts confisquées à la Révolution, qui faisaient partie du domaine royal (690 000 ha) ou appartenaient aux abbayes (340 000 ha). Les forêts de Fontainebleau, de Retz, d'Orléans font partie du premier groupe ; celles de Citeaux, de la Grande-Chartreuse, de Signy-l'Abbaye, du second. Pour le reste, soit 740 000 hectares, elles proviennent d'acquisitions effectuées par l'État depuis le début du XIXe siècle : 65 000 hectares résultent d'acquisitions faites pour maintenir les dunes littorales (exemple : forêt de Lit-et-Mixe) ; 390 000 hectares sont d'anciens périmètres acquis en montagne en vue de réaliser des travaux de reboisement et de lutte contre l'érosion (exemple : forêt de Mende) ; enfin 285 000 hectares sont constitués par des forêts privées acquises à des titres divers telles les forêts de Chambord, de Dreux, de Saint-Gobain, d'Arc-en-Barrois...

Diversité du patrimoine forestier domanial

La surface moyenne des forêts domaniales est aujourd'hui voisine de 1 200 hectares. Certes 11 % d'entre elles n'atteignent pas 50 hectares, mais la moitié dépassent 500 hectares, et 41 (soit 3 % du nombre) s'étendent sur plus de 5 000 hectares. L'origine des forêts, et une politique constante visant à accroître l'étendue des massifs et à en regrouper la gestion, expliquent cette situation. Compte tenu de leur localisation géographique, de leur topographie et de leur histoire, les terrains domaniaux ne sont pas uniquement composés de forêts productives. Tout d'abord 280 000 hectares acquis au titre de la protection du milieu sont occupés par des alpages, des rochers, des dunes littorales... et ne portent pas de peuplements forestiers. Ensuite 260 000 hectares sont couverts de formations boisées improductives (garrigue, maquis en zone méditerranéenne, prés-bois d'altitude, peuplements rabougris sur sols superficiels), qui présentent néanmoins un intérêt majeur pour la protection des sols et des paysages.

Les surfaces productives sont occupées soit par le taillis sous futaie (7 %), soit par la futaie et les taillis sous futaie en conversion (93 %). Ce chiffre met en évidence l'orientation prise depuis très longtemps de privilégier partout où c'est possible la production de bois d'œuvre en forêt domaniale. Le taillis sous futaie se limite donc à quelques zones impropres au traitement en futaie, comme sur les côtes calcaires sèches de Bourgogne et de Champagne et en zone méditerranéenne. Futaie feuillue et taillis sous futaie en conversion occupent la plus grande partie des forêts domaniales de plaine, alors que les futaies résineuses et les taillis en voie d'enrésinement dominent dans les forêts domaniales de montagne et les départements atlantiques du Sud-Ouest. Lorsque les conditions de sol et de climat permettent de choisir entre feuillus et résineux, la préférence est donnée aux feuillus, singulièrement au chêne. La présence de vastes surfaces plantées en résineux dans les forêts de plaine telle la forêt d'Orléans, la plus grande forêt domaniale de France (près de 35 000 ha), tient à la nature du sol, impropre à la culture des feuillus.

La situation actuelle doit évoluer, car les directives de gestion incitent à privilégier le traitement en futaie partout où les conditions de milieu le permettent. Dans cette perspective, les surfaces traitées en futaies feuillues devraient augmenter de 50 % pendant que les futaies résineuses verraient leur surface s'accroître de 16 %. L'accroissement de la surface des futaies feuillues résultera essentiellement des mises en conversion des taillis sous futaie dans le nord-est de la France. Les futaies résineuses progresseront d'une part grâce au reboisement de terrains nus, d'autre part en raison de l'enrésinement, en Bourgogne et en Champagne-Ardenne, de taillis et taillis sous futaie dont la conversion en futaie feuillue n'est pas possible.

Importance économique et sociale

La forêt domaniale joue un rôle important dans la production forestière. Au cours des vingt-cinq dernières années, la récolte s'est élevée en moyenne à 5 140 000 mètres cubes (soit 3,4 mètres cubes par hectare boisé) dont 1 950 000 mètres cubes de tiges (troncs) de feuillus, 1 860 000 mètres cubes de tiges de résineux et 1 330 000 mètres cubes de houppiers et taillis. La forêt domaniale tient une place de choix dans la production de grumes feuillues, qu'il s'agisse de grumes de hêtre ou encore de grumes de chêne de haute qualité recherchées pour le tranchage. La production de la forêt domaniale a crû régulièrement au cours des vingt-cinq dernières années, au rythme moyen de 1,3 % par an, grâce à une intensification de la sylviculture et à un meilleur équipement des forêts de montagne, facilitant la récolte. La production de la forêt domaniale doit encore s'accroître légèrement dans les années à venir. La forêt domaniale contribue largement à la protection contre les risques naturels en montagne, puisque près de 200 000 hectares situés dans vingt-cinq départements jouent un rôle de protection marqué contre le ravinement, les glissements de terrain, la chute de blocs, le départ d'avalanches. Enfin la forêt domaniale, qui comprend les plus prestigieux fleurons de notre patrimoine forestier, joue un rôle primordial dans l'accueil du public.

ACCROISSEMENT DE LA SURFACE DES FORÊTS DOMANIALES

Période	Accroissement en hectares	
	total	annuel moyen
1876-1911	230 000	6 390
1912-1941	210 000	7 000
1942-1971	78 000	2 600
1972-1990	75 000	3 900

La forêt domaniale de Fontainebleau

La forêt de Fontainebleau jouit d'une renommée qui dépasse largement le cadre de notre pays. À soixante kilomètres au sud de la capitale, ses 20 000 hectares boisés, riches d'une longue histoire, parcourus, admirés et fixés sur les toiles par les artistes, longuement décrits et étudiés par les scientifiques, constituent un patrimoine exceptionnel d'une grande richesse écologique, particulièrement apprécié d'un vaste public pour lequel il constitue l'archétype forestier.

Au début du XIe siècle, le roi Robert II constitue la forêt de Bière par l'acquisition de différents domaines à des seigneurs locaux et fait construire un rendez-vous de

Fontainebleau : la plus célèbre forêt de France sous un ciel d'orage.

chasse près de la fontaine Bléaud, au cœur du massif. Ainsi prennent naissance le château, l'agglomération bellifontaine et la forêt qui les entoure, domaine de chasse par excellence, objet d'une attention constante de la part de tous les souverains. Si François Ier, Henri IV, Louis XIV et Louis XV ont fortement marqué leur passage, au château ou en forêt, il ne faut en effet pas oublier Saint Louis, Philippe IV le Bel, Charles IX, Henri III. Malgré certaines vicissitudes, la surface de la forêt ne cessera de croître et passera de 14 200 hectares en 1715 à 17 000 hectares en 1850, pour atteindre 20 000 hectares aujourd'hui en incluant le massif des Trois-Pignons. Forêt royale de chasse, Fontainebleau a bénéficié d'un équipement routier particulièrement dense (1 100 km de routes), d'aménagements cynégétiques importants (parquets de tir, faisanderie). Jusqu'au début du XVIIIe siècle, elle a été gérée en vue d'obtenir une densité maximale de gibier. Une telle gestion s'est révélée catastrophique pour les riverains (auxquels, en compensation, des droits d'usage sur la forêt furent reconnus) et pour la forêt elle-même qui, en 1709, se composait pour moitié de vides et de landes. Un formidable effort fut entrepris à partir de 1720 qui devait se traduire par la reconstitution, en un peu plus d'un siècle, de 5 000 à 6 000 hectares de peuplements feuillus.

GÉOLOGIE SCHÉMATIQUE DE FONTAINEBLEAU

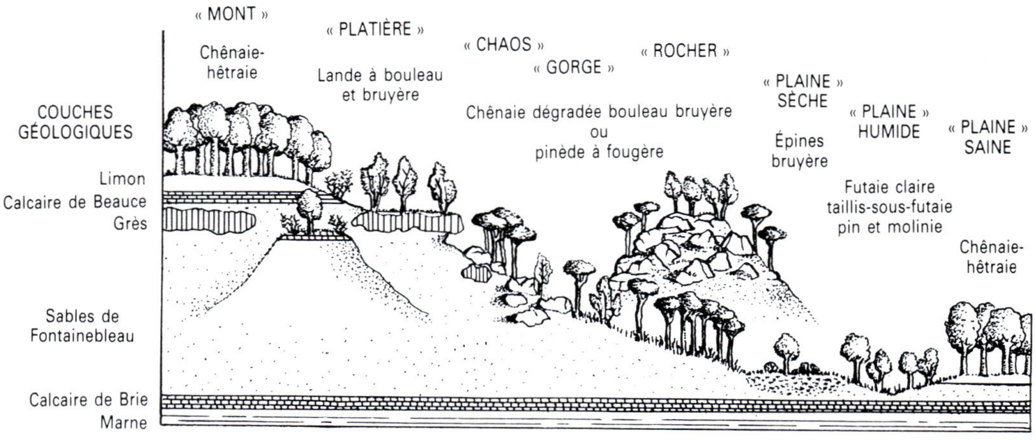

FORÊT DOMANIALE DE FONTAINEBLEAU

20 000 hectares

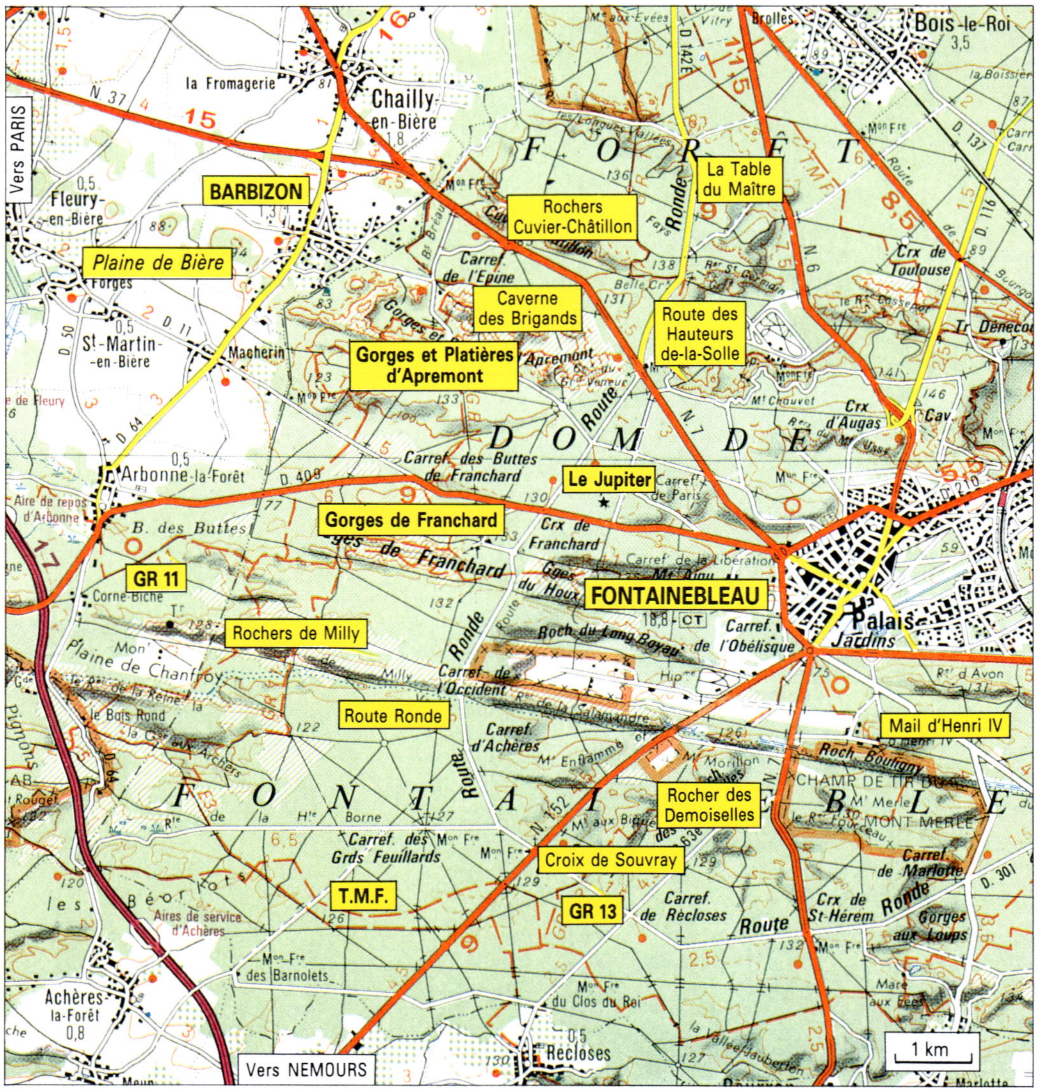

Extrait de la carte IGN au 1 : 100 000 Paris / Montargis

À partir de 1830, les résineux, et singulièrement le pin sylvestre, sont venus suppléer les feuillus et ont participé à la remise en état de près de 6 000 hectares. La période de 1850 à 1970 a vu un très fort ralentissement des coupes sous diverses influences, notamment le désir de conserver sans intervention les peuplements âgés (réserves artistiques). Cette politique s'est traduite par un vieillissement systématique de la forêt. Depuis lors, un important effort de renouvellement a au contraire été entrepris. Si le massif de Fontainebleau bénéficie du climat général de l'Île-de-France, il n'en reçoit pas moins des influences atlantiques et continentales, voire méditerranéennes. On parle d'un carrefour bioclimatique. Mais la diversité naît surtout de la géologie. La forêt se développe principalement sur une couche de sables (les sables de Fontainebleau) qui renferme à la partie supérieure une table de grès. Ces sables reposent sur une assise calcaire (le calcaire de Brie) et une assise de marnes vertes, niveau de sources. Les sables sont surplombés par un banc calcaire, le calcaire de Beauce, lui-même recouvert de limon. L'érosion a creusé des vallées mettant en évidence les différents affleurements et engendrant des conditions de sol très variées, qui induisent elles-mêmes des paysages divers : monts, platières, chaos, gorges, rochers, plaines. Les associations végétales caractéristiques vont de la majestueuse futaie régulière de chênes mélangée de hêtres des plateaux à la lande à bouleau et bruyère des platières, en passant par la pineraie des rochers et sables. Ces conditions écologiques expliquent la richesse de la flore et de la faune du massif : 5 685 espèces végétales (1 350 plantes à fleur, 460 muscinées, 2 700 champignons, 675 lichens et 500 algues) et 6 600 espèces animales (57 mammifères, 195 oiseaux, 5 600 insectes...). La forêt domaniale de Fontainebleau, en raison de la diversité et de la richesse des peuplements forestiers, de l'existence d'arbres remarquables, de la variété et de la beauté des paysages, de la présence de monuments anciens, constitue un pôle d'attraction majeur pour le public. Ce phénomène a pris naissance dès le milieu du siècle dernier, puis s'est développé à partir de 1950 à tel point qu'actuellement la forêt fait, chaque année, l'objet de dix millions de visites. L'accueil d'un public aussi nombreux et aussi divers dans ses aspirations nécessite que la forêt soit équipée et l'espace organisé afin d'éviter les conflits et d'assurer la protection des peuplements forestiers. Grâce à un plan d'équipement touristique, automobilistes, cavaliers, cyclistes, promeneurs, sportifs, varappeurs trouvent en forêt de Fontainebleau la possibilité de se détendre. Une telle fréquentation exige par ailleurs de la part de l'ONF, responsable de la forêt, une surveillance particulière (singulièrement en matière d'incendies), une action permanente d'information du public (en particulier par une signalisation appropriée) et un effort constant pour maintenir la forêt propre et accueillante. Il s'y ajoute un dialogue permanent avec les associations intéressées par la forêt et les activités qui s'y déroulent.

La forêt domaniale de La Joux

Incluse dans un massif forestier de plus de 10 000 hectares qui recouvre les pentes reliant le premier au second plateau du Jura, la forêt domaniale de La Joux s'étend sur 2 650 hectares. Image même de « la sapinière triomphante », elle est un élément caractéristique de la futaie résineuse comtoise d'altitude moyenne, à forte production. Mais cette forêt se révèle plus nuancée qu'il n'apparaît au premier abord : fruit d'une longue histoire, elle joue bien d'autres rôles que la seule production. Située entre 620 et 910 mètres d'altitude, soumise à un climat montagnard caractéristique (température moyenne 7°5, précipitation 1 800 mm), la forêt de La Joux bénéficie des conditions optimales pour le développement du sapin pectiné. Cette essence peut ici dépasser 300 ans et atteindre plus de 50 mètres de hauteur totale. Au sapin pectiné (71 % du nombre des tiges) s'ajoutent l'épicéa (19 %) et des feuillus (10 %) parmi lesquels le hêtre domine. La forêt est traitée en futaie régulière. Exploités, à 130 ans, les arbres atteignent un diamètre de 60 centimètres. En moyenne, la récolte s'élève à 10 mètres cubes par hectare et par an, ce qui assure un revenu brut de l'ordre de 2 300 francs par hectare, belle démonstration

FORÊT DOMANIALE DE LA JOUX **10 000 hectares**

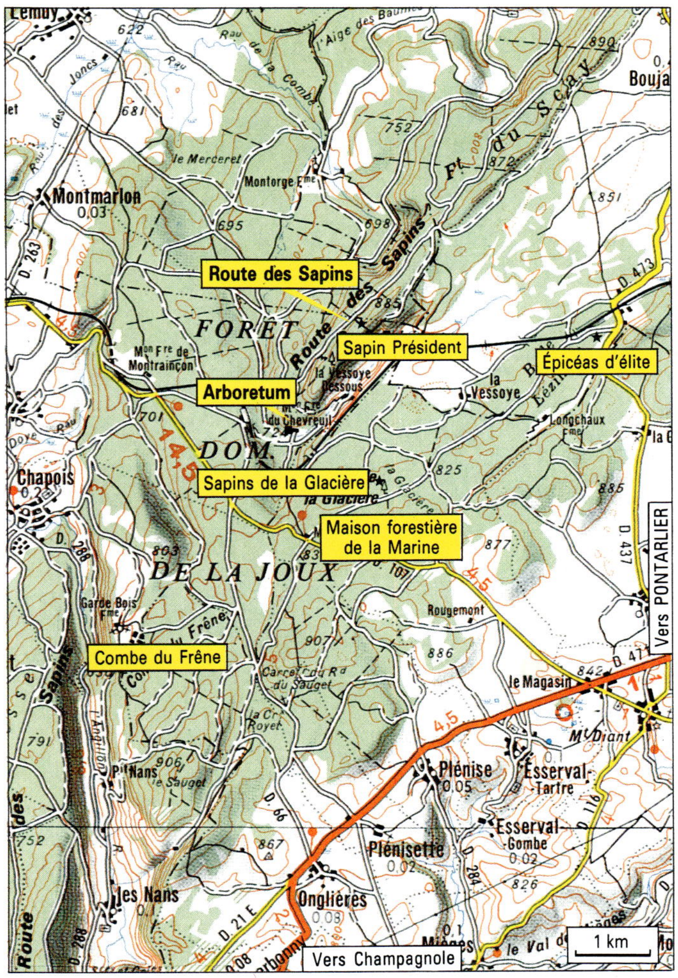

Extrait de la carte IGN au 1 : 100 000 Besançon / Lausanne

de la richesse que la forêt bien gérée peut apporter aux populations montagnardes. Les sols présentent une certaine hétérogénéité. Les calcaires fissurés donnent naissance à des sols plus superficiels et moins fertiles que les marnes et calcaires marneux. Toutefois le renouvellement de la forêt est plus aisé sur les premiers que les seconds. Les peuplements ne sont pas homogènes. Le sapin pectiné, caractéristique de l'étage montagnard, prédomine dans la partie inférieure de la forêt, alors que l'épicéa, essence de l'étage montagnard supérieur spontanée dans la partie haute du massif, tient une place plus importante dans les peuplements situés aux altitudes les plus élevées.

La puissance de la futaie résineuse actuelle laisserait volontiers penser que sapins et épicéas ont toujours constitué les peuplements de La Joux. Il n'en est rien. Pendant tout le Moyen Âge, les résineux n'avaient que peu de valeur, alors que les salines de Salins, toutes proches, réclamaient des quantités énormes de bois de feu. En outre, le chêne était recherché pour son écorce et pour la production de glands. Les résineux étaient donc impitoyablement coupés et les feuillus, singulièrement le chêne, favorisés. En 1606, La Joux était « un très grand, et très ample taillis » avec, çà et là, « une haute futaie de sapin ». Sous le couvert du taillis on trouvait une « infinité de jeunes sapineaux que les usagers coupent indifféremment pour le bois de feu ou pour en clore leur héritage ». Avec la conquête de la Franche-Comté par la France, la forêt de La Joux tomba dans le domaine royal. De ce fait la sylviculture fut orientée vers la production de bois destinés à la marine, plus précisément de mâts pour les vaisseaux. Cette orientation conduisit à éliminer peu à peu les feuillus. Les taillis furent relégués sur les rives du massif pour approvisionner en bois de feu les villages voisins, puis disparurent définitivement avec le cantonnement des droits d'usage peu avant 1870.

La qualité exceptionnelle des futaies du canton de la Glacière, considérées dès avant 1914 comme l'une des plus belles sapinières d'Europe, avait conduit en 1930 à classer en réserve 26 hectares de ce canton âgé d'environ 300 ans. La réserve ainsi constituée, dans laquelle seuls les arbres secs devaient être exploités, a évolué sous les seules forces naturelles. De vieux sapins disparaissent progressivement, faisant place à une régénération naturelle. La réserve permet d'étudier l'évolution d'une sapinière livrée à elle-même. La forêt de La Joux s'inscrit dans le circuit de « la route des sapins » qui, en cinquante kilomètres à travers les forêts, relie Levier à Champagnole et permet aux visiteurs d'admirer les sites forestiers et les peuplements et d'apprécier le travail des gestionnaires forestiers.

LE SAPIN PRÉSIDENT. Dans toute forêt résineuse du Jura, le plus remarquable des arbres est « élu » président et désigné à l'attention des visiteurs. C'est le symbole de la forêt, d'une richesse que la collectivité doit se transmettre de génération en génération. Celui de la forêt de La Joux, âgé de plus de 280 ans, mesure 45 mètres de haut et 3,85 mètres de circonférence, à 1,30 mètre du sol.

Sapins et épicéas en forêt de La Joux. Page ci-contre : chênes admirables de la forêt de Tronçais.

La forêt domaniale de Tronçais

Forêt refuge dans l'Antiquité, comme l'attestent les ruines d'un camp celtique, la forêt de Tronçais était au Moyen Âge devenue propriété de quatorze paroisses. Celles-ci abandonnèrent leur droit au sire de Bourbon peu avant 1327, lorsque la seigneurie fut érigée en duché. En 1528, après que Charles III de Bourbon, Connétable de France, eut été déclaré traître à sa patrie, la forêt de Tronçais fut confisquée et rattachée à la couronne. Grevée de droits d'usage, pâturée, parcourue par des incendies, la forêt était dans un fort piteux état lorsqu'en 1670, sur ordre de Colbert, fut entreprise la reformation du massif. Le recépage des peuplements fut alors prescrit, ainsi que de très importants travaux de reboisement, en vue de constituer une futaie productrice de bois d'œuvre destiné en particulier à la marine, et qui devaient être exploités à deux cents ans. À partir de 1788, les deux tiers de la forêt furent traités en taillis sous futaie afin de produire du charbon de bois destiné aux forges qui venaient d'être installées à l'intérieur même du massif. La demande de charbon de bois diminua ensuite en raison de l'évolution technologique, de telle sorte qu'à partir de 1835 le taillis sous futaie put être abandonné au bénéfice du traitement en futaie. L'âge d'exploitabilité des futaies,

initialement fixé à 100 ans, put être porté à 180 ans, puis à 225 et même à 250 ans, en vue d'obtenir des chênes de grandes dimensions. Ce passé illustre de manière exemplaire l'histoire de beaucoup de nos grandes chênaies. Elle peut se lire dans les peuplements actuels : certains, âgés de plus de 300 ans, rappellent le travail effectué au XVIIe siècle ; les peuplements sur souche proviennent des anciens taillis sous futaie mis en vieillissement après 1835, tandis que les futaies régulières âgées de moins de 165 ans témoignent de la continuité des renouvellements entrepris depuis cette date.

Sur plus des neuf dixièmes de sa surface (10 600 hectares au total), la forêt domaniale de Tronçais réunit des conditions écologiques favorables à la culture du chêne rouvre. Traité en futaie régulière, il est exploité à des âges compris entre 200 et 250 ans. Toute la sylviculture pratiquée vise à obtenir des arbres droits, de grosse dimension (diamètre supérieur à 50 cm pouvant atteindre un mètre et plus), à accroissement régulier, à bois tendre fournissant des billes sans défaut, recherchées pour le tranchage, l'ébénisterie, la menuiserie et la fabrication des merrains. Cette sylviculture classique de la chênaie française repose sur deux grands principes :
le renouvellement des peuplements mûrs par la méthode des coupes progressives, qui assurent la conservation du patrimoine génétique ; l'application continue, pendant toute la durée de vie du peuplement, de travaux (dégagements de semis, nettoiements) puis de coupes (éclaircies) destinées à favoriser le développement des plus beaux sujets. Le chêne de Tronçais constitue ainsi un véritable cru classé, justement apprécié.

Comme toutes les grandes forêts de plaine, celle de Tronçais est un domaine d'élection des grands animaux : de très nombreux sangliers, chevreuils et surtout cerfs exercent une forte pression sur la forêt, qui renferme aussi les petits gibiers classiques tels le lièvre et la bécasse. Les étangs offrent un biotope remarquable à une riche faune d'oiseaux, cols-verts en particulier.

La nécessité de réguler les populations — singulièrement celles de grands animaux — pour que se maintienne un équilibre judicieux entre forêt et faune impose l'exercice de la chasse.

FORÊT DOMANIALE DE TRONÇAIS **10 600 hectares**

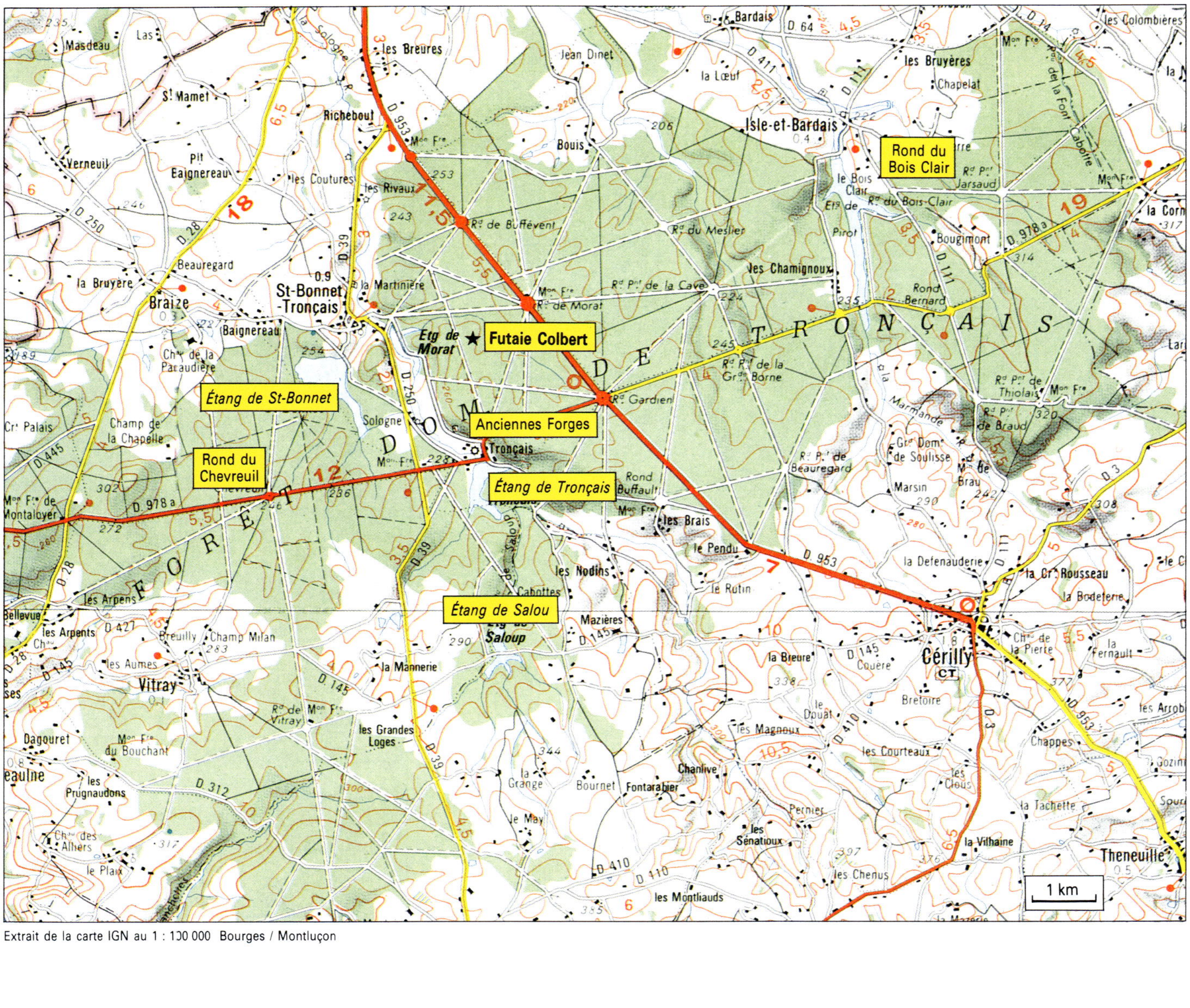

Extrait de la carte IGN au 1 : 100 000 Bourges / Montluçon

La forêt communale

Sur les quelque 36 000 communes de France, 11 000 sont propriétaires de forêt : ce sont les communes forestières. Cette appellation est réservée aux communes qui possèdent en propre une ou plusieurs forêts, située(s) sur leur territoire communal (cas le plus fréquent) ou non. Juridiquement, la forêt communale fait partie du domaine privé de la commune. Les départements et les régions possèdent également des forêts, mais très peu comparativement. La forêt communale représente en superficie 99 % de la forêt des collectivités territoriales.

Des origines très anciennes

La majeure partie des forêts communales ont une origine très ancienne ; il s'agit d'une possession immémoriale et constante de communautés d'habitants, progressivement confirmée en droit à la fin du Moyen Âge, comme en témoignent des textes de coutumes ou d'ordonnances de la Renaissance. Une deuxième origine tient au cantonnement des droits d'usage. En vertu de pratiques se perdant dans la nuit des temps, ou en échange de leur travail de mise en valeur de la terre, les habitants de communautés rurales avaient le droit de faire paître leurs troupeaux dans des forêts ne leur appartenant pas (droits de pacage, de panage, de glandée) et d'y prélever le bois nécessaire à leurs constructions et à leur chauffage. Souhaitant affranchir leur forêt de ces usages, les propriétaires (roi, seigneurs, abbayes) ont eu recours au cantonnement des droits d'usage, qui consistait, en contrepartie de l'abandon des droits sur l'ensemble de la forêt, à donner en pleine propriété une partie de celle-ci à la communauté. Pratiqué spontanément dès le Moyen Âge, le cantonnement des droits d'usage a été inscrit dans la loi par le Code forestier de 1827 et largement appliqué au XIXe siècle. Troisième origine : le boisement de landes et pâturages collectifs, soit naturel, soit volontaire, notamment à partir du XIXe siècle, à la suite de la baisse de la population rurale et des progrès agricoles nécessitant moins de terrain à exploiter. S'y

En lisière d'une forêt communale du Jura.

L'affouage

C'est l'attribution, aux habitants de la commune, de bois provenant de coupes communales. Il s'agit donc d'un partage en nature entre les habitants ayant un domicile réel et fixe dans la commune. Tous les bois de la coupe ne sont généralement pas mis en partage : l'affouage ne concerne que les bois destinés à la satisfaction des besoins ruraux ou domestiques des bénéficiaires (qui ne peuvent vendre, éventuellement, que le bois de chauffage). Les bois sont délivrés aux affouagistes (c'est-à-dire aux bénéficiaires) sur pied, ou après exploitation. Lorsque le partage a lieu sur pied, chaque affouagiste exploite sa part. La décision de délivrer, ou non, des bois en affouage aux habitants de la commune est prise par le conseil municipal ; c'est à lui qu'il appartient également d'apprécier la notion de résidence réelle et fixe, pour déterminer les ayants droit (cas des résidences secondaires). L'affouage, qui désigne le droit personnel au bois, désigne aussi la portion de bois de chaque bénéficiaire. Autrefois très répandu, l'affouage demeure vivace dans plusieurs régions où domine la forêt feuillue, notamment le quart nord-est de la France.

Les forêts sectionales

Une forme particulière de forêt communale est la forêt sectionale, propriété d'une section de commune, c'est-à-dire d'une partie de la commune ayant, à titre permanent et exclusif, des biens ou des droits distincts de ceux de la commune elle-même. L'origine des sections de commune est souvent très ancienne. D'autres résultent de la réduction du nombre de communes, soit par fusion volontaire, soit d'autorité, comme ce fut le cas au milieu du XIXe siècle où une loi a fait passer le nombre de communes de 44 000 à 36 000 : les habitants des communes qui possédaient un patrimoine forestier ont alors voulu garder pour eux seuls les produits de leur forêt. Les forêts sectionales couvrent environ 200 000 hectares, soit 7 % du total communal. La forêt sectionale moyenne est nettement plus petite que la forêt communale : respectivement 50 hectares et 225 hectares.

ajoute enfin l'acquisition, plus récente, de forêts ou de terrains à boiser, motivée par des raisons de gestion sylvicole et par des considérations d'environnement (mise à disposition d'espaces verts pour les habitants, sauvegarde de sites et de paysages). Au total, la forêt communale, qui couvrait approximativement 1 900 000 hectares au début du XIXe siècle, occupe actuellement une superficie globale de 2 500 000 hectares, ce qui représente 5 % du territoire national et 17 % de la forêt française.

La gestion des forêts communales

Les forêts communales sont, conformément à la loi, soumises au régime forestier. Il s'agit d'un ensemble de règles spéciales, définies par le Code forestier, en vue d'assurer la conservation du patrimoine forestier communal et sa mise en valeur. L'application du régime forestier est confiée à l'Office national des forêts, qui a pris en 1966 la succession de l'Administration des eaux et forêts pour une part des attributions de celle-ci. Les relations entre les communes forestières et l'Office national des forêts sont celles du partenariat. La commune a la responsabilité fondamentale de procéder aux choix qui conduisent aux décisions d'aménagement de sa forêt ; lui reviennent les décisions relatives à la commercialisation des bois, à l'affouage, au mode de réalisation des travaux, à l'organisation de l'accueil du public, à la gestion de la chasse et de la pêche, au financement de la gestion forestière et des investissements. L'Office national des forêts, avec ses ingénieurs et ses techniciens, élabore l'aménagement forestier sur les bases définies en concertation avec la commune ; il procède à la vente des bois, surveille leur exploitation ; il veille en permanence à la protection du patrimoine forestier de la commune par la recherche et la répression des infractions ; il est le conseiller technique du propriétaire pour la mise en valeur et la gestion de sa forêt.

Les communes forestières

La possession d'un patrimoine forestier confère aux communes qui en sont propriétaires une position particulière et suscite des problèmes tout à fait spécifiques, qui appellent une réflexion commune et des actions concertées. Aussi, en 1931, a-t-on vu se créer, dans l'est de la France, les premières associations départementales de communes forestières puis, en 1932, la Fédération nationale des communes forestières de France, qui s'étend aujourd'hui à soixante-six départements. La Fédération réserve, dans son programme d'action, une place prioritaire à la formation forestière des maires et des responsables municipaux. Elle a créé pour cela, en 1990, l'Institut de formation forestière communale. En outre, à la veille de l'entrée en vigueur de l'Acte unique européen, elle a pris l'initiative de la constitution (en 1990 également) de la Fédération européenne des communes forestières, dont le siège est à Strasbourg.

LES FORÊTS COMMUNALES

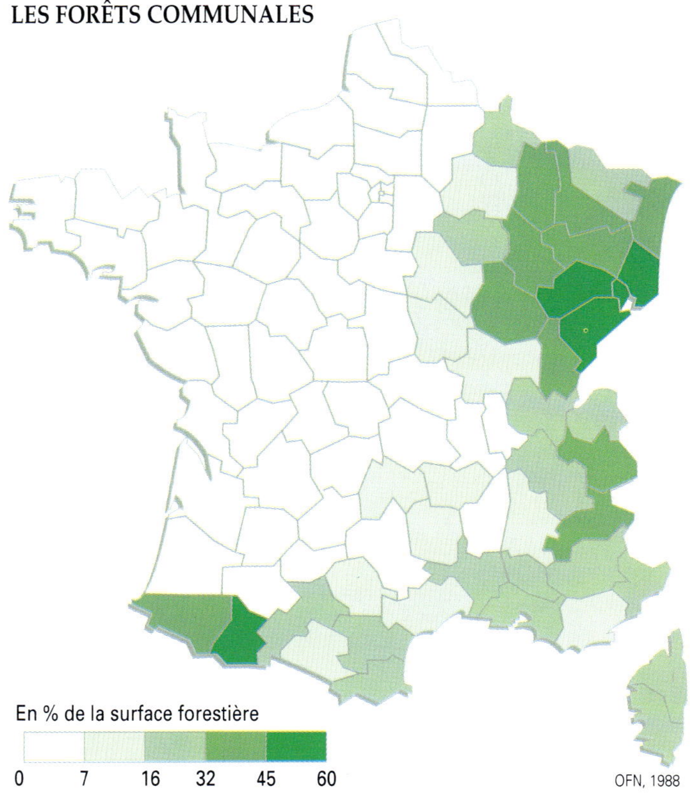

LA FORÊT COMMUNALE EN QUELQUES CHIFFRES. La forêt communale montre d'importantes variations d'une région à l'autre de la France, qu'il s'agisse du nombre de communes forestières ou de la superficie de la forêt. Les communes forestières sont les plus nombreuses dans l'est de la France, la Franche-Comté, les Alpes, l'est du Massif Central et les Hautes-Pyrénées. Les départements qui viennent en tête sont les Vosges (100 % de communes forestières), le Doubs (99 %), le Territoire de Belfort (98 %), les Hautes-Alpes (93 %) et le Jura (90 %). À l'autre extrême, certains départements ne comptent aucune commune forestière (Hauts-de-Seine, Seine-Saint-Denis, Val-de-Marne), ou seulement une ou deux (Loire-Atlantique, Mayenne, Sarthe, Vendée, Deux-Sèvres). La superficie moyenne de la forêt communale française est de 225 hectares. Mais il y a, là aussi, de grandes disparités. Les forêts communales les plus vastes sont dans le Sud-Est : Corse (moyenne 750 hectares), Hautes-Alpes (530 hectares), Alpes-Maritimes (480 hectares), Alpes-de-Haute-Provence (475 hectares) ; les plus petites se trouvent dans le Val-d'Oise (19 hectares), l'Eure-et-Loir (22 hectares), le Rhône (28 hectares) et la Vendée (29 hectares). Et si 270 forêts communales comptent plus de 1 000 hectares, 1 500 ont moins de 10 hectares.

Sapinière dans une forêt communale des Vosges.

La forêt privée

Au premier rang dans la CEE — et de loin — la forêt privée française contribue fortement à l'augmentation de la production de bois tout en maintenant, par sa diversité même, un élément essentiel des paysages de notre pays.

Diversité des propriétaires

La forêt privée couvre dix millions d'hectares (sur un total de plus de quatorze millions), répartis entre 3 700 000 propriétaires. Mais ceux qui disposent de moins de un hectare, de beaucoup les plus nombreux (2 400 000), ne représentent que 8 % de la surface ; les 1,3 million de propriétaires de plus de un hectare possèdent 9,2 millions d'hectares, soit une surface moyenne de sept hectares par propriété, comparable à celle de l'Europe des Douze. Les trois quarts de la surface de la forêt privée appartiennent à 400 000 propriétaires de plus de quatre hectares avec une moyenne de dix-neuf hectares ; 43 % appartiennent à 51 000 propriétaires avec une moyenne de quatre-vingt-quatre hectares. En bref, les propriétés morcelées de moins de quatre hectares ne concernent que le quart de la surface de la forêt privée.

PROPRIÉTÉS FORESTIÈRES PRIVÉES DE PLUS DE 4 HECTARES

Dimensions des propriétés (hectares)	Nombre de propriétaires	Superficie totale (milliers d'hectares)	Superficie moyenne (hectares)
4 à 10	254 000	1 499	6
10 à 25	100 000	1 464	15
25 à 50	28 000	966	35
50 à 100	14 000	939	67
plus de 100	9 000	2 410	268

Variété des peuplements

Pour les deux tiers de sa surface, la forêt privée consiste en feuillus, pour le reste en résineux. Elle s'échelonne des boqueteaux, éléments déterminants des paysages français, jusqu'au plus grand massif de l'Europe des Douze, celui des Landes. Les essences y sont relativement nombreuses et mélangées, bien plus qu'en forêt nordique, par exemple. La diversité caractérise aussi ses types de peuplement — futaie feuillue, futaie résineuse, futaie mélangée, taillis sous futaie, taillis simple, peupleraie — et ses modes de renouvellement : régénération naturelle, plantation et semis. En raison de sa répartition entre de nombreux propriétaires, la forêt privée échappe à la monogestion.

Montée en puissance

En 1810, à son point le plus bas, la forêt française ne couvrait plus que huit millions d'hectares. En 1945, elle atteignait onze millions d'hectares et dépasse aujourd'hui quatorze millions d'hectares. Ces trois millions d'hectares supplémentaires depuis la dernière guerre — autant que de 1810 à 1945 — représentent sans doute le rythme de reboisement le plus important de l'histoire de France ; les forestiers privés y ont contribué pour une très large part. En outre, le volume de bois sur pied à l'hectare est lui-même en croissance, comme l'Inventaire forestier national (IFN) l'a constaté : entre le premier passage, en 1968, et le second, en 1980, l'augmentation s'élevait, en forêt privée, à 25 %. Cette progression du potentiel de la forêt privée se traduit par l'accroissement des bois commercialisés mis à la disposition des transformateurs et utilisateurs, comme le montrent les résultats de l'enquête annuelle de branche pour 1989, année record de production de bois en forêt privée (voir le tableau). Le mouvement va se poursuivre et s'accélérer. Les principales essences en tête de l'accroissement de production de bois en

VOLUMES DE BOIS COMMERCIALISÉS
recensés dans les « enquêtes annuelles de branche »
millions de mètres cubes

Provenance	1984	1989	Variation sur cinq ans	
			en volume	en %
Forêts publiques (hors délivrance)	10,65	12,0	+ 1,35	+ 12,7
Forêts privées (hors autoconsommation)*	21,1	26,75	+ 5,65	+ 26,8
Total sur écorce	31,75	38,75	+ 7,0	+ 22,0

* Les données relatives à la forêt privée ne comprennent pas le bois de chauffage autoconsommé, soit sans doute plus de dix millions de mètres cubes.

BOIS COMMERCIALISÉ PAR LES COOPÉRATIVES ET LES GROUPEMENTS DE PROPRIÉTAIRES PRIVÉS

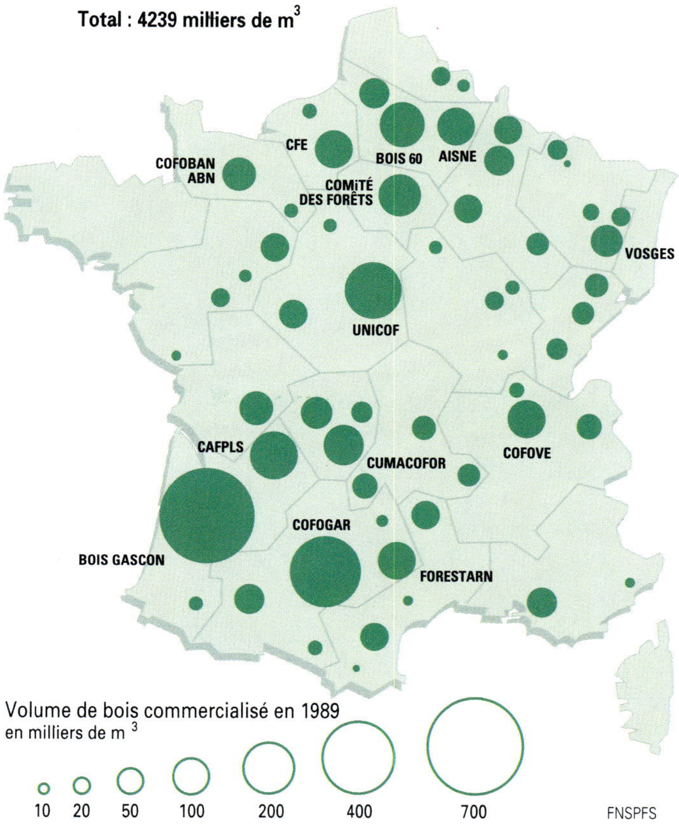

France se situent essentiellement en forêt privée : le pin maritime, le peuplier, le douglas, les feuillus précieux (frênes, merisiers et noyers). Ces constats montrent clairement la capacité de la forêt privée à fournir sa part dans l'approvisionnement en bois des utilisateurs ; à progresser et à répondre aux demandes du marché ; à participer au redressement du déficit de la filière bois qui, d'ores et déjà, ne résulte plus de la production forestière mais de sa transformation.

Respect de l'environnement

D'une manière générale, les reboisements considérables effectués par la forêt privée reviennent sur les défrichements des siècles passés et rendent à la forêt une partie de la place qu'elle occupait. Par ailleurs, avec un accroissement annuel moyen de cinq mètres cubes environ par hectare et par an — supérieur à celui de la forêt nordique —, la forêt privée française demeure cependant loin des rendements des jeunes forêts artificielles de Nouvelle-Zélande, du Chili ou de l'Afrique du Sud, par exemple. C'est que les procédés de sylviculture sont restés en France naturels, évitant les inconvénients d'une intensification excessive. Ils utilisent très peu d'intrants chimiques, de traitements ou de fertilisants, n'émettent pas de produits nocifs et ne recourent pas à l'irrigation. On ne peut leur imputer les inconvénients du remembrement ni de l'arasage de haies, qu'au contraire ils contribuent aujourd'hui à réinstaller. Dans le même esprit, le maintien des boqueteaux et bosquets préserve le maillage des paysages. Étant donné la répartition de la forêt privée et ses méthodes, ses coupes sont de dimensions modestes. Elle comporte aussi bien des taillis et des taillis sous futaie que de la futaie et conserve des essences nombreuses et mélangées, en un équilibre qui reste favorable au feuillu. La rançon de ce souci de rester naturel et varié se traduit toutefois par une rentabilité faible, peu de mécanisation et une baisse des revenus des sylviculteurs.

L'organisation professionnelle

Depuis la dernière guerre, en s'inspirant du modèle agricole mais en le simplifiant, les propriétaires forestiers ont constitué des organisations professionnelles de représentation, de regroupement, de formation, de gestion, d'information, d'assistance technique, de services et de développement. L'appui qu'elles ont apporté aux propriétaires forestiers s'est tôt révélé essentiel. Ces organismes s'ordonnent autour de trois pôles et collaborent les uns avec les autres.

1. À la *Fédération nationale des syndicats de propriétaires forestiers sylviculteurs* adhèrent :

— 77 syndicats départementaux ou interdépartementaux de propriétaires forestiers sylviculteurs et 17 unions régionales ; leur tâche consiste à défendre, à représenter et à informer les propriétaires forestiers, et à leur rendre service ;

— 80 coopératives, SICA et groupements de services, rassemblés au sein de la Fédération nationale en un département de la coopération et des organismes économiques ; leurs objets sont la mise en marché des bois des propriétaires forestiers, l'organisation de travaux en commun, l'aide à la gestion, les conseils et les concours divers.

2. La loi du 6 août 1963 a institué les *Centres régionaux de la propriété forestière* (CRPF). Au nombre de 17, ces établissements publics, animés par la profession forestière et contrôlés par l'Etat, ont essentiellement pour mission : de mener des actions adaptées de développement forestier ; de favoriser le regroupement des propriétaires forestiers, en particulier par la coopération ; d'agréer les plans simples de gestion auxquels sont assujettis les propriétés forestières de plus de 25 hectares d'un seul tenant et qui doivent être conformes à des orientations régionales de production agréées par le ministre de l'Agriculture et de la Forêt. À l'échelle nationale, les CRPF adhèrent à l'*Association nationale des centres régionaux de la propriété forestière* (ANCRPF), qui favorise leur concertation, entreprend des travaux ou études communs aux CRPF et leur apporte son concours dans divers domaines. Les CRPF font aussi partie d'une *Commission nationale professionnelle de la propriété forestière privée* instituée auprès du ministre de l'Agriculture et de la Forêt. Les CRPF et le syndicalisme publient des informations et des études dans le périodique *Forêts de France*.

Jeune peupleraie

3. À l'*Institut pour le développement forestier* (IDF) — institut technique de la forêt privée — adhèrent les organismes de développement, les centres d'études techniques forestières et les groupements de vulgarisation. L'IDF a pour objet de mettre au point et de vulgariser des méthodes de sylviculture correspondant aux caractéristiques de la forêt privée et à son souci de rentabilité. Il édite des ouvrages techniques et publie la revue *Forêt Entreprise*.

Les trois branches de l'organisation professionnelle de la forêt privée ont créé ensemble les FOGEFOR, organismes de FOrmation à la GEstion FORestière, dont 150 cycles ont été progressivement mis en place avec l'aide de l'*Association nationale pour le développement agricole* (ANDA). Il s'agit d'apporter aux propriétaires forestiers un ensemble articulé de notions de base afin qu'ils maîtrisent mieux les divers aspects de la gestion de leurs forêts, puissent l'orienter selon leurs souhaits et tirer le meilleur parti des conseils et des aides des techniciens mis à leur disposition par les organismes professionnels. Enfin les chambres d'agriculture conduisent par ailleurs des actions de vulgarisation forestière.

Les ressorts du développement

L'expérience de l'après-guerre a montré l'efficacité des ressorts qui animent la forêt privée. Il s'agit d'abord de poursuivre le reboisement afin de rendre durable l'accroissement actuel, fondement d'une transformation elle-même en développement et source d'emplois ; afin aussi de contribuer à résoudre la question du « gel des terres », et surtout, de mieux jouer les chances de la France en Europe. Il convient dont d'identifier les clefs des progrès d'hier pour s'en souvenir et les améliorer. La première commande de maintenir les motivations des acteurs que sont les propriétaires forestiers. Or l'investissement en forêt ne va pas de soi, car son long terme, de plus en plus exceptionnel, ne relève plus seulement, comme hier, d'une longue patience, mais se situe à contre-courant des ressorts d'une vie économique moderne fondée sur l'accélération, l'amortissement rapide, la prévision, le calcul de risque. Ce handicap forestier doit être compensé par des contreparties elles-mêmes aussi spécifiques que le très long temps de la croissance des arbres. C'est ainsi, par exemple, que le régime fiscal permet la longue attente de revenus et la transmission de sa forêt aux générations futures, puisque c'est pour elles que les forestiers travaillent... La vie d'un arbre suppose, en effet, de pouvoir traverser indemne plusieurs successions de propriétaires... Des instruments comme le Fonds forestier national (FFN) ont par ailleurs montré l'importance de leur pouvoir d'incitation. L'équilibre entre, d'une part, les contraintes imposées à la gestion du propriétaire forestier, d'autre part, sa liberté d'intervenir et de personnaliser son action est une exigence essentielle. À cet égard, le *plan simple de gestion* a été couronné de succès : la simplicité n'est pas un défaut !

D'autres clefs pour l'avenir ont un caractère collectif : il faut renforcer les structures professionnelles de la forêt privée et leur capacité d'appuyer et de soutenir les propriétaires forestiers (syndicats, coopératives, CRPF, IDF, conseillers forestiers) ; il faut aussi développer les moyens de vulgarisation et de formation adaptés aux propriétaires forestiers, tels que les FOGEFOR, par exemple, car, en France, on n'a pas accompli (proportionnellement) pour la forêt l'effort consenti en faveur de la formation des agriculteurs ; il faut enfin favoriser les progrès d'un regroupement coopératif authentiquement professionnel, mis en place avec l'appui de l'Administration, qu'il s'agisse de regrouper les ventes de bois des forestiers privés en facilitant l'approvisionnement des transformateurs, de l'exécution de travaux de sylviculture ou d'aide à la gestion. Parmi les clefs du développement figure en outre l'abaissement des prix de revient des travaux en forêt, car il faut surmonter la baisse de revenu des sylviculteurs alors que, précisément, la recherche d'une meilleure qualité des peuplements exige de tels travaux. Dernier point, et non le moindre : il importe de stimuler la transformation du bois et la promotion de ses produits, car c'est le débouché du bois qui tire l'activité de la forêt.

L'ACTION RAISONNÉE DU FORESTIER

Les forêts publiques et les principales forêts privées font l'objet d'un « aménagement », ensemble cohérent de décisions qui permettent une gestion rationnelle en fonction d'objectifs le cas échéant divers : production, accueil, protection contre l'érosion...

Ce que l'homme attend de la forêt

Si l'histoire nous enseigne que les hommes ont toujours eu besoin de la forêt, elle nous montre également que les besoins de la société ont évolué, en liaison avec son développement. Les forestiers se sont efforcés de faire en sorte que la forêt, grâce à une gestion de plus en plus rationnelle, réponde au mieux à ces besoins, sans mettre en cause la pérennité des massifs. À l'aube du XXIe siècle, ce rôle des forestiers demeure. Alors que la forêt a regagné des espaces perdus au cours des siècles et qu'elle occupe aujourd'hui plus de 25 % du territoire métropolitain, il convient de s'interroger sur ce que notre société, dont le caractère urbain et industriel s'affirme chaque jour davantage, attend de la forêt. Il est nécessaire aussi d'essayer de discerner les évolutions prévisibles afin d'organiser au mieux la gestion forestière.

En forêt domaniale de Perseigne (Sarthe).

Tout d'abord, il est demandé à la forêt de continuer à jouer un rôle économique, en fournissant le bois dont l'industrie a besoin (voir page 153, *Le bois, multiple richesse*). L'évolution de la demande en bois d'œuvre, comme l'augmentation prévisible de la consommation de papier et de panneaux permettent d'affirmer que le rôle économique de la forêt, productrice d'une richesse renouvelable, se maintiendra dans l'avenir. Il n'est en outre pas exclu que le bois combustible prenne une place plus importante dans l'hypothèse d'un renchérissement de l'énergie. Cette fonction de production demeure essentielle pour les propriétaires privés comme pour les collectivités rurales, car elle conditionne étroitement les moyens que ces propriétaires peuvent consacrer à l'entretien et au renouvellement de leurs forêts.

Forestiers au travail dans un massif des Vosges.

La société souhaite ensuite que la forêt joue pleinement le rôle de protection qui lui est reconnu, qu'il s'agisse de la régularisation du régime des eaux, de la fixation des dunes littorales ou, en montagne, de la protection contre l'érosion et les avalanches. Ce rôle, pris en compte au siècle dernier par la gestion forestière et plus que jamais d'actualité, tend à se développer avec l'accroissement des équipements en montagne et dans les vallées, dont il convient d'assurer la protection. Mais ce n'est pas tout : il est désormais demandé à la forêt d'être le conservatoire d'espèces animales ou végétales rares, de biotopes et d'écosystèmes particuliers ou exceptionnels, de maintenir la diversité biologique et de participer à la conservation des gènes. Ce rôle, qu'à vrai dire la forêt tient depuis longtemps, en tant que milieu le moins éloigné de la nature, de plus objet de réserves biologiques ou naturelles, se trouve réaffirmé et amplifié au moment où se développe une certaine conscience écologique.

Enfin, si la forêt a toujours été et demeure un espace très apprécié des chasseurs, elle attire désormais un nombre considérable de personnes pour qui elle constitue un lieu d'accueil, de détente, de loisir et de découverte de la nature. C'est particulièrement vrai à la périphérie des agglomérations ou à proximité de sites très fréquentés. On considère aussi la forêt comme un élément du cadre de vie, étant donné qu'elle participe à la création de paysages harmonieux et diversifiés et qu'elle contribue à l'atténuation des bruits et à la purification de l'air. Il est ainsi demandé à la forêt de jouer un rôle social direct de plus en plus important, qui s'accentuera encore avec le caractère de plus en plus urbain de notre société. La forêt, à ce titre, pourra être considérée comme un

A — Analyse de la forêt : détermination des potentialités

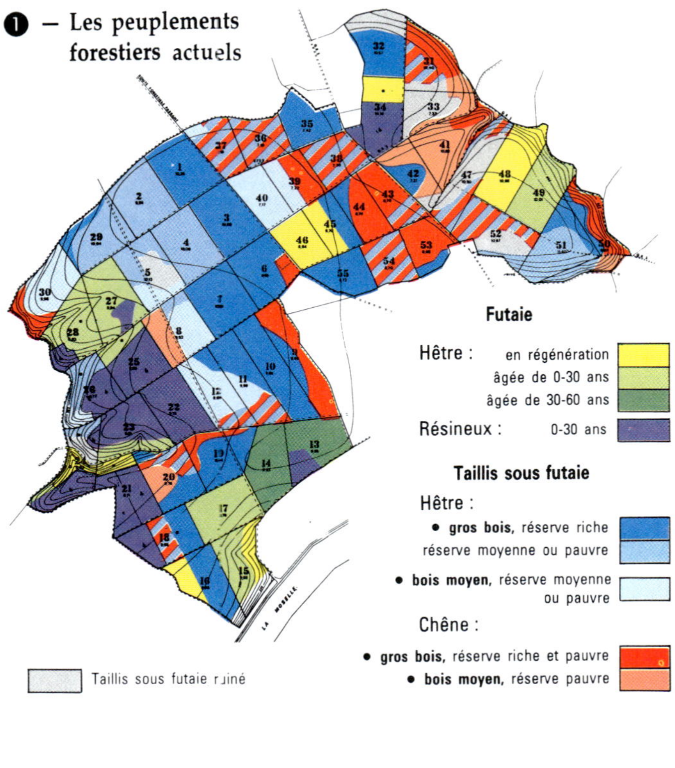

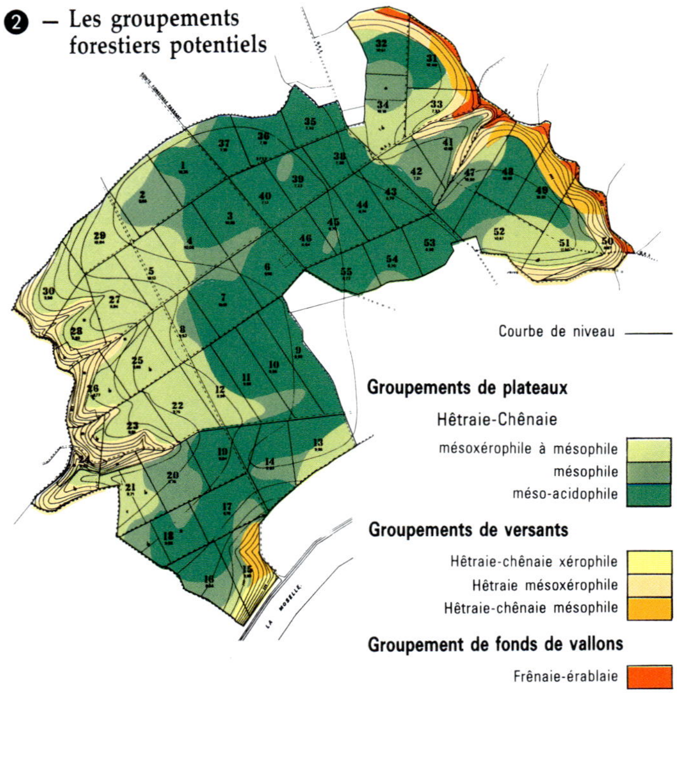

L'aménagement de la forêt domaniale de Natrou

L'analyse de la forêt (page ci-contre) est résumée par :
— la carte des peuplements forestiers, « état des lieux » traduisant le bilan de la gestion passée (dominance du taillis sous futaie, présence de quelques parcelles de futaie de hêtre et de résineux résultant d'une amorce de « conversion ») ;
— la carte des groupements forestiers potentiels : la hêtraie chênaie présente différents faciès selon les conditions topographiques (plateau versant) et la richesse minérale du sol.
Les décisions d'aménagement (ci-dessous) se traduisent par :
— le choix des essences objectifs, effectué selon les stations : chêne sur sols profonds, hêtre sur sols plus superficiels ; deux séries de production sont délimitées, l'une à objectif chêne, l'autre à objectif hêtre ;
— le choix du traitement en futaie régulière, qui s'exprime dans chaque série par la délimitation d'un ensemble de parcelles à renouveler en 20 ans (1981-2000) ; constituant le groupe de régénération ;
— la préfiguration de l'équilibre futur de la forêt, par le classement des parcelles en différents groupes selon leur époque probable de renouvellement.

véritable équipement public nécessaire à l'équilibre du pays. Fonction de production, fonction de protection et fonction sociale ne sont pas exclusives l'une de l'autre. En général, une forêt remplit de manière simultanée et indissociable ces trois fonctions, entre lesquelles un certain équilibre doit être trouvé, selon l'environnement géographique, socio-économique et culturel. Définir cet équilibre, et arrêter les moyens pour l'atteindre, tel est le but que se propose l'aménagement forestier.

L'aménagement forestier : une démarche rationnelle

L'économie forestière se caractérise par la longueur des cycles de production. Selon les essences, les caractéristiques des produits recherchés, les conditions de sol et de climat, la nature du traitement appliqué, de 25 à 250 ans sont nécessaires pour obtenir un arbre exploitable. C'est dire combien le résultat de la gestion dépend étroitement de sa continuité : la réussite finale d'un reboisement dépend certes de la qualité des travaux de plantation, mais aussi des travaux de protection et d'entretien et de la bonne exécution des éclaircies. La forêt, par ailleurs, remplit une fonction sociale et une fonction de protection. Il est nécessaire d'harmoniser ces rôles, voire de les hiérarchiser, selon les situations géographiques. La gestion forestière ne saurait donc se composer d'actions improvisées, résultant de décisions prises au jour le jour. Au contraire, elle doit être pensée et inscrite dans le long terme et organisée en fonction d'objectifs à atteindre : c'est l'objet de l'aménagement forestier.

B — Choix des objectifs : division en séries

❸ — Série à objectif de production chêne

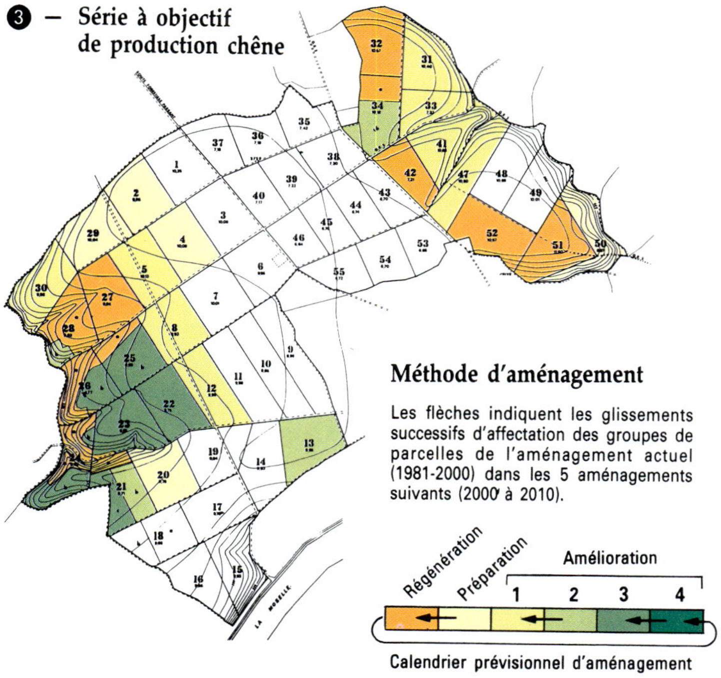

❹ — Série à objectif de production hêtre

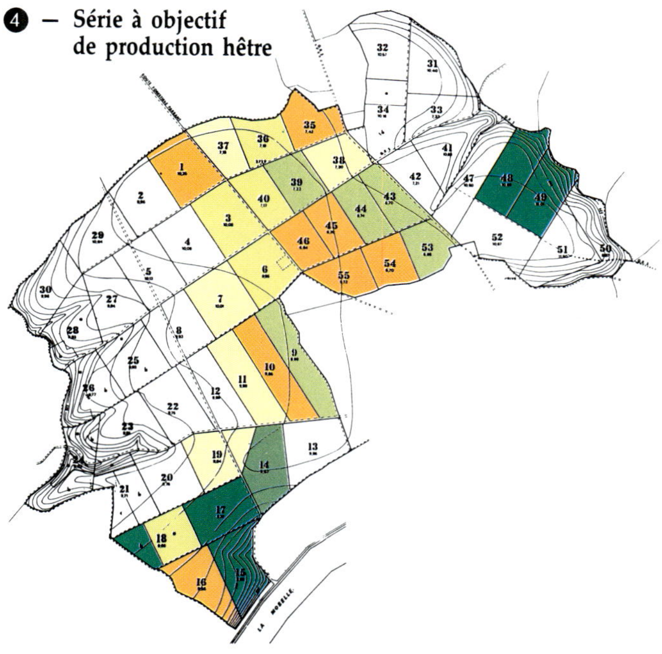

OFFICE NATIONAL DES FORÊTS
Division de Nancy-Pont-à-Mousson, 1989.

L'aménagement doit intéresser la forêt dans sa globalité et prendre en compte l'ensemble des fonctions de la forêt : production, protection, utilité générale. Il organise la gestion en fonction des objectifs retenus. Bien que pensée dans le long terme, cette gestion ne saurait être arrêtée une fois pour toutes. Les objectifs peuvent en effet être remis en cause et la gestion, dès lors, doit être repensée. Par ailleurs, les techniques sylvicoles se perfectionnent : il convient d'intégrer ces progrès dans la gestion. Enfin la forêt n'évolue pas toujours conformément aux prévisions. Il est donc nécessaire de revoir périodiquement les objectifs, de faire le point sur l'état de la forêt et de redéfinir les actions à entreprendre. En bref, aménager une forêt consiste à définir les objectifs qui lui sont assignés et à fixer, pour une durée limitée de dix à vingt-cinq ans, les moyens à mettre en œuvre pour les atteindre. La notion d'aménagement n'est, au demeurant, pas récente. Elle est née de la prise de conscience que la forêt n'occupe qu'une surface limitée et qu'elle doit être organisée pour pouvoir fournir à la société, d'une manière continue et pérenne, les biens et services dont celle-ci a besoin. La grande reformation des forêts royales, entreprise par Colbert au XVIIe siècle en vue de favoriser la production de bois de marine, procédait de cette idée.

L'orientation à donner à une forêt ne saurait être fixée *a priori*. Déterminer les éléments sur lesquels fonder les objectifs assignés à la forêt constitue la première phase de l'aménagement. Au terme de cette analyse, les objectifs sont arrêtés, dont découleront les directives de gestion. La démarche d'aménagement peut se résumer dans la formule suivante : d'abord étudier ce que l'on *peut* faire, puis définir ce que l'on *veut* faire, enfin arrêter ce que l'on *doit* faire.

Ce que l'on peut faire

La phase d'analyse se propose tout d'abord de déterminer les potentialités de la forêt, c'est-à-dire son aptitude à produire en fonction des conditions topographiques de sol et de climat. Elle vise ensuite à déterminer les contraintes qui pèsent sur la forêt du fait de son utilisation par l'homme : produits fournis, accueil du public, rôle de protection, exercice de la chasse, risques d'incendie. Enfin elle étudie les équipements (routes, pistes...) et les peuplements forestiers. La connaissance de ces derniers est particulièrement importante pour la gestion. Aussi une étude qualitative et quantitative est-elle menée afin de connaître les caractéristiques des peuplements (nombre de tiges, volume, diamètre des arbres...). Pour en faciliter l'interprétation, on reporte ces caractéristiques, recueillies par inventaires, sur des cartes (cartes des sols, des stations, des peuplements...) ou des graphiques (courbe du nombre de tiges en fonction du diamètre, répartition des peuplements selon les âges...). Les données historiques permettent par ailleurs d'éclairer certains aspects actuels de la forêt.

Ce que l'on veut faire

La phase de synthèse permet de fixer les objectifs. Les plus importants — protection, production, rôle social — découlent de l'analyse des contraintes. C'est ainsi que la proximité d'une ville importante impose à la forêt un rôle social fondamental ; que la pente et les risques d'érosion induisent un rôle de protection primordial à certaines forêts de montagne, alors qu'en situation moyenne la production s'avère compatible avec les deux autres rôles. Il est parfois nécessaire, à l'intérieur d'une même forêt, de délimiter des zones appelées *séries*, auxquelles un seul objectif est assigné : série de production, série d'accueil du public. La décision de créer une réserve répondant à un objectif précis constitue une décision d'aménagement. Ces grands objectifs étant arrêtés, l'examen de la carte des potentialités et la connaissance des lois de croissance des différentes essences permettent de choisir les essences principales à cultiver (auxquelles sont associées des essences secondaires) et de fixer le terme auquel elles seront récoltées (âge ou diamètre).

Ce que l'on doit faire

Au vu des résultats de la synthèse, les directives de gestion, valables pour une durée fixée (de dix à vingt-cinq ans) peuvent être élaborées. Dans un premier temps, on choisit le *traitement sylvicole*, autrement dit on décide si la forêt sera traitée en futaie régulière ou irrégulière, en taillis sous futaie ou en taillis. Ensuite intervient le choix de la méthode d'aménagement, c'est-à-dire le mode de planification des opérations sylvicoles destiné à maintenir (ou à atteindre) l'équilibre recherché pour la forêt. Cet équilibre s'exprime différemment selon le mode de traitement auquel la forêt est soumise. En futaie régulière, on parlera d'équilibre des classes d'âge ; en futaie jardinée, l'équilibre s'exprimera par la norme ; en taillis sous futaie, c'est le plan de balivage qui permettra d'atteindre l'équilibre. Il reste alors à fixer la surface qui doit être renouvelée car, pour qu'une forêt soit pérenne, il faut que les arbres âgés soient constamment remplacés par des arbres jeunes. En forêt productive, on cherche à effectuer ce remplacement au moment où les arbres fournissent les produits les plus recherchés. Ce renouvellement doit aussi être conduit de façon à parvenir à *l'équilibre*. À la suite de toutes ces décisions et compte tenu de la sylviculture pratiquée, un calendrier prévisionnel des coupes et des travaux à effectuer dans chaque parcelle est mis au point. Il en découle un bilan prévisionnel : les recettes sont estimées à partir de la planification des coupes, tandis que le programme des travaux fournit une évaluation des dépenses.

Le projet définitif ne peut être établi qu'après confrontation des objectifs et des moyens techniques et financiers dont dispose le propriétaire. La démarche d'aménagement se traduit par l'élaboration d'un texte, le *procès-verbal d'aménagement* ou, plus simplement, l'*aménagement*, qui fournit au gestionnaire une analyse de la forêt reposant sur des données scientifiques et techniques, les objectifs à atteindre et leur justification, les moyens à mettre en œuvre pour les atteindre. Ce texte constitue le guide fondamental pour la gestion quotidienne.

Principe d'aménagement d'une futaie régulière : la recherche de l'équilibre

Une parcelle de futaie régulière est une surface de 10 à 25 hectares sur laquelle poussent des arbres de même âge issus de semence (ou plantation). Une forêt traitée en futaie régulière se compose de parcelles de peuplements de futaie régulière dont les âges s'étalent de un an jusqu'à l'âge auquel les arbres sont récoltés (âge d'exploitabilité). On appelle « classe d'âge » l'ensemble des parcelles dont les âges sont compris entre certaines limites, par exemple zéro et vingt ans. On parle alors d'une classe d'âge d'amplitude de vingt ans. Pour prendre un exemple, une hêtraie de 180 hectares dont les arbres sont exploités à 120 ans doit comprendre six classes d'âge d'amplitude 20 ans. Elle sera en équilibre si chaque classe d'âge occupe la même surface, soit 30 hectares, comme l'indique l'histogramme suivant :

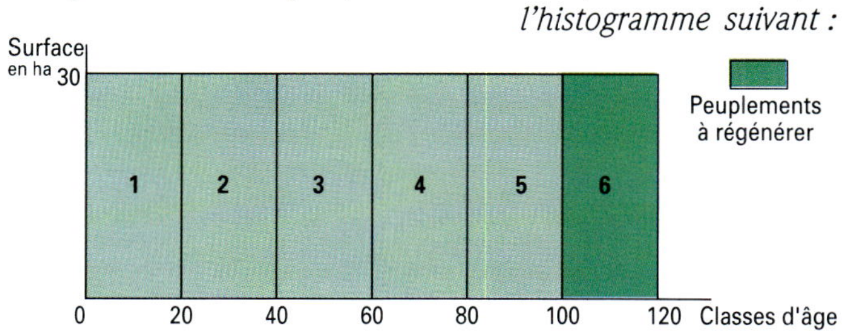

Cet équilibre des classes d'âge permet de maintenir dans le temps la récolte de produits recherchés ; d'équilibrer les charges de gestion et les revenus ; d'assurer l'équilibre biologique grâce à une harmonieuse répartition des peuplements. Si, pendant vingt ans, on renouvelle la classe d'âge n° 6, vingt ans plus tard on obtiendra l'histogramme suivant :

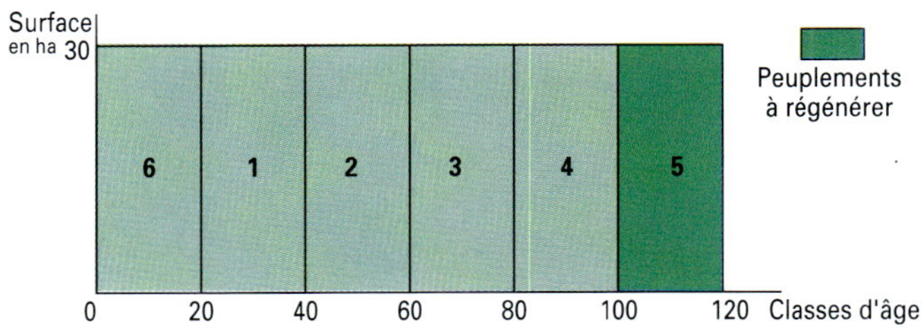

L'aménagement doit chercher à équilibrer la forêt. Pour la hêtraie de 180 hectares exploitée à l'âge de 120 ans pour une durée d'aménagement de vingt ans, il faut régénérer théoriquement

$$\frac{180 \times 20}{120} = 30 \text{ ha}$$

Les parcelles qui sont à renouveler sont classées dans le groupe de régénération. Celles qui seront renouvelées dans vingt ans constituent le groupe de préparation ; le reliquat constitue le groupe d'amélioration. Il n'est pas toujours possible de respecter la surface du groupe de régénération, lorsque l'histogramme des classes d'âge est déséquilibré en raison d'actions passées. Il faut alors anticiper, si c'est économiquement possible, la régénération de parcelles plus jeunes (cas de déficits de vieux bois)...

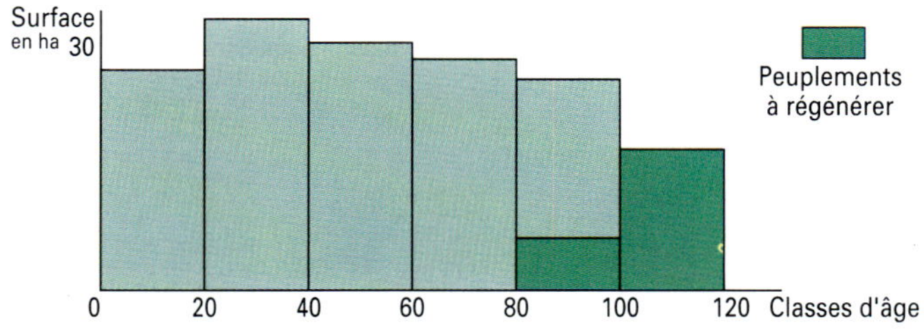

... ou au contraire prolonger, si c'est possible, certains peuplements âgés (pléthore de gros bois).

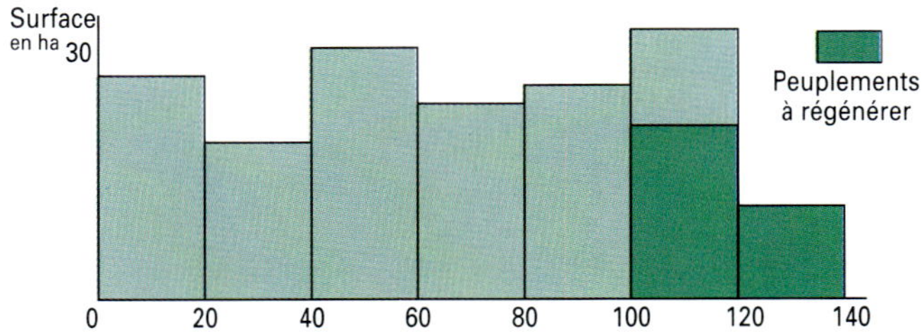

Aménagement, plan simple de gestion

La notion d'aménagement se traduit de manière différente selon que l'on a affaire aux forêts publiques ou aux forêts privées. Les forêts publiques, d'après le Code forestier, doivent faire l'objet d'un aménagement. Celui-ci s'articule dans un système qui comprend :

— des textes de portée nationale fixant les orientations de la politique forestière ; ce sont les directives nationales de gestion de la forêt domaniale et les orientations nationales de gestion des forêts des collectivités ;

— des textes de portée régionale ou locale : directives locales d'aménagement des forêts domaniales, orientations locales d'aménagement de forêts des collectivités, établies par région naturelle et qui rassemblent les éléments communs pour l'aménagement des forêts de cette région ;

— des textes propres à chaque forêt : il s'agit de l'aménagement forestier, guide de la gestion de la forêt couvrant les objectifs et actions à mener dans cette forêt pour une durée déterminée.

Pour les forêts privées, tout propriétaire de plus de vingt-cinq hectares d'un seul tenant doit présenter à l'agrément du Centre régional de la propriété forestière (CRPF) un plan simple de gestion (PSG) conforme aux orientations régionales de production préparées par le CRPF.

La forêt protectrice

La forêt, grâce à son couvert continu, joue un rôle de premier plan dans le maintien des sols et la protection contre l'érosion. Cette action bienfaisante a été illustrée en France par deux ensembles de travaux de reboisement exécutés au cours du XIXe siècle et poursuivis jusqu'à nos jours. D'abord, à partir de 1800, les travaux de fixation des dunes littorales, principalement en Aquitaine ; ensuite, après 1860, les travaux de restauration des terrains en montagne (RTM), essentiellement dans les Alpes, les Pyrénées et le sud-est du Massif central.

La forêt fixatrice des dunes littorales

La côte aquitaine était, au XVIIIe siècle, caractérisée par un cordon dunaire qui, sous l'action des vents d'ouest, progressait vers l'intérieur des terres. Dès 1780, Nicolas Brémontier envisagea de fixer les dunes. Pour ce faire une double action fut entreprise : d'une part fixer le sable provenant de l'estran au plus près de l'Océan, d'autre part stabiliser le système dunaire. La première opération consista à créer une dune littorale continue, large de 150 à 200 mètres et présentant un versant externe en pente faible, un plateau quasi horizontal et un talus interne abrupt. Ce profil idéal fut atteint en « piégeant » le sable transporté par le vent grâce à un jeu de palissades. En outre, le sable était fixé par une graminée, le gourbet, qui s'installe facilement dans le sable dunaire et résiste aussi bien au déchaussement qu'à la submersion par le sable. La seconde opération consista à boiser les dunes situées au-delà de la zone littorale par semis de pin maritime. Des « ateliers », zones délimitées par des fascines et des palissades, dont le sol était provisoirement fixé par une couverture de végétation coupée, furent successivement ensemencés. Ce travail, poursuivi opiniâtrement pendant une quarantaine d'années, a permis de fixer l'ensemble du cordon dunaire large de quelques kilomètres.

Aujourd'hui, le cordon dunaire se compose d'une série de zones sensiblement parallèles à l'Océan. La dune littorale, qui ne peut être boisée en raison du vent et des embruns, est retenue par le gourbet. En arrière (au-delà d'une

Dune sur le littoral aquitain. La forêt landaise s'étend à perte de vue.

dépression, la lette) s'étend une zone couverte de végétation rase : la dune grise. Puis apparaît la zone de protection exposée aux vents, composée d'arbres bas et rabougris s'élevant progressivement au fur et à mesure que l'on s'éloigne de l'Océan. Enfin se développe la forêt qui, tout en contribuant à la fixation des dunes, fournit une production de bois importante. Au-delà de la zone dunaire s'étend la forêt de lande, constituée ultérieurement à l'initiative de François Chambrelent. La fixation des dunes n'est jamais achevée. En effet, la dune littorale continue qui assure la protection de la forêt située plus à l'est, démantelée par les tempêtes, érodée par l'Océan, doit sans cesse être remise en état, reprofilée et fixée. Bref, la forêt constituée doit être en permanence renouvelée et, s'il s'agit là d'un travail classique dans la partie éloignée de l'Océan, cela devient une tâche coûteuse et délicate dans la forêt de protection, où les conditions naturelles sont très dures. Après plus d'un siècle et demi d'existence, la forêt dunaire continue à jouer pleinement son rôle de protection et de fixation du sable. Sur la majeure partie de sa surface, sa fonction de production est importante.

PROFIL DE LA DUNE LITTORALE

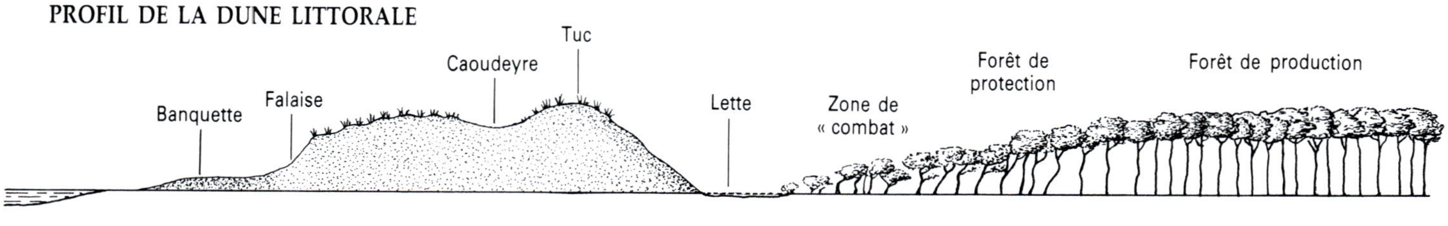

Le développement du tourisme et la création de stations balnéaires en bordure des étangs font peser sur cette forêt une contrainte supplémentaire : accueillir une population d'estivants de plus en plus nombreuse. Les forestiers gestionnaires ont relevé ce défi et intégré dans leur aménagement forestier cette nouvelle exigence.

La forêt de protection en montagne

À la suite d'inondations catastrophiques, attribuées au déboisement des montagnes, qui ravagèrent les basses vallées des fleuves, une série de lois, dont celle de 1882 sur la restauration et la conservation des terrains en montagne (RTM), permirent à l'État de réaliser les travaux reconnus nécessaires pour la protection des lieux habités et la régularisation du régime des eaux. Dans le cadre de ces lois, l'État a acquis 380 000 hectares de terrains pour y mettre en œuvre les travaux nécessaires à la lutte contre l'érosion. Ces travaux concernent tant le génie biologique (revégétalisation) que le génie civil (ouvrages d'art). Le reboisement tient une place de choix dans la végétalisation, faisant appel tant aux essences locales qu'au pin noir d'Autriche, essence particulièrement frugale qui a permis de conquérir les sols les plus ingrats. Les berges des torrents et griffes d'érosion ont été fixées par des cordons de végétaux arbustifs ou herbacés appuyés sur des seuils ou terrassements. Les travaux de génie civil consistent essentiellement en une série de barrages successifs dans le lit des torrents, destinés à limiter l'érosion du lit et des berges et à diminuer les transports de matériaux. Ces ouvrages principaux sont complétés, dans les ravins secondaires, par des petits ouvrages de même nature. Les berges stabilisées ont pu être végétalisées. Depuis un peu plus d'un siècle, les travaux de RTM ont été exécutés sur le territoire de 950 communes situées dans 25 départements de haute et moyenne montagne. Au total 1 100 torrents ont été traités, 100 000 petits ouvrages construits, 115 glissements de terrain et 100 couloirs d'avalanche ont fait l'objet de travaux ; le reboisement a été exécuté sur plus de 260 000 hectares.

La grande œuvre de restauration des terrains en montagne se poursuit de nos jours et devra continuer à mobiliser l'énergie des forestiers. En effet, si les torrents ont été en partie corrigés — voire si certains, tel le fameux Labouret, ont pu être totalement éteints grâce à la conjugaison des travaux de génie civil et de génie biologique —, l'érosion se poursuit dans la plupart, contre laquelle il faut lutter en permanence. Par ailleurs les forêts créées au titre de la RTM doivent être gérées et renouvelées régulièrement afin qu'elles jouent d'une manière pérenne leur rôle de protection, qu'il s'agisse du rôle général de régulation du régime des eaux ou du rôle ponctuel de protection immédiate d'un intérêt économique ou humain identifié (contre un risque naturel connu : ravinement, glissement de terrain, chute de blocs, départ d'avalanche).

LE RÔLE JOUÉ PAR LA RTM. Une enquête a été conduite sur les 628 000 hectares de forêts domaniales situés dans les vingt-cinq départements où des travaux de restauration de terrains en montagne ont été exécutés depuis 1860 :
— 250 000 hectares, soit 40 %, constituent des forêts de production ;
— 128 000 hectares, soit 20 %, jouent à la fois un rôle de protection et de production (la contrainte protection étant très marquée) ;
— 64 000 hectares, soit 10 %, consistent en peuplements sans valeur marchande, mais qui ont un rôle de protection actif ;
— 186 000 hectares, soit 30 %, sont composés de parcelles vides (non boisées) ou de peuplements très médiocres — ou inaccessibles — jouant un rôle écologique diffus.
Au total, 192 000 hectares de forêt jouent donc un rôle de protection marqué.

Selon le type de risque prédominant contre lequel elles protègent, ces forêts se répartissent comme suit :
— 26 000 ha : départ d'avalanche ;
— 20 000 ha : chute de blocs ;
— 20 000 ha : glissement ;
— 126 000 ha : ravinement.

Selon les intérêts économiques directement protégés, la répartition est la suivante :
— bâtiments habités, 44 000 ha ;
— bâtiments inhabités, 29 000 ha ;
— équipements divers (routes, voies ferrées), 82 000 ha ;
— intérêts agricoles et forestiers, 132 000 ha.

NB. Un peuplement peut protéger à la fois plusieurs intérêts.

La présence d'arbres réduit le risque d'avalanches.

Les incendies de forêt : un fléau à combattre

Toute forêt, étant donné sa composition et sa localisation, est plus ou moins sensible à l'incendie ; aucune région n'est à l'abri du fléau. Dans notre pays, deux zones s'avèrent particulièrement sensibles au feu, avec toutefois des résultats bien différents. La zone méditerranéenne (régions de Corse, Provence-Alpes-Côte d'Azur, Languedoc-Roussillon et départements de la Drôme et de l'Ardèche) est incontestablement la plus exposée à l'incendie. En moyenne, 55 % des incendies de forêt recencés en France y prennent naissance, et les surfaces incendiées représentent près de 80 % des surfaces totales parcourues par le feu. La sécheresse estivale,

Pare-feu aménagé dans la forêt des Landes.

la nature et la composition des forêts et formations subforestières (garrigue et maquis) expliquent cette sensibilité au feu. Le mistral, qui accélère la progression des incendies, et le relief, qui complique la surveillance et accentue les difficultés de la lutte, contribuent à l'aggravation des conséquences du fléau.

L'Aquitaine (en particulier les départements de la Gironde, des Landes et du Lot-et-Garonne) est également exposée aux incendies de forêt, en raison d'un taux de boisement très élevé (47 %) et de la nature de la forêt (pineraie pure de pin maritime). Si le nombre des incendies est élevé (650 par an), en revanche, jusqu'en 1989, les surfaces parcourues restaient modestes (1 000 hectares, soit 0,1 % de la surface forestière) en raison d'un système rationnel de prévention et de lutte, dont l'action est favorisée par l'absence de relief. En dehors de ces deux zones, des incendies de forêt éclatent chaque année et parcourent en moyenne 8 600 hectares. L'importance et la localisation des incendies varient selon les années en fonction des conditions climatiques. Les années sèches peuvent conduire à une nette augmentation des surfaces incendiées. C'est ainsi qu'en 1976, année marquée par une sécheresse exceptionnelle, 41 000 hectares ont été parcourus par le feu hors des deux zones précédemment citées, dont plus de 6 000 hectares dans l'Indre-et-Loire et 2 500 dans le Morbihan et en Maine-et-Loire.

La protection des forêts contre l'incendie

La protection des forêts contre l'incendie passe d'abord par la prévention. Celle-ci consiste en une série d'actions visant à limiter les risques d'éclosion et de propagation des incendies, à surveiller les massifs, à détecter les feux naissants et à alerter les secours. La prévention commence par la constitution de peuplements le moins combustibles possible, ayant un couvert continu dense, ce qui fait disparaître le sous-bois inflammable. La forêt doit être structurée de manière à créer des discontinuités dans les parties combustibles des peuplements afin de limiter la propagation du feu. Le débroussaillement des sous-bois, pratiqué selon des méthodes variées sur des zones forestières judicieusement choisies, répond à cette idée. La prévention se poursuit par l'équipement des massifs en vue de faciliter l'accès des sauveteurs et leur action en cas de sinistre. La création de routes et de pistes, le cloisonnement par des pare-feu sur lesquels les sauveteurs pourront s'appuyer pour lutter, l'installation de citernes et de points d'eau en sont les éléments essentiels. Enfin la prévention comprend la mise en place d'un système de surveillance et de guet par patrouilles mobiles ou vigies fixes susceptibles d'alerter immédiatement les secours en cas de feu naissant. Le succès de la lutte contre le feu dépend en effet étroitement de la rapidité d'intervention. Doit également être rattachée à la prévention l'information du public sur les risques d'incendies et les conséquences de ceux-ci. Un effort considérable reste à faire en la matière.

La lutte active met en œuvre, le plus souvent, des moyens terrestres dépendant des services de la Protection civile : sapeurs-pompiers équipés de véhicules et de moyens d'extinction. Dans la zone méditerranéenne, des moyens aériens — avions, bombardiers d'eau, hélicoptères — viennent renforcer et compléter les moyens terrestres de lutte active. L'incendie constitue toujours, malgré les efforts entrepris, une grave menace pour la forêt, et singulièrement la forêt méditerranéenne. Actuellement, on assiste toutefois à une certaine prise de conscience de la gravité des dégâts causés par les incendies. L'opinion publique commence à se mobiliser et des associations, comme des entreprises dans le cadre d'actions de mécenat, viennent participer aux actions de remise en état de forêts incendiées.

GIBIER, QUI ES-TU ? Un gibier n'est pas seulement un animal que l'on tue à la chasse pour le déguster ensuite ; c'est un « animal réglementaire », en ce sens qu'il est défini par arrêté ministériel. Celui du 26 juin 1987 a ainsi fixé la liste des espèces mammifères de gibier dont la chasse est autorisée : blaireau, belette, cerf, cerf Sika, chamois (isard), chevreuil, chien viverrin, daim, fouine, hermine, lapin de garenne, lièvre, lièvre variable, marmotte, martre, mouflon, putois, ragondin, rat musqué, raton laveur, renard, sanglier, vison d'Amérique. Putois, rat musqué : on voit que le caractère comestible ne définit pas toujours le gibier... ! La liste du gibier à plumes, trop longue (60 espèces), ne peut être donnée ici. Sachez seulement, à titre anecdotique, que si la grive est un gibier, le merle l'est aussi. Le proverbe a donc raison.

La gestion de la faune forestière

La faune sauvage fait partie intégrante de la forêt et, comme celle-ci, demande à être gérée, à partir du moment où ce milieu n'est plus laissé au seul jeu des équilibres naturels mais se trouve soumis à l'action humaine. Gérer la faune, cela signifie protéger les espèces rares ou en déclin (voir page 98) et, à l'inverse, limiter les espèces en surnombre qui endommagent la forêt (voir page 93). La protection d'une espèce peut se faire soit en classant un territoire en réserve ou en parc national, soit en prenant des mesures réglementaires attachées à l'espèce elle-même, où qu'elle se trouve. C'est ainsi que sont protégés en France de nombreux mammifères et de très nombreux oiseaux, notamment tous les rapaces diurnes et nocturnes.

La chasse, outil de gestion

La limitation des espèces animales se fait, d'une façon générale, par la chasse. Pour ceux qui la pratiquent, la chasse est un plaisir, un sport, un divertissement, une passion. Pour la forêt, elle apparaît comme le seul moyen d'empêcher la prolifération des grandes espèces herbivores — notamment le cerf et le chevreuil, qui n'ont plus de prédateurs naturels — et de réaliser ce que l'on désigne sous le nom d'*équilibre sylvo-cynégétique*, c'est-à-dire la présence d'une densité d'animaux qui ne dégrade pas la forêt et ne

NUISIBLES... LE CAS ÉCHÉANT. Certaines espèces d'animaux sont susceptibles d'être classées nuisibles. La liste en est établie par arrêté ministériel, en considération des dommages que ces animaux peuvent causer aux activités humaines et aux équilibres biologiques. Le classement d'une espèce comme animal nuisible s'effectue à l'échelle du département, par arrêté préfectoral. Le classement, valable un an, doit être motivé par l'une des raisons suivantes : l'intérêt de la santé et de la sécurité publiques ; la prévention de dommages importants aux activités agricoles, forestières et aquacoles ; la protection de la flore et de la faune. Les nuisibles peuvent, selon les cas, être empoisonnés, enfumés, déterrés, piégés ou tirés après la clôture de la chasse et jusqu'au 31 mars en règle générale, jusqu'en juin ou juillet pour quelques espèces (ramier, pie, corbeau freux, corneille noire), sur autorisations individuelles délivrées par le préfet. Les agents chargés de la police de la chasse et les gardes particuliers peuvent opérer ces éliminations toute l'année (sauf le sanglier, le lapin et le ramier). Les espèces susceptibles d'être classées nuisibles sont les suivantes :
— mammifères : belette, chien viverrin, fouine, lapin de garenne, martre, putois, ragondin, rat musqué, raton laveur, renard, sanglier, vison d'Amérique ;
— oiseaux : corbeau freux, corneille noire, étourneau (sansonnet), geai, pie, pigeon ramier.

Quand ils deviennent trop nombreux, les cervidés (ici des cerfs) endommagent la forêt.

nécessite pas de mesures particulières de protection. Les tout jeunes arbres des peuplements forestiers en régénération sont les principales victimes de la dent du cerf et du chevreuil ; admissibles s'ils sont dispersés et occasionnels, les dégâts répétés empêchent les jeunes semis ou plants de croître normalement et finissent par anéantir les régénérations, autrement dit le renouvellement de la forêt. Face à ces dégâts anormaux, il existe deux parades : soit protéger la régénération par un engrillagement général de la parcelle, ou par des protections individuelles dans le cas de plantations, mais cela coûte très cher et alourdit les frais de gestion de la forêt de manière très importante ; soit faire baisser la densité des cervidés par un prélèvement de chasse plus important — en agissant sur les plans de chasse — et ce doit être la solution à appliquer.

LES MASSIFS FORESTIERS À CERFS

Ministère de l'Environnement - Secrétariat de la faune et de la flore, ONF, ONC, Fédérations de chasseurs, 1988

LE CHEVREUIL EN FRANCE

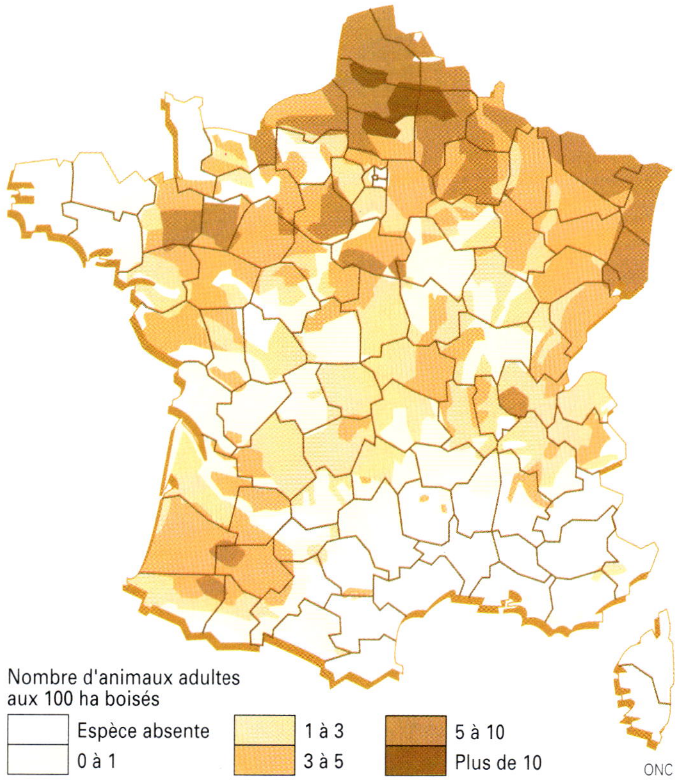

Le plan de chasse, institué pour les cervidés et quelques autres gibiers, est un arrêté préfectoral notifié au détenteur de la chasse, lui fixant les nombres (minimum et maximum) d'animaux à tuer au cours de l'année. Cette réglementation comporte des dispositifs de marquage par bracelet des animaux tués, de manière à permettre les contrôles. Conçue dans les années 1960 pour relever les populations de cerfs et de chevreuils tombées trop bas à l'issue de la guerre, la législation sur le plan de chasse a enregistré un plein succès, à tel point qu'aujourd'hui il y a beaucoup trop de cervidés dans la plupart des massifs forestiers français. Il est donc nécessaire et urgent de rétablir l'équilibre sylvo-cinégétique, par le jeu de plans de chasse plus forts, imposant des prélèvements plus importants ; sinon les peuplements forestiers iront en se dégradant.

NÉCESSITÉ DE LA SYLVICULTURE

« Culture de la forêt », la sylviculture agit sur des peuplements d'arbres. Elle assure leur développement harmonieux et leur régénération. Selon le régime forestier choisi (taillis, taillis sous futaie, futaie), cette culture nécessite des interventions variées.

Autant l'agriculture semble aller de soi, autant les conséquences de la sylviculture laissent perplexes — et, le cas échéant choquent — les promeneurs que nous sommes. L'année dernière (pour prendre un exemple), vous étiez venu dans le sous-bois de cette parcelle de hêtres centenaires, parmi les grands fûts lisses, sous la voûte de feuillage que l'automne faisait resplendir de couleurs dorées. Les champignons étaient au rendez-vous, ajoutant le plaisir de la recherche et de la récolte à celui de la simple promenade. Un an plus tard, au même endroit, ce ne sont que troncs abattus, bruits de tronçonneuse et branches que l'on brûle. Pas un arbre ne reste debout. Pourtant le peuplement ne vous paraissait nullement en déclin, mais au contraire très beau... Autre sujet de perplexité : de part et d'autre d'une route s'étend une forêt de chênes. Or d'un côté, de grands arbres, avec des troncs bien formés, puissants, s'élèvent sans branches jusqu'aux cimes dont les feuillages se rejoignent, ne laissant voir que peu de ciel. De l'autre, des faisceaux de tiges grêles sortent du sol, en un peuplement dense et touffu, sans qu'aucun tronc ne se forme, à la façon du noisetier. Pourquoi ? Imaginez enfin cet épisode. C'est la fin du printemps, il fait beau. Au cours d'une promenade dans les sous-bois ombreux de futaies denses, une parcelle apparaît en plein soleil : n'y subsistent que quelques grands arbres entre lesquels la lumière pénètre à flots. Vous allez entrer dans cette parcelle si engageante... Mais non, car un panneau vous arrête : « Parcelle en régénération. Accès interdit. » N'est-ce pas abusif ? À de telles questions, les réponses sont de deux sortes : il faut « éduquer » les arbres pour qu'ils fournissent le produit recherché (bois d'œuvre, bois de feu, bois d'industrie) ; par ailleurs, comme nous, les arbres ne sont pas éternels. Dans les peuplements qu'ils forment, les plus jeunes doivent, un jour, prendre la relève des plus vieux. C'est ce que les sylviculteurs nomment « régénération ».

La régénération des peuplements

La régénération d'un peuplement forestier — remplacement du peuplement en place par un peuplement nouveau — est une échéance inéluctable : les arbres ont une durée de vie plus ou moins longue, mais toujours limitée. Toutefois, la disparition des arbres en place et leur remplacement par de jeunes sujets peuvent se faire de différentes façons : progressive ou brutale ; par reproduction sexuée ou végétative ; naturelle ou artificielle.

Régénération naturelle de hêtre dans les Vosges alsaciennes.

La reproduction sexuée

Toutes les essences de nos forêts sont des arbres à fleurs, portées par le même sujet (cas général) ou, rarement, par des pieds différents, mâles et femelles (frêne, if). Ces fleurs, discrètes, peu visibles, donnent des fruits et des graines : glands, faînes, châtaignes, samares d'érable, pommes de pin, d'épicéa, etc. Les graines, disséminées plus ou moins loin selon qu'elles sont légères et ailées ou non, germent au sol et chacune d'elles devient un jeune semis. Cette reproduction, qui fait appel à la fécondation par pollinisation, est dite sexuée. Elle apparaît assez rapidement chez la plupart de nos essences forestières (vers l'âge de vingt à trente ans, pour fixer les idées) et se poursuit durant la vie du peuplement ; elle n'est toutefois généralement pas annuelle, car les conditions du milieu (gelées tardives, présence de parasites) perturbent la régularité de la fructification.

La reproduction végétative

Lorsque l'on coupe un feuillu, on voit apparaître sur le dessus de la souche, à la saison de végétation, une série de petites pousses, disposées en couronne au niveau de l'écorce ou encore sur l'écorce restant entre la coupe et le sol. Ces pousses, qu'on appelle rejets, se développent et leur ensemble constitue une cépée. Les rejets, alimentés par des racines qui étaient celles d'un grand arbre, croissent très rapidement au début, beaucoup plus vite qu'un jeune sujet issu de semis. Les cépées se développent en conservant leur forme générale mais à mesure que les rejets (ou brins) grossissent, leur nombre tend à diminuer. Quand on coupe la cépée, on provoque une nouvelle pousse de rejets sur la souche, mais si on reproduit l'opération plusieurs fois, la souche s'épuise, donnant des rejets de moins en moins nombreux et de moins en moins vigoureux. Ce type de reproduction ne concerne que les feuillus, car les résineux ne forment pas de rejets de souche, à l'exception de quelques rares espèces introduites.

DE LA SOUCHE À LA CÉPÉE

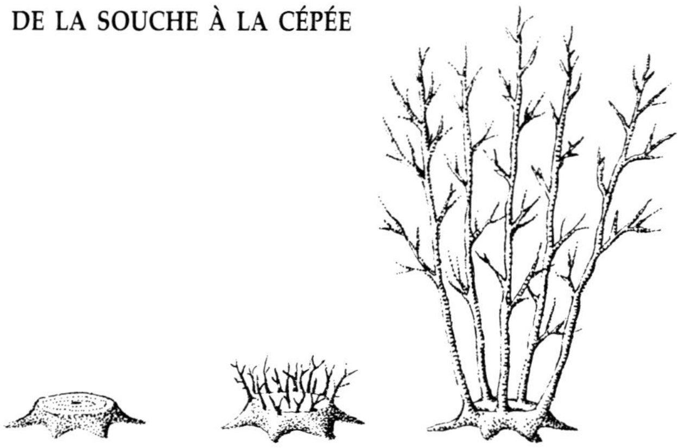

Un autre mode de reproduction végétative, le bouturage, se pratique en pépinière. À l'origine, le bouturage repose sur la faculté qu'ont certaines essences feuillues de reconstituer un plant raciné à partir d'un simple morceau de rameau mis en terre ; c'est le cas des saules et des peupliers. Aujourd'hui, il est possible de bouturer pratiquement toutes les essences, feuillues et résineuses, par utilisation d'hormones et culture en milieu artificiel (substrat et atmosphère contrôlés).

Troisième mode de reproduction végétative, la reproduction par drageons. De rares essences possèdent des racines traçantes (c'est-à-dire s'étendant loin du tronc, juste sous la surface du sol) ayant la faculté d'émettre de nombreuses pousses, appelées drageons ; chaque pousse, en se développant, se constitue un enracinement propre qui lui permet de s'affranchir de la racine mère et de reconstituer un arbre distinct. C'est le cas du merisier : on voit fréquemment, en forêt, un grand merisier entouré de nombreux sujets de tailles inférieures : ils ne proviennent pas d'un ensemencement, mais de drageons émis par l'arbre central.

LA REPRODUCTION PAR DRAGEONS

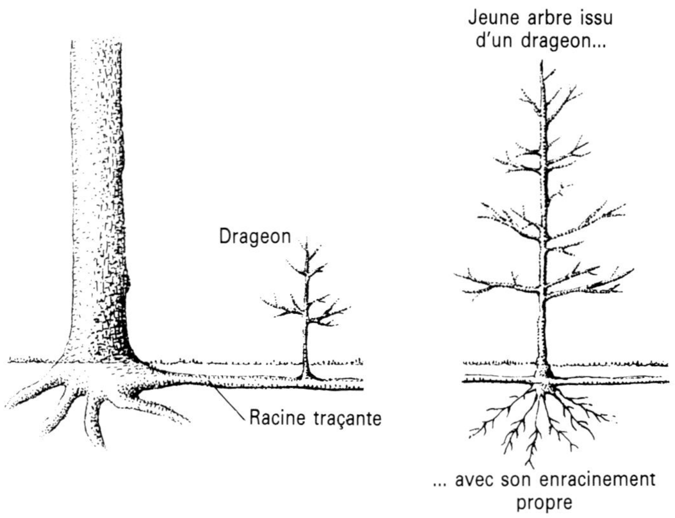

Régénération naturelle et régénération artificielle

Les forestiers appellent régénération naturelle celle qui utilise l'ensemencement des arbres du peuplement en place. La régénération artificielle consiste à mettre en terre des plants produits en pépinière, ou à semer des graines récoltées sur d'autres peuplements. (La reproduction par coupe et repousse des cépées est en fait, elle aussi, une régénération artificielle, en ce sens qu'elle découle d'une intervention humaine et n'existe pas dans la nature ; mais les forestiers ne lui réservent pas cette appellation.)

La régénération naturelle, qui fait toujours appel à la reproduction sexuée, nécessite un nombre à l'hectare suffisant de *semenciers*, c'est-à-dire des arbres produisant assez de graines pour ensemencer la parcelle à une densité convenable ; elle reproduit le peuplement en place : même essence, avec les mêmes caractères héréditaires. Parfois longue à obtenir, en raison de facteurs de milieu (climat, parasites) — de deux à quatre ans pour les pins, une dizaine d'années pour le chêne —, la régénération naturelle nécessite un suivi rigoureux ; en contrepartie, son caractère progressif porte moins atteinte au paysage forestier que ne le fait la régénération artificielle. Il faut recourir à cette dernière si la régénération naturelle est impossible ou si l'on choisit une essence différente de celle du peuplement en place. Simple et rapide, la régénération artificielle permet d'obtenir un nouveau peuplement, génétiquement amélioré, mais elle requiert souvent une coupe rase, avec ses inconvénients paysagers. Elle fait appel à la reproduction sexuée (plants issus de semis en pépinière) ou végétative (plantes issus de bouturage).

Peuplement, régime, traitement

LA PHYSIONOMIE DE LA FORÊT

Futaie, mélange futaie-taillis et taillis simple : répartition des structures élémentaires de peuplement

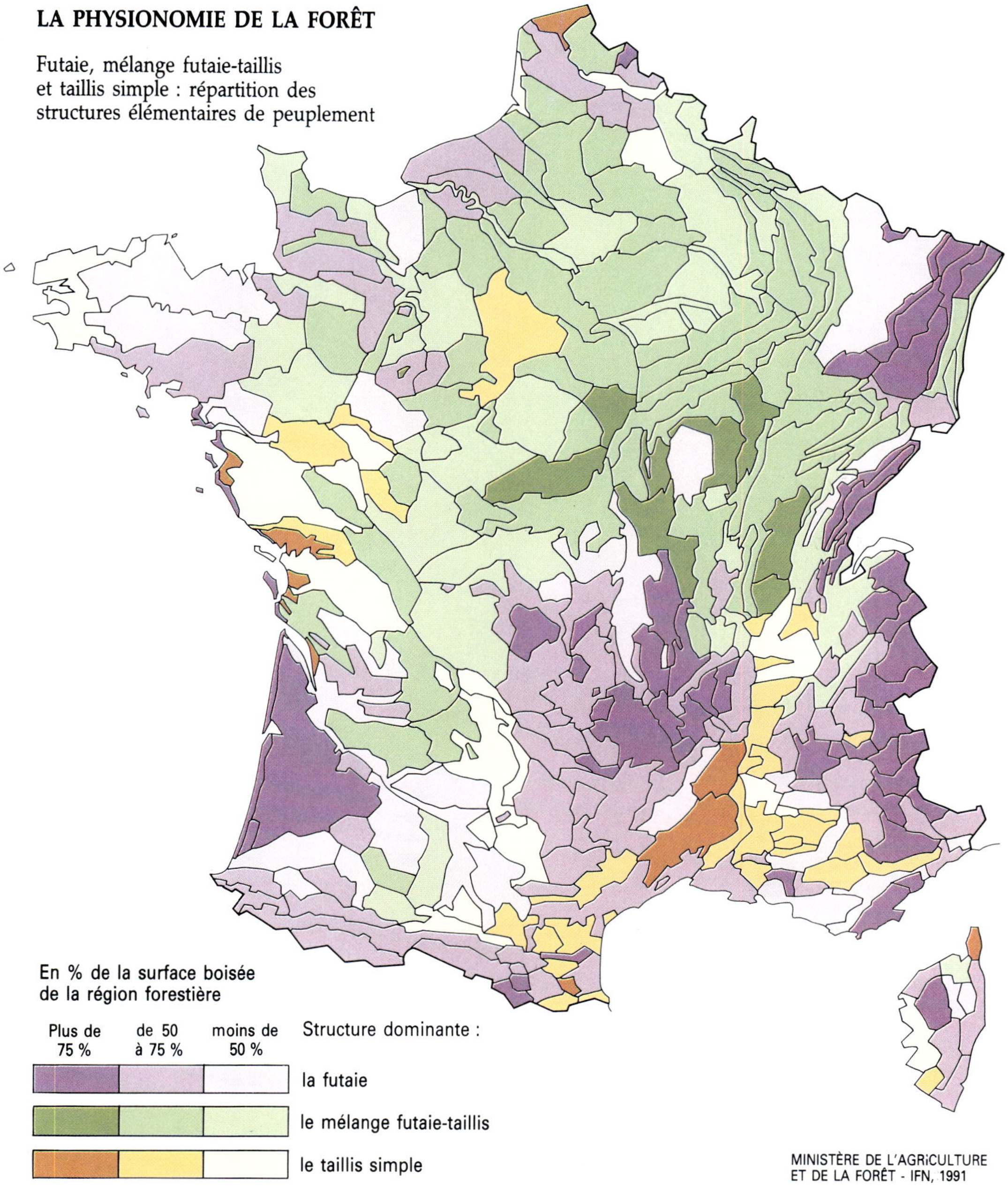

La gestion d'une forêt, selon les règles de la sylviculture, amène à diviser cette forêt en parcelles. *La dimension des parcelles varie selon les conditions de terrain, les essences, les traitements sylvicoles appliqués. Pour fixer les idées, une parcelle forestière couvre de dix à quinze hectares dans une grande forêt. On nomme* peuplement forestier *l'ensemble des arbres d'une parcelle. L'application des règles sylvicoles à la parcelle s'appelle la* conduite du peuplement.

— le régime de la futaie, *qui fait appel à la régénération par graines (à partir du peuplement en place ou artificiellement) ou par plants (produits en pépinière) ;*

— le régime du taillis, *dont la régénération s'effectue par reproduction végétative (rejets de souche et drageons) ;*

— le régime du taillis sous futaie, *qui combine les deux.*

Le traitement, *enfin, est défini par les opérations sylvicoles (coupes et travaux) appliquées au peuplement au cours de sa vie, en vue de lui donner sa structure (par exemple, régulière ou non) et d'assurer son amélioration et sa régénération.*

La sylviculture

Étymologiquement, la sylviculture est la culture de la forêt, autrement dit l'ensemble des soins apportés à celle-ci. Ces soins peuvent se grouper en deux catégories : les coupes et les travaux (voir page 150).

Les coupes d'amélioration ont pour objet de diminuer la densité du peuplement quand les arbres grossissent et, en même temps, d'améliorer la qualité du peuplement en supprimant les sujets les moins beaux ; les coupes de régénération visent à renouveler le peuplement arrivé au terme fixé ; les coupes sanitaires enlèvent les arbres malades ou dépérissants.

Les travaux concernent surtout les tout jeunes peuplements, qu'il faut protéger contre la végétation concurrente et les prédateurs jusqu'à ce qu'ils soient « installés ». Ils comprennent aussi des améliorations de la qualité des arbres (élagage) et des conditions de croissance des peuplements (drainage).

L'amélioration des essences forestières

Comme toute espèce vivante, chaque espèce forestière — on dit plus couramment « essence » — présente une variabilité plus ou moins grande. C'est ainsi que le pin sylvestre peut avoir un tronc parfaitement droit ou sinueux, de grosses branches ou des branches fines. La

variabilité concerne la forme, mais aussi le comportement vis-à-vis des conditions de milieu : par exemple, le sapin offre une résistance plus ou moins grande aux gelées de printemps.
L'un des aspects de l'amélioration des essences forestières consiste à repérer, au sein d'une espèce donnée, les peuplements les meilleurs et à les utiliser pour les régénérations. L'opération comporte deux phases :
— une recherche scientifique, qui permet de choisir les peuplements répondant aux critères définis par les spécialistes forestiers et de les « classer » en vue de la récolte de graines ;
— des mesures réglementaires, qui interdisent la commercialisation de graines et de plants ne provenant pas des peuplements classés.
À l'heure actuelle, les principales essences forestières ont fait l'objet de classements. Leurs plants et graines sont commercialisés sous le régime de cette réglementation, qui s'applique à toute la Communauté européenne.

Comment croissent les peuplements réguliers

Les règles techniques utilisées pour la gestion des peuplements réguliers de futaie reposent sur deux lois fondamentales simples. Prenons le cas d'un peuplement pur, c'est-à-dire composé d'une seule essence.

Croissance en hauteur

Première loi : *la hauteur d'un peuplement régulier est indépendante de la sylviculture pratiquée. Elle ne dépend que de la station, de l'essence et de l'âge du peuplement.* (La station se définit comme l'ensemble des conditions du milieu *naturel*, sol et climat.) Cette première loi signifie que le forestier gestionnaire ne peut pas influer sur la croissance en hauteur du peuplement (sauf s'il modifie ce milieu par des engrais ou des amendements ; mais nous ne sommes plus alors dans le cas envisagé de milieu *naturel*). Elle signifie aussi que dans une forêt, s'il y a des qualités de sol différentes, un peuplement de la même essence, au même âge, aura des hauteurs différentes : plus le sol sera favorable, plus la croissance sera active et plus le peuplement sera haut. Ces stations différentes sont appelées classes de fertilité (ou de productivité). Ces considérations ne sont bien sûr valables que pour une même essence ; les essences différentes ont des rapidités de croissance inégales et, sur une station donnée, à un même âge, les peuplements de deux essences auront souvent des hauteurs différentes.

Croissance en volume

Seconde loi : *la croissance en volume d'un peuplement régulier est indépendante de la sylviculture pratiquée. Elle ne dépend que de la station, de l'essence et de l'âge du peuplement.* Cette loi, appelée loi de Eichhorn, est représentée par le graphique ci-contre, dans lequel est porté, en ordonnées, le volume total (éclaircies comprises) produit par le peuplement depuis l'origine. On voit que la croissance en volume, après une phase d'augmentation rapide, marque un ralentissement de plus en plus fort avec les années, lorsque le peuplement vieillit. La pente de la droite Om représente l'accroissement moyen annuel, c'est-à-dire le volume dont le peuplement s'est, en moyenne, accru par année depuis l'origine. Cet accroissement est le plus fort au point M, à l'âge A. C'est à cet âge que le peuplement a, en volume, la plus forte production moyenne annuelle de bois ; cet âge varie selon les essences et, pour une même essence, selon les stations.

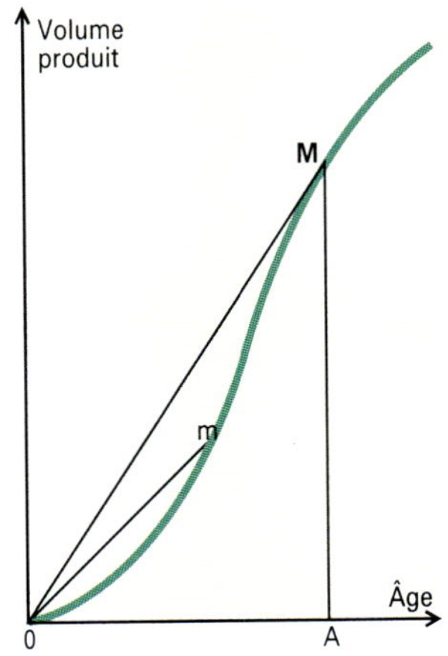

Conséquences sylvicoles

Est-ce à dire que les peuplements réguliers croissent sans être en rien influencés par la sylviculture, et que le forestier ne peut avoir aucun rôle sur la production de la forêt ? Pas du tout. Le volume d'un peuplement est la somme des volumes des arbres qui le constituent. Mais ce volume, déterminé par la station, l'essence et l'âge, pourra être composé de peu de gros arbres ou de beaucoup d'arbres de faible diamètre. La hauteur étant déterminée par la station, l'essence et l'âge, c'est donc sur le diamètre des arbres que se répercutera directement leur densité. La sylviculture permet ainsi de programmer le diamètre des arbres que l'on veut obtenir à un âge donné, en jouant sur leur nombre à l'hectare. Pour la conduite des peuplements, les forestiers se réfèrent à des tables de production élaborées par les centres de recherches forestières. Elles donnent, par classe de fertilité, les caractéristiques et la production des peuplements aux différents âges, pour un type de traitement (voir page ci-contre).

Si, par exemple, un peuplement d'épicéa de 30 ans a 10 mètres de hauteur moyenne, il appartient à la classe 12, et la table constitue un guide pour la conduite du peuplement, permettant d'obtenir des arbres de 50 cm de diamètre à 115 ans. Comme on l'a vu, le choix d'une densité inférieure à celle de la table, durant toute la vie du peuplement, permettrait d'obtenir, à 115 ans, des arbres de plus fort diamètre. Les règles qui précèdent s'appliquent à la conduite des peuplements réguliers comportant une seule essence. Elles s'appliquent encore s'il y a en mélange deux ou trois essences ayant le même comportement, la même vitesse de croissance. Le cas des peuplements irréguliers, comportant des arbres d'âges et de dimensions variés, sera traité plus loin.

CARTE D'IDENTITÉ DES PEUPLEMENTS. Un peuplement forestier est dit :
— équienne, si les arbres ont le même âge ;
— régulier, si les arbres ont des dimensions très voisines (synonyme du précédent) ;
— irrégulier, si les arbres ont des dimensions diverses ;
— pur, si les arbres sont de la même essence ;
— mélangé, s'il y a deux ou plusieurs essences différentes ;
— artificiel, s'il a été créé par plantation ou semis artificiel ;
— naturel, dans le cas contraire.

Le taillis

Le taillis est un peuplement forestier formé de tiges (ou brins) du même âge groupées sur des souches en formant des cépées. D'aspect, c'est un peuplement feuillu régulier, de faible hauteur (de huit à dix mètres au maximum), dont les tiges ont un diamètre faible (de 10 à 15 cm au maximum) et dans lequel on ne voit pas d'arbres individualisés possédant un fût.

Un traitement simple

Le traitement en taillis est extrêmement simple : on coupe le peuplement à blanc (c'est-à-dire en totalité, le plus près possible du sol : on dit *rez-terre*) et on laisse repousser, pendant quinze à trente ans selon l'essence, la station et la production recherchée. À l'issue de cette période, appelée révolution ou rotation, on recoupe à blanc : cette opération se nomme recépage (on dit aussi qu'on recèpe le taillis). Le traitement en taillis ne fait pas appel à la reproduction sexuée : il n'a recours qu'à la reproduction végétative, par rejets de souche et aussi drageons. Il ne peut s'appliquer qu'aux feuillus car, dans notre pays, les résineux ne rejettent pas de souche. Parmi les feuillus, tous n'ont pas la même

EXTRAIT D'UNE TABLE DE PRODUCTION

Âge	Hauteur moyenne	Nombre d'arbres selon l'âge	Diamètre moyen
31	10,1	2 500	11
45	15,9	1 554	17
55	20,9	1 055	23
67	25,1	700	29
79	28,5	514	35
91	31,2	398	41
103	33,6	317	46
115	35,7	256	50

Les taillis à courte rotation

Depuis une vingtaine d'années a été expérimentée et mise au point une forme de taillis particulière, les taillis à courte rotation (TCR). Il s'agit de taillis d'essences à croissance rapide, implantés sur des sols de bonne qualité (souvent des déprises agricoles, terres où l'agriculture n'est plus pratiquée) et cultivés avec des moyens importants (mécanisation, amendements, engrais) de façon à fournir, en peu d'années (de sept à dix ans), de gros volumes de bois destinés à la trituration. De nombreuses essences ont été testées, dont quelques résineux exotiques qui, par exception, ont la faculté de rejeter (sequoia, cryptomeria). Les peupliers semblent donner des résultats prometteurs. Toutefois, le développement des taillis à courte rotation semble actuellement freiné par le coût des investissements, comparé aux recettes.

Les tiges courbées à la base, issues de rejets de souche, sont caractéristiques du taillis.

capacité à cet égard. Rejettent très bien, parmi les essences forestières : le châtaignier, le charme, les chênes, le sycomore, le robinier, les tilleuls, les bouleaux.

Une production modeste

À l'origine, le taillis était destiné à fournir du bois de feu : pour se chauffer, puis pour l'industrie. L'entrée en scène du charbon et du pétrole ont fait chuter presque complètement cette utilisation. Le chauffage au bois a repris quelque faveur à partir du premier choc pétrolier (1974). À l'heure actuelle, les bois de taillis, outre leur utilisation comme bois énergie, alimentent pour partie l'industrie de la pâte à papier et des panneaux agglomérés (bois de trituration). Le taillis, cependant, produit peu et rapporte peu. En moyenne nationale, la production de bois d'un taillis est de 3 mètres cubes par hectare et par an, contre 4,5 mètres cubes pour le taillis sous futaie et 5 à 7 mètres cubes pour les futaies feuillue et résineuse. Et l'écart de prix est bien plus grand : le taillis, en effet, ne produit aucun bois d'œuvre (dont les prix sont élevés) et ne fournit que des bois de chauffage ou de trituration, fort peu rémunérés. Les taillis couvrent encore approximativement 1 300 000 hectares, ce qui représente 10 % de la forêt française.

En pratique, pour le choix des baliveaux (l'opération s'appelle le balivage), on recherche, plutôt que des brins sur souche, des plants issus de graines (appelés « de franc-pied ») provenant d'ensemencement naturel s'étant produit au moment de la coupe du taillis, et ayant pu croître en même temps que lui. (C'est pour cela que dans les taillis sous futaie de chênes, on rencontre fréquemment des merisiers, essence de grande valeur que les forestiers prennent soin de conserver au moment du balivage.) Les baliveaux de franc-pied sont préférés aux baliveaux sur souche parce qu'ils ont meilleure forme et n'ont pas l'inconvénient, qui affecte souvent les tiges issues du taillis, de se tarer (s'abîmer) au pied. Par ailleurs, les arbres de futaie ne sont pas répartis en catégories d'âge mais de diamètre, pour des raisons de commodité : le diamètre se mesure instantanément en forêt, l'âge non ; ce qui compte pour l'exploitant, c'est la grosseur du fut, pas l'âge. Aussi, pour simplifier, ne distingue-t-on que trois catégories : baliveau (diamètre jusqu'à 20 cm), moderne (de 25 à 40 cm), ancien (45 cm et plus).

Le taillis ne fournit que du petit bois. Du souci d'obtenir des bois de grande dimension (bois de construction et autres bois d'œuvre) en plus du bois de chauffage est né le régime du taillis sous futaie. Très largement mis en pratique

Le taillis sous futaie

Le taillis sous futaie se présente sous l'aspect d'un taillis régulier dans lequel sont répartis, de façon espacée, des arbres de différentes grosseurs dont le fût, assez court (de huit à dix mètres au maximum), est surmonté d'un houppier important, d'autant plus gros que le diamètre du fût est fort. Il s'agit toujours de feuillus, avec une essence dominante ou exclusive.

Comme dans le traitement en taillis, la coupe passe à intervalle régulier (révolution ou rotation), de vingt-cinq ans par exemple. Il ne s'agit cependant pas ici d'une coupe rase mais de deux coupes distinctes :

— le taillis est coupé rez-terre, sauf sur un certain nombre de souches (de 50 à 100 à l'hectare) sur lesquelles on conserve le plus beau brin, appelé baliveau ;

— dans la futaie, appelée généralement réserve, on récolte les arbres ayant atteint le diamètre d'exploitabilité fixé et on effectue une éclaircie légère dans les arbres plus petits (enlèvement des arbres mal conformés, malades ou trop serrés).

Le passage en coupe étant fixé par la révolution, il est clair que dans un peuplement de taillis sous futaie existent, au moment de la coupe, des arbres qui ont chacun un âge multiple de la révolution : on appelle baliveaux les arbres âgés d'une révolution (25 ans dans notre exemple), modernes ceux âgés de deux révolutions, anciens ceux de trois, bisanciens ceux de quatre et vieilles écorces au-delà.

Taillis sous futaie de chêne en Alsace.

LE TRAITEMENT EN TAILLIS SOUS FUTAIE

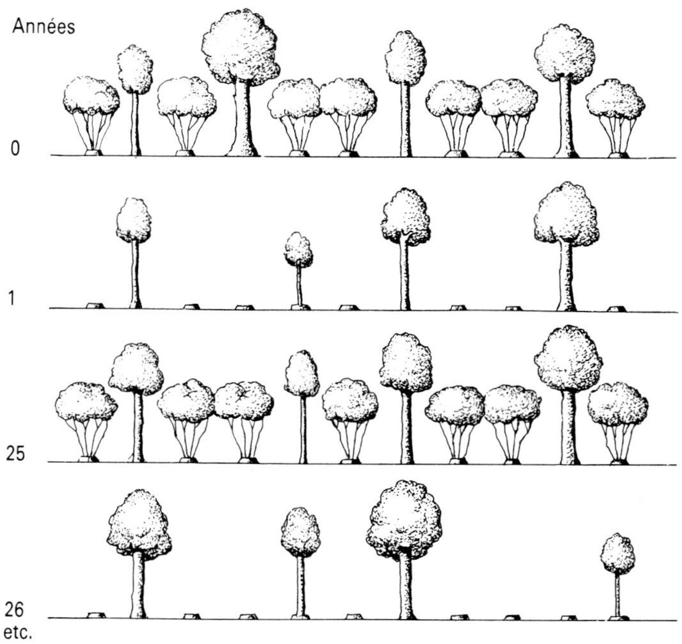

dans tout le pays à partir du XVIe siècle, le taillis sous futaie a connu son apogée il y a cent cinquante ans. Depuis lors, il cède la place à la futaie dont la production, plus valorisante, répond mieux aux nécessités économiques actuelles. Il subsiste cependant en France environ 4 100 000 hectares de taillis sous futaie, soit près du tiers de la superficie forestière.

La futaie régulière

Une futaie est un peuplement d'arbres ayant tous un fût, c'est-à-dire un tronc sans branches, surmonté d'un houppier. La futaie est dite régulière lorsque les arbres qui la constituent ont tous le même âge (exactement ou à quelques années près), ce qui leur donne des dimensions (en hauteur et en diamètre) sensiblement égales. La futaie régulière est aussi appelée futaie équienne ou futaie pleine. Elle peut être feuillue ou résineuse, composée d'une seule essence (peuplements purs : chênaie, sapinière, mélézein) ou de deux ou plusieurs essences (peuplements mélangés : chênaie-hêtraie, hêtraie-sapinière).

Le traitement en futaie régulière

Prenons l'exemple d'une parcelle de hêtres de 120 ans. L'aménagement (ou le plan simple de gestion) de la forêt a fixé à 120 ans l'âge auquel les peuplements de hêtres doivent être régénérés et préconise le recours à la régénération naturelle. Trois types de coupes de régénération vont intervenir.

1. La coupe d'ensemencement enlève une partie des arbres du peuplement, de façon à dégager les houppiers des arbres restants (semenciers) et à favoriser la fructification en laissant la lumière pénétrer largement dans les cimes. Cette coupe supprime aussi tous les arbustes et buissons (charme, aubépine, houx, noisetier) croissant sous la futaie en sous-étage.
2. Les coupes secondaires vont se succéder régulièrement tous les deux ou trois ans, enlevant progressivement les semenciers à mesure que les jeunes semis s'installent, de façon à ne leur faire de concurrence ni dans l'air (lumière), ni dans le sol (eau et matières nutritives).
3. Au bout de dix à quinze ans, si tout a bien marché, intervient la coupe définitive, qui enlève les derniers arbres de la parcelle, maintenant entièrement garnie de jeunes semis de hêtre.

Ce mode de régénération naturelle est appelé régénération par la méthode des coupes progressives. Pour certaines essences, dont la production de graines est régulière et abondante (les pins, par exemple), la durée peut être très raccourcie, avec une seule (voire aucune) coupe secondaire. Si l'on désire, à l'occasion de la régénération de la parcelle, changer d'essence (remplacer le hêtre par du chêne, par exemple) ou si la régénération naturelle ne s'effectue pas dans des conditions satisfaisantes (la fructification des essences forestières et la réussite des semis sont soumises à de nombreux aléas écologiques : gelées, parasites, prédateurs), on recourt à la régénération artificielle : plantation le plus souvent, parfois semis. Dans ce cas, on coupe généralement le peuplement à blanc (coupe rase) puis on plante (ou sème) immédiatement derrière.

Quand le peuplement âgé a été totalement exploité, la parcelle régénérée par ensemencement naturel présente un aspect fort peu forestier au sens commun du terme : les jeunes semis, au ras du sol, mélangés aux herbes, aux fougères et aux ronces, font penser à de la broussaille. Mais tout l'avenir de la futaie est là, précieux. En grandissant, ces semis constituent une formation dense, impénétrable, qu'on désigne sous le nom de fourré : les hêtres, très ramifiés, ne forment qu'une masse végétale. Vers l'âge de dix à quinze ans, lorsqu'ils atteignent une hauteur de trois ou quatre mètres environ, les jeunes sujets commencent à s'individualiser : l'élagage naturel fait tomber les rameaux bas. La tige principale de chaque hêtre apparaît ; elle a la grosseur d'une gaule, d'où le terme de gaulis donné à ce stade du peuplement, dont la densité va baisser (de 10 000 à 4 000 tiges par hectare) sous l'action de la concurrence naturelle et des travaux sylvicoles (voir plus loin). La pénétration dans le peuplement reste incommode, étant donné la densité des tiges et la subsistance de branches basses encore nombreuses. Vers trente ans, le peuplement passe au stade du bas-perchis : les tiges changent d'aspect, prennent du diamètre, s'allongent, deviennent des fûts. On peut circuler sans difficulté dans le peuplement, dont les arbres, hauts d'une dizaine de mètres, sont distants les uns des autres de 1,5 à 2 mètres.

À ce stade commencent les premières éclaircies. La futaie continue sa croissance, les arbres s'élèvent, leur diamètre grossit, leur nombre diminue : on passe par les stades du haut-perchis, de la jeune futaie, de la futaie adulte, enfin de la futaie mûre.

Tout au long de ce cycle, les éclaircies auront enlevé une partie des arbres du peuplement, dans le triple but de : sélectionner les plus beaux sujets, qui formeront le peuplement définitif ; amener la densité à celle correspondant au diamètre recherché ; régulariser le peuplement de façon qu'il soit le plus homogène possible. En définitive, la futaie régulière doit son aspect :
— à son mode de régénération, réalisé en une seule fois (par plantation ou semis artificiel : les arbres ont alors tous le même âge), ou en peu d'années (et les écarts d'âge, peu importants au regard de la durée de vie du peuplement, s'estompent rapidement) ;
— à son traitement, qui vise en permanence à régulariser le peuplement.
Toutefois, lorsque la futaie comporte deux ou plusieurs essences n'ayant pas la même vitesse de croissance, les diamètres des fûts font apparaître ces différences de comportement. Par exemple, dans une chênaie-hêtraie de cent ans, les chênes auront un diamètre de l'ordre de 40 centimètres, alors que celui des hêtres sera proche de 50 centimètres.

PRODUCTION SELON LES RÉGIMES

En m^3/ha/an

	Taillis	Taillis sous futaie de hêtres	Futaie de hêtres
Petits bois			
taillis ou premières éclaircies	4	2	0,7
houppiers	0	1,5	2
chutes de scierie	0	1	2
total	4	4,5	4,7
Bois d'œuvre (sortant de scierie)	0	1	2,3
Total général	**4**	**5,5**	**7**

Les indications ci-dessus proviennent d'études menées dans le nord-est de la France, sur des stations comparables.

Une production optimale en volume et en qualité

L'objectif économique du traitement en futaie régulière n'est autre que la production de bois d'œuvre, c'est-à-dire de bois apte au sciage, au tranchage et au déroulage. À cette production, la plus valorisante, s'ajoute celle de bois de feu et de trituration, que la futaie régulière produit en quantité équivalente à celle du taillis et du taillis sous futaie. Sachant que le prix du bois d'œuvre de hêtre est de l'ordre de quinze fois celui du taillis (prix du bois sur pied), on perçoit immédiatement les avantages de la futaie régulière sur le plan économique. Et les écarts sont encore plus forts pour le chêne. La futaie régulière produit des arbres bien droits

L'ÂGE D'EXPLOITABILITÉ. C'est celui auquel on fixe la régénération du peuplement. Le plus souvent, cet âge sera celui de la production moyenne la plus forte, et c'est la sylviculture choisie qui déterminera le diamètre d'exploitabilité. Les différentes essences traitées en futaie régulière ont des âges d'exploitabilité variables, selon l'essence et selon la station ; leurs productions moyennes varient également. Les indications ci-dessous sont des ordres de grandeur.

	Âge d'exploitabilité (années)	Production moyenne (m^3/ha/an)
Chêne rouvre	150	5
Hêtre	120	8
Sapin	100	12
Douglas	60	18
Pin maritime	50	10

DU FÛT À LA GRUME, DU HOUPPIER AU RONDIN. En futaie, un arbre est constitué d'un fût surmonté d'un houppier. Le fût est également appelé bille ou bille de pied : il fournit le bois d'œuvre. Dans le houppier, une partie du tronc est susceptible de procurer du bois d'œuvre, s'il n'y a pas trop de branches : cette portion s'appelle la surbille. L'arbre une fois abattu, le bûcheron supprime les branches et coupe le tronc après la surbille, obtenant ainsi la grume. Les branches du houppier d'un diamètre suffisant sont tronçonnées en rondins (de un mètre généralement) et seront utilisées comme bois de chauffage ou bois de trituration. La grume sera soit sciée, soit, s'il s'agit de bois de grande qualité, tranchée ou déroulée pour fournir du placage.

DU SEMIS À LA FUTAIE

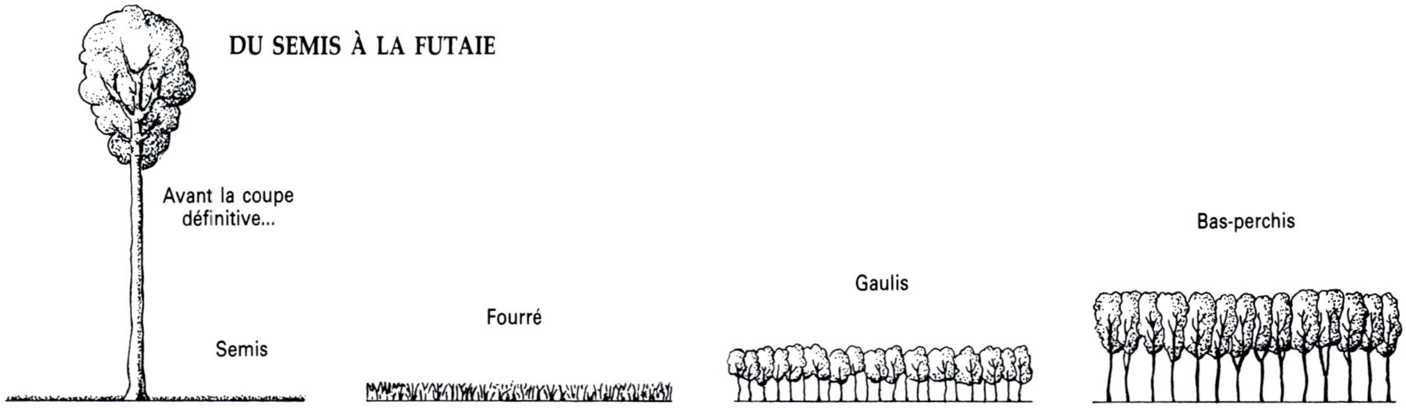

(sélection par les éclaircies), de grande longueur et sans nœuds (fûts nets de branches du fait de la croissance en peuplement dense), à bois homogène (croissance régulière selon un rythme donné par les tables de production) : elle produit du bois d'œuvre haut de gamme. La futaie régulière couvre environ 5 800 000 hectares, soit 40 % de la forêt française.

La futaie jardinée

C'est une futaie constituée d'arbres de toutes dimensions, intimement mélangés, et tous issus de régénération naturelle. Prenons le cas d'une sapinière (voir les tableaux ci-contre). Traitée en futaie régulière, elle se composerait d'arbres de dimensions toujours comparables et, au fil des ans, d'arbres de moins en moins nombreux et de plus en plus gros. Traitée en futaie jardinée, la sapinière comprend des arbres de toutes dimensions voisinant les uns avec les autres, et cela de façon constante dans toute la parcelle. En procédant à un comptage des arbres selon leur diamètre, on trouve pour un hectare : 150 arbres de 20 cm de diamètre, 80 de 30 cm, 40 de 40 cm, 20 de 50 cm, 10 de 60 cm, 5 de 70 cm et 3 de 80 cm, au total 308 arbres dont les diamètres s'échelonnent de 20 à 80 cm. En outre, de très nombreux semis et jeunes sapins couvrent le sol de la parcelle, en très grande quantité.

SAPINIÈRE TRAITÉE EN FUTAIE RÉGULIÈRE

Âge du peuplement (années)	Nombre d'arbres à l'hectare	Diamètre moyen des arbres (cm)
20	4 000	15
60	1 000	35
80	500	45
120	200	60

SAPINIÈRE TRAITÉE EN FUTAIE JARDINÉE

Âge du peuplement (années)	Nombre d'arbres à l'hectare	Diamètre moyen des arbres (cm)
(arbres de tous âges en permanence)	(innombrables)	(semis)
	150	20
	80	30
	40	40
	20	50
	10	60
	5	70
	3	80

Les nombres qui viennent d'être indiqués ne sont pas le fruit du hasard : ils sont le résultat des règles sylvicoles appliquées à la parcelle en vue d'obtenir la coexistence au même endroit d'arbres de toutes tailles et leur développement régulier. Ces règles se traduisent par une *norme* fixant les nombres d'arbres du peuplement par catégories de diamètre. Il est en effet indispensable, pour que toutes les catégories d'arbres puissent coexister et croître ensemble, de laisser à chaque catégorie la place voulue, autrement dit de gérer l'espace. Si on laissait faire la nature, les gros l'emporteraient rapidement sur les petits et on obtiendrait un peuplement de plus en plus régulier par élimination des arbres de dimensions inférieures. Par le jeu des coupes jardinatoires (coupes enlevant des arbres de toutes dimensions) effectuées tous les huit à dix ans, le peuplement traité en futaie jardinée garde toujours le même aspect, la même structure. Il n'y a pas de récolte finale : tous les dix ans, on récolte dans la parcelle un assortiment de bois de différentes grosseurs. Toutes choses égales par ailleurs (essence, station), la production en volume de bois de la futaie jardinée est tout à fait comparable à celle de la futaie régulière.

Atouts et limites

La futaie jardinée est séduisante à bien des égards. La présence d'arbres de toutes dimensions lui confère une variété appréciée, d'autant plus que des essences différentes, comme le sapin, l'épicéa et le hêtre, s'accomodent très bien de ce type de traitement. Permanente, la futaie jardinée donne l'image de la forêt éternelle, immuable ; elle jouit d'une meilleure stabilité vis-à-vis du vent et de la neige. Elle permet enfin d'obtenir une production soutenue quelle que soit la dimension de la forêt, chaque hectare donnant tous les dix ans son lot de bois de toutes dimensions. Mais la futaie jardinée a aussi ses points faibles. Le traitement requiert un inventaire avant chaque coupe, et la coupe jardinatoire en elle-même, par le choix et le dosage des arbres à exploiter, nécessite de solides connaissances techniques. L'exploitation est délicate, car il faut abattre les grands arbres au milieu de jeunes sujets. La production est hétérogène (bois de toutes dimensions) et moins attractive pour la vente. Enfin, toutes

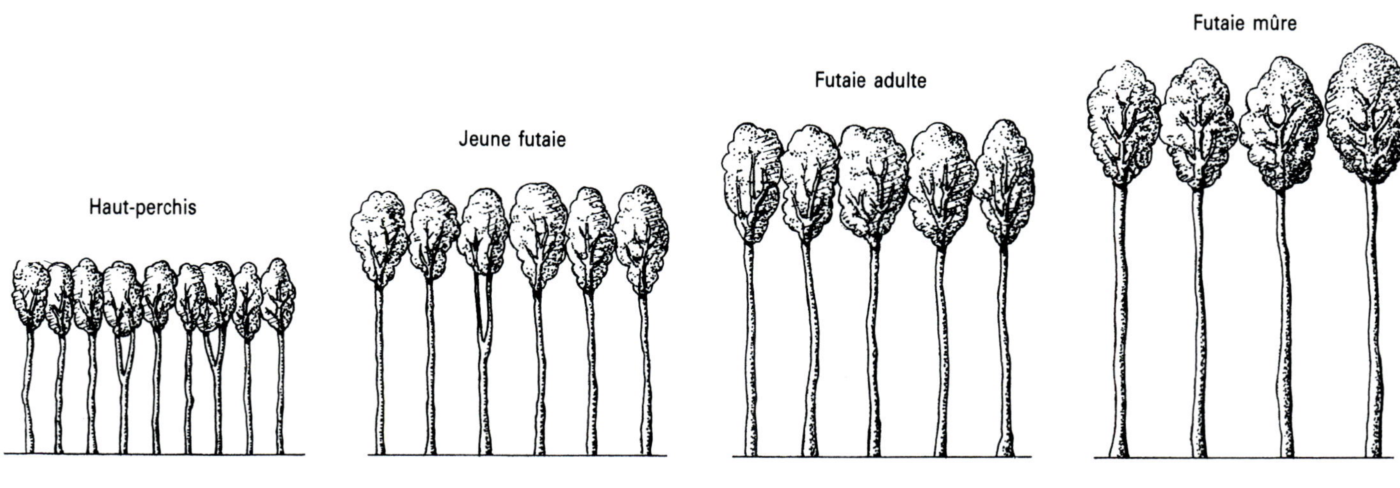

les essences forestières ne peuvent pas être traitées en futaie jardinée : certaines, dites « de lumière » (les chênes, les pins) exigent le plein découvert dans leur jeune âge et ne se régénèrent pas si elles sont en permanence entourées de grands arbres. La futaie jardinée se rencontre surtout en montagne, où la permanence de son couvert et sa stabilité constituent une garantie contre l'érosion et les avalanches. Au total, elle couvre environ 700 000 hectares, soit 5 % de la forêt française.

La conversion

La conversion, pour un peuplement forestier, est le passage du régime du taillis (ou du taillis sous futaie) au régime de la futaie, lorsque ce passage se fait en conservant l'essence existant dans le peuplement à convertir (par exemple, un taillis de chênes converti en futaie de chênes). Si l'on fait appel à une essence n'existant pas dans le peuplement à convertir, on parle de transformation (par exemple, un taillis de charmes transformé en futaie de pins).

Trois méthodes

La première est dite *conversion directe.* S'il s'agit d'un taillis riche en essence précieuse (c'est-à-dire avec de nombreuses cépées portant des brins nombreux et vigoureux), ou d'un taillis sous futaie riche en taillis et pauvre en réserves, on laisse vieillir le taillis une dizaine d'années de plus que la révolution afin de faire grossir les brins, puis on effectue une première coupe qui enlève les quelques réserves existantes et éclaircit le taillis, en laissant de 300 à 600 brins à l'hectare, choisis parmi les plus beaux. Ensuite, on éclaircit périodiquement (tous les dix à quinze ans) le peuplement, dont les arbres croissent en diamètre et en hauteur et qui prend l'allure d'une futaie. On obtient de cette façon une futaie sur souche. (Ce terme, qui la distingue de la futaie régulière, a son importance car la futaie sur souche, moins longévive, doit être régénérée plus tôt.) La conversion directe est aussi appelée « balivage intensif ». La *conversion classique* (ou *conversion par vieillissement)* peut s'appliquer à un taillis sous futaie riche en réserves. La technique consiste à enrichir la réserve à partir du taillis en sélectionnant un maximum de baliveaux et à laisser vieillir le peuplement pour qu'il se referme, éliminant ainsi progressivement le taillis. Ensuite, à l'issue d'une période de 25 à 50 ans, au cours de laquelle sont effectuées des éclaircies préparatoires à la conversion, le peuplement est renouvelé par régénération naturelle. La *conversion artificielle* est utilisée lorsque les deux moyens précédents ne sont pas applicables (taillis et réserves insuffisants). On doit alors recourir à la régénération artificielle par plantation.

La transformation : trois techniques

La transformation, qui fait appel à une essence n'existant pas dans le taillis ou le taillis sous futaie, ne connaît qu'une méthode, celle de la régénération artificielle par plantation. Pour cela, il y a trois techniques. S'il s'agit d'une essence de lumière, c'est-à-dire se développant dans son tout jeune âge en plein découvert (chênes, pins, douglas), on procède à une coupe rase et on plante. Si l'on a affaire à une essence d'ombre, exigeant un abri dans son jeune âge (sapin, hêtre), on exploite le peuplement en laissant des brins de taillis pour former un abri (coupe d'abri). Cet abri est généralisé, c'est-à-dire réparti régulièrement sur toute la parcelle. L'abri est ensuite enlevé, en un ou deux passages, lorsque les plants sont bien installés et ont atteint trois ou quatre mètres de hauteur. Une variante de la coupe d'abri consiste à laisser des bandes de taillis de quelques mètres, entre lesquelles on plante à découvert l'essence à introduire. C'est la technique de la plantation avec abri latéral. Celui-ci est supprimé lorsqu'il n'a plus d'utilité, ou lors de la première éclaircie de la plantation.

Coupes et travaux

Le mot « coupe » a trois significations. Il désigne une opération sylvicole : coupe jardinatoire, coupe rase, coupe d'éclaircie. Ensuite, il désigne un lot, l'ensemble des arbres que l'on va couper ; on dit ainsi marquer une coupe, vendre une coupe, le volume de la coupe. Enfin, il indique la parcelle, le peuplement où a lieu l'opération : visiter une coupe, aller dans la coupe, remettre la coupe en état. Une autre distinction doit être faite. Lorsque le très jeune peuplement est à l'état de gaulis, on intervient dedans pour supprimer un certain nombre d'arbres, en les coupant. S'agit-il pour autant d'une coupe ? Non, ce sont des travaux. Le terme de coupe n'est utilisé qu'à partir du moment où les tiges coupées, ayant un diamètre suffisant, sont susceptibles d'être commercialisées en tant que bois.

La coupe est l'instrument principal, presque unique, du sylviculteur, à partir du moment où le peuplement a acquis un certain développement (le stade du perchis, pour fixer les idées). C'est par la coupe que le forestier agit sur la densité du peuplement et conduit sa régénération, en dosant ses interventions en fonction de l'installation des semis. La coupe est l'outil de l'amélioration du peuplement en forêt : elle élimine les arbres les moins beaux. Cette sélection constante, en ne laissant subsister que les plus beaux sujets lors de la régénération, concourt à l'amélioration génétique des essences. La coupe joue un rôle capital dans l'état sanitaire des forêts en éliminant des peuplements les arbres malades ou parasités (action prophyllactique). Enfin, la coupe se traduit bien sûr par la récolte d'une production qui doit être commercialisée ; elle doit donc tenir compte des contraintes et des évolutions de l'exploitation forestière. Avant d'exploiter une coupe, on la marque. Le marquage (ou la marque) d'une coupe a pour but de désigner les arbres à exploiter, de les mesurer (en diamètre ou en circonférence, et en hauteur), de connaître son volume grâce à des tarifs de cubage et ses caractéristiques (nombre d'arbres par essence, répartition par dimension, etc.).

Les travaux

En futaie régulière, pour prendre cet exemple, les travaux concernent surtout les premières années de la vie d'un peuplement. Lorsqu'une parcelle est mise en régénération, l'afflux de lumière au sol provoque le développement exubérant de plantes herbacées et ligneuses : graminées, digitales, épilobes, fougères, ronces, genêts, bruyères, houx, rejets de tremble, de bouleau, de charme, etc. Ces espèces, qui se développent beaucoup plus vite que les semis ou les plants, les concurrencent très fortement et en élimineraient le plus grand nombre si l'on n'intervenait pas en procédant aux dégagements de semis ou de plantation. Dans le cas d'une plantation, l'opération, facilitée par l'alignement des plants, peut aisément être réalisée mécaniquement à l'aide de débroussailleurs. Pour une régénération naturelle, le dégagement doit être opéré manuellement, à l'aide d'un outil appelé croissant (outil coupant en forme de croissant porté à l'extrémité d'un manche). Pour faciliter ce travail, on divise la parcelle en bandes en ouvrant un layon d'un mètre tous les cinq à dix mètres (cloisonnement cultural). On peut aussi utiliser des phytocides sélectifs, qui éliminent la végétation indésirable sans nuire à la régénération. Les dégagements, effectués chaque année au début, sont ensuite espacés et s'arrêtent lorsque le fourré ou la plantation domine la végétation concurrente. Dans les premières années, les tout jeunes semis, situés au ras du sol, ne doivent pas être piétinés. Aussi est-il en général interdit de circuler dans les parcelles en régénération.

Au stade du gaulis interviennent les nettoiements. Le jeune peuplement n'a plus rien à craindre des herbes, des fougères ni des ronces, mais, d'une part, il comporte des « intrus », d'autre part, il peut être trop dense. Les intrus sont des arbres d'essences non désirables : tremble, bouleaux, saules, etc. qui ont une croissance très énergique dans le jeune âge, et des arbres du peuplement régénéré mal conformés, tarés ou malades : il faut les supprimer, « nettoyer » la parcelle. Si la densité du gaulis est trop élevée, on supprime une partie des tiges pour donner aux plus beaux sujets de meilleures conditions de croissance (dépressage). Les nettoiements se font généralement au moyen d'une tronçonneuse légère, ou d'une serpe forestière si les tiges sont de faible diamètre.

Troisième type de travaux forestiers, l'élagage artificiel a pour but d'améliorer la qualité du bois que produiront les arbres, en évitant la présence de nœuds (dûs aux branches subsistant le long des troncs). Dans les jeunes peuplements issus de régénération naturelle, l'élagage se produit le plus souvent spontanément, par mort et chute des rameaux bas à partir du stade du gaulis. Il n'en va pas de même dans les plantations. Lorsqu'on recourt à l'élagage artificiel, intervention coûteuse, on ne le pratique en général que sur une part des arbres du peuplement (de 100 à 300 par hectare), à savoir ceux qui atteindront une dimension importante et produiront l'essentiel du bois d'œuvre. Il ne faut pas oublier enfin tous les travaux d'infrastructure, essentiels pour la gestion sylvicole, la gestion économique et la protection de la forêt : réseaux de drainage pour assainir les sols trop humides, routes forestières et pistes de débardage pour sortir les bois dans les meilleures conditions économiques, pare-feu pour la lutte contre les incendies.

Le martelage

Il consiste à désigner (marquer) les arbres à couper en utilisant un marteau *forestier, petite hache qui porte, à l'opposé de la lame, une empreinte. Pour les forêts de l'État et des collectivités, l'empreinte est AF (Administration forestière). Avec la lame, le marteleur enlève un morceau d'écorce (il fait un flachis) à la base de l'arbre et applique l'empreinte du marteau* (marque au pied) *sur le bois ainsi mis à nu, puis il procède à la même opération sur le tronc* (marque au corps). *La marque au pied est destinée à vérifier sur les souches, après exploitation des bois, que l'arbre enlevé avait bien été marqué. Pour marteler, les forestiers se mettent en virée (en ligne) par quatre ou cinq, munis chacun d'un marteau et d'un compas forestier (pour mesurer le diamètre) ou d'un mètre ruban (pour mesurer la circonférence) ; un chef d'équipe tient une planchette munie d'une feuille de martelage. Chaque marteleur choisit l'arbre à enlever, mesure son diamètre (ou sa circonférence) à 1,30 mètre du sol, estime sa hauteur (bille et surbille) et annonce l'essence, le diamètre et la hauteur. Le chef d'équipe pointe sur sa feuille l'appel entendu. La feuille de martelage est ensuite complétée par des indications sur la qualité du peuplement, les conditions d'exploitation, les mesures particulières éventuelles à prescrire. Elle sert enfin à estimer, en volume et en argent, la coupe. Lorsque les arbres sont de faible dimension, il est courant de les griffer plutôt que de les marteler. Cela se fait au moyen d'une lame spéciale, la griffe forestière. En forêt privée, le martelage n'est pas obligatoire. Les arbres désignés sont souvent marqués à la peinture.*

LE BOIS MULTIPLE RICHESSE

Un secteur économique important s'est constitué à partir de la forêt française, aujourd'hui la première de la Communauté européenne. Depuis les années 1970, la notion de filière bois illustre cette liaison entre la forêt et l'industrie. Le rôle économique de la forêt n'est pas pour autant contradictoire avec ses fonctions écologiques et sociales ; au contraire, c'est la vente du bois qui permet au propriétaire d'entretenir la forêt.

Abattu et façonné, le bois est transformé en produits industriels, utilisés ensuite pour fabriquer des produits de consommation. Deux grands types de technique interviennent : le sciage, le déroulage ou le tranchage fournissent des planches ou des feuilles de bois ; la trituration des rondins alimente la fabrication de panneaux ou de pâte à papier. Grandes unités, investissements colossaux, la trituration est le domaine de l'industrie lourde. Elle joue aussi le rôle d'épurateur de la forêt, utilisant les arbres d'éclaircies et les déchets des entreprises qui transforment le bois massif.

Partout dans notre vie quotidienne, le bois est présent. Nous vivons dans la civilisation du papier. Le bois reste par ailleurs un matériau de base pour la construction : structures et charpentes, parquets, lambris, menuiseries. L'ameublement demeure gros consommateur de bois. Confronté à la concurrence d'autres matériaux, le bois défend ses positions et peut en conquérir de nouvelles, au prix d'innovations. C'est aussi l'une des rares matières premières nationales, qui plus est renouvelable. Source d'énergie, il reste utilisé pour le chauffage dans un pavillon sur deux.

Le bois recèle des possibilités infinies. La forêt française est capable d'en donner davantage, alors que nous importons encore beaucoup de produits transformés. Peut-elle, à l'image de l'agriculture, fournir le nouveau pétrole vert de la France ?

UNE RESSOURCE RENOUVELABLE

Longtemps surexploitée, en dépit des efforts des rois de France, la ressource forestière fait aujourd'hui l'objet d'une gestion rationnelle et attentive. Elle forme la base d'un véritable « complexe sylvo-industriel ».

La longue histoire des hommes et du bois

La civilisation de la forêt

L'époque gauloise reste celle d'une civilisation de la forêt : les deux tiers de la Gaule sont couverts de vastes massifs forestiers ; le peuple continue à vivre surtout de chasse, de cueillette et de semi-élevage plutôt que d'agriculture véritable. César parle alors de la « Gaule chevelue » dans laquelle il puise le bois nécessaire à ses équipements de guerre : catapultes, chariots, chars de guerre, navires... Après la conquête romaine et pratiquement jusqu'au XIIe siècle, les territoires forestiers sont partagés en deux parties distinctes : l'une est réservée au seigneur mais les vilains peuvent, contre redevance, y mener paître leur bétail et y prélever quelques gros arbres pour leurs constructions ; l'autre est régulièrement mise en coupe pour fournir du bois de feu. Les troupeaux seigneuriaux et le bétail des villageois se nourrissent des feuilles, des jeunes pousses, de l'herbe des sous-bois, des glands et des faînes. Les manants utilisent toutes sortes de produits végétaux : mousses ou feuilles sèches de la litière pour en faire des paillasses ; faînes pour en extraire l'huile ; champignons, châtaignes, miel et fruits âcres pour l'alimentation. Le bois sert à se chauffer et à s'éclairer. Des planchettes pour les toitures aux palissades des châteaux forts, le bois est le matériau de construction présent partout. Herses, charrues, râteaux, fourches : les outils du paysan sont en bois ; comme les ustensiles ménagers, les sabots ou les tonneaux.

Cette utilisation intense et fort désordonnée de la forêt diminue progressivement la densité des futaies. Dès le XIIe siècle, la forêt est devenue, par endroits, passablement clairsemée. L'abbé Suger aurait ainsi eu de grandes difficultés à trouver dans la forêt d'Yveline les douze grosses poutres nécessaires à la charpente de la nouvelle abbatiale de Saint-Denis. Au gré des guerres, des famines et des épidémies, la

population varie et, avec elle, la demande de bois et les surfaces forestières. Selon les périodes, la pression sur les forêts est ainsi plus ou moins forte. Dès la première moitié du XIVe siècle, Philippe le Bel, puis Philippe VI de Valois, tenteront, sans grand succès, de réglementer les coupes de bois. À l'orée du XVIe siècle commence une longue période de prospérité : la population augmente, le commerce se développe, l'industrie apparaît et les besoins de confort s'accentuent. C'est le début d'une ère de surexploitation des forêts qui durera trois siècles !

Le bois, énergie de l'essor économique

La croissance de la population nécessite toujours plus de bois pour le chauffage. Le ravitaillement des villes s'organise à partir des rivières qui sont aménagées pour le flottage du bois. L'industrie balbutiante se fonde essentiellement sur l'utilisation du bois comme source d'énergie. D'abord nombreuses et petites, les verreries et surtout les forges s'établissent à proximité des forêts. Le bois fournit à la fois la chaleur, mais aussi le carbone à incorporer à la fonte : seize stères de bois sont nécessaires pour fabriquer une tonne de fonte et vingt-cinq stères pour la transformer. Vers 1830, le vingtième des surfaces forestières est coupé chaque année pour les seules forges. Alors que 90 % de la récolte servent à la production d'énergie, les prix du bois augmentent deux fois

La forêt ancienne : une véritable ruche

Tout un monde courageux, rustique, un peu sauvage travaille, vit et peine dans la forêt des siècles passés. Les bûcherons abattent et écorcent les arbres à la cognée, au coin et à la serpe. Leurs femmes aident à faire les fagots. Ils habitent en forêt dans des cabanes, couchent sur des lits de fougères, se nourrissent des produits de leur jardinet, du lait de leur vache et des quelques porcs et volailles qu'ils élèvent. Le bois abattu suscite une myriade de métiers : sabotiers, scieurs de long, fendeurs de merrains pour les tonneaux, batteuses qui détachent les écorces utilisées par les tanneries... et bien d'autres encore, comme les gauleurs qui font tomber les glands avalés goulûment par les porcs. Formant un monde à part, les charbonniers, au visage noir, aux mœurs sauvages, débitent en hiver le bois de charbonnette et, en été, confectionnent les meules dont ils surveillent nuit et jour la cuisson.

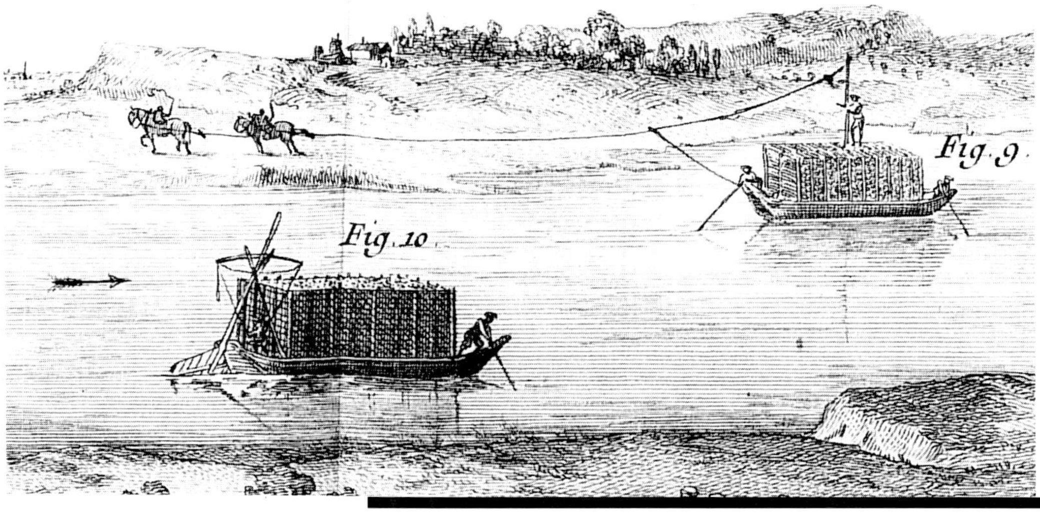

Gravures extraites de l'ouvrage « Du transport, de la conservation et de la force des bois » par Duhamel du Monceau (1767).

plus rapidement que ceux des autres matières premières. La pression de la demande en bois de petits diamètres atteint un seuil critique. Le problème est déjà ancien. Tout au long du XVIIIe siècle, l'approvisionnement en bois de chauffage a été préoccupant, avec parfois des situations critiques. Ainsi, en Oisans, le bois est réservé au four des boulangers. Le développement du commerce maritime et les besoins de la marine de guerre nécessitent aussi des volumes de bois importants pour construire les navires. Mais il est difficile de trouver des bois de gros diamètre, car les arbres sont coupés très jeunes pour le chauffage. Colbert, puis Napoléon instaurent un droit de préemption pour les chantiers navals sur toutes les coupes. Le bois de marine est une priorité absolue.

Pour répondre aux besoins de la clientèle, les artisans du bois font évoluer leurs techniques. Les planches utilisées par les charpentiers ou les menuisiers sont débitées par les scieurs de long. Avec leur grande scie à cadre, ces véritables forçats de la forêt débitent une vingtaine de planches de chêne par jour. Les scieurs de long se maintien-

LE BOIS DU MORVAN POUR CHAUFFER PARIS. Depuis une ordonnance de Charles VI et jusqu'à Napoléon III, le Morvan fut affecté à l'approvisionnement en bois de Paris. Les propriétaires ne pouvaient vendre leur bois qu'à Paris. Après abattage, le bois était amené à des ports de « jetage » d'où il était acheminé, par flottage, jusqu'à un grand port de tri, situé à Clamecy. Chaque jour, deux à quatre mille stères partaient vers Paris, sur des radeaux dirigés par des voitures d'eau sur l'Yonne puis la Seine. Arrivé à Paris, le bois était empilé sur six aires de stockage où les nombreux marchands de bois venaient se fournir.

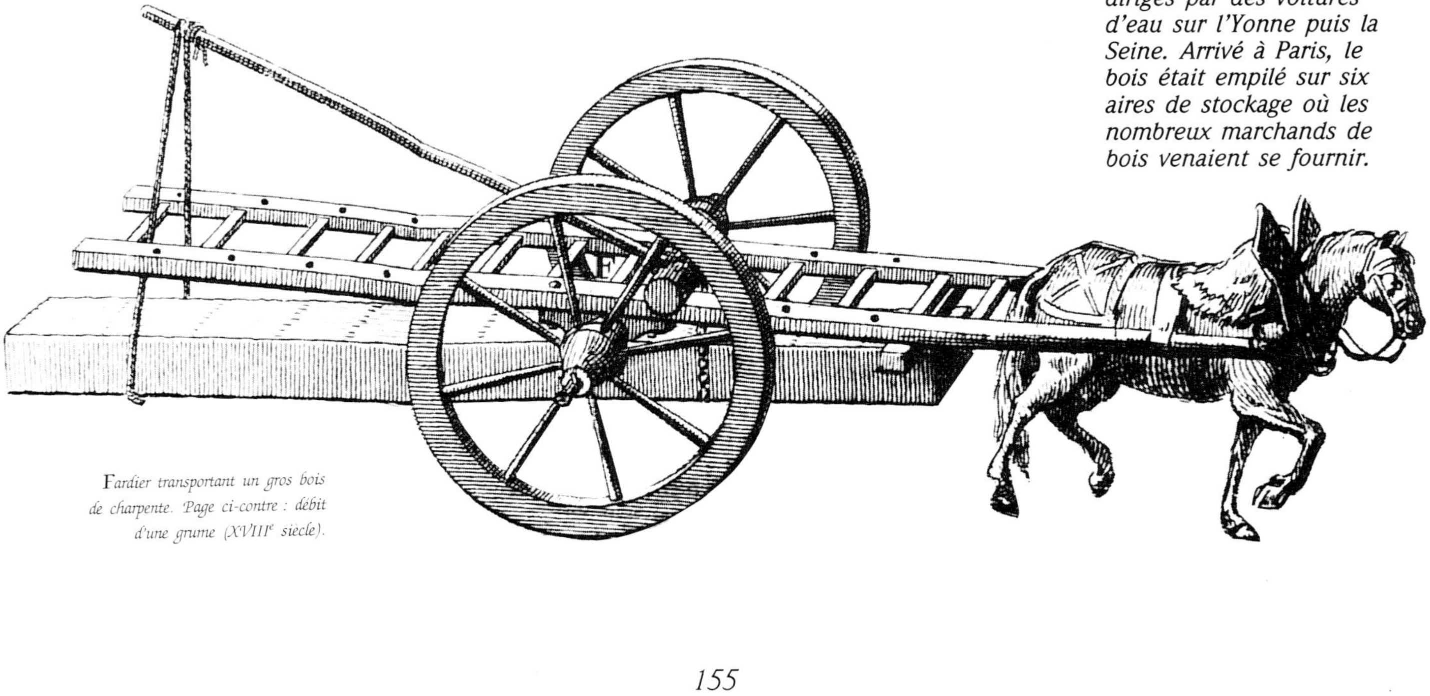

Fardier transportant un gros bois de charpente. Page ci-contre : débit d'une grume (XVIIIe siècle).

dront jusqu'au XIXe siècle, même si les scies hydrauliques peuvent, dès le XVIIe siècle, débiter jusqu'à quatre cents planches par jour. Les charpentes et les maisons à pans de bois, aujourd'hui toujours en place, témoignent du savoir-faire des charpentiers des siècles passés. A partir de la Renaissance, des lignées d'ébénistes ont assemblé, sculpté, marqueté le bois pour donner naissance à un mobilier dont les styles marquent la succession des modes et des monarques. Mais, dans les campagnes, beaucoup d'habitants restent toujours dépendants de la forêt qui leur fournit du bois mort, un lieu de pâturage pour les animaux et du gibier, même si la chasse est interdite aux manants. La limitation des droits d'usage, inscrite dans le Code forestier adopté en 1827, entraîne de véritables jacqueries dans certaines régions. Les délits en forêt sont sévèrement réprimés. Toute une partie du prolétariat rural migre alors vers les villes.

Le bois aujourd'hui : matériau avant tout

Au milieu du XIXe siècle, le rôle économique de la forêt va évoluer rapidement. La houille, qui n'est, ne l'oublions pas, que du bois fossilisé, va remplacer le bois comme source d'énergie. La substitution est rapide dans l'industrie : en 1869, les deux tiers des hauts fourneaux fonctionnent au coke, contre 6 % en 1835. Elle est plus lente pour le chauffage domestique, car les fourneaux restent coûteux. Mais, si la population de Paris double entre 1850 et 1880, sa consommation de bois passe de un million à moins de 700 000 stères par an. Le développement économique résultant de l'utilisation de la houille va aussi faire appel au bois en tant que matériau. Il faut en effet des étais pour les galeries de mines et des poteaux pour le télégraphe. Mais c'est l'essor des chemins de fer qui consomme le plus de bois : 500 000 mètres cubes par an tout au long du Second Empire. Il sert à construire les wagons et il en faut 500 mètres cubes pour chaque kilomètre de voie ferrée, sous forme de traverses et ouvrages d'art.

La construction urbaine s'accélérant, il faut aussi construire des logements, ce qui nécessite des volumes de bois très importants. Enfin le bois remplace peu à peu les chiffons dans la fabrication du papier, dont la demande augmente rapidement. Si la récolte totale de bois reste assez stable durant la seconde moitié du XIXe siècle, la part du bois de feu régresse. Au début du XXe siècle, 7 millions de mètres cubes de bois sont utilisés comme matériau sur une récolte de 23 millions de mètres cubes : près de 30 %, contre moins de 10 % un siècle plus tôt. La longue histoire des hommes et du bois s'accélère : nouveaux usages, nouvelles machines, nouveaux produits. Comme nous le verrons, en un siècle — l'âge d'un sapin — le bois, qui, pendant des millénaires, n'avait changé ni de structure ni d'aspect, va connaître des révolutions nées de l'imagination de l'homme technologique.

La filière bois : mythe ou réalité ?

Pendant très longtemps, deux mondes voisins se sont ignorés quand ils ne s'opposaient pas. D'un côté, les forestiers se préoccupaient de cultiver de beaux peuplements et d'assurer leur protection ; l'exploitation du bois était une séquelle, un sous-produit de leur art. De l'autre côté, les industriels s'intéressaient assez peu à la forêt, certains d'entre eux s'approvisionnant par facilité avec des bois importés.

De la filière bois au complexe sylvo-industriel

Le premier choc pétrolier a servi de révélateur. L'analyse des déficits de la balance commerciale a fait découvrir l'importance des activités liées à la transformation du bois. La notion de filière bois est née alors, définie en 1975 par Guillon comme « l'ensemble des activités assurant la production, la récolte et la transformation du bois jusqu'aux stades où le bois, par l'association de ses dérivés à d'autres matières, perd le caractère de constituant essentiel du produit ». Ce concept a révélé des chiffres spectaculaires qui ont sensibilisé l'opinion et les pouvoirs publics aux réalités de la forêt et du bois. Grâce à lui, ces activités sont apparues comme une affaire sérieuse : en 1991, trois Français sur quatre considèrent que la forêt est un secteur économique important (sondage BVA).

LES CHIFFRES CLÉS DES ACTIVITÉS DE TRANSFORMATION DU BOIS

Entreprises de plus de 10 salariés, 1988

	Nombre d'entreprises	Nombre de salariés	Chiffre d'affaires (milliards de francs)	Valeur ajoutée par rapport au chiffre d'affaires (%)
Transformation du bois matériau	2 280	88 000	45	34,4
Ameublement	1 270	64 000	31	37,7
Pâtes, papiers, cartons	900	104 000	92	31,9
Ensemble	**4 450**	**256 000**	**168**	**33,7**

SCEES, SESSI, INSEE

De 1976 à 1984, les rapports et les missions vont se succéder, avec à la clé quelques décisions concrètes illustrant la volonté de rapprocher la forêt et l'industrie : création temporaire d'un secrétariat d'Etat, élargissement aux professions de l'aval du Conseil supérieur de la forêt, nomination de délégués de massif chargés de favoriser la concertation forêt-industrie... Mais cette vision d'un ensemble assez cohérent d'entreprises spécialisées dans une matière première, le bois, et dans des produits bien définis, correspondait à la situation des Trente Glorieuses (1945-1975). Le modèle d'une filière assez étanche, aux frontières bien délimitées entre procédés

FLUX EN VOLUME DE BOIS DANS LE « COMPLEXE SYLVO-INDUSTRIEL »

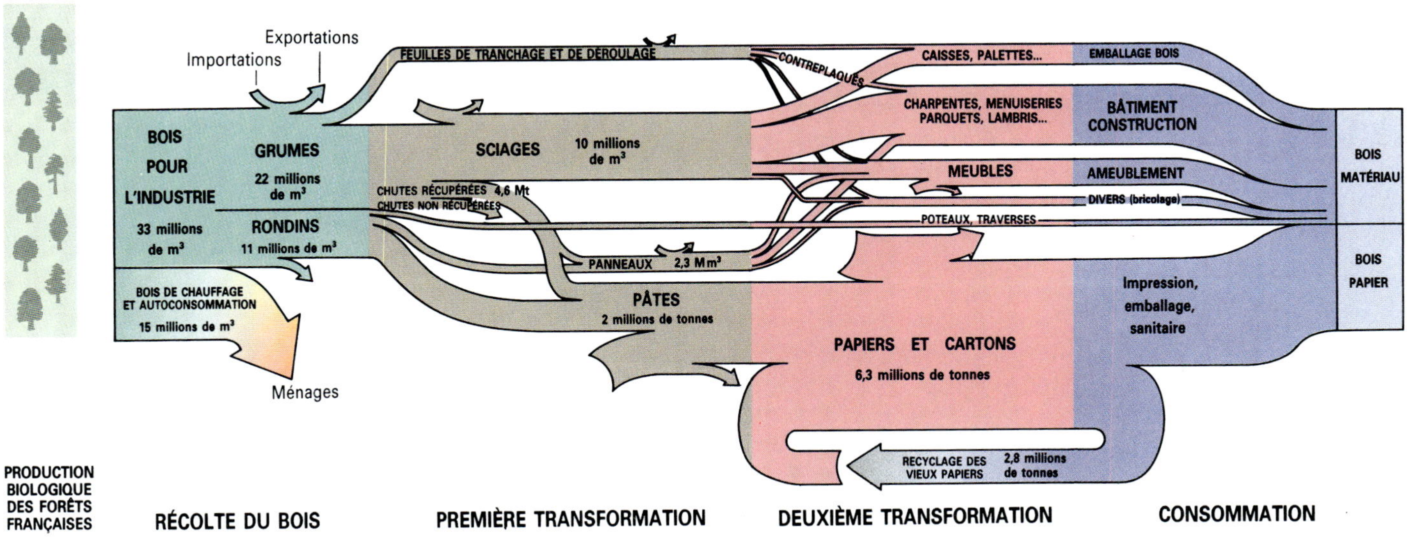

Les flux de production et d'échanges extérieurs sont proportionnels au volume de bois intégré dans les produits concernés.

de transformation et entre marchés, ne résistera pas à la crise. Dans un contexte de concurrence accrue entre les matériaux et entre les pays, les entreprises se diversifient en effet dans la transformation d'autres matériaux que le bois ou élargissent leur gamme de produits à base de bois. Les fenêtres ne sont plus seulement en bois, mais aussi en aluminium ou en plastique. Pour fabriquer un meuble, on utilise du bois massif produit par une scierie, mais aussi des panneaux fabriqués avec des rondins triturés en copeaux. Les découpages verticaux effectués entre activités à partir des différentes opérations techniques de transformation du bois récolté en forêt ne recouvrent plus les réalités industrielles et la logique des marchés. La filière étanche et linéaire a vécu. On peut considérer qu'est né un *complexe sylvo-industriel* dont l'évolution est loin d'être achevée.

La France est aujourd'hui le premier pays forestier de la Communauté européenne : elle possède le quart des surfaces boisées et fournit le tiers de la récolte de bois des Douze. Si les besoins énergétiques en consomment encore le tiers, l'essentiel du bois coupé chaque année en forêt est transformé par des industries actives. Les produits papetiers consommés en France représentent l'équivalent d'un volume de bois comparable à celui utilisé, sous forme de sciages ou de panneaux, comme matériau de construction, d'emballage ou d'ameublement. Mais, à la différence du secteur bois-matériau, le secteur papetier s'appuie largement sur l'importation et le recyclage.

Par le volume de leur production, les industries françaises du bois occupent le second rang en Europe, derrière les firmes allemandes. Composé surtout d'entreprises moyennes, le secteur a une structure comparable à celles du textile ou de la mécanique. Les entreprises ayant plus de dix salariés emploient 250 000 personnes. Mais, si l'on y ajoute les artisans et les entreprises du bâtiment qui mettent en œuvre des produits en bois, 550 000 personnes travaillent dans le bois. Et l'on ne compte pas les emplois dans la distribution ni les propriétaires forestiers. Encore que, sur les 3,7 millions de propriétaires, bien peu vivent vraiment de l'exploitation de leur forêt. La valeur des produits en bois fabriqués par les entreprises s'élève à 180 milliards de francs, soit 6 % du chiffre d'affaires de l'industrie française ; cela représente une activité comparable à celle de l'automobile ou du textile. Si la concentration est en marche, les entreprises leaders, dont les ventes dépassent dix milliards de francs, ne figurent pas encore dans le club des cent premiers groupes français. Seul Pinault, après son rachat de grandes entreprises du négoce et de la distribution, compte aujourd'hui parmi les « géants ». Importantes pour l'économie des régions très forestières — Aquitaine, Lorraine et Rhône-Alpes —, les industries du bois sont aussi très actives en Poitou-Charentes et dans les Pays de la Loire, deux régions peu boisées dans lesquelles les entreprises se sont développées à partir de bois importés. De façon plus générale, les activités liées à la récolte et à la transformation du bois constituent un pilier majeur de l'économie des zones rurales.

L'Aquitaine, haut lieu de la forêt et du bois

La forêt couvre 40 % de la région d'Aquitaine. Si le chêne domine au nord et au sud, le massif de pin maritime occupe 900 000 hectares au centre des Landes de Gascogne. Très productive, cette forêt, créée pour l'essentiel et développée par l'homme au XIXe siècle, constitue le plus grand massif boisé en Europe. Chaque année 8 millions de mètres cubes de bois, dont 80 % de pin maritime, sont récoltés en Aquitaine, soit le quart de la production française. L'Aquitaine dispose aussi d'une industrie de premier plan qui fournit 70 % des parquets et lambris, 50 % des palettes, 25 % des contreplaqués et des sciages résineux, 60 % du papier d'emballage et 30 % du papier d'imprimerie fabriqués en France. Le secteur forêt-bois constitue une richesse de premier plan pour la région : 30 000 emplois directs, au second rang après le bâtiment ; une valeur ajoutée de 3,3 milliards de francs, comparable à celle de l'aéronautique ; et près du cinquième des investissements industriels.

Le pin maritime des Landes, richesse majeure de la région d'Aquitaine.

L'EMPLOI dans les entreprises de transformation du bois

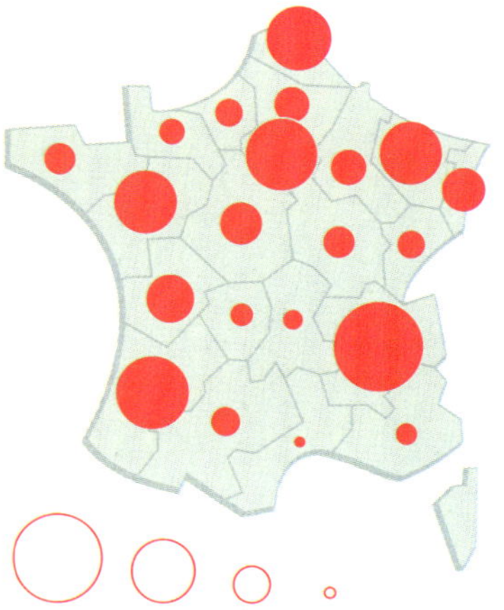

personnes employées dans des entreprises de plus de 20 salariés en 1988

SESSI-SCEES

Scierie en Lorraine

La solidarité entre la forêt et l'industrie

Les industries du bois ont besoin d'un approvisionnement régulier en matière première, ce qui suppose une continuité dans les boisements qui produiront le bois de demain et une bonne gestion des forêts existantes. Mais boiser coûte cher et le revenu en est différé à très long terme. Pour aider les propriétaires fonciers à boiser régulièrement et inciter les sylviculteurs à gérer activement leurs forêts, des aides financières sont accordées. À cet effet, un instrument financier spécifique a été créé par l'État en 1947 : le Fonds forestier national (FFN). C'est aujourd'hui encore, avec plus de 500 millions de francs par an, l'outil irremplaçable de la politique forestière. Ses recettes proviennent d'une taxe assise sur les produits fabriqués avec du bois : sciages, parquets, charpentes, menuiseries, emballages, panneaux et papiers-cartons. Véritable caisse de solidarité entre l'industrie et la forêt, le FFN est un système original, unique en Europe.

VOLUME SUR PIED DES PRINCIPALES ESSENCES

Millions de m^3

Feuillus	
Chênes	506
Hêtre	215
Châtaignier	89
Charme	62
Résineux	
Sapin et épicéa	282
Pin maritime	180
Pin sylvestre	136

IFN, 1988

Les sept essences ci-dessus représentent 83 % du volume total de bois sur pied ; les seuls chênes, 29 %.

*P*RODUIRE ET RÉCOLTER

En France, le volume de bois sur pied s'accroît d'année en année, car les superficies boisées augmentent et la récolte, elle-même en croissance et au premier rang de la CEE, demeure en deçà de la disponibilité.

De la forêt au bois

La forêt est à la fois un stock de bois sur pied et une usine biologique qui en produit. Le volume de bois sur pied à un moment donné constitue la ressource forestière. Les forêts françaises contiennent 1,76 milliard de mètres cubes de bois, dont 62 % de feuillus et 38 % de résineux. Le volume total des arbres est d'un tiers supérieur, dans la mesure où les tiges et les branches d'un diamètre inférieur à 7,5 centimètres ne sont pas inventoriées dans les statistiques. Vingt essences forment 97 % de la ressource française. Mais, à elles seules, les six premières représentent 75 % des volumes sur pied ; il s'agit de deux essences feuillues, chêne et hêtre (41 % au total) et de quatre essences résineuses, pin maritime, sapin, pin sylvestre et épicéa (34 % au total).

LA RESSOURCE LIGNEUSE

Accroissement annuel du volume de bois sur pied, par région forestière (feuillus et conifères)

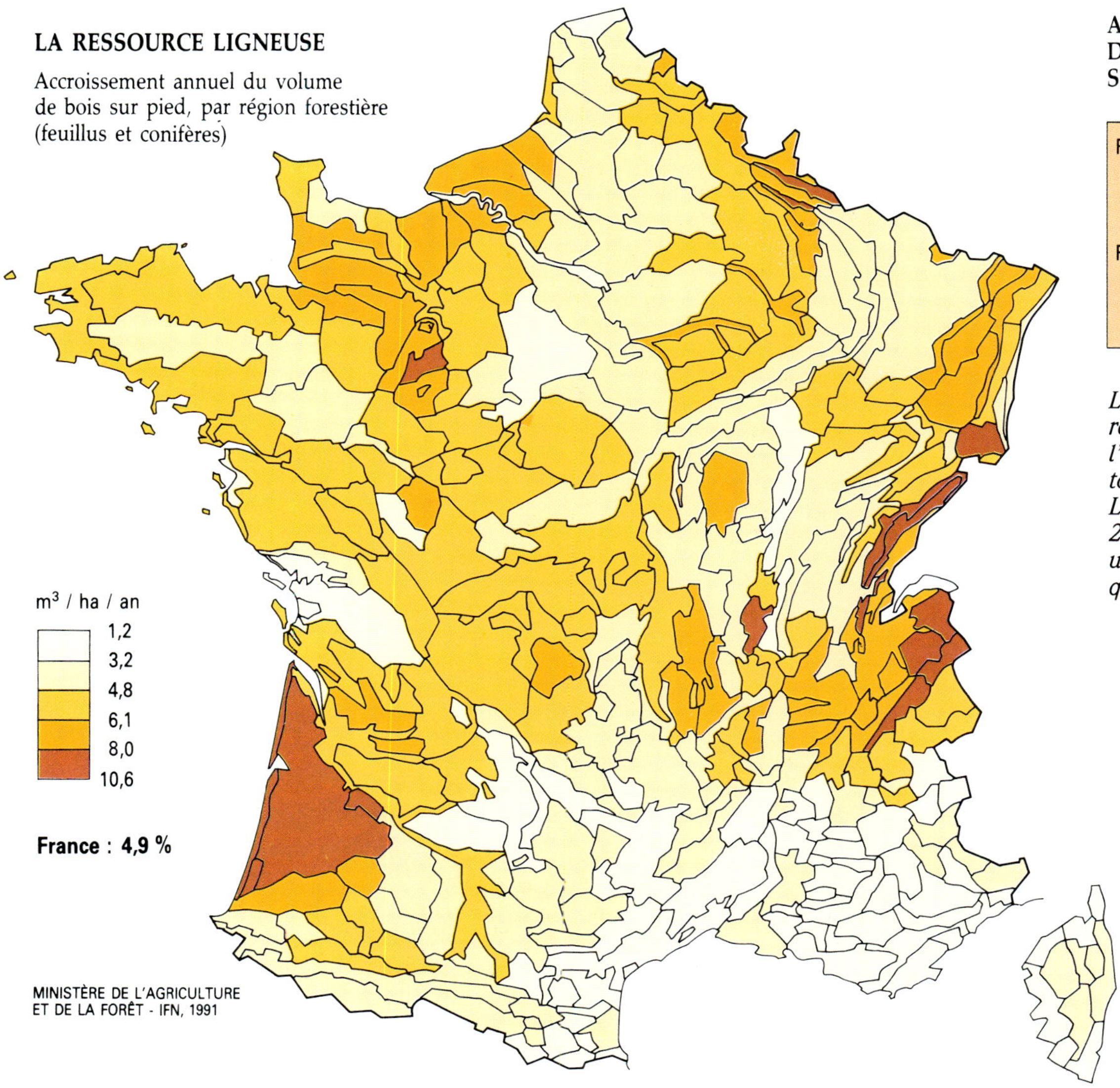

MINISTÈRE DE L'AGRICULTURE ET DE LA FORÊT - IFN, 1991

ACCROISSEMENT ANNUEL DU VOLUME DE BOIS SUR PIED

Millions de m³

Feuillus	
Chênes	13,7
Hêtre	5,8
Châtaignier	4,15
Résineux	
Pin maritime	10,5
Sapin et épicéa	9,9
Pin sylvestre	5,0

IFN, 1988

Les essences principales représentent 75 % de l'accroissement annuel total du potentiel forestier. Les chênes dominent avec 21 %. Le pin maritime a une croissance plus rapide que le sapin et l'épicéa.

LA RÉCOLTE DE GRUMES

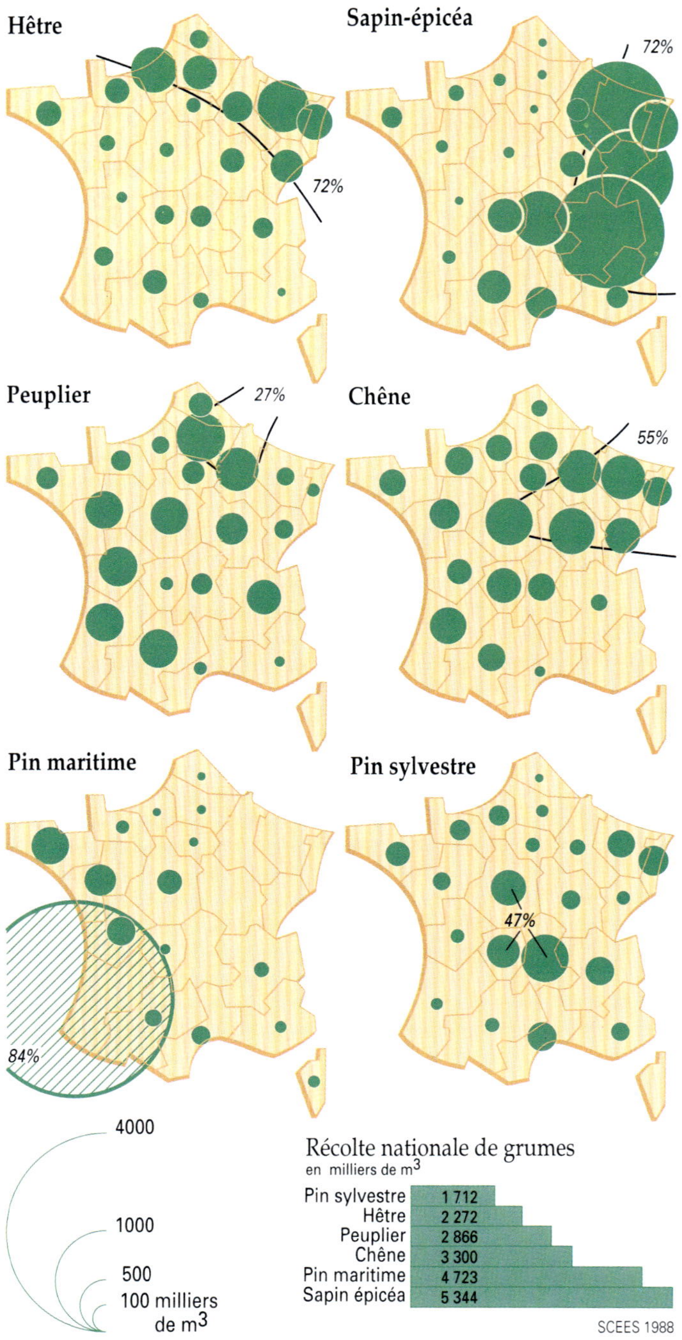

ÉVOLUTION DE LA RÉCOLTE 1950-1988

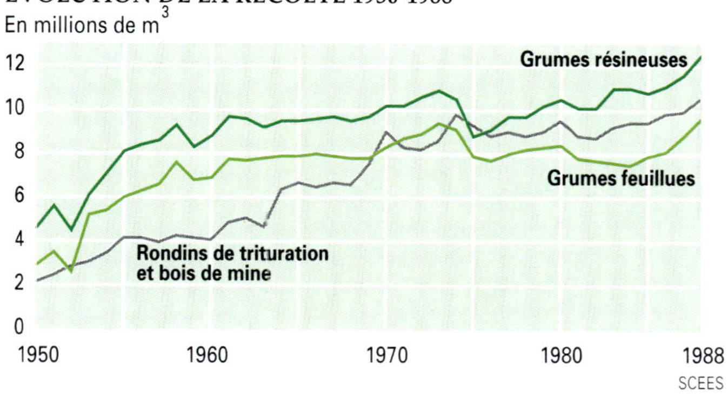

*L*a ressource est très inégalement répartie sur le territoire métropolitain : vingt départements capitalisent près de la moitié du stock total. Les régions du Nord-Est dominent pour le chêne et pour le hêtre, qui figure aussi en bonne place dans les Pyrénées, les Alpes, le nord-ouest du Bassin parisien. Les seuls départements des Landes et de la Gironde concentrent les deux tiers des volumes de pin maritime. Couvrant essentiellement les massifs des Vosges et du Jura, les Pyrénées, les Alpes du Nord et le Massif central, une vingtaine de départements regroupent plus de 90 % des stocks de sapin et d'épicéa. Le pin sylvestre est plus dispersé, entre le Massif central et le sud des Alpes, mais aussi le massif vosgien et quelques départements du Centre. Le hêtre est un symbole de la forêt publique, qui en détient les deux tiers. A l'inverse, la forêt privée accueille plus de 90 % des volumes de pin maritime.

RÉCOLTE TOTALE DE BOIS destiné aux industries de transformation

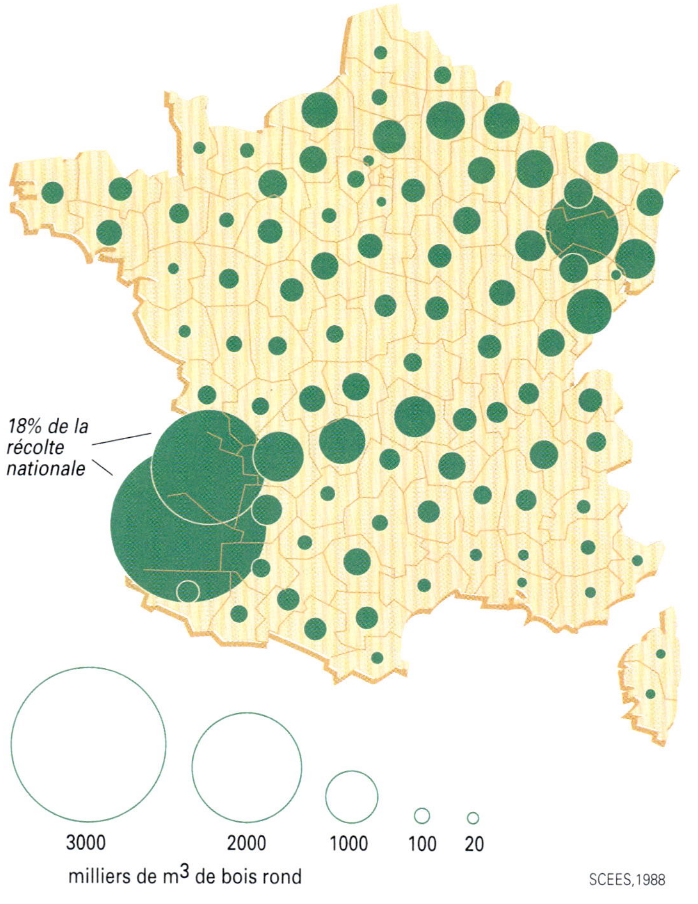

L'ENQUÊTE ANNUELLE DE RÉCOLTE. Les volumes récoltés en forêt sont connus grâce à une enquête exhaustive, effectuée chaque année, auprès de toutes les entreprises qui abattent du bois. Seuls les volumes commercialisés sont déclarés. Les résultats sont disponibles par départements, par essences et par catégories de produits.

RÉCOLTE DE BOIS POUR LES UTILISATIONS INDUSTRIELLES

Millions de m³

	Grumes	Rondins
Résineux dont	12,45	5,2
Sapin et épicéa	5,35	1,0
Pin maritime	4,7	2,5
Pin sylvestre	1,7	1,7
autres	0,7	
Feuillus dont	9,6	5,2
Chênes	3,3	
Peuplier	2,9	
Hêtre	2,3	
autres	1,1	

SCEES, 1988.

LA RÉCOLTE DE RONDINS

Feuillus : 5,2 millions de m³

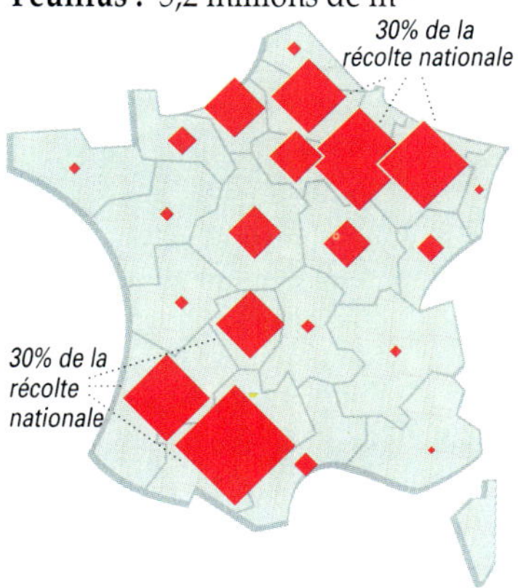

Résineux : 5,2 millions de m³

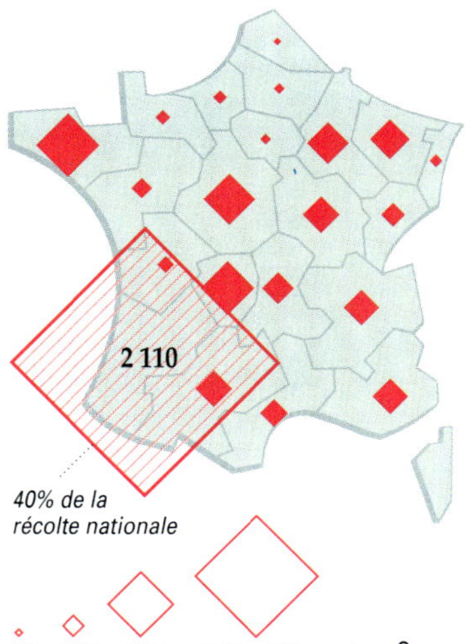

SCEES,1988

Le stock de bois à l'hectare varie selon les régions. Les faibles volumes caractérisent les régions atlantiques et méditerranéennes. Dans ces zones, des facteurs historiques et technico-économiques défavorables s'ajoutent aux conditions écologiques et aux sols pauvres. Les forêts privées recèlent les deux tiers de la ressource forestière, mais les volumes qu'elles portent à l'hectare sont plus faibles que dans les forêts publiques : 114 mètres cubes à l'hectare contre 184 en forêt domaniale. Le stock s'accroît chaque année du bois produit grâce à l'activité photosynthétique des arbres. La forêt est un patrimoine productif. On compte, en moyenne, cinq mètres cubes de bois en plus chaque année à l'hectare. L'accroissement annuel du capital boisé était de 70 millions de mètres cubes à la fin des années 1980, soit une progression de plus d'un tiers en dix ans. Les résineux croissent relativement plus que les feuillus. Ils assurent 46 % de l'accroissement total. Les six essences principales représentent 75 % de l'accroissement total.

Quand vient le temps de la récolte

Les peuplements forestiers doivent être récoltés. Selon les essences et les conditions du milieu, le forestier détermine l'âge optimal pour l'exploitation, celui auquel la forêt atteint sa pleine capacité de production. Mais avant l'âge de la coupe ultime, le sylviculteur aura déjà effectué plusieurs prélèvements ou éclaircies. La disponibilité forestière représente le volume de bois que l'on peut exploiter annuellement sans hypothéquer l'avenir du patrimoine. Les contraintes sylvicoles, mais aussi économiques ou écologiques, rendent difficiles la détermination de la disponibilité. Seules des analyses fines, au niveau régional, permettent de calculer la disponibilité après concertation entre tous les acteurs intéressés par la gestion des forêts.

Avec 34 millions de mètres cubes en 1989 (hors bois de feu), la France est au premier rang de la Communauté européenne pour la récolte de bois. Les grumes ou bois d'œuvre représentent les deux tiers de la récolte. Le reste est constitué des rondins, utilisés par les industries de la trituration. Les bois de mine ont pratiquement disparu avec la fermeture des puits, alors qu'ils avoisinaient trois millions de mètres cubes en 1950. La récolte de bois destinée aux industries a triplé entre 1945 et la fin des années 1980. La progression a été régulière de 1952 à 1973, avec une hausse très importante pour les rondins de trituration et une croissance moindre pour les grumes. Après le premier choc pétrolier, la récolte s'est stabilisée pendant plus d'une décennie. Puis une nouvelle phase de croissance a repris en 1986. Les récoltes de 1988 et de 1989 ont battu les records du début des années 1970. Les résineux représentent aujourd'hui près de 60 % du volume total des grumes. Sapins, épicéas et pins maritimes assurent 80 % de la récolte résineuse. Chênes, hêtres et peupliers 90 % de celle des feuillus. Résineux et feuillus s'équilibrent dans la récolte de rondins.

DÉFINITIONS ET UNITÉS. Les bois de gros diamètre, ultérieurement sciés en planches, déroulés ou tranchés pour devenir des placages et contreplaqués, sont classés dans la catégorie grumes ou bois d'œuvre. Les bois provenant des éclaircies ou des houppiers, généralement d'un diamètre faible, sont débités en rondins. Utilisés pour fabriquer des pâtes à papier, après défibrage, ou des panneaux, après mise en copeaux, ils sont qualifiés de bois de trituration, voire de bois d'industrie.
Les volumes de grumes sont mesurés en mètres cubes. Un tronc de dix mètres de long et de cinquante centimètres de diamètre moyen contient deux mètres cubes de bois. Selon les essences et les habitudes commerciales, les rondins de trituration sont mesurés en stères ou en tonnes. Le stère, qui a été exclu des normes internationales, est encore couramment utilisé en France. Il correspond au volume apparent d'un tas de bois soigneusement rangé de un mètre de côté. Son volume d'encombrement est de un mètre cube, mais le volume réel de bois est inférieur. La conversion s'opère avec les coefficients moyens suivants : 1 stère de feuillus = 0,66 m³ ; 1 stère de sapin-épicéa = 0,74 m³ ; 1 tonne de pin maritime = 0,87 m³.

La progression des résineux reflète la disponibilité croissante provenant des éclaircies pratiquées dans les reboisements effectués depuis le début des années cinquante. Globalement, la récolte a tendance à progresser pour le sapin, l'épicéa, le peuplier et les pins. Elle reste stable pour le hêtre et régresse pour le chêne.

La collecte du bois est concentrée géographiquement : dix-sept départements fournissent la moitié du volume. Les seuls départements des Landes, de la Gironde et des Vosges en assurent le quart. Au niveau régional, l'Aquitaine vient nettement en tête devant la Lorraine et Rhône-Alpes. À elle seule, l'Aquitaine produit 85 % du pin maritime. Le sapin et l'épicéa sont surtout récoltés dans l'Est, le hêtre dans le tiers nord de la France. La récolte de chêne, de pin sylvestre et de peuplier est plus dispersée. Le bois destiné aux utilisations industrielles ne constitue pas le seul prélèvement effectué sur les ressources forestières. Chaque année, des volumes importants sont abattus pour le chauffage. Cette récolte échappe aux enquêtes statistiques. Elle est estimée, pour le chauffage, à 15 millions de mètres cubes, dont un quart commercialisé. Il s'agit en quasi-totalité d'essences feuillues. Bois pour les industries, bois pour le chauffage : la récolte totale de bois en forêt avoisine les 50 millions de mètres cubes, ce qui reste inférieur à la capacité de production annuelle de la forêt française. Le stock sur pied s'accroît : plus de 20 % en dix ans. Les prélèvements peuvent encore s'intensifier pour satisfaire de nouveaux besoins industriels, sans hypothéquer l'avenir du patrimoine.

VOLUME DE BOIS MIS EN MARCHÉ
selon le type de propriétaire

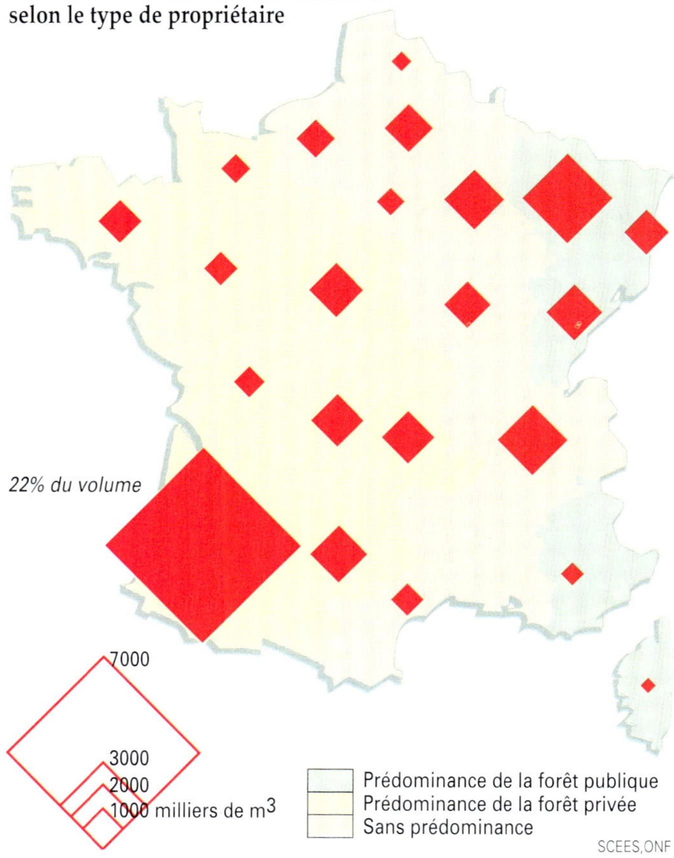

Les propriétaires sortent du bois

La gestion forestière optimale voudrait que la coupe du bois soit effectuée lorsque l'accroissement annuel moyen d'un peuplement est maximal. Cette optimisation du rendement soutenu ne tient pas compte de l'environnement économique. Dans les faits, le marché du bois brut est dirigé, certes par les nécessités sylvicoles, voire les accidents climatiques, mais aussi par le comportement des propriétaires de la ressource et par celui des acheteurs. Les industriels ont besoin d'un approvisionnement régulier en quantités et en qualités car le marché des produits transformés est continu. A l'inverse, les propriétaires ne sont pas obligés de récolter un peuplement à maturité comme un agriculteur moissonne son blé chaque été. Le bois sur pied peut rester longtemps stocké en forêt.

Les propriétaires privés et les acteurs publics (État et communes) n'ont pas toujours des comportements commerciaux identiques. La décision de vendre du bois obéit chez un propriétaire privé à des motivations variées. Obligations sylvicoles, besoins financiers à l'occasion d'un mariage, d'une succession ou de gros travaux, d'une part, revenu principal ou d'appoint, d'autre part, sont autant de motifs pour couper du bois selon que la forêt est considérée comme un patrimoine ou un capital productif. L'offre de bois des forêts privées n'est pas seulement sensible aux prix pratiqués. Elle dépend aussi du démarchage effectué par les acheteurs pour décider certains propriétaires à vendre du bois, notamment les plus petits d'entre eux, qui n'ont pas de plan de gestion de leur forêt. Dans le cas des forêts publiques, l'Office national des forêts, chargé de leur gestion, fixe le volume annuel moyen de la récolte en application des plans d'aménagement des forêts. La récolte est donc régie d'abord par des objectifs sylvicoles. Elle est indépendante de la pression exercée par les industriels, même si des ajustements sont possibles d'une année sur l'autre en fonction de la conjoncture économique. Afin de permettre aux utilisateurs de mieux prévoir leurs approvisionnements, l'ONF développe l'information sur les volumes mis en vente. Chaque année, il fait connaître ses prévisions de récolte (un service Minitel est accessible par le 36.15 code ONF.)

Progression des coopératives forestières

Les propriétaires privés commercialisent 60 % du bois utilisé par les industries de transformation. La mise en vente régulière de bois est une pratique qui augmente avec la taille de la propriété forestière. Les coupes de bois des forêts privées sont, pour l'essentiel, vendues sur pied par leurs

LA RÉCOLTE ANNUELLE COMMERCIALISÉE
En millions de m ^{3}

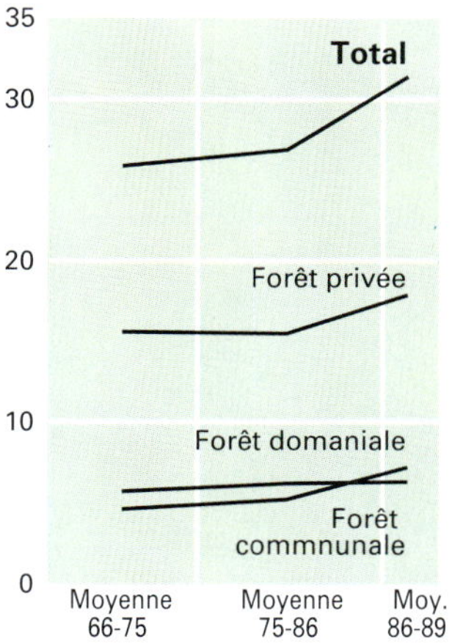

ONF-SCEES

La forêt sous inventaire permanent

Depuis 1960, un service du ministère de l'Agriculture et de la Forêt, l'Inventaire forestier national (IFN), mesure l'évolution des ressources forestières. Les forêts de chaque département sont analysées une fois par décennie. Une méthode originale, combinant photographies aériennes et mesures sur le terrain, permet de connaître les forêts avec précision. Structures des peuplements, surfaces, âges, conditions d'exploitation, volumes de bois sur pied, accroissement biologique sont inventoriés. Les informations recueillies sont stockées dans une base de données, accessible par Minitel (36.16, code IFN). Des logiciels spécifiques sont développés par l'IFN pour calculer les disponibilités forestières. Les résultats de synthèse sont disponibles pour chacune des 309 petites régions forestières.

Grumes de hêtre.

propriétaires qui négocient de gré à gré avec les acheteurs. Mais près du tiers de l'offre privée est commercialisée de façon groupée. Les experts forestiers organisent des ventes pour le compte de plusieurs propriétaires. Ils contrôlent ainsi environ 10 % des bois vendus par la forêt privée. Une soixantaine d'organisations de propriétaires, surtout sous forme de coopératives, mettent sur le marché le cinquième de la récolte annuelle provenant de la forêt privée. Leur part de marché a plus que doublé en une décennie. Ils regroupent 35 000 adhérents qui possèdent 1 200 000 hectares de forêts. Ce sont des propriétaires gérant en moyenne quelques dizaines d'hectares. La croissance de l'activité de ces organismes est régulière et leur chiffre d'affaires a approché le milliard de francs en 1989. Depuis 1980, ils donnent la priorité à la vente de bois abattus, mis à la disposition des acheteurs en bord de route. Onze organismes, vendant chacun plus de 100 000 mètres cubes par an, contrôlent 55 % du volume total. Les deux leaders assurent plus du quart de la récolte, vendue en quasi-totalité sous forme de bois abattus. Ce sont aussi les plus actifs à l'exportation. La plupart des organismes pratiquent les ventes par adjudication ou à l'amiable. Quelques coopératives développent le principe des contrats, pour des ventes à prix déterminé, sur une ou plusieurs années. Plus du quart des volumes est ainsi vendu.

L'ONF, premier vendeur de bois

Commercialisant 40 % du bois, pour une valeur de trois milliards de francs, l'Office national des forêts est le premier opérateur de la mise en marché du bois en France. La récolte en forêt publique croît régulièrement. Elle a progressé de 30 % en vingt ans, surtout en forêt domaniale. Le bois des forêts publiques domine le marché dans la moitié orientale de la France. Plus de 90 % du bois vendu en Alsace, en Lorraine et en Franche-Comté provient des forêts publiques.

En dehors de l'affouage, le bois est commercialisé selon différentes pratiques. La vente de bois sur pied par lots, avec mise en concurrence des acheteurs, concerne les trois quarts des volumes. Il s'agit d'une pratique fort ancienne déjà énoncée, en 1515, dans une ordonnance de François Ier. Le principe des adjudications au rabais, datant de 1836, reste le plus utilisé. D'autres procédés de vente, avec mise en concurrence, sont aussi pratiqués comme les soumissions sous pli cacheté ou les ventes d'arbres à l'unité et non par lots. Les cessions amiables, de gré à gré, sont autorisées dans des cas bien définis (lots de valeur très faible, arbres renversés...). En Alsace et en Moselle, le bois est vendu abattu, façonné et rangé au bord de la route par le personnel de l'ONF. Cette pratique est un héritage de règlements datant de l'occupation allemande après la guerre de 1870. Encore peu courante ailleurs, la vente de bois façonnés ne représente pas plus de 15 % des volumes mis sur le marché. Une loi, votée à la fin de l'année 1990, permet à l'ONF de développer partout en France la vente de bois façonnés, à condition que l'abattage soit fait par des bûcherons sous-traitants. Cette loi facilite également le recours aux contrats d'approvisionnement conclus entre l'ONF et des industriels pour plusieurs années.

PRIX MOYENS DES BOIS SUR PIED AUX VENTES D'AUTOMNE DE L'ONF

Évolution 1966-1990, en francs constants 1990 par m^3

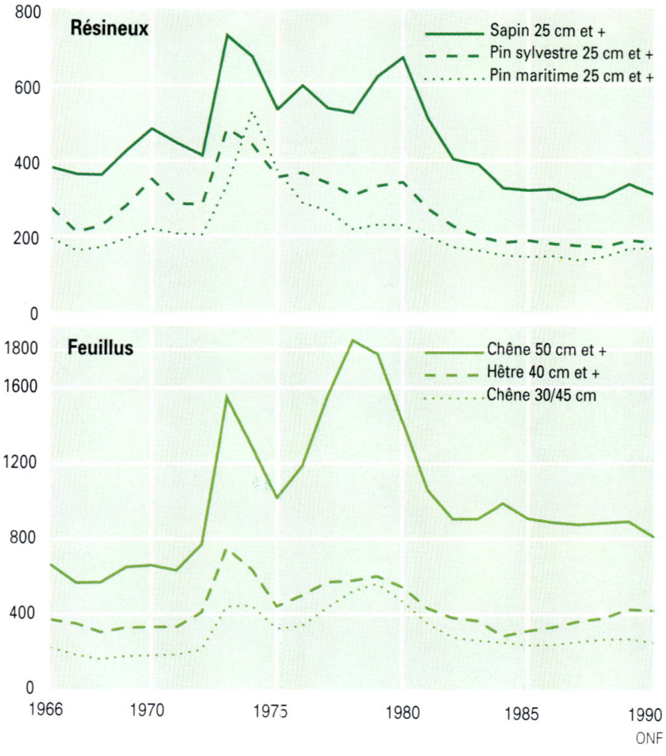

Morosité des prix du bois

Le bois étant surtout vendu par lots et sur pied, le prix de chaque transaction correspond à celui d'une coupe constituée de produits variés, d'essences, de qualités et de diamètres différents. Les prix unitaires sont donc des valeurs calculées. Les références couramment utilisées portent sur les ventes d'automne de l'ONF, soit le cinquième du bois vendu en France. Les résultats obtenus permettent des comparaisons d'une année à l'autre. Ils doivent néanmoins être considérés avec prudence pour négocier d'éventuels contrats. Les prix du bois se sont dégradés à partir de la fin des années 1970. Toutefois, à partir de 1987, le bon niveau d'activité des industries a permis une reprise. En 1990, les prix des grumes feuillues étaient, en francs constants, légèrement supérieurs à ceux de 1970. Il n'en est pas de même pour les résineux, dont la valeur marchande a baissé en vingt-cinq ans. Les prix des bois de faible diamètre sont très bas, ce qui n'incite pas toujours les propriétaires à effectuer des éclaircies, financièrement déficitaires mais pourtant nécessaires du point de vue sylvicole. Contrairement à ce qui se passe pour les produits agricoles, ni l'État ni la Communauté européenne n'interviennent pour réguler les marchés du bois.

De la hache au microprocesseur

Intermédiaires entre les propriétaires de la ressource et les industries de transformation, les entreprises qui achètent et exploitent les coupes de bois jouent un rôle essentiel dans la valorisation économique de la forêt. Elles dégagent une valeur ajoutée proche de celle de la sylviculture.

Leur nombre a diminué de moitié en quinze ans. Aujourd'hui moins de 5 % des 7 000 entreprises en activité contrôlent 50 % du volume commercialisé. Les trois quarts de la récolte en Alsace et en Aquitaine sont maîtrisés par les entreprises qui collectent plus de 20 000 mètres cubes par an. A l'inverse, l'activité demeure très atomisée en Franche-Comté ou en Rhône-Alpes. Six entreprises sur dix achètent des coupes et les exploitent puis commercialisent le bois auprès des industries de transformation. Certaines sont spécialisées dans des catégories de bois précises. Mais 40 % des entreprises qui achètent et exploitent du bois ont aussi une activité de transformation. La plupart des scieurs sont dans ce cas. Ils revendent les rondins de trituration et les grumes qu'ils ne scient pas eux-mêmes. Les grandes usines de pâte à papier ont également créé des filiales chargées d'assurer leur approvisionnement. Les plus importantes de ces sociétés drainent de deux à trois millions de mètres cubes de bois chaque année, sur des aires géographiques étendues (Comptoirs du Pin en Aquitaine, Forestières la Rochette dans le Sud-Est et les Pyrénées, Comptoirs des Bois de Brive dans le Massif central...).

Les travaux d'abattage et de débardage, puis le transport du bois vers les usines sont effectués par les salariés des marchands de bois et des sociétés d'approvisionnement ou, en sous-traitance, par des prestataires de services. Les bûcherons salariés sont le plus souvent payés à la tâche et employés sur des contrats de coupe à durée déterminée. L'emploi salarié a régressé de moitié au cours de la décennie 1980-1990. L'augmentation de la productivité du travail n'est toutefois pas la cause principale de la chute du salariat. Le nombre d'entreprises de prestation de services ne cesse de croître. Ce sont des micro-entreprises, dont les deux tiers n'emploient pas de salariés. Elles sont très

L'EMPOI EN EXPLOITATION FORESTIÈRE

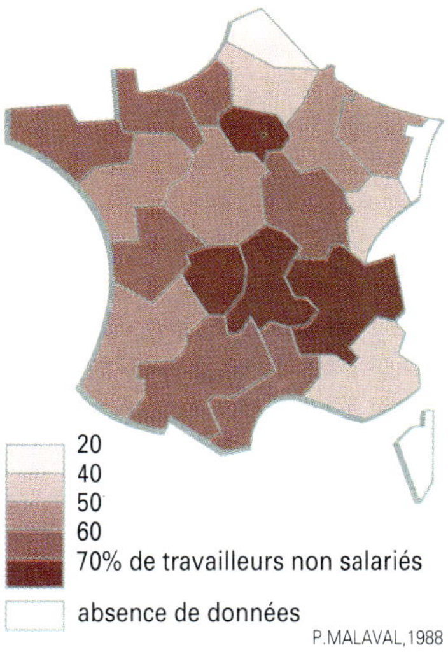

Machine d'abattage combiné.

L'appel de la forêt

Frédéric Sarrebressolles a toujours voulu travailler en forêt. Enfant, il rêvait de devenir garde forestier. A seize ans, il quitte le lycée pour entrer au centre de formation Promobois, à quelques kilomètres de Foix, en Ariège. Deux ans plus tard, son CAP d'ouvrier d'exploitation forestière en poche, il effectue plusieurs expériences comme salarié tâcheron chez des exploitants forestiers. En 1986, il s'installe en travailleur indépendant. Rejoint par son père, ils constituent tous les deux une société de fait. Equipés d'un tracteur agricole acheté d'occasion, d'un camion et de tronçonneuses, ils abattent des bois de petits diamètres pour le compte d'une coopérative. Mais, payés de 35 à 40 francs le stère, ils s'estiment sous-rémunérés. L'achat d'un gros engin n'est pas à l'ordre du jour car, comme le dit Frédéric, « il faudrait d'abord payer le matériel avant de se payer ». Frédéric aime pourtant son métier et n'envisage pas d'en changer : l'appel de la forêt reste le plus fort.

fragiles. Sur trois entreprises créées, une seule existera encore trois ans plus tard. Ces entreprises facturent des prestations de services de bûcheronnage ou de débardage. La rémunération est fixée à l'unité de bois abattu ou débardé. Pour un même revenu net obtenu par le bûcheron, l'employeur paiera près d'un tiers en moins s'il traite avec un indépendant plutôt que de rémunérer un salarié. Les différences entre les régimes sociaux expliquent le développement rapide du nombre d'entreprises de prestations de services. Les prestataires peuvent être mis en relation avec des donneurs d'ordres par l'intermédiaire des bourses de travaux forestiers qui existent dans certaines régions. Plus de 450 entrepreneurs bénéficient, par exemple, des services de la Bourse pyrénéenne.

Recruter et former des jeunes

L'exploitation forestière est une activité créatrice d'emplois. Le remplacement des bûcherons âgés et la croissance prévisible de la récolte nécessitent de recruter de nombreux jeunes. Ces emplois sont importants pour le maintien d'activités économiques dans le tissu rural. Mais les métiers de l'exploitation forestière ne font guère recette. Les 600 bûcherons et la centaine de conducteurs d'engins formés chaque année ne suffisent pas. Le nombre d'apprentis et d'adultes formés a pourtant doublé en quinze ans. Si la forêt attire les jeunes, beaucoup rêvent de devenir garde forestier et bien peu envisagent d'être bûcheron. L'image de ce métier n'est pas bonne. Toujours symbole de liberté, d'indépendance et de vie au grand air, le bûcheron d'aujourd'hui n'a plus rien de commun avec les forçats de la forêt, armés de leurs haches. L'intelligence supplée la force. Ce métier est de plus en plus qualifié avec la sophistication des engins utilisés et l'insertion de l'exploitation du bois dans la gestion forestière.

Le temps des machines

Les machines actuelles pour l'abattage ou le débardage n'ont rien de comparable avec les techniques encore en vigueur dans les années 1940. La hache et la scie passe-partout, maniée par deux bûcherons, ont disparu des forêts. Apparues dans les années cinquante, les tronçonneuses se sont allégées et perfectionnées. La productivité d'un bûcheron est très variable. En montagne, son rendement sera de moitié inférieur à celui qu'il aurait dans le massif landais. L'abattage des bois de petit diamètre et le façonnage des rondins sont peu productifs (si l'on atteint 2 500 mètres cubes par an dans le pin maritime, on peut ne pas dépasser les 1 000 mètres cubes dans les autres résineux). Dans des coupes de grumes le rendement est de deux à deux fois et demie supérieur. Pour le débardage, la traction animale a fait place aux tracteurs articulés et aux porteurs, maniables et performants, avec des cabines très ergonomiques. Les treuils radiocommandés remplacent le cheval. Un débardeur convenablement équipé peut chaque année sortir de la forêt de 9 000 à 12 000 mètres cubes de bois.

Le développement, au cours des années 1980, des machines combinées d'abattage, ébranchage et tronçonnage constitue un progrès essentiel. Remplaçant une dizaine de bûcherons, elles permettent d'augmenter la productivité et de diminuer le coût de l'exploitation forestière. L'électronique et l'informatique y sont partout : des dispositifs de cubage, aux équipements d'assistance à la conduite. Fournissant de meilleures conditions de travail et de sécurité, de tels engins attirent des professionnels qualifiés, convenablement rémunérés. Les structures foncières de la forêt française limitent toutefois la diffusion de ces équipements dont le coût reste élevé. Former des jeunes, développer la mécanisation et consolider un tissu stable de petites entreprises de travaux forestiers sont les trois enjeux du présent pour garantir l'avenir.

LA STRUCTURE DES ENTREPRISES D'EXPLOITATION FORESTIÈRE EN 1988

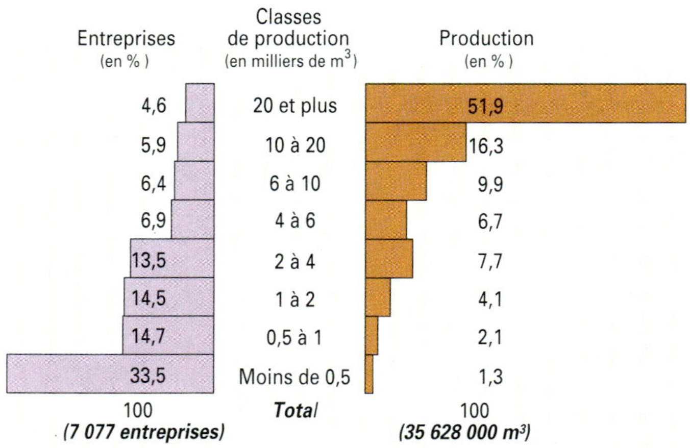

En 1988, 10 % des entreprises ont récolté 2/3 des bois exploités.

SCEES

Une entreprise qui avance...

Son père abattait les arbres au passe-partout et débardait le bois avec un cheval. Quarante ans plus tard, dans sa Saône-et-Loire natale, Henri Mehu est à la tête d'une entreprise spécialisée dans le débardage et, depuis peu, l'abattage. Quel chemin parcouru depuis qu'en 1975, muni de son CAP, il décidait de s'installer à son compte, achetant la machine dont son père ne voulait pas entendre parler ! En 1990, il possède trois porteurs autochargeurs et une machine combinée faisant l'abattage, l'ébranchage et le tronçonnage. Des engins coûtant chacun de 1,3 à 2 millions de francs ! Sa politique active d'investissement en matériels performants lui a permis de porter son chiffre d'affaires à 3 millions de francs tout en améliorant la rentabilité de son entreprise. Ses quatre employés tâcherons conduisent les machines. Henri Mehu se charge de leur maintenance et de la prospection des chantiers. Il travaille surtout pour une coopérative, une scierie et une société d'approvisionnement papetière. Le stère débardé lui est payé de 30 à 40 francs ; de 60 à 70 francs en plus s'il effectue l'abattage et le façonnage. Satisfait de sa situation personnelle, Henri Mehu songe déjà à la prochaine diversification. Peut-être dans le transport du bois...

*L*A PREMIÈRE TRANSFORMATION

Entre le bois récolté en forêt et les mille produits et objets qui en sont issus s'insèrent les activités de première transformation : sciage, fabrication de panneaux de particules et contreplaqués, production de pâte à papier...

Les scieries, de l'artisanat à l'industrie

*L*es scieries transforment plus de la moitié du bois commercialisé. Les produits qu'elles fabriquent sont à la base de nombreuses activités du secteur bois-matériau : charpentes, menuiseries, parquets, meubles et bien d'autres.

Un bon scieur est un bon acheteur de bois

*A*daptées à la forêt française, les scieries intègrent généralement une activité d'exploitation forestière. Comme le disent les professionnels : « Un bois bien acheté, c'est de l'argent gagné ». Les achats de bois forment en effet plus de la moitié du coût de production des sciages : une bonne maîtrise de ses approvisionnements est souvent la condition première du succès. L'achat des coupes de bois et leur exploitation sont donc généralement pris en charge par la scierie. Le chef d'entreprise s'en occupe presque toujours personnellement. Le bon scieur est d'abord un bon acheteur de coupes. Il est bien difficile de réussir dans ce métier sans avoir appris à courir la forêt. Les stocks de bois sur pied sont souvent importants : jusqu'à une année de consommation de la scierie. Bien sûr, ces stocks sont coûteux en frais financiers. Le système, encore balbutiant, des contrats d'approvisionnement pluriannuels constitue une évolution considérable. Les scieurs les plus préoccupés par le marché des produits finals y sont favorables. Les professionnels plus traditionalistes se montrent sceptiques : leur métier ne sera plus le même !

LES SCIAGES DE FEUILLUS

France : 2 729 000

LES SCIAGES DE RÉSINEUX

France : 5 698 000

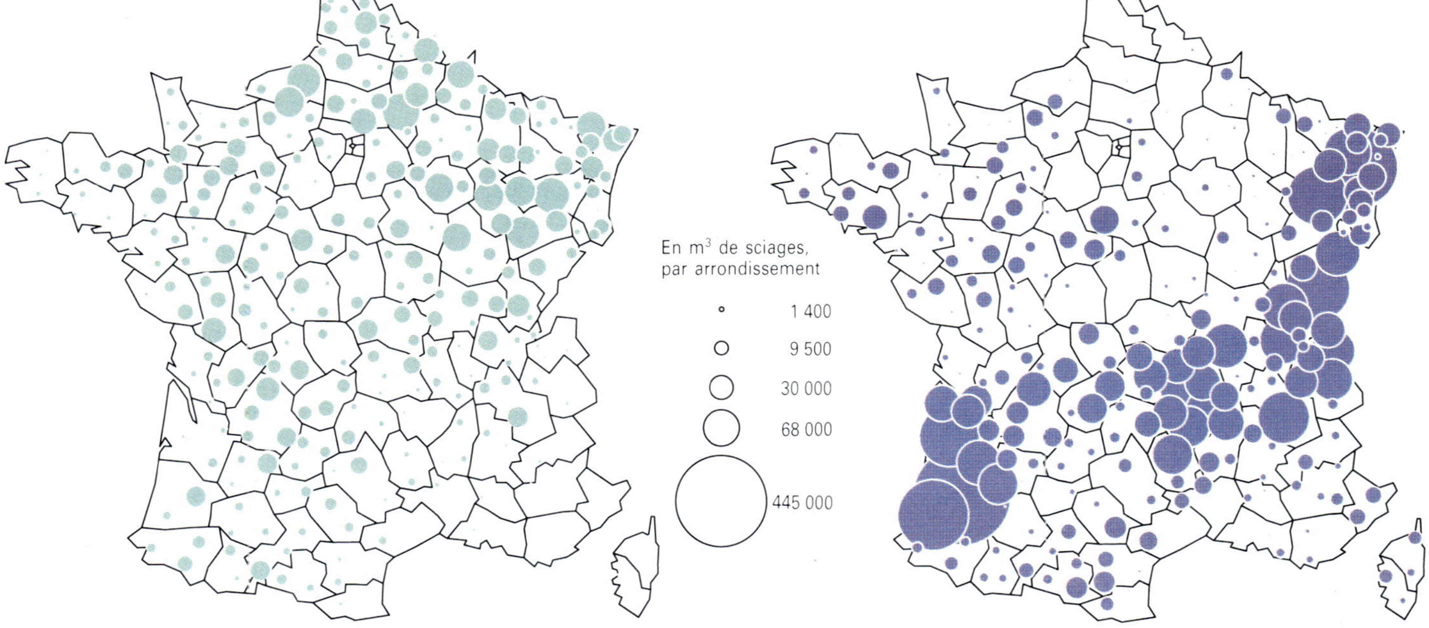

MINISTÈRE DE L'AGRICULTURE ET DE LA FORÊT - IFN, 1985

Des entreprises adaptées à la forêt

Parmi les entreprises de sciage, 40 % ne transforment que des résineux et 35 % que des feuillus. Le dernier quart, non spécialisé, est formé de très petites sociétés. Les scieries de résineux sont de taille supérieure à celles spécialisées dans la transformation des feuillus. La scierie moyenne reste une PME, employant une vingtaine de personnes et réalisant un chiffre d'affaires de 10 millions de francs. Au fil du temps, les scieries se concentrent. Leur nombre a diminué de près de 40 % en quinze ans pour atteindre aujourd'hui 4 000 entreprises, alors que la production totale augmentait. L'évolution a profité aux entreprises les plus importantes. Les scieries produisant plus de 16 000 mètres cubes de planches par an réalisent aujourd'hui 43 % du volume total, contre 30 % au début des années 1970. Moins de 10 % des scieries assurent plus de la moitié de la production nationale. Mais les scieries françaises sont de plus petite taille que leurs concurrentes européennes, surtout du nord de l'Europe. Les grandes scieries sont surtout localisées en Alsace et en Aquitaine. A l'inverse, les petites entreprises dominent dans les régions Midi-Pyrénées, Bourgogne, Champagne-Ardenne, Centre, Limousin et Rhône-Alpes.

La diversité et l'hétérogénéité de la matière première disponible, particulièrement marquée pour les bois feuillus, freinent l'augmentation des capacités. Ce sont aussi des handicaps pour automatiser la production et améliorer la productivité. Les frais de personnel restent élevés par rapport à la concurrence étrangère. La productivité du travail a pourtant progressé de 20 % en quinze ans. Elle atteint, en moyenne, 420 mètres cubes de sciages produits chaque année par salarié. Mais les scieries les plus performantes atteignent 2 000 mètres cubes par homme et par an. Les scieries de résineux, notamment les plus grandes, ont tendance à privilégier la production de débits standardisés. Les entreprises plus petites pratiquent plutôt le débit sur liste de produits sciés selon les dimensions demandées par le client. Dans les feuillus, le coût élevé du bois oblige les scieurs à trier les grumes et à optimiser les débits pour tirer le meilleur parti de la matière première.

Un marché domestique saturé

La production des scieries françaises a augmenté régulièrement jusqu'en 1973, avant de connaître une longue période de stagnation. Le volume de 1973 a seulement été dépassé à partir de 1988. La reprise profite surtout aux résineux. Notre pays est, au sein de la Communauté européenne, le troisième consommateur et le second producteur de sciages résineux après l'Allemagne. Mais la production de nos scieries ne couvre que 80 % des besoins. Les grandes zones de production de sciages résineux sont concentrées le long d'une diagonale traversant la France du sud-ouest vers le nord-est. Le bâtiment et la construction utilisent 80 % des sciages résineux. Globalement, la consommation française stagne, mais la production nationale conserve une marge de progression : elle peut se substituer partiellement aux résineux importés et, surtout, développer ses exportations.

Les scieries de feuillus sont dispersées sur l'ensemble du territoire, à l'exception du Sud-Est. Premier producteur européen, la France dispose de positions fortes à l'exportation. Le marché intérieur, qui comprend un tiers de bois tropicaux importés, se répartit entre l'ameublement, l'emballage et le bâtiment. La moitié des entreprises produisant plus de 2 000 mètres cubes de sciages par an ne se contentent pas de fabriquer des produits à l'état brut. Elles exercent, à l'aval du sciage, une activité qui « tire » leur croissance. Le séchage fait de plus en plus partie de leur champ d'intervention : la moitié des sciages feuillus et le tiers des sciages résineux sont séchés. Les petits débits de bonne qualité, tirés de grumes de second choix, peuvent être aboutés ou contrecollés. Le rabotage, le montage de palettes et la fabrication de parquets et lambris constituent autant d'activités également pratiquées par les scieurs.

La modernisation est en marche

Les scieurs modernes s'attachent à classer leurs produits selon des catégories et des qualités normalisées. Mais le nombre et la diversité des productions restent encore trop importants : plus de mille articles différents dans la plus grande scierie résineuse ! Les progrès de la technologie des systèmes automatiques de vision (laser, caméras à traitement d'image...) vont bientôt révolutionner la scierie. Les systèmes experts localiseront les défauts du bois et trieront les planches à grande vitesse. Ces techniques sont d'ores et déjà utilisées pour les palettes et les lambris. L'électronique est très présente en scierie, que ce soit pour piloter les machines, calculer les débits, optimiser la découpe ou contrôler la qualité. Bientôt l'optimisation du sciage sera assurée par des scanners. Toujours tirer le maximum du bois ! La modernisation touche aussi la fonction commerciale, trop longtemps négligée au profit des approvisionnements. Plusieurs marques commerciales régionales sont apparues récemment. Elles ont été déposées par des scieurs de résineux qui se sont regroupés pour offrir sur le marché des produits classés dont l'origine est garantie. Bien présentés, ces sciages bénéficient d'une image de marque valorisante. *Sélection Vosges, Jura Supérieur* et *FIBRA Sciages* pour le sapin et l'épicéa, *Sciage Pin des Landes, Douglas du Beaujolais...* la liste de ces marques n'est pas close. Lancée en 1990 par le Centre technique du bois et de l'ameublement, la marque de qualité *CTB Sciages* garantit des produits correspondant aux normes officielles les plus récentes : le client gagne en fiabilité et en sécurité. Les normes mises au point par le CTBA devraient être largement reprises au plan européen d'ici à 1993.

Condition du succès, les investissements progressent : équipements de productivité, accroissements de capacités. Plusieurs entreprises de résineux ont investi des dizaines de millions de francs, voire plus de cent millions, pour se doter d'unités modernes. Capables de produire 100 000 mètres cubes de planches, ces scieries entrent dans le club des grandes entreprises européennes (Braun en Alsace, Bois et sciages de Sougy dans la Nièvre, Escobois en Aquitaine, Monnet-Sève dans l'Ain...). D'abord intéressés par les déchets du sciage pour alimenter leurs usines de pâtes, les groupes papetiers suivent la voie tracée par les Aquitains ou le groupe la Rochette en entrent dans le capital des grandes scieries. La plus grosse scierie française de résineux (Braun) a été rachetée, en 1990, par un papetier finlandais déjà implanté à Strasbourg. Un autre papetier a créé un fonds de capital risque qui participe aux investissements de quelques grandes scieries de Rhône-Alpes. Les capitaux pour investir arrivent, alors qu'ils faisaient défaut à des entreprises restées familiales. Pour l'avenir d'un secteur qui passe de l'artisanat à l'industrie, c'est une évolution fondamentale.

L'électronique permet d'optimiser le découpage des grumes.

LA PRODUCTION DE SCIAGES
Évolution 1950-1988
En millions de m³

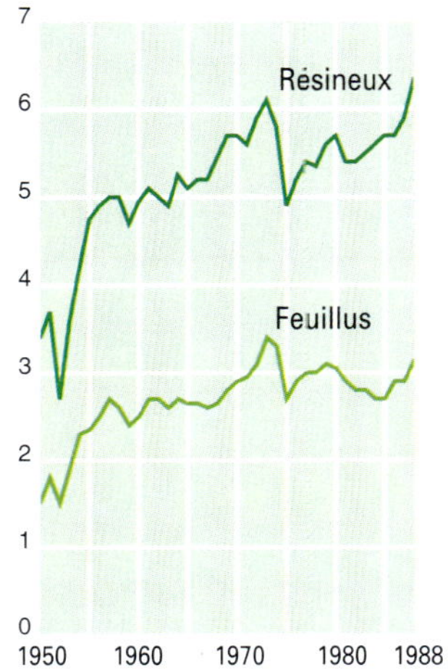

Direction des forêts- SCEES

LA CONSOMMATION DE SCIAGES PAR SECTEURS

Sciages résineux	8,2 millions de m³
dont charpente	36,9 %
coffrage	18,3 %
menuiserie	16,2 %
emballage	14,0 %
parquets et lambris	9,7 %
ameublement	3,4 %
divers	1,5 %
Sciages feuillus	**3,75 millions de m³**
dont emballage	31,0 %
ameublement	30,0 %
bâtiment	17,0 %
divers	22,0 %

Centrale Management - CEBD

Les scieries soignent la présentation de leurs produits pour valoriser une image de qualité.

LES ENTREPRISES ET L'EMPLOI

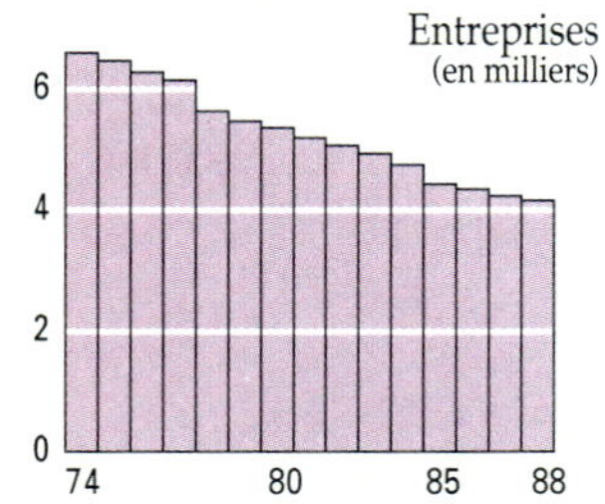

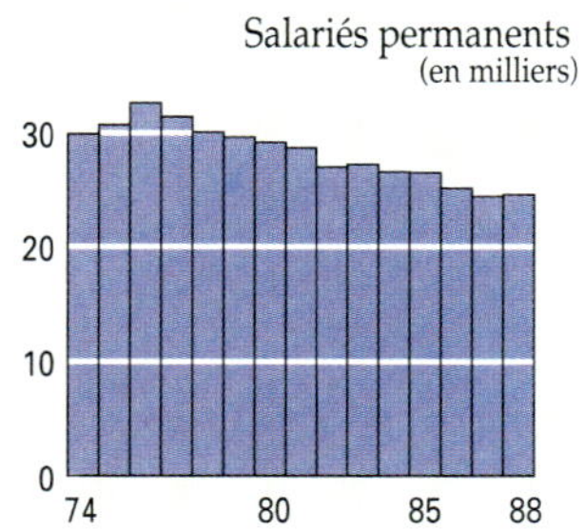

Production moyenne de sciages par salarié permanent (en m³)

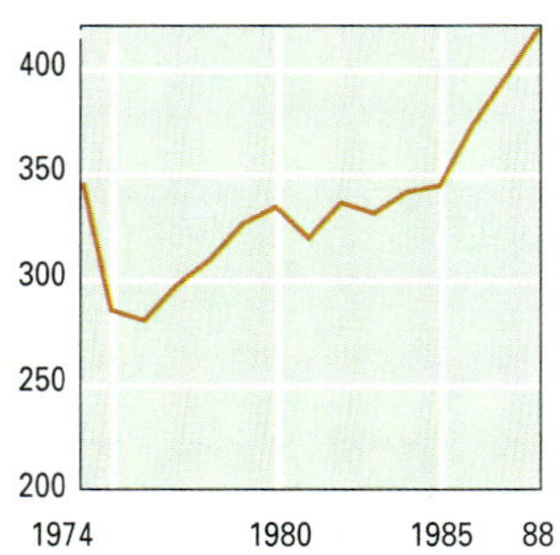

SCEES-Direction des forêts

La dynamique nouvelle des panneaux

Après une période difficile, au début des années 1980, l'industrie des panneaux a recouvré la santé. Deux entreprises issues de regroupements de PME dominent aujourd'hui le secteur. Filiale du groupe Pinault, la société Isoroy est présente dans toutes les technologies avec ses quatorze usines qui engendrent plus de deux milliards de francs de chiffre d'affaires. ROL, composante de Saint-Gobain, vient ensuite. Panneaux de particules et contre-plaqués sont les deux spécialités de la société. Le début des années 1990 voit l'implantation en France de groupes européens qui contribuent à la nette progression des investissements.

Premier né des matériaux composites tirés du bois, le contre-plaqué date du début du XXe siècle. Représentant 90 % de la production actuelle, le panneau multipli est obtenu par collage, sous presse chauffante, de feuilles de placage empilées en alternant le sens des fibres du bois. Une douzaine d'usines, surtout localisées en Poitou-Charentes, font de la France le premier producteur de la Communauté européenne. Les deux leaders, ROL et Isoroy, assurent 60 % d'une production stabilisée depuis quinze ans. Fabriqués traditionnellement à base de grumes tropicales, les contre-plaqués français incorporent de plus en plus de feuilles en bois de pays, insérées entre des faces externes en okoumé,

LES USINES DE PANNEAUX

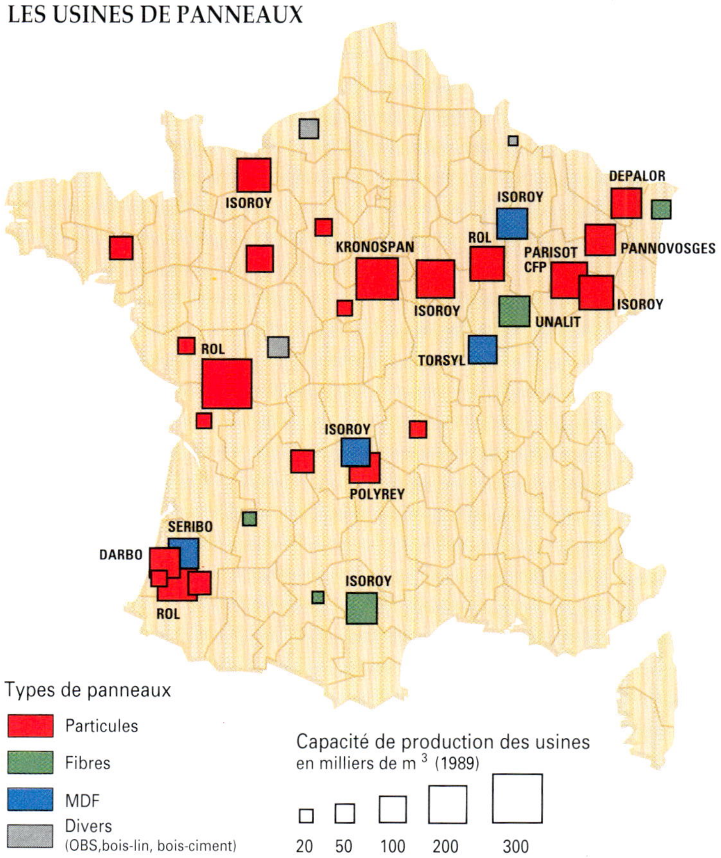

PRODUCTION ET CONSOMMATION DE PANNEAUX EN EUROPE (1989)

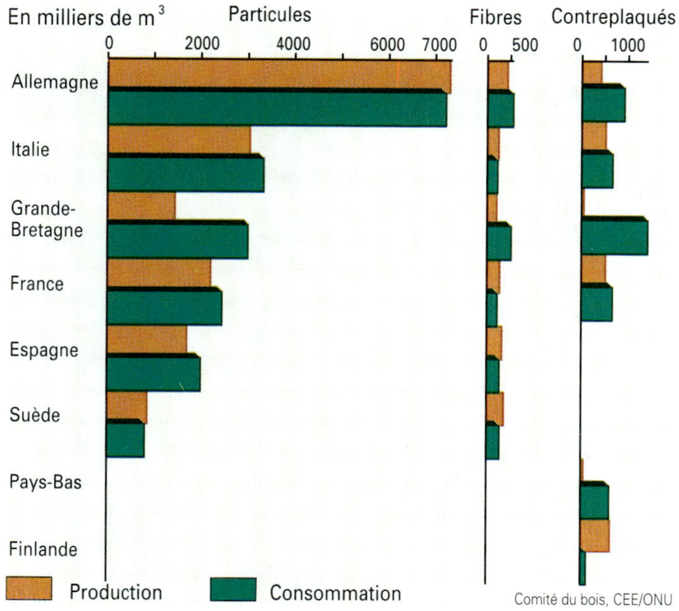

Comité du bois, CEE/ONU

importé du Gabon. Les essences indigènes représentent maintenant la moitié du bois utilisé. Le pin maritime domine, mais le peuplier progresse alors que le hêtre stagne. Les entreprises françaises sont spécialisées dans les produits de moyenne et haute gamme. Dans un marché aujourd'hui mondial, la concurrence est très vive avec les pays qui, comme l'Indonésie, parviennent à fabriquer des produits très standardisés et à bas prix. Les échanges sont déficitaires, alors qu'ils étaient équilibrés à la fin des années soixante. Le contre-plaqué est un matériau à usages multiples. Ses caractéristiques mécaniques sont excellentes pour un poids faible, mais il est coûteux. La consommation française s'est stabilisée depuis vingt ans. Le marché français n'est que le troisième de la Communauté européenne. Le développement se fait ailleurs. La fabrication de bois reconstitués en collant des lamelles de bois bout à bout, côte à côte ou par superposition, s'inspire de la technique du contre-plaqué.

Les particules en mouvement

Le panneau de particules, spécialité européenne, a pris son essor après la Seconde Guerre mondiale. Formé de plusieurs couches de copeaux de bois, agglomérés à chaud avec des colles, c'est le moins coûteux des matériaux à base de bois. Sa fabrication est peu exigeante et tous les types de bois sont acceptés. L'industrie des panneaux de particules et de fibres transforme plus de trois millions de tonnes de bois dont près de la moitié sont des déchets venant de l'activité des scieries. Produit pondéreux ne valant guère plus de 1 000 francs le mètre cube, le panneau de particules doit être produit près des centres de consommation. La construction et l'ameublement sont ses principaux clients. Moins des deux tiers des panneaux sont utilisés à l'état brut et cette proportion diminue régulièrement.

Déroulage du hêtre ; stockage des plaques déroulées ; débobinage avant massicotage. Page ci-contre : panneau latté avec placage en parement.

PRODUCTION ET CONSOMMATION DE PANNEAUX EN FRANCE

En milliers de m^3

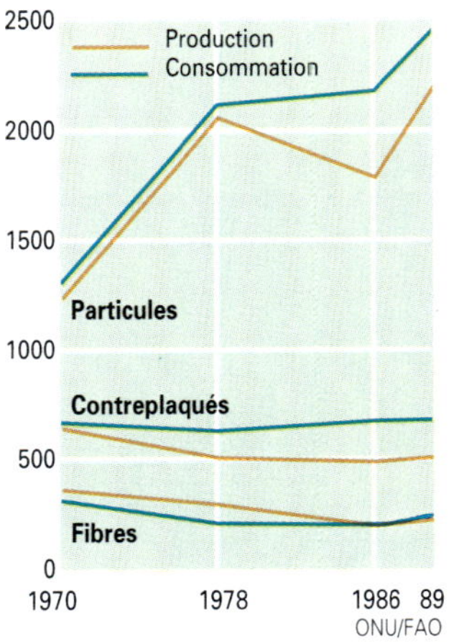

CONSOMMATION DE PANNEAUX PAR SECTEURS

En pourcentage

Contre-plaqués	
bâtiment	50
ameublement	20
panneaux d'affichage	10
bricolage	8
camions, wagons, nautisme	7
emballage	5
Panneaux de particules	
bâtiment	45
ameublement	36
autres	19

Très loin derrière l'Allemagne qui consomme trois fois plus de panneaux que nous, la France n'est que le quatrième marché de la Communauté des Douze. Notre production avoisine celle de la Belgique. Depuis la crise du début des années 1980, l'industrie française a beaucoup progressé. Elle a augmenté sa productivité de moitié en cinq ans, grâce à des investissements dans des procédés très automatisés de presse en continu. Les deux leaders, Isoroy et ROL, détiennent chacun le tiers du marché. Plusieurs investissements majeurs permettront de rééquilibrer les échanges et à la France de devenir exportatrice au cours des années 1990. Les panneaux revêtus de finitions décoratives assurent la croissance du marché : 65 millions de mètres carrés produits en 1989. Plus de la moitié de ces panneaux sont recouverts de films mélaminés. Ils sont utilisés pour l'agencement et la fabrication de meubles. Les panneaux revêtus de plastique, laque, tissu, métal ou stratifiés occupent aussi une place importante. Les panneaux plaqués de bois tempérés ou tropicaux ne représentent guère que 5 % des finitions décoratives. Polyrey, Isoroy et Depalor couvrent, à eux trois, l'essentiel du marché des panneaux décoratifs.

Les placages, merveilles de la nature

La production de placages a connu son apogée en 1974. Une centaine de trancheuses et une vingtaine de dérouleuses, reparties entre 45 entreprises, produisaient alors 181 millions de feuilles de placages. Quinze ans plus tard, une vingtaine d'entreprises subsistent. Leur production ne dépasse pas les 100 millions de feuilles, pour une valeur de 1,2 milliard de francs. Les exportations sont actives. De très nombreuses essences sont utilisées. Locales ou tropicales, elles offrent des décors d'une richesse que seule la nature sait créer.

Le MDF, matériau d'avenir

Troisième grande catégorie, celle des panneaux fabriqués avec des fibres. Depuis de nombreuses années, le marché français se réduit ; il n'est que le cinquième de la Communauté européenne. Toutefois, l'implantation, en 1990, de trois usines nouvelles de panneaux « moyenne densité » (MDF ou *medium*) porte la capacité de production nationale de ce produit à 400 000 mètres cubes. C'est le gage d'un regain de dynamisme pour le marché des panneaux de fibres, qui semblait condamné au déclin. Car le MDF est plein d'avenir. Sa fabrication fait appel de préférence à des fibres venant de rondins résineux qui sont cuites à la vapeur, mélangées avec des résines, puis encollées, séchées, chauffées et pressées. Matériau homogène, très facile à usiner, le MDF est de plus en plus prisé dans l'ameublement, même si son coût est d'environ 50 % supérieur à celui du panneau de particules. A l'image de la France, l'Espagne et l'Italie développent aussi leur production.

D'autres types de panneaux sont encore fabriqués en France. Actuellement, une usine produit des panneaux à larges copeaux plats orientés (OSB). Très répandu en Amérique du Nord dans la construction à structure bois, ce matériau offre des caractéristiques mécaniques proches de celles du contre-plaqué. Un panneau mixte, constitué d'un mélange comprimé et étuvé de copeaux de bois et de ciment, est fabriqué dans les Ardennes. Des panneaux à base de déchets de lin et de bois sont aussi produits en Seine-Maritime.

Un centre d'excellence au service de l'innovation

Avec ses deux cents spécialistes et un budget de cent millions de francs, le Centre technique du bois et de l'ameublement (CTBA) est le fer de lance de l'innovation et du progrès technologique dans l'industrie du bois-matériau. Il intervient dans tous les domaines : abattage du bois, sciage, panneaux, menuiseries, construction, ameublement, préservation et normalisation. Il est aussi le leader en Europe pour les systèmes de vision, de détection des défauts, d'optimisation du débit ou du tri. Après mise au point par le CTBA, les technologies les plus modernes sont transférées aux entreprises du bois : de la radiographie par rayons X à la thermographie infrarouge, en passant par les scanners, les micro-ondes et les lasers.

CTBA

La forêt a besoin de l'industrie papetière

C'est au milieu du XIXe siècle que le bois commença à être utilisé pour produire de la pâte à papier à l'aide de moyens mécaniques. Très vite, les papetiers cherchèrent à développer des techniques permettant d'obtenir, à partir du bois, un produit proche de la pâte traditionnelle faite de chiffons de lin ou de chanvre, matériau de base du papier pendant six siècles. Les pâtes chimiques firent alors leur apparition.

Trois sortes de pâte

Pour fabriquer des pâtes à papier à partir de copeaux de bois, trois procédés sont utilisés aujourd'hui. Les pâtes *mécaniques* et *thermomécaniques* sont produites par râpage de rondins sur des meules ou broyage de copeaux entre des disques. Ce procédé est très gourmand en énergie. Deux tonnes de bois sont nécessaires pour obtenir une tonne de pâte. Les résineux blancs, sapin et épicéa, mais aussi les feuillus tendres, tels le peuplier ou le tremble, sont les essences les mieux adaptées, car leurs fibres sont longues et non colorées. Ces pâtes sont utilisées pour fabriquer le papier journal. Les pâtes *chimiques* sont obtenues par cuisson du bois et dissolution de la lignine dans un solvant. Le sulfate de soude, qui peut être recyclé, est préféré au bisulfite. La combustion de la lignine assure l'autonomie énergétique. Quatre ou cinq tonnes de bois, feuillus ou résineux, sont nécessaires pour produire une tonne de pâte de très bonne qualité. La pâte de cellulose peut rester écrue ou être

Du bois... à la pâte... et au papier.

CONSOMMATION DE BOIS PAR L'INDUSTRIE PAPETIÈRE

Milliers de tonnes

Pins	4 245	
dont rondins		2 975
Sapins et épicéa	1 147	
dont rondins		565
Feuillus	2 642	
Bois importés	187	
Total	8 221	

Fédération des pâtes à papier, 1989

CONSOMMATION DE MATIÈRES PREMIÈRES PAR L'INDUSTRIE PAPETIÈRE

	Milliers de tonnes	% du total des matières premières
Pâtes	3 433	47
Fibres récupérées	3 086	37,5*
Charges (talc, kaolin...)		15
Chiffons		0,5

* Soit 45,7 % des fibres utilisées

COPACEL, 1989

Pour fabriquer 100 kg de papiers-cartons, on utilise 108 kg de matières premières dont 50,8 kg de pâte, 40,4 kg de vieux papiers, 0,5 kg de chiffons et 16,3 kg de charges.

Usine de pâte à papier à Alizay (Eure).

LES USINES DE PÂTES DE CELLULOSE

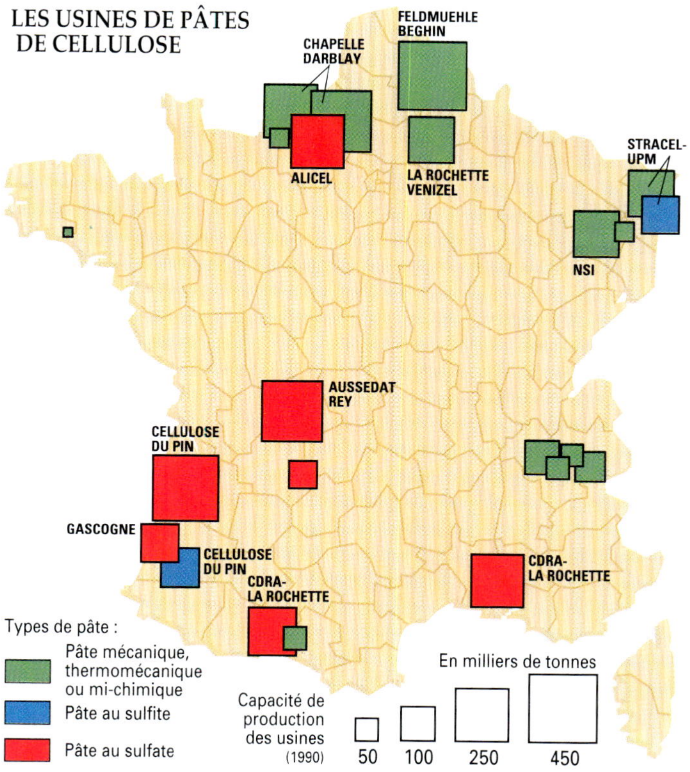

blanchie, selon les utilisations futures en papeterie. Les pâtes *mi-chimiques*, dont la production régresse, sont issues d'un procédé intermédiaire. En fin de cycle de fabrication, la pâte est pressée et déroulée pour former une feuille continue. Puis, séchée, coupée et mise en balles, elle est livrée aux industries de fabrication du papier.

Réveil des investissements

La France et l'Allemagne sont aujourd'hui les deux premiers producteurs de pâtes à papier de la Communauté européenne, loin derrière la Suède ou la Finlande dont les volumes sont quatre ou cinq fois supérieurs. Nous produisons trois fois plus de pâtes chimiques que de pâtes mécaniques. La situation est inverse chez nos voisins allemands, en raison de leur potentiel forestier en sapin et en épicéa, essences très prisées pour la pâte mécanique. La consommation de pâtes augmente régulièrement. Depuis 1970, la production suit à un rythme plus lent. L'intégration de la fabrication de pâte et de la fabrication de papier au sein des mêmes entreprises est moins poussée en France que dans la plupart des autres pays : près de la moitié de la pâte produite est commercialisée.

Entre 1988 et 1993, le paysage papetier français aura été bouleversé. Après un long sommeil, surtout dû à une insuffisance de capitaux, les investissements ont explosé. Deux usines nouvelles sont créées, à Strasbourg et à Golbey dans les Vosges. La plupart des sites de fabrication de pâtes connaissent d'importantes augmentations de leurs capacités. En cinq ans, le potentiel de production se sera accru de 40 %, soit beaucoup plus qu'au cours des vingt dernières années. L'arrivée d'investisseurs étrangers explique cette évolution. Intéressés par nos disponibilités forestières en croissance, le prix concurrentiel de notre énergie électrique et notre position au cœur du marché européen, ces grands groupes ont apporté les capitaux qui manquaient à nos industries. L'activité papetière est aussi gourmande en capitaux que le nucléaire : une usine de pâte neuve coûte deux ou trois milliards de francs. Seuls de très grands groupes peuvent résister dans une activité caractérisée par l'ampleur des cycles de prix et la concurrence mondiale. Entre 1987 et 1990, le prix de la tonne de pâte est passé de 400 à 850 dollars. La phase de baisse du cycle pourrait être aussi rapide, au gré des évolutions des capacités de production et des stocks mondiaux. Les technologies sont banalisées et les coûts de production sont comparables pour des usines modernes. Le prix d'achat du bois constitue la clé de la rentabilité. Les usines françaises sont dans une situation intermédiaire entre les prix élevés des Scandinaves et ceux, très bas, des Brésiliens ou du sud-est des États-Unis. La rémunération payée au propriétaire de bois sur pied explique en partie cette position.

L'harmonie de la forêt et du papier

Pour deux Français sur trois, le papier détruit la forêt (sondage SOFRES 1989). Les clichés et l'à-peu-près tiennent lieu de certitudes. Le bois exploité en France pour fabriquer de la pâte à papier garantit au contraire l'essor harmonieux et durable de la forêt. Les deux tiers du bois consommé dans les usines sont des rondins provenant des coupes d'éclaircies qui éliminent les arbres malingres, mal conformés, trop denses. Les houppiers et les parties de grumes dont le diamètre est trop petit pour le sciage fournissent aussi des rondins. Le dernier tiers du bois utilisé en papeterie est formé par les déchets de l'industrie du sciage. Epurateurs de la forêt, les papetiers contribuent à l'équilibre du cycle forestier. Les usines utilisent deux fois plus de résineux que de feuillus. Les résineux apportent des caractéristiques de solidité à la pâte. Les feuillus donnent la douceur et l'opacité, particulièrement appréciées dans les papiers utilisés pour l'impression et l'écriture.

PRODUCTION DE PÂTES, PAPIERS ET CARTONS DANS QUELQUES PAYS EUROPÉENS EN 1989
En millions de tonnes

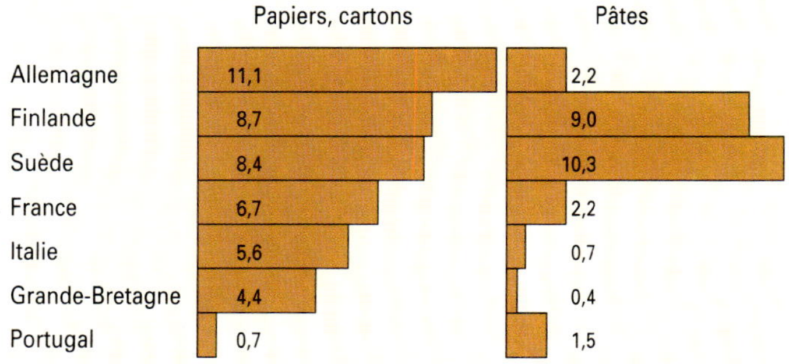

COPACEL

LES MILLE USAGES DU BOIS

Matière première des papiers et des cartons, matériau pour la construction, l'ameublement mais aussi la tonnellerie ou les instruments de musique, source d'énergie dans de très nombreuses maisons individuelles, le bois est inséparable de notre vie quotidienne.

Aux origines du papier

Les Phéniciens écrivaient sur des feuilles de roseau tressées, alors que les Romains gravaient des tablettes de bois enduites de cire. La pâte à papier fut inventée en l'an 105 par un Chinois qui broya du bambou dans de l'eau avant de laisser sécher la pâte et de l'aplatir en feuilles fines. Lors de leurs grandes conquêtes, au milieu du VIIIe siècle, les Arabes découvrirent la technique et se mirent à fabriquer du papier avec du lin ou du coton. Un croisé, évadé des geôles turques, rapporta en Europe le secret du papier à la fin du XIe siècle. Avec l'invention de l'imprimerie, en 1436, la consommation de papier progressa rapidement. Sa fabrication, à partir de chiffons, resta très artisanale jusqu'au début du XIXe siècle. Vers 1830, Barthélemy de Canson, nom resté célèbre, installa, en Vivarais, la première machine à papier en continu et perfectionna la technique des pâtes à papier.

La civilisation du papier

Après avoir contribué à la diffusion des connaissances pendant sept siècles, le papier paraissait condamné au déclin avec l'essor de la télévision, de l'informatique, de la télématique, des plastiques et autres technologies en « ique ». Il n'en est rien. Le secteur papetier n'a jamais été aussi dynamique qu'en cette fin de XXe siècle.

Le Français consomme 150 kilogrammes de papier et carton par an. Il n'est que le dix-neuvième consommateur mondial, deux fois moins papivore que l'Américain. En vingt ans, notre consommation totale a pourtant progressé de 75 %. Nous sommes le deuxième producteur de la Communauté européenne, avec un volume inférieur de moitié à celui de l'Allemagne. Notre production a presque doublé en vingt ans. Elle couvre 80 % de la consommation. Les années 1988-1990

PRODUCTION ET CONSOMMATION DE PAPIERS ET CARTONS
En milliers de tonnes

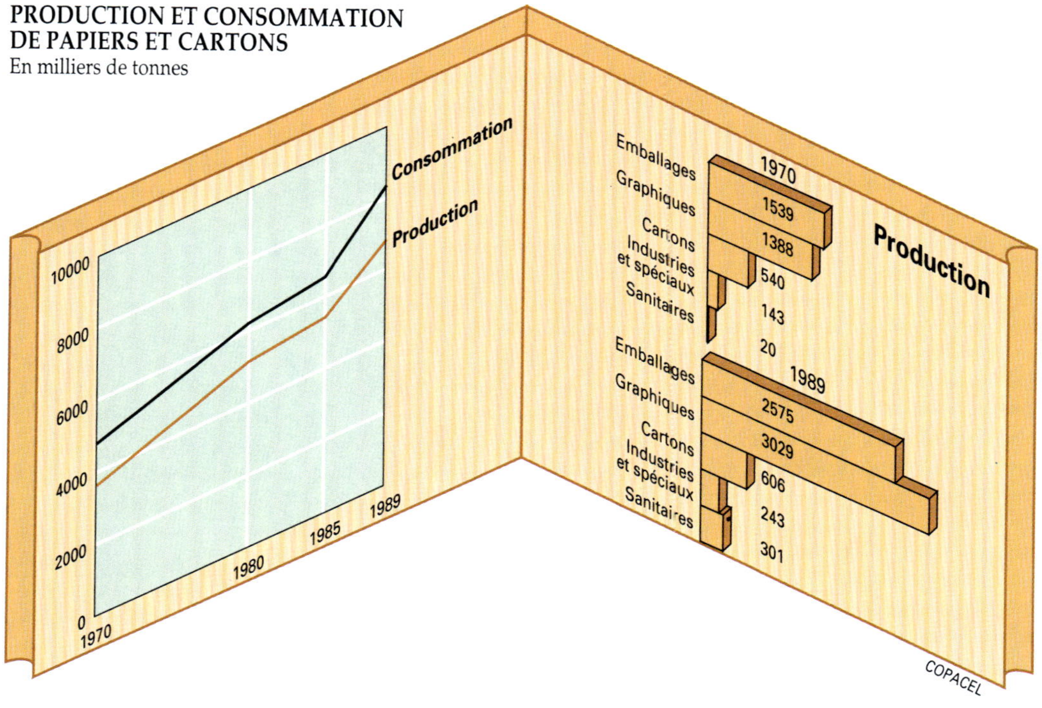

LA CONCENTRATION DANS L'INDUSTRIE DES PAPIERS-CARTONS
(Activités de première transformation)

	Nombre d'entreprises	Nombre de salariés
1970	243	41 900
1975	157	38 300
1980	128	35 670
1985	118	24 540
1989	117	23 900

COPACEL

Alors que la production a régulièrement augmenté, la concentration des entreprises date surtout des années 1970, l'accroissement de la productivité du travail étant le fait de la décennie 1980.

LES CHIFFRES CLÉS DE L'INDUSTRIE PAPETIÈRE

	Pâtes	Papiers et cartons
Nombre d'usines	22	146
Nombre de salariés	3 800	23 900
Valeur de la production *(millions de francs)*	9 104	34 471
Quantités *(milliers de tonnes)* production	2 273	6 754
consommation	3 433	8 356
exportation	358	2 038
importation	1 753	3 640

COPACEL, 1989

auront été marquées par une évolution structurelle de grande ampleur. Le mouvement de concentration et de restructuration du capital des entreprises s'est accéléré. Des regroupements ont permis à certaines sociétés d'atteindre la taille nécessaire pour conserver une bonne compétitivité sur des marchés qui s'internationalisent toujours plus. Les prises de contrôle de transformateurs et de distributeurs par des groupes étrangers ont été nombreuses. Avec ces capitaux nouveaux, les investissements ont nettement augmenté. Plus de 8 milliards de francs ont été investis. Les capacités de production se sont accrues de 1 300 000 tonnes, en progression de 20 %. En s'assurant des gains de productivité considérables grâce à l'effet de taille et à la modernité de ses installations, l'industrie française se dote de moyens pour figurer en bonne place au sein du Marché unique européen.

Écrire, imprimer, photocopier...

Le secteur de l'impression-écriture connaît une croissance soutenue : près de 5 % par an dans les années 1980-1990. Au cours de cette période, le triplement des dépenses publicitaires a bénéficié aux secteurs de la presse et de l'affichage, qui recueillent les deux tiers des investissements publicitaires. L'essor de la vente par correspondance, du marketing direct et de la presse magazine a aussi contribué à accroître les consommations de papier. La progression est forte et régulière pour les papiers couchés avec bois surtout utilisés pour imprimer des catalogues ou des magazines. Même si nous lisons trois fois moins de journaux que les Anglais et deux fois moins que les Allemands, notre capacité de production était très insuffisante pour satisfaire les besoins croissants de la presse gratuite. Les nouvelles usines de Strasbourg et de Golbey, dans les Vosges, produiront 400 000 tonnes supplémentaires de papier journal en 1993. Le déficit sera ainsi résorbé. Le développement de l'édition et de la publicité de haut de gamme favorise les papiers couchés sans bois. Les producteurs français possèdent le savoir-faire qui leur permet de viser les créneaux à forte valeur ajoutée.

L'avènement de la bureautique a provoqué des évolutions considérables dans la consommation de papier. Si les liasses et formulaires en continu marquent le pas, la photocopie et la banalisation des traitements de texte, associés à des imprimantes laser, conduisent à une forte progression de la demande de papiers. La production se standardise dans les grandes unités de papiers non couchés sans bois. Les impératifs de compétitivité poussent à la production de masse sur les mêmes sites que la pâte chimique. Les industriels français sont très présents sur ces marchés. Avec près d'un million de tonnes produites en 1989, ils comptent parmi les leaders en Europe dans les papiers pour offset et pour photocopie. Maîtrisant des technologies très élaborées, les papetiers français occupent les places de leaders mondiaux ou européens sur les marchés des papiers spéciaux. Très au point pour les papiers servant à fabriquer les billets de banque, ils préparent l'avenir en dominant les techniques de fabrication des produits en croissance rapide, comme les papiers thermiques pour télécopie ou les papiers autocopiants.

Les papiers pour billets de banque : une spécialité française.

Perspectives favorables dans l'emballage

Le papier-carton est le premier matériau d'emballage en France, avec le tiers du marché en valeur. La part des papiers-cartons, qui était de 44 % en 1970, a cependant diminué au bénéfice des matières plastiques. Conteneurs, caisses, présentoirs, étuis, sacs, boîtes, feuilles... : les papiers et cartons sont présents dans tous les domaines de l'emballage. La production est dispersée entre de nombreuses entreprises proches de leurs clients. La première entreprise française, une filiale de la Cellulose du Pin, détient moins de un pour cent du marché européen. Elle possède trente sites industriels pour une activité de trois milliards de francs. Les

3,2 millions de tonnes de papiers et cartons d'emballage produits en 1989 se partagent en trois sous-secteurs. Avec les deux tiers de la production totale, les *papiers pour carton ondulé* connaissent une très forte croissance. Leader en Europe, la France vient au troisième rang dans le monde après les États-Unis et le Japon. L'ondulé reste l'emballage privilégié de l'agro-alimentaire qui en consomme la moitié. Mais l'infinie diversité de ses formes lui permet de conquérir de nouveaux débouchés dans l'ensemble de l'industrie. Le *carton plat* a aussi le vent en poupe. Mais les 600 000 tonnes de la production nationale n'assurent que la moitié des besoins. Les progrès enregistrés chez les producteurs

confèrent au carton plat un très bon rapport qualité/prix, gage de son avenir. Le dernier des trois sous-secteurs, celui des *papiers d'emballage*, a le plus souffert de la concurrence des films et sacs plastiques. Après une longue période de baisse, la tendance est à la reprise de la consommation. L'industrie française consolide sa première place en Europe en misant sur l'innovation.

Papiers sanitaires et domestiques

L'activité du secteur des papiers à usages sanitaires et domestiques connaît en revanche une évolution contrastée. La consommation de produits à base d'ouate de cellulose augmente de plus de 5 % par an. Une marge de progression subsiste. Avec sept kilogrammes par an de papier hygiénique, essuie-tout, mouchoirs et serviettes en papier, le Français en utilise trois fois moins que l'Américain et deux fois moins que l'Anglais. Les 300 000 tonnes produites en 1989 devraient rapidement croître de 60 % avec la mise en route de nouvelles machines. En revanche, la stagnation de la démographie limite le développement des produits à base de pâte *fluff* absorbante, dans la mesure où les couches pour bébés assurent actuellement les deux tiers du marché. Mais les usages hospitaliers du *fluff* progressent et le marché européen est fortement déficitaire, ce qui crée des perspectives pour la production française.

Le recyclage des vieux papiers

Pour fabriquer 100 kilogrammes de papiers-cartons, on utilise, en moyenne, 51 kg de pâtes à base de bois, 40 kg de vieux papiers et 16 kg de charges, comme le talc ou le kaolin. Les papiers et cartons recyclés représentent 45 % des matières premières, soit presque autant que les pâtes à papier à base de bois. Les papiers pour ondulé, le carton plat et le papier journal intègrent les taux les plus élevés de fibres de récupération. Dans la fabrication du papier journal, le taux d'utilisation des fibres recyclées a presque décuplé en une décennie, passant de 5 % à 46 %. Il est supérieur à 80 % dans le carton plat et l'ondulé. Des progrès restent possibles quant à la part récupérée des papiers et cartons. Avec un taux de 34 %, la France est derrière l'Allemagne et surtout les Pays-Bas, qui atteignent 55 %. Le recyclage des vieux papiers est utile car il réduit les importations de pâte à papier. Mais il n'est en rien un moyen de sauver la forêt puisqu'en France elle n'est pas menacée. Acte économique, il est aussi écologique, dans la mesure où il limite le volume des déchets à collecter et à traiter.

Avec ou sans bois, couché ou non ?

Les papiers sont fabriqués avec de la pâte à base de bois et, en proportions variables, des fibres recyclées et des charges telles que l'amidon, le kaolin ou le carbonate de calcium. S'ils intègrent moins de 10 % de pâte mécanique ou de fibres recyclées, les papiers sont dits « sans bois », alors qu'ils proviennent pourtant en partie du bois. Dans le cas contraire, ils sont « avec bois ». Afin de donner au papier des qualités d'impression particulières, il peut être revêtu de charges spéciales. Si ces produits excèdent 10 grammes par mètre carré, le papier est « couché ». Il est dit « non couché » si la charge est inférieure à 5 grammes par mètre carré et « pigmenté » dans le cas intermédiaire. Toutes les déclinaisons existent entre papiers avec ou sans bois, couchés ou non couchés. Fabriqué à base de pâte mécanique et de vieux papiers, le papier journal est le type même de papier avec bois non couché. Ce livre est imprimé sur du papier couché sans bois.

Le papier, un écoproduit

La montée des préoccupations liées à la gestion des déchets et à la protection de l'environnement devrait être favorable au papier-carton, particulièrement dans l'emballage. Biodégradables et récupérables, les papiers ont un avenir prometteur dans la concurrence entre matériaux. De nombreuses sociétés ne s'y sont pas trompées et ont misé sur l'atout, en termes de marketing, que sont les écoproduits. À la fin de 1990, McDonald's décidait de remplacer par des emballages à base de papier ses barquettes en polystyrène, non biodégradables et qui nécessitaient des CFC pour leur fabrication.

Les grandes manœuvres de l'industrie française

Depuis vingt ans, l'industrie française se concentre et accroît sa productivité. Le nombre d'entreprises et les effectifs ont été divisés par deux. Mais les sociétés françaises restent de taille moyenne, si on les compare aux géants américains et scandinaves dont les leaders dépassent les cinquante milliards de francs de chiffre d'affaires. Une dizaine de groupes français dépassent les deux milliards de francs de chiffre d'affaires en 1990. Autour de dix milliards, on trouve les deux leaders : Arjomari, qui ne fabrique que des papiers, et la Cellulose du Pin, qui est plus diversifiée. L'activité des deux sociétés suivantes, Aussedat Rey et La Rochette, est deux fois moins importante en valeur. Aussedat Rey vient en tête pour le papier de photocopie et La Rochette pour la pâte marchande. Au cours des années 1988 à 1990, les entreprises françaises ont été la cible des groupes étrangers. Les Suédois dirigent maintenant Alicel, Béghin et Peaudouce. Les Finlandais possèdent la Cellulose de Strasbourg et La Chapelle Darblay. Aussedat Rey, Kaysersberg et Sopalin sont sous contrôle américain. Les Norvégiens sont installés dans les Vosges et le groupe canadien Cascades se développe en Rhône-Alpes. Seules La Rochette, Gascogne et la Cellulose du Pin restent françaises. Arjomari a relevé le défi. En s'alliant, à la fin de 1990, avec l'anglais Wiggins-Teape, le groupe est devenu le numéro un dans la Communauté européenne et le huitième papetier mondial. Au premier rang pour la plupart des produits à haute valeur ajoutée, Arjomari joue maintenant au sein d'un club jusqu'ici réservé aux géants américains.

Le papier journal est un papier « avec bois non couché ».

« Si tu es malade, va voir un médecin, s'il ne peut rien pour toi, habite une maison en bois » (proverbe scandinave).

Le bois en architecture : maison à colombage à Pont-Audemer en Normandie. Page ci-contre : Avoriaz.

Construire avec le bois

Le secteur du bâtiment est le premier utilisateur de matériaux en bois : 60 % sous forme de charpentes et bois de structure, le reste sous forme de fenêtres, portes, volets, parquets et autres éléments d'aménagement. L'entretien et la réhabilitation des constructions anciennes, qui font largement appel au bois, ont pris le relais des maisons individuelles dont les mises en chantier régressent depuis le milieu des années 1970. Globalement, la consommation de bois dans la construction s'est stabilisée : les deux tiers des sciages et la moitié des panneaux sont aujourd'hui utilisés dans ce secteur.

L'architecture en bois : tradition et renouveau

La France a une grande tradition d'architecture en bois : maisons à colombage des vieux centres-villes, particulièrement en Alsace et en Normandie ; fermes des Landes, de Bresse, de Normandie ou de Champagne ; ou encore églises, comme celle de Honfleur. Les nombreux bâtiments qui parviennent intacts après plusieurs siècles prouvent que le bois est un matériau fiable et durable. Au Japon, le temple de Horyu-Ji, construit au VIIe siècle, est toujours debout. En France, nombreuses sont les maisons en bois des XVe et XVIe siècles encore habitées. La construction en maçonnerie, à l'image solide et durable, que l'on transmet à ses enfants, ne date que du XIXe siècle. Fondée sur l'emploi de matériaux standardisés, demandant peu de technicité pour la mise en œuvre, elle a complètement supplanté la construction en bois, alors que, selon une enquête de 1986, 91 % des Français interrogés se disent favorables à l'emploi du bois à l'intérieur de leur habitat. Pourtant moins de 10 % des maisons individuelles construites aujourd'hui en France ont une structure en bois. On est loin des 90 % des États-Unis et du Canada, voire de l'Allemagne voisine où les maisons en bois, marques d'un certain standing, sont achetées par les classes sociales favorisées.

De nombreuses maisons à ossature de bois construites en France conservent l'apparence d'une maison « traditionnelle », la présence du bois étant souvent masquée par des enduits. Il existe pourtant des exemples de constructions contemporaines de grande qualité technique et esthétique ; la structure de bois demeure apparente avec un revêtement, au moins partiel, de clins, frises ou bardeaux. Ces maisons sont habitées par des familles jeunes, de catégorie socioprofessionnelle assez élevée, à la recherche d'un habitat moderne qui allie aux technologies nouvelles une image écologique de différenciation sociale. Le bois est aussi de plus en plus utilisé pour des bâtiments publics, comme les écoles, les équipements sportifs ou les hôtels. L'habitat de loisirs en bois a pris son essor dans les années 1970. Il est surtout concentré sur la côte atlantique où les résidences secondaires et les villages de vacances en pin des Landes sont nombreux, mais il est aussi présent à la montagne, qu'il s'agisse de chalets ou d'ensembles, comme dans la station d'Avoriaz.

Un architecte qui aime le bois

« Les potentialités du matériau bois sont fantastiques ! » Ainsi s'exprime Christian Gimonet, architecte installé à Bourges depuis un quart de siècle. Formé aux Beaux-Arts, il a été influencé par le Japon, les États-Unis et la Scandinavie, autant de pays où architecture rime avec bois. Marquées de l'esthétique des nouvelles technologies, ses premières réalisations ont réservé une place importante au bois, pensé de manière différente. Après avoir construit, dans les années 1980, plusieurs programmes d'HLM à structure de bois, il est désormais convaincu que l'avenir de la maison à ossature de bois se trouve dans le haut de gamme. Lauréat du concours Habiter 88 *pour son logiciel de conception de maisons en bois, Christian Gimonet s'est associé avec trois architectes parisiens. Leur réseau,* Avec plus, *offre une palette de compétences et d'approches qui leur permet de maîtriser tout l'univers complexe de la construction en bois.*

Investissez dans la pierre, choisissez le bois !

La moitié des Français ne sait pas ce qu'est une maison à structure de bois et l'assimile au chalet traditionnel. Il s'agit en fait d'une technique très ancienne. Tout le monde connaît les maisons à colombage, structures de pans de bois remplies de torchis, de briques ou de pierres. Les constructions modernes ont une ossature faite de poteaux et de poutres en bois, disposés selon une trame de deux à cinq mètres. Elles peuvent aussi être composées de modules tridimensionnels, à base de panneaux, comportant planchers, plafonds, murs extérieurs et souvent l'essentiel des huisseries. Fabriqués en usines, assemblés sur le chantier, ces modules sont ensuite revêtus d'une charpente et de sa couverture. La fabrication d'une maison à structure de bois consomme de 30 à 40 mètres cubes de bois, soit trois fois plus qu'une maison en maçonnerie.

La charpente, premier débouché des bois résineux

Les charpentes utilisent plus de la moitié des sciages résineux français et l'essentiel des bois importés. Traditionnellement, les charpentes sont composées de bois de forte section, les fermes, assemblés sur le chantier et reliés par des pannes et des chevrons chevillés, boulonnés ou cloués. La fabrication et la pose sont assurées par des artisans. Mais la construction individuelle fait de plus en plus appel à des charpentes industrielles fabriquées en usine. Ce sont des assemblages de bois de faible section, les fermettes, espacés de 60 centimètres et reliés par des connecteurs métalliques. Le bois massif est un remarquable matériau de construction : très bon isolant thermique, non corrosif, il est plus léger que le béton ou l'acier pour des performances mécaniques comparables. S'il est combustible, le bois se consume plus lentement que ces deux matériaux, ce qui permet aux charpentes en bois de rester stables lors d'un incendie et de ne pas s'écrouler brutalement.

Matériau naturel, le bois massif est limité en longueur et il ne permet que des formes droites. Les techniques de lamellation et d'aboutage ont toutefois donné naissance à des poutres qui offrent des possibilités architecturales étendues. Le lamellé-collé est le mieux connu de ces procédés, en raison des nombreuses réalisations prestigieuses auxquelles il participe. Il consiste en lamelles de bois assemblées par entures dans le sens de la longueur et collées à plat les unes sur les autres, qui permettent d'obtenir des poutres droites ou courbes dont les caractéristiques sont supérieures à celles des bois massifs d'origine. Il est très employé dans les bâtiments nécessitant un espace important totalement dégagé : salles de sport, halls industriels, hangars agricoles... Les 127 mètres de portée de l'arc en bois lamellé-collé des tribunes du stade de Poitiers constituent le record d'Europe en la matière. On utilise aussi des poutres composites, en forme de I, avec une âme en panneau de bois ou en métal, enserrée par collage entre deux membrures en bois massif. Ces poutres sont plus légères que du bois massif et moins onéreuses.

Fenêtres, portes, escaliers...

L'époque du menuisier de village qui fabriquait et posait fenêtres, portes ou volets est aujourd'hui révolue. Les artisans se contentent de plus en plus de poser des produits standardisés qu'ils achètent aux entreprises industrielles. Parmi la dizaine de sociétés qui dominent en France, le groupe Lapeyre est le leader incontesté avec 2,5 milliards de francs de chiffre d'affaires. Il est bien connu du grand public, notamment grâce à son catalogue et à ses cinquante-trois magasins spécialisés dans lesquels sont vendus les produits fabriqués dans les neuf usines du groupe.

Chaque année, 2,3 millions de fenêtres en bois, 7 millions de portes, 150 000 escaliers, 1,5 million de volets et plus de 1 000 kilomètres de clôtures sortent des usines françaises. À elles seules, les fenêtres continuent de représenter plus de la moitié des ventes même si, en quinze ans, la part du bois est tombée de 73 % à 40 % du marché total des fenêtres. Dans le même temps, le plastique est passé de 1 % à 28 % des ventes, l'aluminium ne progressant que légèrement. Si la fenêtre en bois équipe toujours huit pavillons sur dix, elle n'est plus présente que dans un immeuble neuf sur sept. En effet, si les Français plébiscitent le bois qu'ils trouvent esthétique, chaleureux, noble et bon isolant thermique, ils n'apprécient pas les contraintes d'entretien. La fréquence et le coût des travaux de peinture pénalisent le bois dans les bâtiments collectifs, où l'on cherche à limiter les charges. Pour redresser la barre, les fabricants de fenêtres en bois réagissent et innovent. Des matériaux, jusqu'ici concurrents, sont associés : à l'intérieur, le bois ; à l'extérieur, l'aluminium voire le plastique. Produit moderne, la menuiserie mixte bénéficie de l'image valorisante et de l'ambiance créées par le bois, sans les inconvénients de l'entretien. De même, la mise au point de finitions plus durables et l'arrivée sur le marché de lasures teintées sont des atouts pour le matériau bois. Enfin, les difficultés croissantes d'approvisionnement en bois tropicaux — les deux tiers du bois utilisé en menuiserie — ouvrent un avenir nouveau aux essences locales. Avec les techniques d'aboutage ou de lamellé-collé, le chêne et d'autres bois français retrouvent de nouvelles perspectives.

MATÉRIAUX UTILISÉS POUR LA PRODUCTION DE FENÊTRES
En pourcentage

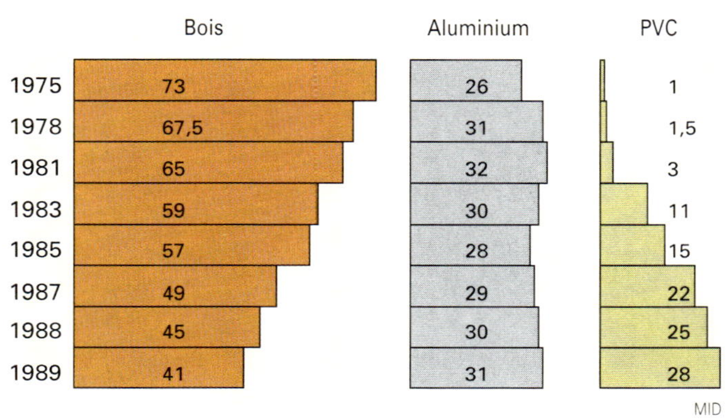

MID

« Le bois avance »

« Le bois avance », plus qu'un slogan... Cité spontanément par plus d'un Français sur deux, il a maintenant son identité propre. Le message des campagnes de promotion télévisées est passé dans les mémoires : le bois est un matériau d'avenir. « Le bois avance ». Une ambition qui s'affichera sur tous les mâts (en bois !) qui porteront, en février 1992, les emblèmes des XVIes Jeux Olympiques d'hiver. Fournisseur officiel des jeux, le bois sera partout présent dans cet univers tourné vers la performance.

Un artisan qui s'adapte

Son grand-père et son père étaient menuisiers à Janneyrias, à vingt kilomètres de Lyon. Ils fabriquaient tout ce qui pouvait se faire en bois pour construire, aménager et meubler une maison. Sentant que les structures de la profession évoluaient, Jacques Grandjean décidait, en 1962, de ne pas reprendre l'entreprise familiale mais de créer une nouvelle société. Une trentaine d'années plus tard, il est toujours artisan, comme son père, et emploie six ouvriers. Mais il a constamment évolué au gré des marchés : d'abord spécialisé dans les coffrages, il a ensuite fabriqué des pieds de sommier, jusqu'à dix tonnes par an. Aujourd'hui, c'est un spécialiste des escaliers, du plus simple au plus sophistiqué, dans une très large gamme d'essences. Il cherche en permanence à répondre aux besoins spécifiques de ses clients, en fabriquant des escaliers à la carte, à l'aide des logiciels qu'il a conçus avec son fils, expert en intelligence artificielle. Toujours à l'affût de nouvelles idées, il n'hésite pas à franchir les frontières. A 55 ans, Jacques Grandjean est l'un des porte-drapeaux d'une nouvelle génération d'artisans du bois.

Le retour du parquet

Variété des produits, des couleurs, des modes de pose : le parquet répond aux exigences d'aujourd'hui. Les Français redécouvrent enfin ses qualités : à la fin des années 1980, le marché a connu 15 % de croissance annuelle. Mais nous utilisons encore trois fois moins de parquet que les Allemands, il ne représente que 4 % des revêtements de sol posés chaque année. Sur les 8 millions de mètres carrés fabriqués en 1989, les deux tiers sont des parquets composés de lames de bois massif, épaisses de 23 millimètres, assemblées par rainures et languettes. Cloués sur des lambourdes, ces parquets sont les plus traditionnels. Constitués de lamelles de bois, épaisses de 8 millimètres, larges de 2 centimètres et longues de 12 à 15 centimètres, juxtaposées et assemblées en panneaux, les parquets mosaïques sont collés sur le sol. Ils représentent encore le quart de la production. Mais ces deux types de parquet régressent au profit d'une nouvelle génération composée de lames minces de bois de belle qualité, collées sur un panneau de particules, un contre-plaqué, voire du bois massif de moindre choix. Epais de 15 à 22 millimètres, poncés et vernis en usine, ces parquets en lames ou en dalles se posent très facilement. Assemblé par simple languette, sans clous ni collage au sol, ce parquet dit « flottant » permet à un bon bricoleur de poser une cinquantaine de mètres carrés en un week-end.

PRODUCTION DE PARQUETS ET DE LAMBRIS
Millions de m^2

Parquets traditionnels	
pin maritime	2,6
autres résineux	1,7
chêne, châtaignier	0,6
Parquets mosaïques	2,0
Parquets contrecollés	0,96
Lambris	
pin maritime	21,65
autres résineux	5,8
feuillus	0,91

SESSI, 1989

Les fabricants multiplient les gammes et les innovations ; par exemple l'injection de résines dans les lames de bois pour densifier le parquet. Le consommateur a l'embarras du choix devant ces produits qui allient le prestige des parquets traditionnels aux avantages d'un matériau contemporain : facilité d'entretien, longue durée de vie, économie,

Structures en bois du centre commercial de Bercy, construit en 1990.

Préserver le bois pour qu'il dure

Les champignons peuvent attaquer le bois à l'extérieur et aussi à l'intérieur, lorsque le taux d'humidité dépasse 20 % dans des locaux mal aérés et sombres. En revanche, tous les bois bruts ou transformés craignent les insectes xylophages. Présents dans plusieurs régions françaises, les termites sont les plus terribles ; les capricornes, présents partout, s'attaquent surtout aux résineux et les lyctus aux feuillus. Les moyens de lutte existent et la préservation du bois fait partie des actes naturels de la construction. Bien préservé, le bois durera aussi longtemps que la construction à laquelle il appartient. Selon l'humidité ambiante, la possibilité d'attaque par les insectes ou les champignons et la position du bois dans la construction, les normes modernes distinguent quatre classes de risques. A chaque classe correspondent un produit et une technique de traitement spécifiques qui garantissent la durabilité du bois. Par exemple, du bois situé à l'extérieur, en contact avec le sol, doit avoir été imprégné en profondeur avec un produit de classe 4, appliqué en autoclave.

harmonie, esthétique et image valorisante. Les plus prestigieuses réalisations architecturales récentes réservent une place de choix au parquet : 5 000 mètres carrés à l'opéra Bastille ; 4 000 mètres carrés pour le plancher supérieur de l'Arche de la Défense ; 2 500 mètres carrés de chêne pour les salles d'exposition et l'auditorium de la pyramide du Louvre ; et bien d'autres exemples encore, de la Cité des sciences de La Villette au palais des sports de Bercy en passant par les hôtels d'Euro-Disneyland. Qualités acoustiques, palette de couleurs des essences, résistance à l'usure : autant de raisons de choisir le parquet.

Le lambris, matériau de décoration

Le marché des lambris a explosé au cours des années 1970 et 1980 : en vingt ans, la consommation a été multipliée par cinq, atteignant 28 millions de mètres carrés en 1989. Près de un million de mètres cubes de bois sont transformés en lambris. Les résineux représentent 97 % de la production, dont les trois quarts sont en pin maritime. Terre d'élection du lambris, l'Aquitaine réunit la moitié des entreprises dont deux groupements d'une douzaine de sociétés qui dominent le marché. La fabrication est très automatisée : des systèmes de vision très perfectionnés opèrent le tri entre qualités. Le lambris en pin des Landes s'est imposé en raison de son coût qui le rend très abordable pour la frisette, en revêtement de combles et de plafonds. Mais aujourd'hui le lambris s'impose comme un produit de décoration qui trouve sa place dans les pièces à vivre, les cuisines ou les salles de bains. Les fabricants développent des lignes décoratives avec une large palette de couleurs. Les Français, qui retrouvent le goût du bois, achètent aussi chaque année quelque 220 000 kilomètres de moulures et de baguettes, soit l'équivalent de 200 000 mètres cubes de bois en forêt.

Tradition et modernité de l'ameublement

Les Français sont les seconds acheteurs de meubles en Europe : ils en ont acquis pour 45 milliards de francs en 1989, dont un quart fabriqué à l'étranger ; cela représente la moitié des dépenses consacrées à l'équipement et à l'environnement de la maison. Mais le marché est saturé, après la phase d'expansion des Trente Glorieuses. Si le bois reste le matériau le plus utilisé dans la fabrication des meubles, la concurrence est vive avec l'acier, le verre et autres plastiques. Héritière d'un artisanat séculaire, l'industrie française reste atomisée entre de nombreuses entreprises de petite taille.

PRODUCTION ET CONSOMMATION DE MEUBLES EN BOIS

Milliards de francs

	Production	Consommation
Meubles meublants	12,1	15,1
Meubles de cuisine, salle de bain, jardin	9,7	10,0
Sièges	5,3	9,3
Literie	5,9	6,1
Mobilier de bureau et fonctionnel	2,5	3,2

SESSI, Douanes, 1989

La nébuleuse du meuble français

À côté des 17 000 artisans qui fabriquent le quart des meubles, émergent environ 1 500 entreprises employant plus de dix salariés. Une quinzaine d'entre elles seulement ont plus de 500 employés. Mais avec 2,2 milliards de chiffre d'affaires et 3 200 salariés, le groupe Parisot, numéro un en France, vient au troisième rang en Europe. Très dispersées sur l'ensemble du territoire, les entreprises de l'ameublement sont plus densément implantées dans l'Est, le Nord-Est et le Centre-Ouest. Cette dispersion rend la cotraitance difficile, à l'inverse de ce qui existe en Italie où les sociétés, également de petite taille, sont regroupées dans le nord-est du pays. La structure familiale du capital et la taille réduite des entreprises françaises limitent leur capacité d'investissement. Leur production est ainsi moins automatisée et moins industrialisée que celle de leurs concurrentes allemandes. Contrôlant le marché, les groupements de distributeurs se trouvent en position dominante vis-à-vis des fabricants et captent ainsi l'essentiel des marges. Tout le monde connaît les grands noms de la distribution, très présents grâce à la publicité, alors que les leaders de l'industrie sont inconnus. Les meubles sont de plus en plus souvent fabriqués après avoir été vendus sur commande par les négociants, ce qui évite les stocks. Quelques rares distributeurs commencent toutefois à intégrer le meuble dans un concept global d'aménagement de la maison : ils vendent un style de vie et d'habitat, pas seulement des meubles et des objets. Ils prennent alors parfois en charge la création de modèles et en assument les risques.

Progression du contemporain et du moderne

Les fabricants français maintiennent la tradition : 55 % de la production est consacrée au mobilier rustique et de style. Mais le contemporain et le moderne progressent.

Domaines de prédilection de la production de style, les chambres à coucher, salles à manger, armoires, commodes et autres meubles de rangement forment le secteur le plus important du marché. Le mobilier de cuisine par éléments est aussi l'un des fleurons de la production française, apprécié à l'étranger. En revanche, nous sommes très déficients dans le domaine des sièges, avec un taux d'importation élevé. Notre industrie est en effet restée très traditionaliste, alors que deux sièges achetés sur trois sont de tendance contemporaine ou moderne.

Tout au long de la période de croissance qui a duré jusqu'au milieu des années 1970, les entreprises se sont spécialisées sur un marché : meubles de cuisine, sièges, literie... ou sur un segment de ce marché : standardisé ou en petites séries. Avec la crise des années 1980, les produits se sont différenciés sous les effets conjugués de la multiplication des procédés de fabrication, des fonctions des meubles, des services, des exigences de qualité, des innovations créatives. Aujourd'hui, tous les cas d'entreprises coexistent : grandes et petites, diversifiées et spécialisées, intégrées et insérées dans des réseaux de sous-traitance ou de cotraitance. On trouve aussi des produits très divers : le choix des matériaux de structure est très large : bois massif, panneaux, métal, plastique ; la palette des revêtements et des finitions est presque infinie : placage bois, stratifié, mélaminé, laque, vernis... Chaque matériau se décline selon des qualités, des couleurs et des aspects multiples.

LES CHIFFRES CLÉS DE L'AMEUBLEMENT

Entreprises de plus de 10 salariés, 1989

	Nombre d'entreprises	Nombre de salariés	Valeur de la production (milliards de francs)	Part des dix premières entreprises dans la production (%)
Meubles meublants	840	21 800	12,1	23,5
Sièges	243	11 000	5,3	42,5
Meubles de cuisine	195	11 100	9,7	48,5
Literie	135	8 900	5,9	43,0
Mobilier de bureau	100	4 100	2,5	45,0

SESSI, BIPE

Renouvellement des matériaux

L'ameublement utilise environ trois millions de mètres cubes de bois, une moitié sous forme de bois massif, l'autre moitié en panneaux. Mais les achats de bois ne représentent que 15 % de la valeur de la production de

Deux époques du meuble français : foisonnement du baroque, lignes très pures du bureau « Mouette » d'Ariane Merlo (page ci-contre).

LE BOIS DANS LES ACHATS DES ENTREPRISES D'AMEUBLEMENT

Part des matériaux bois dans les achats totaux de matières premières

	%
Meubles de cuisine	72
Meubles de bureau	69
Meubles meublants	67
Sièges	34
Literie	25

SESSI, 1988
(entreprises de plus de 100 salariés)

Part relative des différents types de bois dans les achats des entreprises

	Milliards de francs
Panneaux	3,7
Produits semi-transformés	2,95
Sciages	1,7
Bois bruts	0,8

Une grande signature en bois massif

Héritière d'une culture d'ébénistes, la société Grange est une entreprise familiale qui a prospéré au cours des années 1980, pendant que beaucoup d'autres subissaient la crise. Les chiffres sont éloquents : près de 300 millions de francs de meubles vendus en 1989, quatre fois plus qu'en 1978 ; dans le même temps, les exportations ont explosé, passant de 9 % à 60 % des ventes. Ce succès repose sur la spécialisation de l'entreprise dans les meubles de famille du XIXe siècle, en bois massif. Mais la société ne s'est pas contentée de copier le passé. Elle a forgé une identité pour ses meubles en vendant une ambiance socialement valorisante. Le « positionnement haut de gamme » ne dispense pas, en effet, d'innover en permanence pour rester compétitif. Aujourd'hui, la signature Grange est un fleuron du meuble en bois massif, connu à travers l'Europe, mais aussi aux États-Unis, au Japon et en Australie.

VIA : vitrine de l'innovation

VIA : ce sigle, encore peu connu du grand public, est synonyme de créativité et d'innovation pour les professionnels de la décoration et de l'aménagement de la maison. Né au début des années 1980 d'un concours organisé pour stimuler la création de meubles innovants, Valorisation et innovation dans l'ameublement *(VIA) a apporté un souffle de modernité dans un secteur alors en crise : recherche de produits innovants, développement industriel des créations, promotion en France et à l'étranger. Des créateurs aujourd'hui très connus, comme Starck, ont participé aux débuts du VIA. C'est à VIA que l'on doit la diffusion du panneau de fibres moyenne densité (MDF). Aujourd'hui, certains créateurs du VIA redécouvrent l'utilisation du bois, à l'état le plus brut. Sont-ils les précurseurs du retour du naturel, et donc du bois dans l'ameublement ?*

Chaise YM, bénéficiaire du label VIA.

meubles. Dans le cas de la literie ou des sièges, le bois pèse peu dans les approvisionnements, beaucoup moins que les textiles ou les cuirs. La fabrication des meubles s'est développée à partir du bois massif, qui reste le matériau de l'ameublement d'aspect traditionnel. Mais la nature même du bois et la culture d'entreprises souvent artisanales n'ont pas permis d'évoluer vers des produits plus industrialisés répondant à la demande des années de croissance. Les bois utilisés en massif sont pour les trois quarts des feuillus. Le chêne et le merisier sont privilégiés dans les styles rustiques et anciens. Les styles contemporains et modernes préfèrent actuellement les bois clairs, comme le hêtre ou le frêne, qui peuvent aussi être teintés.

À partir des années 1950, l'utilisation des panneaux a vraiment donné naissance à la production industrielle de meubles de série. Le buffet en *Formica*, première marque de panneaux stratifiés, reste dans les mémoires le symbole de cette nouvelle génération de l'ameublement. Mais les fabricants de meubles à base de panneaux ont aussi fait évoluer l'esthétique, le design et les fonctions de leurs produits. L'image globale du produit dépend d'abord de son aspect et donc du type de finition ; le matériau de structure est devenu moins déterminant. Les Français restent pourtant attachés au meuble traditionnel, qui représente encore près de la moitié du marché. Ce type de meuble perd néanmoins régulièrement du terrain, au profit des styles moderne et contemporain dans lesquels dominent des finitions n'ayant pas l'aspect du bois. Dans ce contexte, il n'est pas étonnant que la part du bois massif régresse comme matériau de structure, au profit des panneaux qui devraient bientôt dépasser le bois massif en volume. Le panneau MDF est le matériau à base de bois privilégié par les créateurs du début des années 1990 ; ses caractéristiques d'homogénéité et la facilité qu'il y a à le transformer autorisent les formes les plus innovantes et les finitions les plus diverses. Le massif réapparaît toutefois dans certains produits, comme le mobilier de bureau, sous l'impulsion de fabricants qui innovent pour proposer des gammes d'esthétique moderne.

Le bois, énergie de toujours

Jusqu'au milieu du XIXe siècle, le bois était le seul combustible utilisé pour se chauffer et il a permis le développement de l'industrie. A cette époque, les forêts parvenaient difficilement à satisfaire les besoins en bois énergie. Dans l'industrie tout d'abord, puis progressivement dans le chauffage domestique, en ville surtout, le charbon a remplacé le bois. Au cours de ce siècle, l'avènement du gaz, du pétrole et de l'électricité relégua le bois à l'état d'énergie relique. Considéré comme l'énergie du pauvre ou du paysan arriéré, le bois n'était même plus pris en compte dans les bilans énergétiques. Après le second choc pétrolier, en 1979, on prit de nouveau conscience de l'intérêt énergétique du bois. Dix ans plus tard, la consommation de bois énergie est mieux connue. Elle est loin d'être négligeable dans le bilan énergétique du pays et surtout par rapport à l'ensemble des utilisations du bois.

5 % de l'énergie consommée en France

La consommation de bois énergie est une réalité économique et sociologique difficile à cerner par les statistiques énergétiques et forestières. Elle échappe à la comptabilité énergétique car il s'agit surtout d'une autoconsommation ou de transactions de proximité sans véritable marché. Quant aux enquêtes forestières, elles ne peuvent pas toucher les centaines de milliers de petits propriétaires. Les flux de bois énergie n'ont pu être saisis que par des enquêtes directes effectuées auprès des utilisateurs finals. Les études récentes estiment la consommation annuelle de bois énergie à 9,5 millions de tonnes d'équivalent pétrole (TEP) : autant que la production nationale de charbon ou que l'électricité fournie par huit centrales nucléaires ; ou encore le triple du pétrole extrait de notre sous-sol. Première source d'énergie d'origine française, le bois couvre 5 % du bilan énergétique du pays.

LA CONSOMMATION DE BOIS ÉNERGIE EN FRANCE

Millions de TEP

Habitat individuel	8,0
Industries du bois	1,1
Incinération d'ordures ménagères	0,27
Habitat collectif, secteur tertiaire, agriculture	0,1

AFME, 1989

Un débouché important pour la forêt

La valorisation énergétique concerne l'équivalent de 37 millions de mètres cubes de bois, soit un volume apparemment comparable à celui qui est transformé par les industries. Mais le tiers de cet apport d'énergie est fourni par les sous-produits de l'activité industrielle : écorces, sciures, délignures, cageots, palettes, liqueurs de papeterie. Les arbres restent de loin les principaux fournisseurs : 22 millions de mètres cubes, dont les deux tiers viennent des forêts, le reste étant tiré des bosquets et des haies. Le volume de bois de feu récolté en forêt dépasse celui des rondins transformés en pâte à papier et en panneaux. A peine 15 % du bois de chauffage consommé est commercialisé. Pour le reste, en dehors de

Beauté et diversité du bois de feu en Savoie.

l'autoconsommation, les « arrangements » sont nombreux : vente au noir, affouage en forêt communale, partage par moitié entre le propriétaire du bois et celui qui l'abat... Les essences feuillues sont préférées aux résineux pour leur meilleur rendement calorifique. L'exploitation à des fins énergétiques est souvent la seule voie possible pour entretenir les peuplements à faible intérêt industriel. Les réserves de ce type de bois sont telles que le bois énergie conserve une marge de progression. Quant aux 80 000 tonnes de charbon de bois produites en France, elles ne couvrent que 1,5 % du bois énergie.

Un stère de feuillu bien sec pour 140 litres de fioul

Plus un bois est sec, plus il dégage de chaleur en se consumant : 3 500 kilocalories par kilogramme pour du bois mis à sécher en quartiers dix-huit mois sous un abri aéré ; moitié moins si le bois est vert. À humidité égale, un stère de feuillu fournit davantage d'énergie qu'un stère de résineux. Les feuillus durs sont les plus calorifiques : charme, hêtre, chêne, orme... Il faut acheter mille litres de fioul pour obtenir autant de chaleur qu'avec sept stères de feuillus durs secs ou une dizaine de stères de pins. Trois tonnes de plaquettes de bois déchiqueté ou 2,2 tonnes de sciures donneront le même résultat.

CONSOMMATION ANNUELLE DE BOIS DE CHAUFAGE par maison individuelle

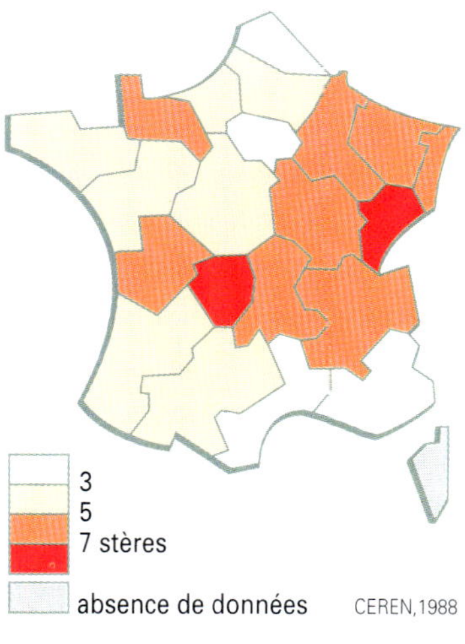

L'APPROVISIONNEMENT EN BOIS-ÉNERGIE

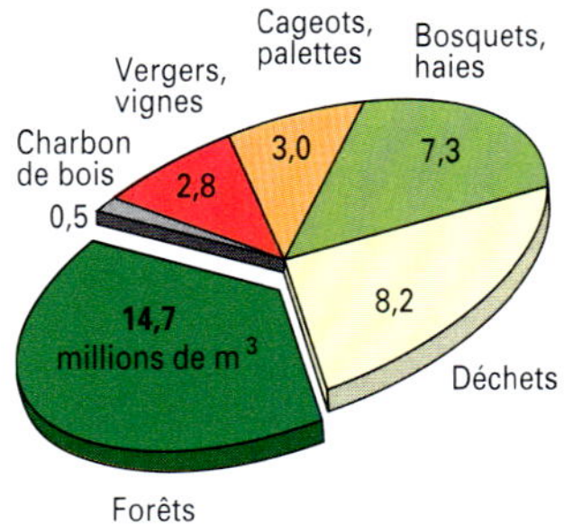

On se chauffe au bois dans une maison sur deux

Le bois est pour l'essentiel une source d'énergie à usage domestique. Le chauffage des maisons individuelles en consomme 8 millions de TEP, soit 85 % du total. Les industries de transformation du bois qui brûlent une partie des sous-produits de leur activité comptent pour un peu plus de 10 % de la consommation totale. Le secteur tertiaire, l'agriculture, l'habitat collectif et les unités de traitement des ordures ménagères utilisent moins de 5 % du bois énergie. La crainte de ne pas bénéficier d'un approvisionnement régulier en combustible explique les hésitations quant à l'achat d'une chaudière à bois.

La consommation de bois dans l'habitat s'est accrue depuis 1974. C'est aujourd'hui, après le fioul, la seconde source d'énergie pour le chauffage des pavillons individuels. Energie principale de 2,5 millions de familles, il fournit le quart de l'énergie consommée pour chauffer les résidences principales. Une famille sur deux habitant une maison individuelle dispose d'un appareil de chauffage au bois, souvent en appoint d'une autre énergie. Inserts et récupérateurs de chaleur sont devenus, dans les pavillons, le complément du chauffage principal, notamment « tout électrique ». Plus de 80 % du volume de bois est toutefois utilisé pour le chauffage de base. Le reste se consume dans les cheminées et les appareils indépendants. Mais la cheminée traditionnelle, esthétique et appréciée pour l'ambiance, n'a qu'un très faible rendement calorifique, alors que les chaudières modernes restituent 70 à 80 % de l'énergie fournie par le bois. Grâce à leurs performances thermiques et à une régulation souple, ces nouvelles chaudières assurent une autonomie qui limite les contraintes de chargement en bois.

Le chauffage au bois est d'abord une pratique rurale : 85 % des familles concernées habitent une commune de moins de 3 000 habitants. Les agriculteurs et les retraités sont les premiers utilisateurs de bois pour le chauffage de base. En revanche, le bois en appoint correspond davantage aux pratiques des catégories sociales moyennes et aisées. C'est surtout dans les régions de l'est et de l'ouest de la France que l'on se chauffe au bois.

Faire des économies avec le bois

Pour la saison de chauffe 1988-1989, l'Agence française pour la maîtrise de l'énergie a comparé le coût au kilowatt-heure des différentes énergies. Le bois s'avérait très compétitif : de 8 à 20 centimes pour des rondins livrés, de 11 à 15 centimes pour des plaquettes forestières et moins de 15 centimes pour des déchets d'industrie. Le fioul ne coûtait alors que 18 centimes et le gaz 21 centimes ; mais il fallait débourser 24 centimes pour le charbon et 68 centimes pour l'électricité. La comparaison est encore plus probante si l'on tient compte du fait que le prix du bois de feu est resté stable au cours de la décennie : autour de 150 francs le stère dans l'Ouest. A condition, bien sûr, de ne pas l'acheter en petits sacs de 25 kilogrammes — car l'addition peut quadrupler — le bois reste une énergie bon marché.

La barrique et le violon

Le bois est partout : du plancher du TGV aux skis les plus performants en passant par les objets utilitaires, les articles de bureau, les jouets ou les bijoux. Le bois stimule le regard et le toucher. Il sait aussi flatter l'ouïe et l'odorat. En effet, c'est peut-être dans la musique et l'œnologie que le bois révèle le plus ses qualités inimitables, presque mystérieuses.

La rencontre du bois et du vin

Durant des siècles, le bois fut le partenaire obligé du raisin et du vin parce qu'il permettait de fabriquer les tonneaux et autres récipients nécessaires à la vinification, au stockage et au commerce. Si les cuves en béton ou en inox ont maintenant supplanté le bois pour la vinification, l'élevage en fûts de chêne reste irremplaçable, en France comme à l'étranger où nous exportons nos tonneaux. La rencontre fortuite du bois et du vin devient mariage harmonieux. Dans les barriques en chêne, la pénétration lente de l'oxygène au travers du bois entraîne des réactions d'oxydation qui font évoluer, puis stabilisent la couleur du vin ; précipitent les tanins, ce qui garantit à long terme la limpidité ; diminuent l'astringence et donnent le caractère fondu des vins rouges. Au cours de l'élevage en barriques neuves, des composés phénoliques et des substances aromatiques sont cédés au vin par le bois. Le caractère boisé évolue ensuite progressivement vers le bouquet, merveilleuse complexité d'arômes.

Comme il existe des terroirs viticoles, chaque barrique a sa personnalité propre qui dépend de l'origine du bois, de son séchage et de la chauffe. L'origine du bois conditionne pour partie la finesse de son grain. Un grand bordeaux rouge élevé dans du chêne de taillis sous futaie, au grain serré et peu poreux, aura un caractère boisé plus intense, mais aussi plus fondu et plus agréable que celui qu'il aurait dans une barrique en chêne de futaie, bois plus poreux qui donne des arômes plus amers et plus pointus en bouche. Les conditions de séchage des merrains, bois fendus qui servent à faire les barriques, sont elles aussi déterminantes. Enfin, l'intensité de la chauffe des douelles — avant de les cintrer pour donner à la barrique sa forme définitive — exerce aussi une influence sur les caractères organoleptiques des vins. Autant de barriques, autant de « goûts de bois » différents : plus ou moins intenses, fondus, vanillés, amers... Une barrique peut faire le tour d'Europe en moins de dix ans. Achetées 2 500 francs la pièce, elles sont utilisées neuves pour les bourgognes et les grands crus bordelais. Deux ans après, elles sont vendues 1 000 francs à de plus petites appellations ; avant de partir ensuite pour 100 francs à Jerez ou à Porto ; puis de finir leur carrière en Écosse, le ventre rempli de whisky.

L'harmonie du bois et du son

De l'heureuse rencontre du bois et du son, du talent de l'interprète, naît la musique. L'art du luthier consiste à fabriquer et à assembler une multitude de pièces de bois, planes ou courbes, qui vont devenir violon, luth, violoncelle, contrebasse ou guitare. Un violon sans ses cordes, c'est une caisse en bois qui contient un volume d'air presque clos. La caisse de résonance consiste en une table d'harmonie et un fond, tous deux bombés sur l'extérieur et réunis par des éclisses fermant le volume sur les côtés. Le fond de l'instrument est creusé manuellement dans un morceau d'érable dont le fil du bois est ondulé. Cette structure anatomique complexe assure l'amortissement du son. La table d'harmonie est découpée dans la longueur d'un billon d'épicéa. Retenu pour son élasticité et sa résistance à la déformation, l'épicéa âgé de deux ou trois siècles, qui a poussé lentement entre 800 et 1 000 mètres d'altitude, possède aussi des qualités spéci-

La table d'harmonie (au centre de la photo) est en épicéa du Jura.

Pour cintrer les douelles (et donner ainsi sa forme à la barrique), il faut au préalable les chauffer.

Un artiste du bois

A partir d'une quarantaine d'essences de bois originaires de tous les continents, François Achilli compose de fascinants assemblages : objets décoratifs, bijoux, articles de bureau... De ses aventures au travers du bois naissent des objets-émotions. « J'assemble l'imaginaire », dit-il. C'est en 1974, à 30 ans, qu'il cède à sa passion du bois, quittant son métier d'ingénieur électricien. Après quelques années de sculpture, il découvre sa technique de prédilection : le collage de bois précieux et le polissage méticuleux de petites pièces de formes arrondies.
Fournisseur de la prestigieuse maison Hermès, Achilli expose ses œuvres jusqu'aux États-Unis et au Japon. A la fois ébéniste par ses techniques et orfèvre par la précision de ses ouvrages, Achilli est d'abord un artiste.

fiques de transmission du son. Ces épicéas de résonance, que l'on trouve dans le Jura, ont des cernes d'accroissement fins et très réguliers qui confèrent un équilibre acoustique exceptionnel. Le violon fait aussi appel à d'autres essences : palissandre pour les fonds et les chevilles, ébène pour les touches, bois de pernambouc venant du Brésil pour les archets.

Dans la fabrication des pianos aussi, le bois est irremplaçable. Le facteur Pleyel qui avait décidé, dans les années 1950, de remplacer par du plastique le bois des mécanismes connut un échec total. Les pianos fabriqués à cette époque sont aujourd'hui inutilisables ! De 2 à 2,5 mètres cubes de bois sont nécessaires par piano : sapin pour la table d'harmonie ; hêtre pour le châssis et le chevalet ; tilleul ou peuplier pour le clavier ; charme ou palissandre pour les marteaux ; enfin, pour la caisse, des placages de cerisier, noyer, if, buis, érable, ébène ou acajou.

Le nouveau pétrole vert ?

Déficitaires dans les années 1970, les échanges de produits agricoles et alimentaires dégagent vingt ans plus tard un excédent de 50 milliards de francs qui compense le déficit industriel de la France. Si ce secteur est devenu le pétrole vert de notre pays, il est loin d'en être de même pour le bois. Les échanges du secteur forêt-industries du bois accusent, pour l'année 1990, un déficit proche de 23 milliards de francs : presque la moitié de l'excédent agro-alimentaire. Après les produits pétroliers, c'est le second déficit de notre commerce extérieur.

Déficit industriel

Nos échanges ont tendance à se dégrader depuis vingt ans, avec des fluctuations liées à la conjoncture économique et aux parités monétaires. Au cours des années 1980, le déficit a oscillé entre quinze et vingt milliards de francs (francs constants). Aujourd'hui, trois postes sont responsables de 90 % du déficit total : les meubles avec plus de huit milliards ; les pâtes à papier et les papiers-cartons, chacun pour environ six milliards de francs. Le déficit est imputable en totalité aux échanges de produits transformés puisque seuls les échanges de bois bruts sont excédentaires. Au fil du temps, la situation s'est améliorée pour les bois non transformés, encore déficitaires en valeur jusqu'en 1984, alors qu'elle s'est dégradée pour les produits industriels avec le triplement en quinze ans du déficit en meubles et papiers-cartons.

Jusqu'au début des années 1960, la France était exportatrice de meubles ; mais les entreprises françaises n'ont pas su s'adapter aux évolutions du marché. Nos voisins italiens nous fournissent aujourd'hui des sièges et des meubles à base de panneaux. Le premier poste déficitaire de l'ameublement concerne les sièges, dans lesquels le bois ne représente qu'une très faible part du prix. Ce déficit pourrait être imputé à une filière cuir ou tissu plutôt qu'au bois. Le raisonnement qui consiste à dire que nous exportons des grumes qui nous reviennent sous forme de meubles n'a donc pas vraiment de sens. Les échanges de pâtes à papier et de papiers-cartons évoluent différemment. Stable en volume, le déficit pour les pâtes fluctue au gré des cycles de prix sur le marché mondial et des variations de parité monétaire. En revanche, si le déficit en papiers et cartons progresse en volume, il reste assez stable en valeur dans la mesure où nous exportons des papiers plus coûteux que ceux que nous importons. Les entreprises françaises du secteur papetier sont actives à l'exportation, l'ampleur du déficit reflète l'insuffisance des capacités de production. La situation s'est dégradée dans les secteurs des panneaux et des autres produits transformés puisque l'excédent des années 1970 est devenu un déficit, en raison de l'augmentation des importations liée à la perte de compétitivité des entreprises françaises dans les années 1980.

L'ÉVOLUTION DES ÉCHANGES EXTÉRIEURS (1970-1990)
En milliards de francs constants 1988

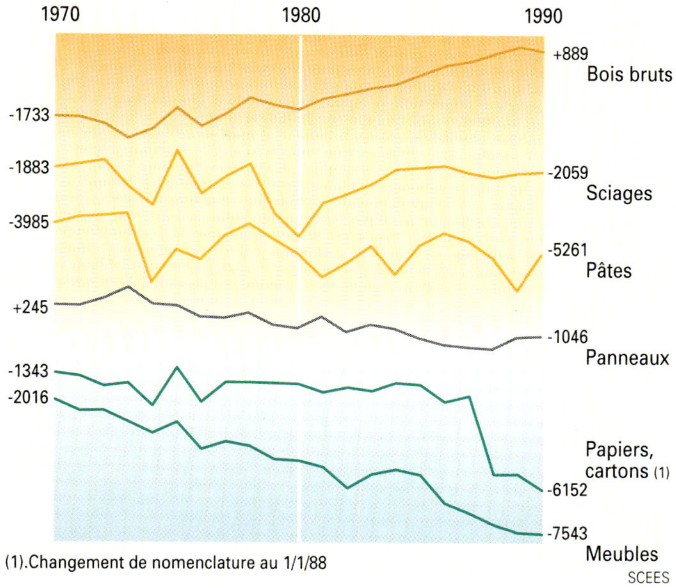

(1).Changement de nomenclature au 1/1/88

SCEES

Les échanges de sciages restent globalement déficitaires de deux milliards de francs. Les importations de sciages résineux diminuent depuis quelques années, en raison de l'accroissement de l'offre nationale. Avec moins de deux millions de mètres cubes, elles sont aujourd'hui inférieures à leur niveau du début du siècle. La France n'est plus que le cinquième importateur de la Communauté européenne. Nos importations de bois tropicaux sciés venant d'Asie du Sud-Est progressent ; elles se substituent à des achats de grumes africaines. Nous sommes par ailleurs le second exportateur européen de sciages feuillus derrière les Yougoslaves. Ces exportations compensent nos achats de sciages tropicaux.

Bois bruts : échanges excédentaires

Depuis 1972, la France a constamment été exportatrice nette de bois bruts. Cet excédent en volume a augmenté régulièrement, à la fois en raison de la baisse des importations et de la hausse des exportations. La France est ainsi devenue le cinquième exportateur mondial de bois non transformé. En valeur, nos échanges sont excédentaires depuis 1985 et l'amélioration est régulière. Cette évolution correspond à la diminution de moitié en dix ans des achats de grumes tropicales dont la valeur unitaire est élevée. Par ailleurs, nos exportations de grumes feuillues vers nos voisins de la Communauté progressent régulièrement. Premier exportateur européen, la France détient plus de la moitié du marché. Au cours des années 1980, nous sommes aussi devenus exportateurs de rondins résineux, y compris à destination de la Suède ou de la Finlande. Le courant exportateur traditionnel de rondins feuillus se maintient, mais la moitié du volume est utilisée par une papeterie belge située à quelques kilomètres de la frontière française. La progression de nos exportations de bois bruts illustre la capacité du potentiel forestier français à fournir de plus en plus de bois. Elle traduit aussi la faiblesse relative de l'outil industriel qui n'a pas été en mesure d'utiliser ces ressources forestières pour fabriquer les produits demandés par le marché. L'excédent des échanges de bois bruts reste insignifiant par rapport à la valeur des importations de produits élaborés. La capacité concurrentielle des industries françaises de transformation constitue le facteur essentiel pour l'amélioration de nos échanges extérieurs. La France est-elle donc condamnée à n'être que le grenier à bois de la Communauté européenne ? Un pays en voie de développement qui exporte des matières premières et importe les produits transformés ?

Amélioration en vue

Les ressources forestières françaises augmentent et elles sont compétitives, ainsi que l'atteste le développement

LA COMPOSITION DU DÉFICIT DES ÉCHANGES EN 1990
En milliards de francs

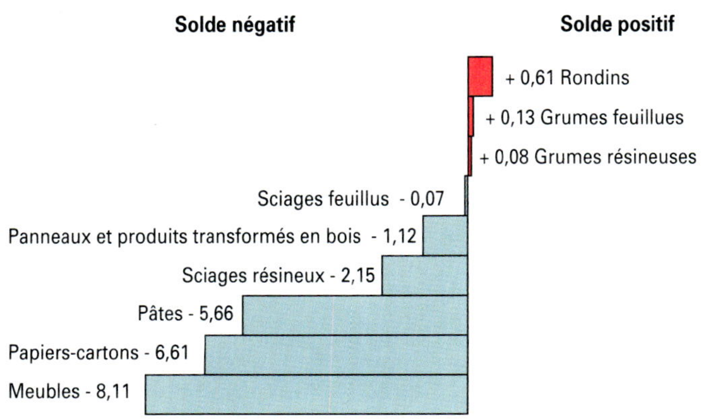

SCEES

des exportations. La France est géographiquement bien placée, au cœur de la Communauté européenne, premier marché au monde pour les importations de produits fabriqués avec du bois. Ces deux atouts majeurs ont décidé de très nombreux industriels étrangers à investir en France. Rachats d'entreprises avec accroissement des capacités de transformation et créations d'usines nouvelles se sont multipliés au cours des années 1988 à 1990. Les Français se sont mis au diapason des étrangers. En 1993, les capacités de production des usines implantées en France auront nettement augmenté par rapport à ce qui existait cinq ans auparavant : 60 % de progression pour les panneaux, 40 % pour les pâtes à papier. Il s'y ajoute des investissements majeurs dans de grandes scieries de résineux ou des parqueteries. L'effet sur les échanges extérieurs permet d'envisager le retour à l'équilibre pour les panneaux et la contraction du déficit pour le secteur papetier et pour les sciages. La forêt peut encore accepter de nouveaux investissements pour faire de la France le pays d'un nouveau pétrole vert.

LES ÉCHANGES AVEC LES PAYS DE LA CEE
En millions de francs

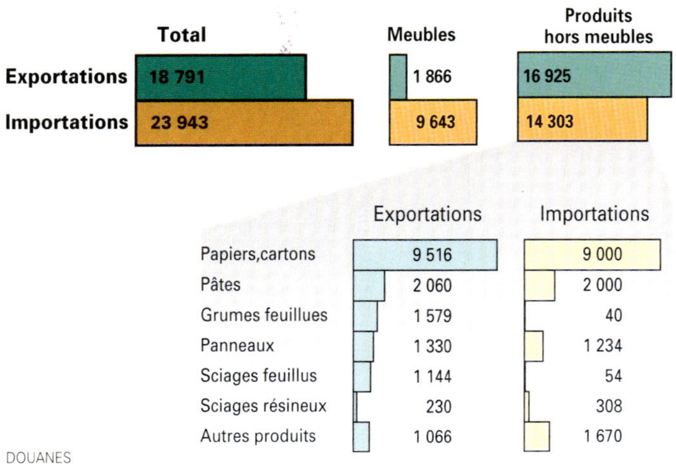

DOUANES

La France et ses voisins européens

Les deux tiers des exportations françaises sont destinés aux pays de la Communauté européenne qui fournissent la moitié de nos importations. Nous y achetons 85 % des meubles, la moitié des panneaux et des papiers-cartons, mais moins de 20 % des sciages de résineux et des pâtes à papier que nous importons. Si l'on exclut les meubles, nous vendons davantage au sein de la CEE que nous n'y achetons. Notre déficit par habitant est voisin de la moyenne. Mais, alors que nous sommes mieux placés que la moyenne pour les produits peu transformés, nous importons davantage de produits élaborés. Des pays comme l'Italie, l'Espagne ou l'Allemagne compensent leurs importations de produits de base par des ventes excédentaires de produits finis tels que les meubles.

LES ÉCHANGES
Valeur des exportations et des importations, en milliards de francs

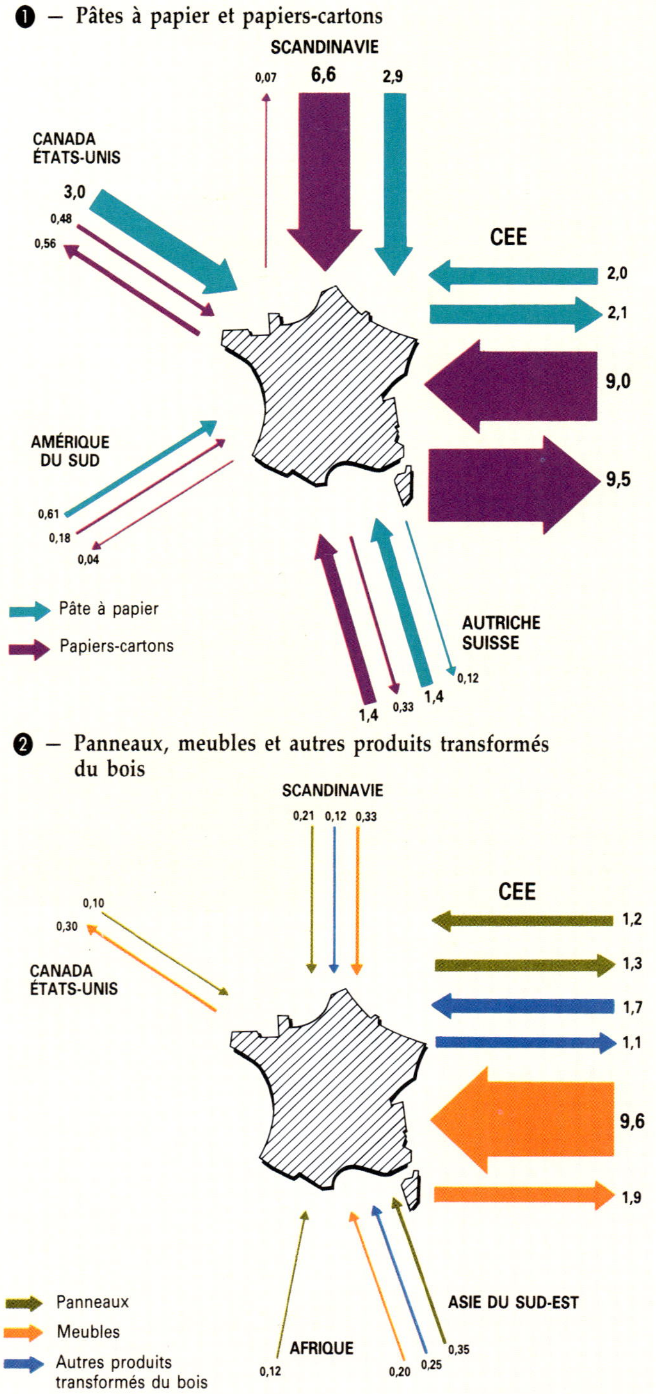

DOUANES FRANÇAISES – 1989

PROMENONS-NOUS DANS LES BOIS

Les trois quarts des Français sont aujourd'hui des citadins. Pour nombre d'entre eux, se promener dans les bois est devenu synonyme de retrouvailles — hélas trop rares — avec une nature quasi absente de leur vie quotidienne. Il n'en a pas toujours été ainsi : le goût de la forêt ne s'est vraiment diffusé dans la population qu'au cours du XIXe siècle, en même temps que celui des bains de mer et des excursions en montagne.

Non sans paradoxe, ce sont pourtant les forêts les plus proches des grandes cités tentaculaires qui, jusque vers le milieu du XXe siècle, ont le plus souffert de l'expansion urbaine. Aujourd'hui moins menacées, elles appellent toujours une extrême vigilance, car l'emprise des infrastructures de transports (autoroutes, TGV...) risque encore, entre autres périls, d'entraîner la rupture d'écosystèmes d'autant plus fragiles qu'ils sont très complexes. C'est particulièrement vrai aux alentours de Paris, que l'Agence des espaces verts de l'Île-de-France a pour objectif de sauvegarder.

Les forestiers nomment « fonction sociale de la forêt » son rôle d'oxygénation des citadins et savent qu'il s'agit désormais d'une de leurs missions fondamentales. Aussi l'ONF a-t-il entrepris, depuis un bon nombre d'années déjà, d'organiser systématiquement l'accueil en forêt : espaces pour le stationnement des voitures, aires de pique-nique, balisage des sentiers, panneaux explicatifs, etc. Encore faut-il que le public apprenne à comprendre la forêt, pour mieux la respecter et l'aimer. C'est l'objectif des actions pédagogiques menées par l'ONF auprès des enfants en accord avec les écoles. C'est aussi celui de *L'Atlas des forêts de France*, qui voudrait inciter le promeneur à « connaître pour aimer, aimer pour protéger » une fabuleuse parure de notre territoire.

Du petit Poucet au grand randonneur

La promenade en forêt est un phénomène moderne : la « découverte » de la nature date du XVIIIe siècle, le tourisme en forêt du siècle dernier. Aujourd'hui, le goût s'est mué en besoin : la forêt offre un cadre idéal à de nombreux sports ou simples loisirs.

Le goût de la forêt

Les contes de fées qui ont bercé notre enfance présentent tous la forêt comme un monde hostile et effrayant. Le bois de *La Belle au bois dormant* symbolise la reconquête de la nature sauvage, associée à la mort ; le prince charmant, en redonnant vie à sa belle, peut retrouver le bonheur d'antan... à condition de défricher le bois ! Les pauvres parents du Petit Poucet emmenaient leurs enfants au fond de la forêt, non pas pour une promenade d'agrément, mais pour les perdre car ils n'avaient plus de quoi les nourrir ; ils n'avaient pas prévu que le Petit Poucet inventerait le balisage des sentiers à l'aide de petits cailloux blancs. À coup sûr, la forêt de nos ancêtres convenait davantage aux brigands et hors-la-loi qu'aux promeneurs du dimanche. Elle était encore peuplée de bêtes féroces telles que le loup dont la mémoire fait toujours peur aux petits enfants. La notion même de loisir et de promenade était réservée à une infime minorité. Seuls les rois et les seigneurs prenaient plaisir à parcourir leurs forêts à l'occasion de parties de chasse.

Il a fallu une longue évolution culturelle pour que la forêt devienne un but de promenade et un lieu de détente pour la majorité de nos concitoyens. En 1631 encore, le *Voyage d'un quidam à Fontainebleau* relevait de l'épreuve physique et morale : « Il nous fallut faire quatre lieues entières, jusqu'à Fontainebleau, sans boire ni manger, et encore pour nous consoler nous n'avions devant nos yeux qu'affreuses et horribles montagnes, pleines de grosses pierres l'une dessous l'autre. » Le tournant se situe au XVIIIe siècle. Après les grandes expéditions maritimes et l'approfondissement des connaissances scientifiques qui suivit, l'opinion éclairée manifesta un intérêt de plus en plus vif pour la nature. L'épanouissement et la diffusion des connaissances botaniques dues aux travaux de Jussieu (1699-1777), Linné (1707-1778), Buffon (1707-1788) entraînèrent un changement d'attitude. Au goût d'une pseudo-nature domestiquée, peuplée de nymphes et de bergers, succéda peu à peu celui de la nature pour elle-même, que le mythe du *bon sauvage* parait en outre de toutes les vertus du monde civilisé. D'autant que certains trouvaient — déjà — la vie urbaine bien pesante : « Ô qu'il est doux de quitter les cités qui ne retentissent que du bruit des marteaux des ouvriers et de celui des lourdes charrettes ou des carrosses qui menacent l'homme de pied, pour errer dans les bois », s'écriait Bernardin de Saint-Pierre.

Jean-Jacques Rousseau exerce alors une influence déterminante en proposant une nouvelle conception de la place de l'homme dans l'univers : « Il prend ses leçons de la nature et non pas des hommes », écrit-il en 1762 dans *L'Émile*. Un peu plus tard, Chateaubriand dira : « C'est dans les bois de Combourg que je suis devenu ce que je suis. » L'anglomanie à la mode en cette seconde moitié du XVIIIe siècle exalte le romantisme d'une nature vivante et « pittoresque », épris des nouveaux jardins à l'anglaise fondus dans la campagne environnante. S'y ajoute la ruine progressive du trésor royal qui livre peu à peu les grands jardins classiques aux assauts de la végétation, offrant à Watteau et Hubert Robert, puis à Corot, le décor onirique de tant de chefs-d'œuvre. L'art du paysage français est né, et la forêt en est un élément fondamental.

Au XIXe siècle, la forêt de Fontainebleau joue un rôle décisif. La création de l'école de peinture de Barbizon, célèbre pour ses tableaux de paysages forestiers, précède de peu la parution, en 1839, du premier *Guide du voyageur dans la forêt de Fontainebleau*. Dans cet ouvrage, Denecourt, passionné des sites de la forêt, décrit les paysages les plus beaux et invite à les visiter. Il y trace plus de 150 kilomètres de sentiers, ancêtres de nos sentiers de randonnée. De grands artistes comme Victor Hugo, Lamartine, George Sand tiendront à lui rendre hommage. Dès 1837, intellectuels et artistes mènent campagne pour que soient épargnés les vieux peuplements de Fontainebleau qui enchantent leur sens du pittoresque. En 1853, la création de la *réserve artistique* (624 hectares) est la première mesure de protection de la nature au monde (le parc de Yellowstone ne sera créé qu'en 1872). L'arrivée du chemin de fer en 1850 puis l'organisation des « trains de plaisir » permettent à des milliers de voyageurs d'accéder facilement à la forêt. Sous le Second Empire,

Déjeuner en forêt à Raon-l'Étape, dans les Vosges (seconde moitié du XVIIIe siècle).

Napoléon III et sa cour vont aussi en forêt lorsqu'ils sont en villégiature au château de Fontainebleau. La mode des loisirs forestiers est lancée. Les classes aisées et cultivées de la société, disposant de temps libre, se mettent à fréquenter les forêts pour se promener, admirer les paysages ou y pratiquer un sport. À la fin du XIXe siècle, la randonnée en forêt — à pied, à cheval, à bicyclette — et la « varappe » sont des activités très prisées. Le Club vosgien, le Club alpin français et le Touring Club de France, créés respectivement en 1872, 1874 et 1890, se donnent les premiers pour but de développer ces loisirs. Simultanément, la conscience « écologique » se développe : à Fontainebleau naît, en 1907, la *Société des amis de la forêt*, première association française de protection de la nature. Aussi, lorsqu'en 1923 la vente des forêts domaniales est envisagée pour renflouer les caisses de l'État, des voix s'élèvent-elles pour défendre la valeur *sociale* de la forêt. « C'est méconnaître l'obligation pour l'État d'offrir aux promeneurs dominicaux, à proximité des grandes villes de plus en plus surpeuplées, la cure de repos moral et physique que peut leur procurer une excursion en forêt, servitude à laquelle on ne saurait contraindre les particuliers », écrit alors Granger dans *La Revue forestière.*

Les mutations profondes de la société au XXe siècle font évoluer considérablement le mode de vie des Français. Les campagnes se dépeuplent au profit des agglomérations de plus en plus vastes et dépourvues de nature. Le temps de loisirs augmente. En 1936, l'instauration des « congés payés » fait découvrir les vacances à une nouvelle couche de la population. Les moyens de transport, bicyclette ou transports en commun, se démocratisent également. De nombreuses forêts, en particulier autour des grandes villes, deviennent accessibles. En 1947, une équipe de pionniers crée le Comité national des sentiers de grande randonnée. Ses premières initiatives sont tournées vers la forêt. Les premiers balisages rouges et blancs relient les grandes forêts d'Île-de-France et de Picardie (Fontainebleau, Rambouillet, Compiègne...). Aujourd'hui, une bonne moitié des 40 000 kilomètres de sentiers de grande randonnée traversent des massifs forestiers. D'autres activités sportives en forêt se développent depuis une vingtaine d'années. L'équitation s'est démocratisée, le ski de fond a connu un essor sans précédent et de nouveaux sports apparaissent tels que le vélo tout-terrain. Mais les usagers de la forêt ne sont pas tous des sportifs. La majorité d'entre eux préfère au contraire la promenade reposante, les jeux en famille ou les pique-niques et fréquente surtout les forêts périurbaines.

Un antidote de la vie citadine

Espace naturel où la marque de l'homme demeure très discrète, la forêt apparaît comme un vestige de la nature sauvage originelle qui symbolise l'équilibre et la pérennité de la vie. Depuis que les notions d'environnement et d'écologie ont été mises à la mode, la protection de la nature et de la forêt ne laisse personne indifférent. C'est la garantie de la survie de l'homme face à la technologie moderne et à ses expériences d'apprenti sorcier. La forêt suscite un intérêt d'autant plus fort qu'elle fait partie du cadre de vie : elle est ressentie comme un bien collectif ou un espace public nécessaire à chacun, étant donné son caractère vivifiant, équilibrant et apaisant.

Selon un sondage de mars 1991, 93 % des Français déclarent être allés en forêt au moins une fois au cours de l'année écoulée ; les deux tiers affirment y aller au moins une fois par mois. Ils y mènent des activités très diverses. La promenade vient bien sûr en tête, mais l'observation de la nature arrive en seconde position : 87 % des habitants des grandes villes déclarent s'intéresser à la nature lorsqu'ils sont en forêt. Ces résultats témoignent d'une évolution des mentalités. En effet, dans les années 1970, des sociologues décrivaient les loisirs en forêt comme une consommation élitiste où seules les classes les plus cultivées de la société avaient accès aux usages réputés nobles de la nature. Il est vrai qu'il existe un certain décalage entre les « valeurs » avouées lors des sondages et le comportement réel en forêt. Pour les uns, la forêt est avant tout un espace de liberté où l'on peut rompre avec la fatigue de la semaine et avec les contraintes de la vie citadine ; c'est un endroit où l'on se repose. Pour les autres, la forêt est aussi un objet de « culture » ; ils y recherchent le contact étroit avec la nature au milieu de beaux paysages et loin des foules ; ils y pratiquent souvent un sport, pour cultiver l'hygiène du corps et, parfois, sacrifier à une mode. Tous les usagers de la forêt ressentent la notion de liberté comme essentielle : pas de

Deux façons de goûter la forêt : la randonnée pédestre, la plus simple ; le canoë-kayak, moins habituelle.

feux rouges, de passages pour piétons, de trottoirs encombrés et de surveillance rapprochée des enfants. La forêt est un espace vaste et libre, sans équipement et sans interdit. C'est aussi un espace sain et pur ; l'air y est moins pollué, moins poussiéreux et plus riche en oxygène qu'en pleine ville ; les odeurs y sont agréables, les bruits atténués et harmonieux. La forêt est le symbole de l'antiville où l'on peut se revivifier et puiser de nouvelles forces pour affronter la vie quotidienne.

Joies de la forêt en hiver : ski de fond, traineau à chiens.

Mais, pour se sentir vraiment bien en forêt, il y faut une bonne sécurité et un minimum de confort. Consciemment ou non, la plupart des promeneurs souhaitent quelques équipements bien entretenus, même si c'est au détriment du caractère naturel de la forêt. Ils demandent aussi une bonne signalisation, le balisage de quelques sentiers et la certitude de retrouver leur voiture dans un délai connu. Les avis *exprimés* apparaissent toutefois partagés. À la question : « Préférez-vous aller dans une forêt spécialement équipée ou sans aménagement particulier pour l'accueil du public ? », les deux tiers des personnes donnent la seconde réponse. Cela tient parfois à l'idée qu'ils se font de la forêt naturelle authentique, sans aménagement. Or son image très idéalisée ne correspond pas à la réalité. Dès que l'on entre dans le détail des équipements spécifiques, on s'aperçoit que la majorité des usagers ne pourrait pas se passer d'un aménagement minimal : moyens d'accès, accueil sommaire et garantie de sécurité. Les comportements en forêt traduisent bien cette différence de sensibilité, mais dans des proportions différentes. Une enquête de 1972 avait montré que, dans dans les forêts de la région parisienne, 80 % des promeneurs ne s'éloignaient pas de plus de cent mètres de leur voiture et préféraient rester dans un secteur fréquenté. Cette proportion a sensiblement diminué, tout en demeurant élevée. Il faut donc aménager des forêts ou des parties de forêt pour ceux qui souhaitent s'y sentir « sécurisés ». Cela se limite en général aux forêts

proches des villes ou des lieux de vacances comme le littoral. Les autres forêts conviennent davantage à ceux qui veulent avant tout fuir la foule et profiter du silence, des grands espaces et de l'intimité avec la nature. En général très sensibles à la beauté des paysages, à la richesse de la flore et de la faune et à la valeur culturelle de la forêt, ces promeneurs-là s'intéressent à l'écologie et tiennent beaucoup à la protection de l'environnement.

La forêt, stade de nature

À l'inverse du football, du tennis, du golf ou de bien d'autres sports qui se sont développés à l'intérieur de terrains délimités et de règles rigides, de nombreux sports ou activités de plein air ne sont à l'aise que dans de vastes espaces, sans contrainte, où les seules règles sont l'épanouissement du corps ou le contact avec la nature et les paysages. La randonnée pédestre en est la forme la plus simple. La marche à pied pour le plaisir et pour la découverte de nouveaux sites et d'itinéraires pittoresques fait d'innombrables adeptes. La fédération française compétente en recense dix millions qui parcourent les sentiers de grande ou de petite randonnée, sans oublier ceux qui déterminent eux-mêmes leurs itinéraires à l'aide de cartes. La course à pied, sous la forme d'entraînement, d'oxygénation, de « footing » ou de « jogging », est une des activités les plus fréquentes dans les forêts périurbaines. Elle peut se combiner à des exercices d'assouplissement ou de musculation conseillés par les sentiers sportifs sylvestres et parcours de santé. Les promenades à

LES FÔRETS PUBLIQUES

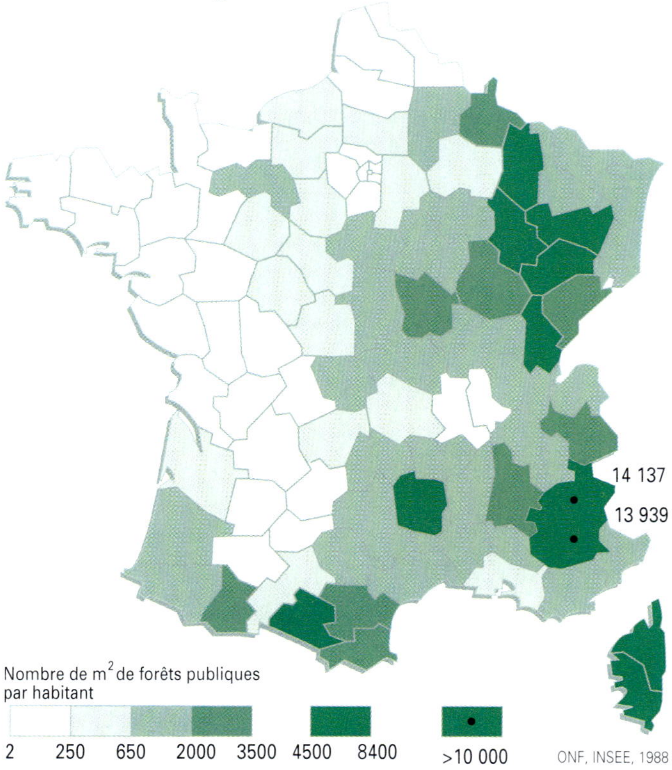

cheval et le tourisme équestre empruntent également de nombreux sentiers forestiers balisés à cet effet. Le cyclisme qui, sous sa forme traditionnelle, utilise les routes forestières et les pistes cyclables, se double maintenant d'une technique en plein essor : le vélo tout-terrain ou VTT. Les adeptes de ce sport à la mode veulent naturellement s'éloigner des routes goudronnées ; de plus en plus de sentiers forestiers leur sont désormais ouverts. Autre forme nouvelle de randonnée : la course d'orientation, qui consiste à relier des balises posées en forêt et marquées avec précision sur une carte très détaillée. La difficulté et l'intérêt de ce sport viennent de la lecture de la carte et de l'utilisation de la boussole qui servent à trouver l'itinéraire le plus rapide. La course d'orientation se pratique le plus souvent à pied, dans des forêts à relief varié, ou encore à ski de fond, à VTT ou à cheval.

En dehors des hautes montagnes et des falaises artificielles, la plupart des sites d'escalade se trouvent en zone forestière. C'est le cas notamment des nombreux rochers répertoriés en forêt domaniale de Fontainebleau. Pour beaucoup d'habitués des rochers de « Bleau », l'ambiance forestière ajoute aux joies de la varappe. La forêt sert aussi de stade aux sports d'hiver : le ski de fond utilise de nombreux sentiers balisés en forêt ; le ski alpin hors piste s'y développe également, malgré les dangers qu'il fait courir à la régénération de la forêt ; le ski de randonnée, beaucoup mieux adapté au milieu forestier, demeure moins répandu. D'autres sports moins connus, qui ont besoin de vastes espaces et de sentiers peu fréquentés, affectionnent enfin la forêt : le tir à l'arc en campagne, le traîneau à chiens ou son homologue sur roues.

La forêt fait ainsi fonction de gigantesque « stade », jusque dans les endroits les plus reculés. Tous les sports non motorisés y sont les bienvenus, dès lors qu'ils ne gênent pas les autres activités, ne portent pas atteinte à la nature et sont pris en compte par les équipements d'accueil. Le cas des sports motorisés est tout autre. On assiste en effet depuis quelques années à une prolifération incontrôlée d'engins à deux ou quatre roues dans certaines forêts périurbaines. Après la moto verte, les voitures « 4 x 4 » et, dans une moindre mesure, les scooters des neiges deviennent chaque année plus nombreux. La circulation sur les pistes forestières ou, *a fortiori*, hors piste dérange les autres usagers, risque de porter atteinte à la flore et à la faune et dégrade la forêt et ses équipements. Le Code forestier a toujours permis de réglementer cette circulation. Une loi du 3 janvier 1991 permet en outre de la réglementer hors forêts et sur les chemins ruraux. En forêt domaniale, les véhicules à moteur doivent se limiter strictement aux voies ouvertes à la circulation publique.

Cueillettes en forêt

A la fin de l'été, les forêts s'emplissent de curieux promeneurs arpentant les sous-bois, un bâton dans une main et un panier dans l'autre. Les yeux rivés au sol, ils traquent les girolles, cèpes, trompettes de la mort et autres lactaires délicieux. La cueillette des champignons est en effet un passe-temps et un plaisir pour nombre de gourmets. Dans certaines régions, cela confine même à la passion et la surabondance des amateurs peut conduire à des conflits. Les champignons ne sont pas les seuls produits de la forêt dont la recherche, la cueillette ou le ramassage peuvent devenir à eux seuls un but de promenade. Au printemps et en été, le muguet et toutes sortes de fleurs sauvages cueillies en forêt permettent de rapporter un porte-bonheur ou des bouquets éphémères. En été, les myrtilles, mûres, fraises des bois et framboises sont très recherchées. Tous ces petits cadeaux de la nature sont bien tentants et bien savoureux. Mais il ne faudrait pas en abuser. Une razzia de champignons ou une cueillette de fleurs rares constitueraient à l'évidence des indélicatesses. Les propriétaires de forêts sont, à bon droit, soucieux du respect de leur patrimoine... et libres d'autoriser ou d'interdire la cueillette de ces petits produits. Dans les forêts des collectivités publiques, les cueillettes modérées, de type familial, d'un petit produit abondant, sont en général autorisées. Mais, bien entendu, seul le gestionnaire de la forêt peut se livrer à un commerce. Le promeneur n'est pas propriétaire de la forêt et n'a pas de droits sur elle. S'il en a bien conscience et se comporte en invité, il participera à la protection de la forêt et son plaisir s'en trouvera accru. Bonne cueillette.

Des forêts et des villes

À proximité des villes, les forêts ont souvent souffert de l'expansion urbaine. Leur rôle crucial d'antidote de la vie citadine commande désormais de les sauvegarder scrupuleusement et, le cas échéant, de les reconstituer.

Mitée, cisaillée, amputée par l'urbanisation ou les grandes infrastructures, la forêt des grandes régions urbaines demeure menacée. Ce que l'on nomme l'urbanisation « sauvage » a commencé au XIXe siècle après la révolution industrielle, lorsque le développement du chemin de fer et les transformations « haussmanniennes » ont donné naissance à la banlieue. C'est alors qu'en l'absence de toute législation protectrice, la forêt a payé cher l'extension des villes, en Île-de-France surtout et au contact de toutes les grandes agglomérations industrielles et urbaines. De cette époque date certes le premier geste politique en faveur de la création d'espaces verts, avec la vente par l'État à la ville de Paris du bois de Boulogne (loi du 9 juin 1852), afin de « contribuer à l'embellissement de la ville et à son agrandissement ». Le Second Empire voit ensuite une floraison sans précédent de grands espaces verts publics, qui va de pair avec l'urbanisme haussmannien : le parc Monceau, le parc Montsouris, les Buttes-Chaumont, les bois de Boulogne et de Vincennes, le parc de la Tête-d'Or à Lyon, le Prado à Marseille datent tous de cette période. Mais ces créations, proches des centres des villes, ne compensent pas, tant s'en faut, les pertes subies par la forêt en périphérie.

Initialement limitée aux abords des lignes de chemin de fer, l'urbanisation « en doigts de gant » se transforme après la Première Guerre mondiale en une vague de lotissements pavillonnaires : les grandes propriétés, entourées de parcs boisés, sont l'objet de fructueuses opérations immobilières encouragées par la législation de l'entre-deux-guerres, qui prône la propriété pour tous, et par l'absence de réglementation d'urbanisme. À la Seconde Guerre mondiale fait suite l'ère de la reconstruction, de la crise du logement et des « grands ensembles ». C'est alors que, conjugué au développement de l'automobile, le phénomène urbain atteint ses proportions actuelles. Plaines, plateaux et vallées sont envahis par la « marée du béton » ; la mémoire collective des lieux, élément fondamental de la culture populaire, s'efface, les références au cadre naturel sont perdues. La traditionnelle opposition entre ville et campagne ne signifie plus rien dans une banlieue où subsistent, entre les lotissements, les infrastructures et les friches industrielles, quelques îlots de culture ou de forêt, qui ont vu en quelques décennies leur environnement totalement bouleversé.

La nécessité de protéger les boisements de la convoitise des bâtisseurs n'est ressentie que tardivement : les premières dispositions relatives au maintien ou à la création d'espaces boisés dans les plans d'urbanisme datent de 1958. À la fin des années soixante, de construire à outrance cesse de

Acquis par la ville de Paris au XIXe siècle : le bois de Boulogne.

constituer un objectif unique. La loi du 10 juillet 1973, enfin, prévoit le classement, dans les plans d'occupation des sols, des bois, forêts et parcs dont la conservation s'impose. Dans une France périurbaine trop souvent « défigurée », selon le titre d'une émission télévisée restée célèbre, les forêts ont payé un lourd tribut au développement urbain ; elles demeurent cependant des éléments permanents de l'occupation du sol, véritables points d'ancrage de la « trame verte » qu'il importe par-dessus tout, désormais, de sauvegarder.

Les menaces

Si la disparition de certains massifs forestiers par défrichement et lotissement comme au début du siècle n'est plus à redouter, la nécessité de répondre aux besoins toujours croissants en infrastructures de transport — qu'il s'agisse d'assurer les « migrations alternantes » des banlieusards ou d'établir des liaisons ferrées interrégionales à grande vitesse — conduit à envisager des tracés en forêt dans les régions urbaines, où ils constituent une solution de moindre coût et de moindre impact pour les populations riveraines. Or plus que l'emprise au sol elle-même, la « coupure biologique » qui affecte l'écosystème forestier est préjudiciable aux massifs traversés par les routes, autoroutes et voies ferrées. Ces emprises, la plupart du temps clôturées, souvent en déblais-remblais, tronçonnent l'espace forestier, interrompent les chemins, perturbent la circulation superficielle et souterraine des eaux et compliquent la gestion forestière, isolant souvent des espaces inaccessibles dits « délaissés ». Il s'ensuit de multiples conséquences : modifications du microclimat local, bruit, sensibilité accrue au vent des lisières ouvertes brutalement, bouleversement des territoires pour la faune, modification de la flore sur les lisières, assèchement et disparition d'espèces aquatiques, pollution par les hydrocarbures, les métaux lourds, le sel de déneigement, etc. Un grand nombre de processus biologiques liés à la survie des espèces végétales et animales se trouvent interrompus ou perturbés, sans parler du dérangement lié au chantier. Certaines espèces strictement forestières sont chassées du secteur traversé, voire du

Carrière près de Milly-la-Forêt (Essonne).

DÉBOISEMENT ET REBOISEMENT EN ÎLE-DE-FRANCE. Le rythme du déboisement dans la proche couronne de Paris s'est élevé à mille hectares par décennie depuis le début du siècle, compensé, en partie seulement, par des reboisements relativement plus importants depuis 1960.

En hectares

	1900-1960	1960-1980
Superficies déboisées	5 825	2 080
Superficies boisées ou reboisées	2 970	1 365

	1900	1980
Superficies boisées totales dans la *Ceinture verte* de Paris	42 290	38 720

Il est vrai que, même dans la période récente, la consommation totale d'espace rural a été beaucoup plus forte : de l'ordre de 85 000 hectares entre 1970 et 1985, soit plus de 5 600 hectares par an !

massif lui-même (bécasse des bois, tourterelle des bois, autour des palombes, martre, cerf élaphe), ce qui peut entraîner des effets sur de très vastes espaces, car les forêts servent de « relais » aux espèces qui, comme le cerf ou le sanglier, ont un territoire vital très étendu.

La demande d'ouverture de carrières pour l'exploitation de matériaux nécessaires à la construction ou à l'industrie menace aussi les espaces boisés des régions périurbaines. Granulats dans les forêts alluviales, gypse sous les buttes boisées, carrières d'argile, de silice : la multiplication des exploitations se fait souvent au détriment des forêts, dès lors que le sous-sol n'est plus accessible ailleurs. La remise en état des sites exploités n'est du reste prévue par le législateur que depuis la réforme du Code minier en 1970. Lorsque l'on sait qu'une carrière est en général exploitée pendant vingt à trente ans, on comprend quelles cicatrices l'industrie extractive a laissées dans les forêts proches des villes. Encore cette remise en état (à laquelle il faut obligatoirement s'engager pour obtenir une autorisation) a-t-elle trop souvent été insuffisante et donné des résultats décevants. Le mode d'exploitation, lui aussi, intervient : autant il est possible de reboiser après remodelage des carrières à ciel ouvert, autant l'exploitation souterraine, celle du gypse par exemple, fait pour l'instant obstacle à tout reboisement satisfaisant.

A protéger : la ceinture verte de Paris.

Menacée dans son intégrité spatiale, la forêt l'est en outre dans son intégrité biologique, sa richesse et sa diversité : au fur et à mesure que son environnement change, des perturbations profondes l'affectent. L'urbanisation des lisières imperméabilise les sols et modifie le niveau des nappes phréatiques et le régime des cours des eaux ; elle engendre aussi des rejets polluants, des dépôts d'ordures, du vandalisme sur le milieu particulièrement riche que constituent les lisières, les plus exposées à la fréquentation. Le développement de cette dernière, quotidienne pour les forêts enclavées dans le tissu urbain ou de fin de semaine pour les forêts plus éloignées, n'est pas non plus sans effets néfastes : circulation accrue, tassement des sols, disparition de certaines formes de végétation, érosion, salissement, multiplication des risques d'incendie. Enfin les besoins en espaces verts et sportifs des populations urbaines — insuffisamment satisfaits par ailleurs — exercent une pression accrue sur les forêts qui deviennent le support de nombreuses activités de loisirs. Si certains aménagements n'affectent guère le milieu forestier (aires d'accueil et de pique-nique), d'autres (terrains de camping, voiries de desserte et parcs de stationnement) consomment nécessairement de l'espace. D'autres encore menacent gravement l'avenir du milieu boisé, tels les terrains de golf dont les projets se sont multipliés en forêt depuis quelques années.

Protéger la forêt

Bien souvent, l'aménagement du territoire a considéré la forêt (et l'espace naturel en général) non en fonction de sa valeur intrinsèque mais comme un « réservoir » recelant diverses richesses : réservoir foncier pour les lotisseurs et les constructeurs routiers ou ferroviaires, réservoir de gisements minéraux exploitables à bon compte. Quels sont aujourd'hui les moyens dont dispose la forêt pour se défendre ? Une première série de protections juridiques et réglementaires régissent le défrichement ainsi que le classement et la protection des bois et forêts dans les documents d'urbanisme. La loi-cadre de 1976 sur la protection de la nature apporte également des possibilités de classement des forêts périurbaines en « forêts de protection ». Toutes ces dispositions ont une efficacité indiscutable en ce qui concerne l'extension urbaine, mais, face aux projets déclarés « d'utilité publique » tels que le passage d'infrastructures ou de lignes électriques, leur efficacité s'avère relative. Une protection plus forte est donc devenue nécessaire ; elle doit découler d'une nouvelle conception de l'urbanisme qui rende justice à l'espace naturel, contrepoint indispensable de l'espace urbain.

Cela implique, tout d'abord, de satisfaire, au sein des zones urbaines elles-mêmes, les besoins en espaces verts, en circuits de promenade, en équipements sportifs et bases de loisirs. À cet effet, il convient d'utiliser toutes les possibilités qui s'offrent : réhabilitation de carrières, réaménagement de friches industrielles, aménagement de nouveaux quartiers. Un objectif de dix mètres carrés d'espace vert par habitant peut être retenu, afin d'éviter une pression de fréquentation excessive, préjudiciable à la forêt. (Dans de nombreuses communes urbaines aujourd'hui, le taux d'espaces verts ne dépasse guère un mètre carré par habitant.) Il importe par ailleurs de préserver et mettre en valeur la continuité territoriale des espaces verts, des espaces agricoles et des forêts. Ainsi seront sauvegardés d'une part la « continuité biologique » du milieu naturel, d'autre part les chemins utilisables par les piétons et les cyclistes pour accéder aux espaces verts et boisés.

Il faut enfin mieux insérer les grandes infrastructures dans l'environnement. La conception des tracés et du traitement des traversées de massifs forestiers suscite, à l'heure actuelle, de fortes contestations dans l'opinion publique, comme en témoignent les récentes controverses relatives à l'autoroute A14 en forêt de Saint-Germain-en-Laye ou à l'autoroute A86 dans les forêts de l'Ouest parisien. Assurer la continuité au niveau du sol forestier (par un passage en tunnel ou en tranchée couverte), rétablir les voies de desserte forestière, les chemins d'exploitation et de promenade, les voies empruntées par la faune sauvage : autant d'impératifs à considérer pour les maîtres d'ouvrage. Cette approche a déjà beaucoup progressé dans les secteurs urbanisés ; elle doit s'imposer aussi pour la forêt.

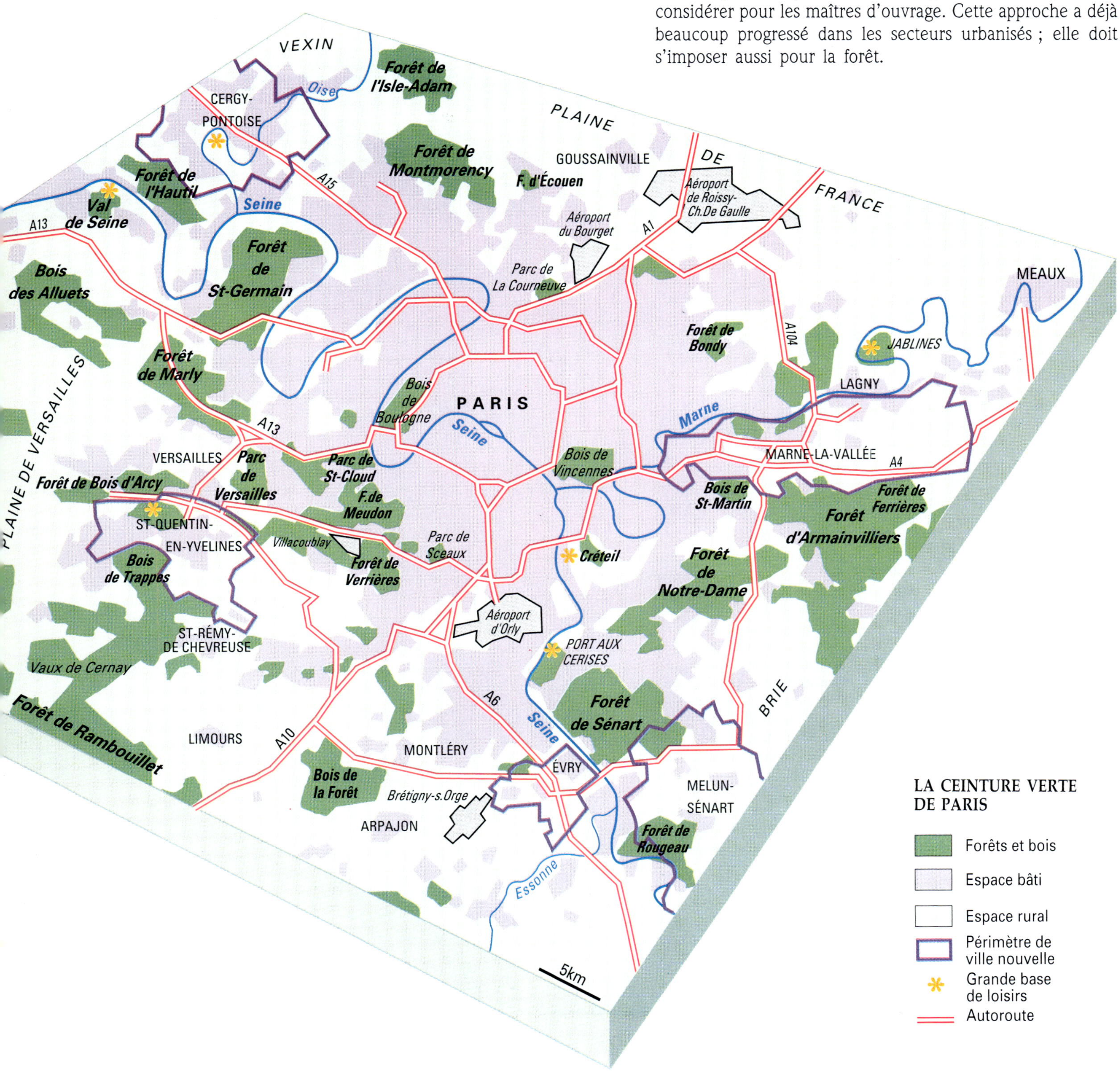

LA CEINTURE VERTE DE PARIS

LA FORÊT ACCUEILLANTE

Telle que nous la connaissons et l'aimons, la forêt française n'est plus à proprement parler « naturelle » mais « civilisée », c'est-à-dire façonnée par l'homme depuis des générations. Le comprendre permet d'apprécier d'autant mieux un patrimoine national incomparable.

Une forêt civilisée

Il est tentant de croire qu'une forêt protégée et laissée à l'abandon tend rapidement vers un équilibre qui représente la nature à l'état brut, et que tout le monde peut en jouir gratuitement sans aucun risque. Mais la vraie nature sauvage n'est pas un idéal. Sans intervention de l'homme, seuls quelques passionnés la trouveraient belle ; les autres n'y verraient qu'un fouillis inextricable et hostile. Bref, elle ne s'accommoderait pas des activités habituelles du citadin policé. Il n'y a plus depuis longtemps de forêt vierge en France. Les forêts sont gérées : c'est ce qui les rend accueillantes. Des chemins, des layons, des sommières et des sentiers les traversent ; les sous-bois sont entretenus, les futaies mélangées ou les hautes futaies, que l'on compare volontiers aux cathédrales, n'existeraient pas sans l'intervention de l'homme.

Les forêts ouvertes au public appartiennent, pour la plupart, à des collectivités publiques : forêts domaniales, régionales, départementales et communales. Cette ouverture ne saurait rester passive car elle entraînerait un risque de dégradation de la forêt et poserait rapidement des problèmes d'ordre et de sécurité. C'est pourquoi les collectivités et l'Office national des forêts, qui gère l'ensemble de leurs forêts, mènent des actions spécifiques d'accueil du public : équipements appropriés, entretien, surveillance, sylviculture adaptée, information. Il faut d'abord faciliter l'accès aux forêts. Les routes forestières, même domaniales, ont le statut juridique de routes privées ; leur ouverture à la circulation publique constitue un acte concret d'accueil. Il en va de même de la création d'aires de stationnement ou de l'aménagement de bas-côtés pour permettre aux voitures de s'arrêter. Les dimensions de ces équipements doivent correspondre à la fréquentation probable de la forêt ou à la fréquentation maximale qu'elle peut supporter. Il faut ensuite estimer le nombre présumé ou souhaitable de promeneurs, pique-niqueurs, randonneurs, cavaliers, cyclistes, etc. Des circuits peuvent alors être aménagés, des aires de pique-nique et des aires de jeux créées, des sentiers ou pistes balisés, des sentiers sportifs réalisés, et ainsi de suite. Il convient en effet de coordonner la fréquentation de la forêt et, le cas échéant, de la réglementer.

Certaines agglomérations ne possèdent pas assez d'espaces verts de proximité pour répondre aux besoins quotidiens de la population, en particulier des enfants, mères de famille et personnes âgées. Les forêts les plus proches servent alors d'espace de substitution et l'accueil du public devient leur fonction principale. Pour remplir ce rôle, elles doivent bénéficier d'un équipement dense et bien entretenu. C'est le cas aussi des forêts qui bordent des sites touristiques très fréquentés comme les plages ou les plans d'eau. Quelle que soit la densité des équipements, il faut toujours se soucier de la sécurité des usagers. Il n'est évidemment pas possible de supprimer tous les risques : l'espace naturel ne saurait être complètement domestiqué sans perdre son caractère. Les promeneurs et les randonneurs doivent donc se prendre raisonnablement en charge. Mais le propriétaire et le gestionnaire de la forêt ne peuvent pas laisser subsister des dangers anormaux. Les aires de jeux pour enfants doivent être particulièrement soignées et bien entretenues. Il convient par ailleurs de surveiller la santé des arbres afin d'éviter la chute de branches mortes dans des secteurs très fréquentés. D'une façon plus générale, la surveillance constitue en elle-même un facteur de sécurité. Les forestiers n'ont pas à contrôler les agissements du public, mais ils doivent bien connaître ses habitudes, assurer une présence minimale et veiller à son information.

Informer le public devient en effet de plus en plus nécessaire. La « consommation » passive de la forêt, simple espace libre, régresse. Les habitués veulent la connaître pour mieux en profiter. Depuis longtemps, les aires d'accueil des massifs forestiers fréquentés sont équipées de panneaux d'information présentant la forêt, le plan des circuits touristiques et, le cas échéant, des conseils ou des informations pratiques sur la flore, la faune, la géologie ou l'histoire. Des panneaux indiquent par ailleurs le nom d'un chemin, d'un carrefour, d'un étang ou donnent une direction ; certains

LA FORÊT DE COMPIÈGNE. *Cette ancienne forêt royale, grande futaie de hêtres et de chênes, très giboyeuse, était très prisée pour la chasse à courre. Elle a été percée de nombreuses routes et allées : on y répertorie 310 carrefours munis, pour la plupart, de poteaux octogonaux typiques marquant les principales directions. La clairière de l'Armistice, près de Rethondes, évoque des heures glorieuses ou tragiques des deux guerres mondiales. La série classée des Beaux-Monts présente des chênes de plus de 450 ans et de magnifiques points de vue. La réserve biologique des Grands-Monts est remarquable par la diversité de sa flore.*

LA FORÊT DE BERCÉ. *Ancienne forêt royale elle aussi, c'est une des plus belles chênaies de France. La série feuillue a toujours été cultivée en futaie où le chêne et le hêtre dominent. A l'origine, le chêne était destiné aux constructions navales du port de Nantes ; le hêtre était utilisé sur place pour la saboterie et la boissellerie. La sylviculture traditionnelle du chêne rouvre, associé au hêtre en sous-étage, permet d'obtenir des arbres très droits et élancés, à accroissements fins et réguliers, sans branches basses et donc sans nœuds. La qualité exceptionnelle des chênes de Bercé est maintenant très prisée pour l'ébénisterie, la tonnellerie et le bois de placage. Dans la Futaie des Clos, les plus beaux chênes sont maintenus jusqu'à la limite de leur survie. Certains sont âgés de plus de 300 ans. On peut y admirer des arbres de 45 mètres de hauteur, à fût rectiligne et sans branche sur 30 mètres.*

LA FORÊT D'IRATY. *Forêt symbole du Pays Basque, le massif d'Iraty est à cheval sur la frontière franco-espagnole. La partie française appartient à deux syndicats de communes : le pays de Cize et le pays de Soule. Longtemps inaccessible, la forêt d'Iraty a gardé un caractère sauvage et une flore et une faune très riches dominées par une futaie de hêtre. Les pâturages qui l'environnent sont toujours un lieu de transhumance pour de nombreux troupeaux de brebis, de vaches ou même de chevaux. La chasse y est active ; aux gibiers traditionnels tels que sangliers, chevreuils et cerfs, s'ajoutent les palombes ou pigeons ramiers dont les vols de migration se concentrent sur quelques cols pyrénéens.*

LA FORÊT DE GÉRARDMER. *Le sapin pectiné et l'épicéa, auxquels est associé le hêtre, s'y étagent harmonieusement sur une dénivellation totale de 600 mètres. Très productive en bois d'œuvre de qualité, cette forêt a bien d'autres missions à remplir : la protection de la nature est soulignée par deux réserves biologiques préservant des milieux originels particulièrement fragiles, notamment des tourbières. L'accueil et le tourisme sont justifiés par la qualité du site. Au cœur du massif se succèdent en effet trois magnifiques lacs glaciaires : Retournemer, le plus petit et le plus en amont ; Longemer ; Gérardmer, le plus grand et le plus touristique. Les sports d'hivers sont rois dans ce milieu forestier, à commencer par le ski de fond.*

LA FORÊT DE BOSCODON *appartenait à l'abbaye de même nom, puis à l'archevêché d'Embrun, jusqu'à la Révolution où elle devint forêt domaniale. Sa géologie variée, son relief accidenté et son sol profond et riche en font un des joyaux forestiers des Alpes. Elle abrite une flore riche et diverse, où l'on retrouve la plupart des espèces alpines avec quelques influences méditerranéennes. Les arbres, en premier lieu le sapin, ont une vigueur et des dimensions exceptionnels. Routes et sentiers sont ponctués de*

FLEURONS DE LA FORÊT FRANÇAISE

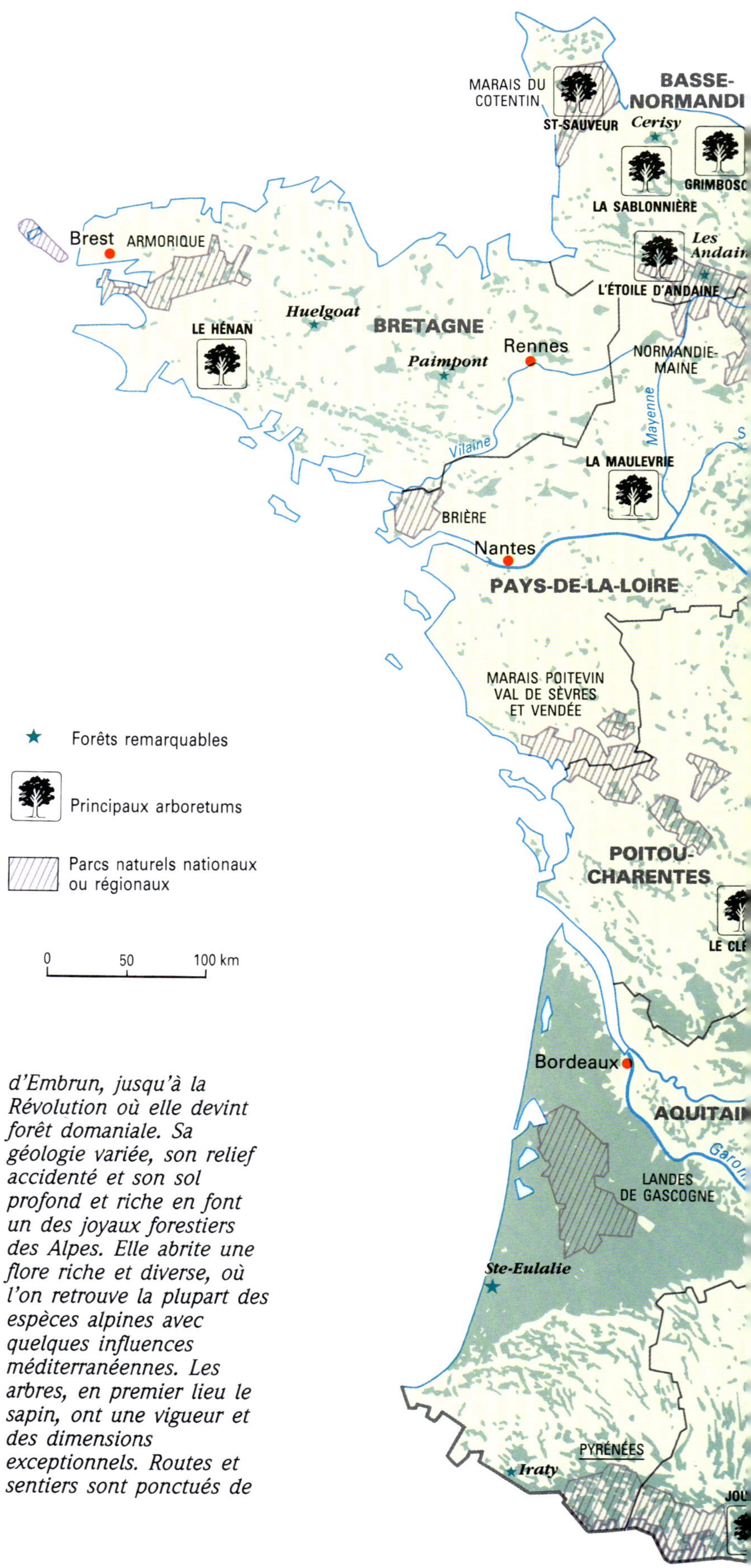

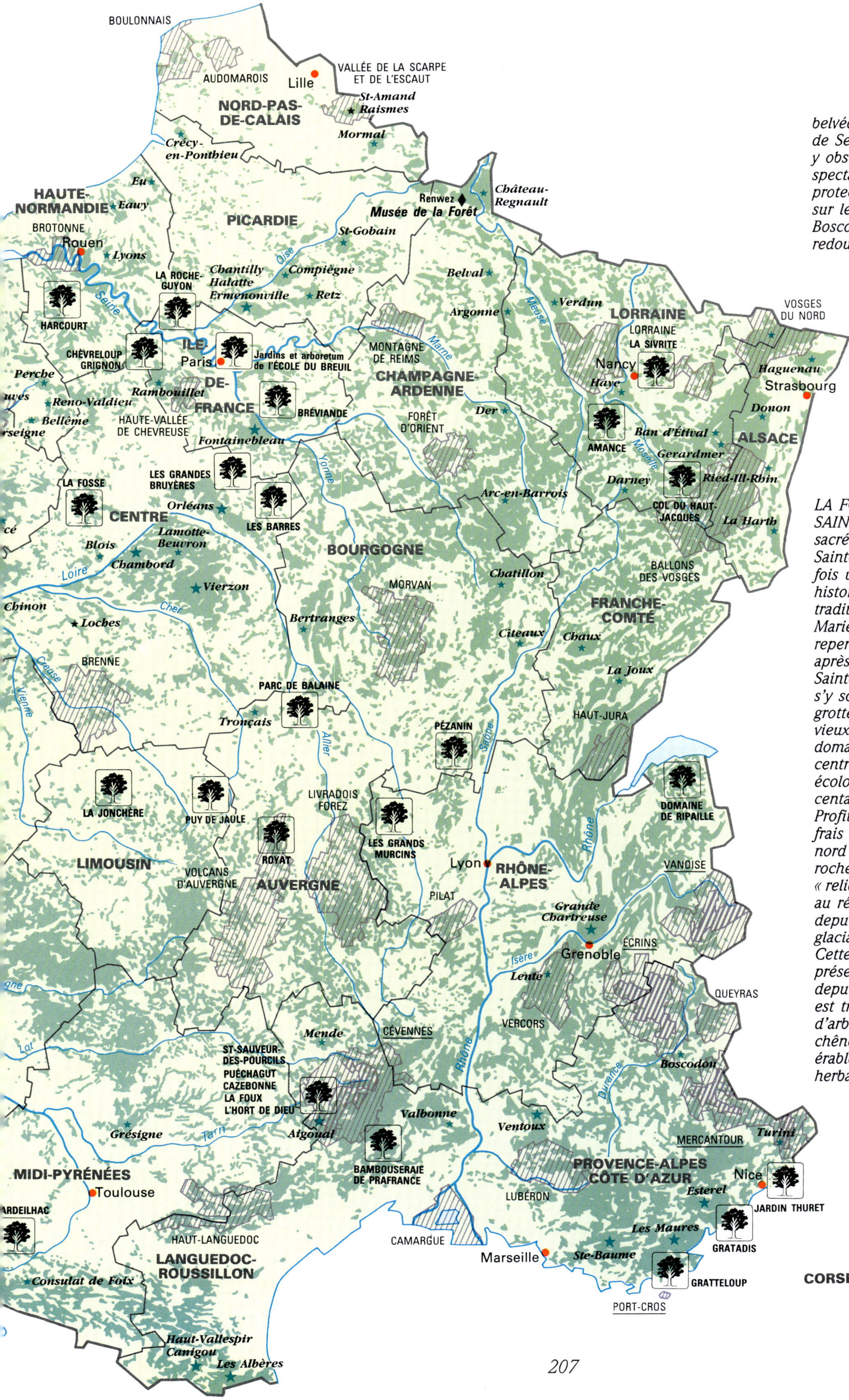

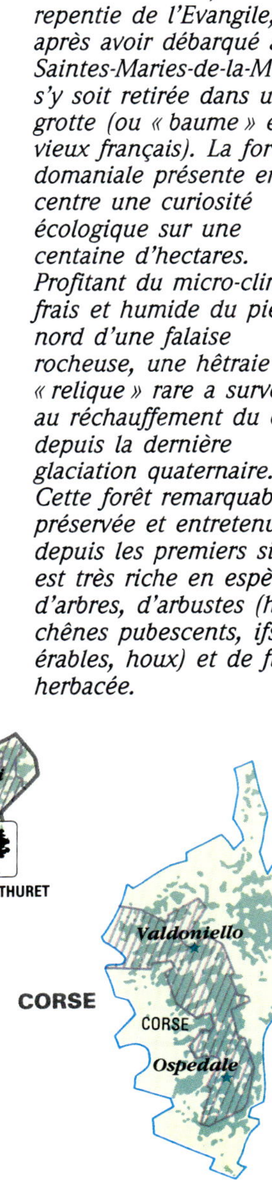

belvédères dominant le lac de Serre-Ponçon. On peut y observer aussi les travaux spectaculaires de protection contre l'érosion sur le torrent du Boscodon, l'un des plus redoutables des Alpes.

LA FORÊT DE LA SAINTE-BAUME. Forêt sacrée, forêt de légende, la Sainte-Baume présente à la fois un intérêt mythique, historique et botanique. La tradition veut que Marie-Madeleine, la repentie de l'Evangile, après avoir débarqué aux Saintes-Maries-de-la-Mer, s'y soit retirée dans une grotte (ou « baume » en vieux français). La forêt domaniale présente en son centre une curiosité écologique sur une centaine d'hectares. Profitant du micro-climat frais et humide du piémont nord d'une falaise rocheuse, une hêtraie « relique » rare a survécu au réchauffement du climat depuis la dernière glaciation quaternaire. Cette forêt remarquable, préservée et entretenue depuis les premiers siècles, est très riche en espèces d'arbres, d'arbustes (hêtres, chênes pubescents, ifs, érables, houx) et de flore herbacée.

même expliquent des coupes de bois ou d'autres opérations sylvicoles qui risqueraient d'être mal comprises. Les sentiers d'information sont un moyen original de faire participer les promeneurs à la vie de la forêt. On les appelle parfois sentiers botaniques, sylvicoles, écologiques, sentiers d'initiation, de découverte ou d'interprétation de la nature ou du paysage, sentiers éducatifs ou sentiers à thème. Il s'agit en général de circuits qui se parcourent à pied en une ou deux heures, jalonnés de stations munies de panneaux explicatifs ou de numéros renvoyant à des brochures. Chaque station fournit l'occasion soit de décrire une espèce d'arbre, de plante, de roche, de structure de forêt, etc., soit de faire découvrir et interpréter une association végétale, des traces d'animaux, un paysage ou des vestiges historiques. On donne ainsi un rôle actif au promeneur en lui permettant de s'informer et de se former à son initiative. De tels sentiers ne sont pas réservés aux bons marcheurs ; ils peuvent être adaptés, par exemple, aux handicapés moteurs ou aux aveugles, comme celui qui a été installé en région parisienne dans la forêt de Bréviande.

Ces équipements ont l'avantage d'être disponibles en permanence. Mais ils ne remplacent pas le contact humain et les échanges de vues avec un spécialiste. Aussi diverses associations, les parcs nationaux et régionaux et l'Office national des forêts organisent-ils des visites guidées en forêt pour les enfants des écoles, les groupes organisés ou les simples promeneurs. Les thèmes vont de la découverte de la forêt ou de l'initiation à l'écologie, à la visite de réserves et à l'étude de disciplines spécialisées comme la botanique d'une station ou la mycologie. Dans les forêts périurbaines, le public se montre très sensible à la qualité du paysage et à son évolution. Une gestion forestière classique, même parfaitement justifiée sur le plan de l'écologie, peut choquer certains promeneurs lorsque le paysage auquel ils sont habitués change brusquement ou se banalise. Les forestiers peuvent alors choisir d'appliquer un traitement spécial en diversifiant les espèces et les âges des arbres. Mais, bien entendu, ces mesures ne produiront d'effets visibles qu'au bout de longues années et n'empêcheront pas qu'un jour ou l'autre il faudra bien couper les vieux arbres pour éviter qu'ils ne tombent tout seuls lorsqu'ils seront malades ou affaiblis.

Toutes les actions spécifiques d'accueil du public, qu'elles soient directes ou indirectes ou qu'il s'agisse d'un simple entretien d'équipements, ont un coût. Même dans le cas le plus simple, celui de chemins ou de sentiers parcourus

Aux environs de Pont-de-Montvert, dans le parc national des Cévennes.

Parcs nationaux et parcs régionaux

Bon nombre de parcs — nationaux ou régionaux — sont très boisés ; certains portent même le nom d'une forêt ou d'un massif forestier. Tous ont en commun deux objectifs : la protection du milieu naturel et la promotion des activités de découverte de la nature.

Les parcs nationaux *ont pour principale mission de protéger un patrimoine naturel d'une richesse exceptionnelle en le soustrayant à toute intervention artificielle susceptible d'en altérer l'aspect, la composition et l'évolution. Ils n'interdisent pas pour autant toute activité humaine ; les propriétaires des terrains inclus dans un parc national peuvent continuer à cultiver leur sol, à y entretenir des pâturages ou à gérer des forêts, à condition de respecter certaines règles de caractère écologique. L'ouverture au public y est encouragée, sauf dans quelques réserves intégrales et zones fragiles. Les centres d'accueil et « maisons des parcs », installés sur les voies d'accès, proposent aux visiteurs des expositions permanentes, des brochures d'information sur la faune, la flore et le milieu naturel, des sentiers de découverte et des visites guidées.*

Contrairement aux parcs nationaux (mis à part celui des Cévennes), les parcs naturels régionaux *ne sont pas des zones inhabitées. La protection de la nature est inséparable de l'aménagement harmonieux d'un territoire où des hommes doivent continuer à vivre et à travailler. Chaque parc naturel régional est doté d'une « charte » qui définit ses objectifs. La plupart des parcs régionaux englobent une ou plusieurs grandes forêts domaniales ; les initiatives conjointes des parcs et de l'Office national des forêts permettent d'y développer les activités de plein air et la découverte du milieu forestier.*

Les arboretums

Un arboretum est un jardin botanique réservé aux arbres. À l'origine, des pionniers de l'acclimatation des arbres exotiques ont planté des arboretums par curiosité et pour rechercher les effets décoratifs. Il est ainsi peu à peu apparu que certains arbres étrangers poussaient mieux que les nôtres sous nos climats et sur nos sols. Des essais systématiques de plantations ont alors été réalisés dans les principales zones de reboisement. Ces essais portaient sur des espèces diverses et, au sein d'une même espèce, sur des variétés et des provenances différentes.

Les arboretums de collection rassemblent de nombreuses espèces exotiques disséminées, par pieds isolés ou par très petits bouquets, sur une parcelle forestière ou, plus souvent, dans un parc. Ce sont, en quelque sorte, des musées forestiers vivants dont l'intérêt est à la fois scientifique et pédagogique ; ils permettent de connaître les limites écologiques des essences introduites et la plasticité de leur tempérament. Ils peuvent en outre sauver de la disparition certaines espèces qui, pour une cause quelconque, ont disparu de leur pays d'origine ou sont très menacées. C'est ainsi qu'un sapin de Sicile (Abies nebrodensis), *très rare dans son pays d'origine, a été introduit en France dès 1930 dans divers arboretums. Il en va de même d'un pin découvert en 1927 en Algérie* (Pinus nigra *var.* mauretanica) *et d'un petit arbre d'ornement originaire des abords de la Caspienne* (Parrotia persica).

Arboretum de l'ONF à La Jonchère (Haute-Vienne).

Les arboretums forestiers, appelés parfois sylvetums, *sont plus nombreux ; ils contiennent, par définition, un nombre d'espèces nettement moindre que les arboretums de collection. Il s'agit uniquement d'essences forestières, c'est-à-dire d'essences sociales qui constituent déjà, dans leur pays d'origine, des peuplements forestiers. Elles sont toujours représentées par un nombre de sujets important, dépassant vingt-cinq et, si possible, cinquante unités, pour pouvoir être l'objet d'une sylviculture (travaux culturaux, éclaircies). L'intérêt scientifique de ces expériences revient à comparer les aptitudes respectives des essences concernées au reboisement de la région où est situé l'arboretum. Les arboretums forestiers ont aujourd'hui perdu une partie de leur intérêt car la recherche forestière utilise des dispositifs beaucoup plus perfectionnés qui permettent une analyse mathématique des données fournies ; ils gardent toutefois un incontestable et irremplaçable intérêt comme témoins et réserves de spécimens d'âges et de dimensions élevés. Leur rôle est devenu essentiellement didactique et esthétique.*

Les arboretums fournissent des informations concrètes et pratiques aux pépiniéristes, architectes-paysagistes, urbanistes, responsables des services de parcs et jardins... qui y trouvent une documentation vivante. Les enseignants et leurs élèves, comme le public désireux de s'instruire ou de choisir la plante qui embellira son jardin, y trouveront en vraie grandeur l'arbre ou l'arbuste qu'ils recherchent et se familiariseront avec l'extrême diversité des plantes qui peuplent nos parcs ou peuvent y être introduites ; ils en apprécieront l'agrément et apprendront à reconnaître les différentes espèces. N'est-ce pas une excellente introduction à la connaissance de la nature ?

Les principaux arboretums

Allier

PARC DE BALAINE. À 15 km au nord de Moulins, RD 433 vers Toury et Nonay.
Visites: du 1er avril au 30 novembre, de 9 h à 12 h et de 14 h à 19 h. Visites guidées sur demande (groupes).
03460 Villeneuve-sur-Allier.
Tél. 70.43.30.07.

Alpes-Maritimes

JARDIN THURET. Institut national de la recherche agronomique. Villa Thuret, 62 boulevard du Cap, chemin Raymond, Antibes.
Tél. 93.67.88.66.
Visites: de 8 h 30 à 17 h 30 sauf samedi, dimanche et jours fériés.

Calvados

GRIMBOSQ. Forêt communale de Caen, à 15 km au sud de Caen sur la RD 562.

LA SABLONNIÈRE. Forêt domaniale de Cerisy, carrefour de l'embranchement sur la RD 572 Bayeux-Saint-Lô.

Charente

LE CLEDOU. Forêt domaniale de La Mothe-Cledou, à 3 km de Rougnac par la RD 41.

Creuse

PUY DE JAULE. Camp militaire de la Courtine, RD 23 à 200 m du village de Boucheresse en direction de la Courtine.
Accès interdit certains jours.
Division ONF, avenue d'Auvergne, 23000 Guéret. Tél. 55.52.05.19.

Eure

HARCOURT. À 9 km à l'ouest du Neubourg par la RD 137.
Visites: ouvert du 15 juin au 14 septembre de 10 h à 20 h, de mars au 15 juin et du 15 septembre à novembre de 14 h à 18 h, tous les jours sauf mardi.

Finistère

LE HÉNAN. Forêt départementale du Hénan, à 3 km au sud de Pont-Aven.

Gard

BAMBOUSERAIE DE PRAFRANCE. Près d'Anduze, à 13 km au sud-ouest d'Alès.
Visites: du 1er mars à la première semaine de janvier, de 9 h à 12 h et de 14 h à 18 h 30. À partir de Pâques et jusqu'à la troisième semaine de septembre, de 9 h 30 à 19 h.
30140 Anduze. Tél. 66.61.70.47.

CAZEBONNE. Forêt domaniale de l'Aigoual, à 6 km au nord d'Alzon.

LA FOUX. Forêt domaniale de l'Aigoual, à 14 km au sud de Meyrueis par la RD 986.

L'HORT DE DIEU. Forêt domaniale de l'Aigoual, à 30 km au nord-ouest de Valleraugue ; accès par un chemin à partir de la route menant du col de la Sereyrède à l'observatoire du mont Aigoual.
Visites: libres pendant la période estivale ou sur demande ; une visite guidée hebdomadaire (prendre contact auprès du chef de division ONF).
Division du Vigan, le Panoramic, 16, avenue de Rochebelle, 30120 Le Vigan. Tél. 67.81.00.83.

PUÉCHAGUT. Forêt domaniale de l'Aigoual, à 18 km au nord du Vigan par la RD 48.

SAINT-SAUVEUR-DES-POURCILS, à 9 km à l'ouest de Camprieu, RD 986.

Haute-Garonne

CARDEILHAC. Forêt domaniale de Cardeilhac, à 15 km de Saint-Gaudens ; accès par les RD 9, 69, 69E.
Visites: tolérées. Visites guidées : prendre contact auprès du chef du service départemental, 51, rue du Pradet, 31806 Saint-Gaudens.
Tél. 61.89.62.77.

JOUÉOU. À 8 km au sud de Bagnère-de-Luchon, sur la route de l'Hospice de France.

Loir-et-Cher

LA FOSSE. À 18 km à l'ouest de Vendôme.
Visites: commentées les samedi, dimanche et jours fériés à 14 h 30 et 16 h 30 précises du 1er mai au 30 septembre ; à 15 h précises du 1er octobre au 31 octobre. Groupes : toute l'année sur rendez-vous. Tél. 54.85.38.63.

Loire

LES GRANDS MURCINS. Arcon, à 25 km à l'ouest de Roanne ; accès par la route de Saint-André-d'Apchon (RD 51).

Loiret

LES BARRES. À 18 km au sud de Montargis.
Visites: tous les jours de 14 h à 18 h sauf samedi, dimanche et jours fériés ; juillet-août de 10 h à 12 h et de 14 h à 18 h.
45290 Nogent-sur-Vernisson.
Tél. 38.97.62.21.

LES GRANDES BRUYÈRES. À 30 km au nord-est d'Orléans.
Visites: portes ouvertes une fois par mois ; s'adresser aux syndicats d'initiative du Loiret.
Sur demande préalable (visites réservées aux botanistes et forestiers). Collections nationales.

Maine-et-Loire

LA MAULEVRIE, à Angers.
Visites: tous les jours, de 8 h à 20 h l'été ; de 8 h à 18 h l'hiver.
Tél. 41.86.10.10 (mairie) ; 41.66.37.73 (arboretum).
Pour la partie non ouverte au public, sur demande écrite à la mairie, BP 3527, 49035 Angers cedex.

Manche

SAINT-SAUVEUR. Forêt domaniale de Saint-Sauveur-le-Vicomte, par la RD 15 de Saint-Sauveur à Port-Bail.

Meurthe-et-Moselle

AMANCE. Forêt domaniale d'Amance, à 15 km au nord-est de Nancy par la RN 74.
Visites: sur demande au Centre national de recherche forestière de Nancy-Champenoux, 54280 Seichamps. Tél. 83.39.40.41.
Réservées aux groupes.

LA SIVRITE. Arboretum de l'ENGREF, à 8,5 km au sud-ouest de Nancy par la RD 974.

Orne

L'ÉTOILE D'ANDAINES. Forêt domaniale des Andaines, à 10 km à l'est de Domfront, carrefour de l'Étoile sur la RD 908.

Puy-de-Dôme

ROYAT. Forêt domaniale de Royat, à 3 km à l'ouest de Royat par la RD 68, puis route forestière sur 1 km.

Saône-et-Loire

PÉZANIN. Dompierre-les-Ormes, à 40 km à l'ouest de Mâcon par la RN 79.
Visites: tolérées ; visites guidées sur demande (groupes et botanistes). Division ONF, 29, rempart Saint-Pierre, 71231 Chalon-sur-Saône cedex.

Haute-Savoie

DOMAINE DE RIPAILLE. À 2 km de Thonon-les-Bains.
Visites: l'hiver, tous les jours sauf le lundi, de 10 h à 16 h ; l'été, tous les jours de 10 h à 18 h.
Syndicat d'initiative, tél. 50.71.50.88.

Paris

JARDINS ET ARBORETUM DE L'ÉCOLE DE BREUIL. Route de la Pyramide, bois de Vincennes, 75012 Paris. Tél. 43.28.28.94.
Visites: de 10 h à 19 h.

Seine-et-Marne

BRÉVIANDE. Forêt régionale de Bréviande, à 3 km à l'ouest de Melun.

Yvelines

CHÉVRELOUP. À 20 km à l'ouest de Paris.
Visites: les samedi, dimanche et lundis du 1er avril au 15 novembre, de 10 h à 17 h. Visites guidées sur rendez-vous, 30, route de Versailles, 78150 Rocquencourt.
Tél. 39.55.53.80.

GRIGNON. À 14 km au sud de Poissy.
Visites tous les jours.
Tél. 30.54.45.10.

Var

GRATADIS. Forêt domaniale de l'Esterel. Accès par le village d'Agay, route pic de l'Ours.

GRATTELOUP. Forêt domaniale des Maures, à 21 km à l'est d'Hyères par la RN 98.

Haute-Vienne

LA JONCHÈRE. À 28 km au nord-est de Limoges par la RD 914.
Visites: libres. Visites guidées sur demande écrite à la direction régionale de l'ONF, Le Capitole, 40-42 avenue des Bénédictins, 87000 Limoges. Tél. 55.34.53.13.

Vosges

COL DU HAUT JACQUES. Forêt domaniale de Mortagne. À 10 km à l'ouest de Saint-Dié, en bordure de la RN 420.

Val-d'Oise

LA ROCHE-GUYON. À 18 km au nord-ouest de Mantes-la-Jolie.

Page ci-contre : la bambouseraie de Prafrance.

Promenons-nous dans la forêt tropicale

*La **Réunion** possède, en raison de son isolement, une faune et une flore très originales : certaines espèces sont uniques au monde. De nombreux itinéraires touristiques parcourent les forêts, les cirques, les ravines et les pentes de volcans. Les trois cirques très escarpés de Mafate, Salazie et Cilaos sont sillonnés de sentiers forestiers d'où l'on peut admirer de magnifiques points de vue au milieu d'une nature sauvage. A l'est, les grandes forêts de Bébour et de Bélouve offrent des buts d'excursion. Au sud, une réserve naturelle près de Saint-Philippe a été équipée de sentiers botaniques permettant d'identifier les principales essences forestières des « bois de couleurs des bas ». Au sud-ouest, la forêt de l'Etang salé, en climat plus sec, contient divers équipements touristiques.*

*En **Guadeloupe,** les richesses naturelles de la Basse Terre sont telles qu'un parc national y a été créé en 1989, pour mettre en valeur la forêt tropicale accrochée aux flancs du volcan de la Soufrière et des montagnes voisines. Les sentiers forestiers, que l'on appelle traces, sont bien balisés et entretenus ; ils invitent à découvrir des rivières, cascades, sources chaudes et des points de vue remarquables au milieu d'une végétation luxuriante. Le parc a créé plusieurs centres d'accueil et d'information spécialisés dans un thème lié à la nature. La Maison du bois, à Pointe-Noire, montre les diverses utilisations des bois tropicaux. La Maison de la forêt est située au cœur de la forêt, en plein centre de la Basse Terre. Des panneaux explicatifs, des croquis et des photos permettent de s'initier à la flore, à la faune et à l'écologie tropicales. Des sentiers botaniques permettent d'identifier de nombreuses essences typiques de la forêt. Des sentiers de même nature ont été tracés dans les forêts du bord de mer.*

*À la **Martinique,** la montagne Pelée et les pitons du Carbet sont couverts d'une forêt luxuriante jusqu'à l'altitude de 1 000 mètres ; sur les sommets plus élevés, la forêt laisse la place à une végétation plus basse et à des pelouses naturelles. Ces forêts sont parcourues de routes pittoresques et de sentiers de promenade tracés à partir d'aires d'accueil. La forêt est aussi présente dans le sud de l'île et à l'est dans la presqu'île de la Caravelle. Dans la forêt de Montravail, au sud, et le long de plusieurs sentiers fréquentés du bord de mer, les noms des principales essences forestières sont indiqués et permettent de se familiariser avec ces forêts tropicales sèches.*

*S'il demeure bien sûr difficile de pénétrer au cœur de la forêt encore vierge de **Guyane,** le plus vaste département d'outre-mer se tourne néanmoins vers le tourisme et la forêt n'en est pas absente. Il est aujourd'hui facile de remonter le fleuve Maroni en pirogue et de visiter de petits villages enserrés entre le fleuve et la forêt, où vivent des populations d'origine africaine ou indienne. D'autres excursions très sportives sont possibles en pirogue et à pied à travers la forêt ; par exemple vers Saint-Elie, village de chercheurs d'or, ou vers Saül, en plein centre du département. Pour atteindre ce dernier village (50 habitants), il faut environ une semaine de trajet, à moins que l'on ne prenne le petit avion qui vient de Cayenne trois fois par semaine. De là, des sentiers sont balisés à travers la forêt. Le dépaysement est garanti.*

Philodendron dans le parc national de Guadeloupe.

par des randonneurs pédestres, il faut de temps en temps les entretenir ou les réparer ; très faible, le coût induit par chaque randonneur n'est cependant pas nul. On ne saurait évidemment taxer le promeneur ou le randonneur à l'aide de péages installés aux entrées des forêts. Mais le coût de l'accueil n'a pas non plus à être supporté par le propriétaire ou le gestionnaire de la forêt. Il convient donc de trouver le montage financier le plus réaliste et le plus juste. Dans les années 1960, l'État, le district de la région parisienne et plusieurs départements ont donné l'exemple en finançant les premiers équipements d'accueil dans les forêts domaniales de la région d'Île-de-France et en acquérant de nouvelles forêts à ouvrir au public. De nombreux autres départements ont ensuite mené des politiques similaires. Dans les régions les moins riches, il est toutefois difficile d'entreprendre des actions ambitieuses. La loi « Montagne » de 1985 a trouvé une solution originale pour le financement des équipements de ski de fond en instituant une vignette à acquitter par les usagers. Cette expérience, qui n'a pas été unanimement appréciée à l'origine, semble être aujourd'hui entrée dans les habitudes. Depuis les mesures de décentralisation, les actions d'accueil en forêt dépendent en premier lieu de l'intérêt qu'y portent les diverses collectivités territoriales et du partenariat qui peut s'instaurer entre elles.

Apprendre à aimer la forêt

L'accueil du public en forêt, dans sa conception la plus large, vise à faciliter le contact entre l'homme d'aujourd'hui, essentiellement citadin, et « sa » forêt, afin qu'il la redécouvre. L'espace naturel, rural ou forestier, autrefois lieu d'une pratique quotidienne, est devenu dans notre société moderne, pour l'habitant des villes qui vient s'y détendre ou s'y reposer, un cadre de loisirs, un « paysage » que souvent il ne comprend plus très bien. Apprendre à lire ce paysage, en mettant en relation des observations faites sur le terrain, dans le milieu vivant, apparaît d'autant plus nécessaire que la vie moderne offre peu d'occasions de contact direct avec la nature et, partant, d'épanouissement des facultés qu'il suscite. Or, doublement enracinée dans le sol et dans l'histoire, refuge de la vie sauvage et reflet de l'action des hommes sur le milieu local, la forêt est, par excellence, un lieu d'observation et de culture.

Prolonger l'accueil, pour ceux qui en ont la responsabilité, c'est donc, au-delà de l'aménagement et de l'équipement du milieu forestier, permettre au grand public d'accéder à une certaine connaissance de la forêt et de son histoire, de s'en forger sa propre conception et d'y déterminer sa propre attitude. En bref, c'est inciter le promeneur à « connaître pour aimer, aimer pour protéger » tant il est vrai qu'on ne protège que ce que l'on aime ; qu'on n'aime que ce que l'on connaît. De plus en plus intéressé par la protection de la nature et de l'environnement et par les activités de randonnée et de découverte, le public ne demande du reste pas mieux, comme en témoigne le succès d'initiatives nombreuses telles que les expositions, les sentiers d'interprétation, l'édition de guides ou l'ouverture de maisons de la forêt, centres d'initiation et autres lieux d'accueil. À cet égard, la forêt s'inscrit dans un contexte plus large, qui touche en fait l'ensemble des préoccupations d'environnement de la société : la forêt constitue un élément de la qualité de vie, au même titre que l'air, l'eau ou le paysage.

En Île-de-France

*Apprendre au public à connaître et à respecter les milieux naturels est un des axes majeurs de la politique mise en œuvre par l'*Agence des espaces verts de la région d'Île-de-France, *qui a apporté son soutien financier à un réseau complet d'équipements d'initiation : maisons de la nature, centres d'initiation à la forêt, relais nature.*
L'Agence met, de plus, à la disposition des communes son exposition itinérante L'Île-de-France en vert, *dont la forêt est un des thèmes majeurs. Avec l'aide de l'ONF, elle a réalisé en forêt régionale de Bréviande, au nord-ouest de Melun, un sentier pédagogique et un arboretum accessible aux aveugles. Un arboretum original vient également d'être créé dans la forêt régionale de La Roche-Guyon. L'Agence a également ouvert au public le très bel arboretum de Chèvreloup, par contrat passé avec le Muséum national d'histoire naturelle, et y a installé la Maison de l'arbre qui abrite une exposition permanente.*
L'Office national des forêts, depuis sa création, a beaucoup contribué à l'accueil et à l'information du public. En Île-de-France, on lui doit des réalisations prestigieuses comme la Faisanderie de Sénart, centre d'initiation complété par un sentier pédagogique et une exposition de sculptures monumentales ; le parc animalier des Yvelines, qui permet au public citadin d'approcher et de photographier la grande faune du massif de Rambouillet (cerfs, chevreuils, daims, sangliers) ; le Domaine de la chasse, qui propose, dans un site exceptionnel du massif de Montmorency, deux sentiers balisés sur les thèmes de l'écologie forestière et de la sylviculture. Des visites guidées pour les écoles sont organisées toute l'année à Fontainebleau et à Sénart. Au total, les forêts des collectivités publiques accueillent plus de cent millions de visites par an.

LA PART DE L'ÂME

Il y a longtemps de cela, le peuple des hommes trouva pour abri la forêt et pour compagnons les arbres, auxquels il attribua une âme. Dans de nombreuses mythologies, les arbres sont habités. Hamadryades et Dryades s'y sont réfugiées.

« Et la Dryade aussi comme l'arbre a vécu
Car tu le sais berger, ces décors fragiles
Sous l'écorce d'un bois où les fixe le sort
Reçoivent avec lui la naissance et la mort. »

Alfred de Vigny

Sommes-nous les descendants des Dryades, les frères et sœurs des arbres ? Est-ce pour cela que « L'arbre nous fait connaître la façon d'être debout » (Jean Giono) et que sa fécondité nous imprègne ?

« L'arbre est entré dans nos mains
La sève a monté
L'arbre a passé dans mon sein
Les branches sortent de moi comme des bras. »

Ezra Pound

L'arbre est en nous, « image première », dit Gaston Bachelard ; image durable aussi : « Plus l'homme vieillit, plus il s'attache à l'arbre, car mieux il en comprend les profondes conformités » (Paul Cazin).

Sociétés d'arbres — complexes, évolutives, prolifiques, conflictuelles —, les forêts nous semblent un miroir des sociétés humaines et, comme elles, nous inspirent tour à tour le bonheur : « Tout l'emplissait d'extase... son corps entier entrait en possession de ce bout de nature, l'embrassant de tous ses membres » (Émile Zola) et l'angoisse : « Par les forêts je tremble à la façon d'un lâche... tout ce morne et sinistre décor me remplit d'une horreur triviale et profonde » (Paul Verlaine). Habitons-nous les arbres ou les arbres habitent-ils en nous ? Parlons-nous de l'âme des forêts ou des forêts de notre âme ? Ambivalence. Ambiguïté. Dualité. Dialectique.

L'ÂME DES FORÊTS

Peuplée d'arbres, la forêt fourmille aussi de créatures mystérieuses et magiques. Toutes ne sont pas nées de l'imagination des hommes ; elles témoignent plutôt d'une très ancienne connivence entre les arbres et notre espèce.

Dans la mystique de nos racines celtiques

La forêt hercynienne, ainsi appelée par les Romains, s'étendait en un manteau quasi continu de la péninsule armoricaine jusqu'aux plaines du Danube et du nord de l'actuelle Belgique jusqu'aux portes du monde méditerranéen. Pline la décrit ainsi dans son histoire naturelle : « L'énormité des chênes de la forêt hercynienne, respectés par le temps et contemporains de l'origine du monde, dépasse toute merveille par leur condition presque immortelle. Sans parler d'autres incroyables particularités, c'est un fait que les racines, se rencontrant et se repoussant, soulèvent de véritables collines, ou bien, si la terre ne les suit pas, s'arc-boutent comme des lutteurs pour former des arcs jusqu'à la hauteur des branches mêmes, ainsi que des portes béantes où peuvent passer des escadrons de cavalerie. »

Les Celtes vénéraient ces immenses arbres comme les plus anciens de tous les êtres vivant encore sur la terre et remontant à la création. Le frêne était consacré à Odin, père de tous les dieux et maître de la sagesse et de la connaissance. Le chêne était l'arbre de Thor, le dieu du tonnerre, du vent, de la pluie... bref, de toutes les forces naturelles vitales. Le gui, qui ne croissait que très rarement sur les chênes, était considéré par les Celtes comme un signe de l'élection de l'arbre par Dieu. Ils croyaient en outre que la voûte du ciel était soutenue par l'Arbre cosmique représenté par le frêne (ou le chêne ?) sacré unissant terre et ciel, conscient et inconscient. Un jour, cet arbre s'écroulerait et une terre nouvelle apparaîtrait, verte et belle, où les champs porteraient des fruits sans avoir été ensemencés. Alors le bon Balder, dieu de la lumière et de la beauté, fils d'Odin réputé invincible et pourtant tué par une flèche faite d'un rameau de gui préparée par son adversaire le méchant et pervers Loki, ressusciterait pour présider ce nouveau monde de bonheur et de paix. Nous retrouvons la symbolique complexe du gui dont l'arrachage était une opération préalable nécessaire à l'abattage de l'arbre sacré, réputé invulnérable comme Balder, mais aussi promesse de guérison et de résurrection. Si Balder, principe du bien et de la bonté, meurt, c'est qu'il n'est pas viable dans un monde où règnent la violence et la méchanceté. Mais viendra le jour du cataclysme universel où le bien triomphera définitivement. Du bois même de l'arbre cosmique abattu mais non brûlé sortiront un homme et une femme, ancêtres d'une humanité nouvelle, réplique des premiers humains, eux-mêmes déjà nés d'un frêne et d'un orme.

Les Celtes partageaient donc avec les autres peuples du monde la croyance en ce que Claude Lévi-Strauss appelait « la pensée sauvage » : les arbres ont une âme, ils sont habités et certains le sont par une divinité connue qui, ayant fait d'eux sa demeure, les voue à son culte. Autour de ces arbres, les Celtes délimitaient un endroit sacré, le *nemeton* (de *nem*, le ciel au sens religieux), mélange de zone boisée et de clairière, projection idéale d'une portion de ciel sur la terre, sorte de verger merveilleux souvent évoqué dans les légendes celtes ou d'origine celtique comme celle de Merlin l'Enchanteur. On retrouve ce *nemeton* celtique dans les noms anciens de Clermont-Ferrand, *Augustonemetum*, et de Nantua, *Nemetodurum* (bois sacré de chênes).

Les profanateurs romains

Les forêts, refuges des résistants gaulois et sièges des temples druidiques, furent particulièrement visées par les destructions guerrières des Romains. Lucain raconte que,

Ci-dessous : dieu au torque et au sanglier trouvé à Euffigneix (Haute-Marne), musée des antiquités nationales de Saint-Germain-en-Laye.

Ci-dessus : chasse au sanglier, IIe-IIIe siècle (musée lapidaire d'art païen d'Arles). Page ci-contre : dieu à l'oreille d'animal assis sur un arbre (musée de Besançon).

lorsque César vit ses soldats figés par la terreur, il se saisit d'une hache et, fendant un chêne immense, déclara : « Maintenant, pour que personne de vous n'hésite à abattre la forêt, croyez que c'est moi qui ai commis un sacrilège. » Lucain rapporte que les soldats obéirent à César « non qu'ils aient banni la crainte, mais ils avaient mis en balance la colère des Dieux et celle de César ». Sans doute se souvenaient-ils des récits terrrifiants que la rumeur romaine véhiculait au sujet des sylves profondes du pays celte, telle la destruction de toute l'armée du consul Postumius, écrasée par les arbres d'une forêt sacrée imprudemment violée. La Gaule conquise, et les dernières résistances armées gauloises réduites après la reddition de Vercingétorix à Alésia, les Romains s'employèrent à pourchasser druides et druidesses et à assimiler des divinités germano-gauloises à leurs propres dieux. Manière habile d'assurer efficacement leur influence et leur domination en feignant de respecter le paganisme des autres et de reconnaître leurs dieux dans les dieux des vaincus : leur Apollon dans notre Bel ou Belenus ; leur Diane dans Holda, déesse de la forêt et de la chasse ; leur Mercure dans Teutatès, qui conduisait les âmes des morts en enfer, ou dans Wodan, dieu des forêts ; leur Mars enfin dans Calamus, dieu de la guerre.

La lutte des croyances

La conversion des populations païennes par les missionnaires, les prêtres et les moines chrétiens commença par la destruction des bois sacrés et l'interdiction du culte rendu aux arbres. Ceci ne se fit pas sans difficulté et de nombreuses chroniques rapportent les résistances physiques et armées aux évangélisateurs profanateurs des mythes sacrés. L'histoire de saint Germain, évêque de Bourgogne au début du Ve siècle, montre qu'un fervent, lui-même croyant, pouvait oublier son christianisme si on attaquait ses croyances mythiques dans les arbres. Germain, adorateur d'un magnifique pin qui s'élevait au milieu de la cité d'Auxerre et aux branches duquel il suspendait ses trophées de chasse, fut sommé par l'évêque de cesser cette idolâtrie. Il s'y refusa et l'évêque fit abattre l'arbre. Alors Germain se révolta et menaça l'évêque avec ses troupes, mais ce dernier le captura par ruse, le tonsura et en fit son successeur en échange d'un renoncement aux croyances païennes. Selon Sulpice Sévère, saint Martin (315-397) dut, lui aussi, faire face à des résistances similaires : alors qu'il s'apprêtait à faire abattre un pin proche d'un sanctuaire païen, fut pris à partie par les populations qui le mirent au défi de se placer sur la trajectoire de l'arbre... Martin releva le défi : au moment où l'arbre s'abattait, il fit le signe de croix et l'arbre l'épargna en passant à côté. Aussitôt les paysans, vaincus par le miracle, se convertirent.

Malgré tous les efforts des évangélisateurs, les pratiques païennes anciennes subsistèrent. Aussi la répression et l'interdiction tombèrent-elles sur les hérétiques. Le concile d'Arles, en 452, légiféra contre l'adoration des fontaines, des pierres et des arbres. En 567, le concile de Tours dut « ordonner de chasser de l'Eglise ceux qui observaient encore le culte des pierres, des arbres ou des fontaines » et le concile de Nantes, en 658, prescrivit de « brûler les chênes consacrés aux démons et de détruire les pierres élevées dans les forêts, auxquelles le peuple rend un culte superstitieux ». En 789, Charlemagne, par un décret, ordonna de couper les bois sacrés. On rapporte qu'il ne fut que très partiellement obéi.

La sanctification des forêts

De guerre lasse, le clergé chrétien installa des images de la Vierge et des saints dans le creux des chênes, s'appropriant ainsi le culte qu'il ne pouvait abolir. Il sanctifia les pierres, les arbres et les fontaines des forêts en substituant aux génies, aux dieux celtes et aux fées des anges et des saints. L'implantation des monastères au fond des bois n'eut pas pour seul objectif de rechercher le silence et la paix ; il s'agissait aussi de récupérer des lieux de cultes antiques pour les neutraliser. Les instructions du pape Grégoire III à ses moines sont à cet égard célèbres : « Il faut se garder de toujours, et inévitablement, détruire les temples ; ne détruisez que les idoles. Faites ensuite de l'eau bénite pour arroser ces temples où vous construirez des autels, où vous mettrez des reliques. Si ces temples sont bien bâtis, c'est une chose bonne et utile qu'ils passent du culte des démons au service du vrai Dieu ; car tant que la nation verra subsister ses anciens lieux de dévotion, elle sera plus disposée à s'y rendre, par un penchant d'habitude, pour adorer Jésus-Christ. » Les superstitions et croyances venues du fond des âges n'en subsistèrent pas moins longtemps dans les campagnes françaises.

Les enchantements sylvestres

La magie de la forêt exerça tout au long de l'histoire de France une influence extraordinairement profonde sur les populations rurales. L'enchantement avait pour thème principal celui de l'égarement dans le fouillis végétal. Dans de nombreuses forêts de France on mentionne l'existence de « l'herbe d'oubli » ou de la « tourmentine » ou de « l'herbe à la recule », comme on dit dans le Jura ou en Berry. Malheur à celui ou celle qui imprudemment s'aventure dans la forêt et met le pied sur cette herbe ! Jamais il ne retrouvera son chemin. Les arbres aussi ont de magiques pouvoirs. Certains sont les garants de serments et châtient les parjures, tel le chêne d'une légende angevine qui, témoin du serment de fidélité d'un seigneur ayant séduit une jeune fille, s'abattit sur lui après qu'il l'eut abandonnée. Dans d'autres légendes, on parle d'arbres secourant les malheureux en offrant leurs meilleurs fruits (qui parfois se changent en or) ou bien en abaissant leurs branches jusqu'à terre pour aider infirmes ou enfants à les atteindre. Des arbres se transforment en soldats pour aider les Bretons à vaincre leurs ennemis, dans la légende du Cad Godden. Parfois toute une forêt s'ébranle pour punir une cité pécheresse : une légende du Limousin dit que l'actuelle forêt de Blanche-Fort a recouvert la ville de Tulle car ses habitants avaient refusé d'abriter sous l'orage un voyageur solitaire qui n'était autre que le Christ. Mais l'immense fascination de la forêt vient surtout des créatures aux pouvoirs magiques qu'elle abrite.

Les fées

Les fées nous apparaissent comme le plus persistant vestige que le druidisme a laissé empreint dans les imaginations et comme le symbole des croyances païennes qui luttaient contre les conquêtes de l'apostolat chrétien. On sait que, lors de son procès, Jeanne d'Arc fut accusée par les juges d'avoir écouté les fées et non la parole des saints auprès de « l'arbre des fées » qui existait à Domrémy et que, jusqu'au XIIIe siècle, à Poissy, près de Paris, le clergé célébrait chaque année une messe « pour préserver le pays de la colère des fées ». Filles des nymphes de la forêt et des druidesses prêtesses qui demandaient des oracles au bruissement des

Le Petit Poucet, conte de Charles Perrault illustré par Gustave Doré. Page ci-contre, les Lavandières de nuit, légende normande.

feuilles et au murmure des sources, les fées habitent toutes les forêts de France. Elles sont belles, charmantes, ensorceleuses et séductrices, jalouses de leur intimité avec la forêt, secrètes et insaisissables.

D'innombrables légendes et contes révèlent leurs pouvoirs magiques... et leur caractère énigmatique. Elles sont souvent perfides envers les hommes qu'elles attirent afin de les dominer, telle Viviane avec l'enchanteur Merlin. La légende du roi Renaud, mort pour avoir refusé par fidélité conjugale de prendre pour femme une créature de rêve rencontrée dans la forêt, en fournit un autre exemple. Mais les fées peuvent elles aussi pâtir de leur condition non charnelle. Ce fut le cas de Mélusine qui, après avoir séduit dans la forêt le comte de Poitou, mit au monde huit garçons tous affligés de malformations et fut surprise par le conte dans son bain. « Elle avait, nous dit Jean d'Arras, l'apparence d'une femme jusqu'au nombril et elle peignait ses cheveux ; mais à partir du nombril elle avait la forme d'une queue de serpent, et elle en fouettait l'eau au point de la faire jaillir jusqu'à la voûte de la chambre. » L'histoire dit qu'ainsi découverte elle s'échappa par la fenêtre de la tour « tel un serpent volant par l'air ». C'est souvent sous la forme d'une biche que la fée se révèle, tout particulièrement d'une biche blanche qui attire le chasseur au plus profond du bois.

Certaines fées, méchantes, usent de leur pouvoir pour tromper les humains. D'autres sont bienfaisantes, comme les Dames Blanches de Bourgogne, qui guident les voyageurs égarés dans le labyrinthe des chemins forestiers. Toutes sont filles de la forêt dont elles procèdent : elles portent en elles la même ambivalence que leur mère nature.

Ogres et géants

Il faut sans doute rechercher très loin leur origine jusqu'aux Titans, fils de Gaïa, la terre. Souvent géants et ogres à la fois, ils habitent les forêts où ils s'attaquent aux petits enfants égarés. L'ogre du Petit Poucet n'est que l'une des nombreuses histoires identiques recensées dans toute la France, de la Bretagne au Pays basque en passant par la Picardie, où l'ogre a une barbe d'or, et les Ardennes, où les enfants sont deux petites filles égarées et l'ogre un gros homme vêtu de rouge qui se propose de les guider. Parfois le géant ne s'attaque qu'aux jeunes filles qu'il enlève pour les séquestrer dans son château construit au fond des bois : le Basa Jaun du Pays basque, le Froitteur de la forêt de Lyons en Normandie, le monstrueux géant de la forêt d'Émordes en Berry, qui exigeait chaque année une jeune fille, ou encore celui des bois de la Fau, près de Dole, qui entraînait les femmes pour en abuser. Heureusement, les chevaliers sont là pour les défier et délivrer les malheureuses avant qu'il ne soit trop tard. Tous ces multiples récits ressemblent à la légende athénienne du Minotaure exigeant son tribut de chair fraîche et montrent que la forêt offre à une mythologie venue de l'Antiquité un cadre tout à fait adapté au besoin de mystère, de secret, d'obscur et de fantastique que ces légendes requièrent.

Les lutins

Aussi minuscules et charmants que les géants sont énormes et laids, ils ne sont pas toujours si gentils que cela. Leur nom viendrait de Neptunus, qui aurait donné le mot nuit, car c'est alors que les lutins se manifestent, pour s'évanouir dès que l'aube blanchit les sous-bois. Toutes les forêts de France ont gardé le souvenir de leurs noms charmants et pittoresques : les *couzietti* des Ardennes, gnomes grimaçants et aériens que l'on apercevait entre les éclaircies des branches feuillues, volaient le linge aux blanchisseuses effrayées par leur apparition ; les *houziers*, blottis l'hiver dans le tronc des arbres, se cachaient l'été près des gués pour éclabousser de boue les belles endimanchées se rendant au village ; les *pie-pie-van-van* des bords de la Meuse attiraient dans l'eau les voyageurs crédules ; les *hozeliers* de l'Argonne donnaient une poudre magique au garçon voulant se faire aimer d'une fille. La forêt picarde abritait les *goblins* et leurs cousins les *botteux*, chargés de tailler les arbres, les *cacheux* (chasseurs) et leurs cousines les *herminettes*, danseuses agiles et fluettes. En haute Bretagne se signalaient les *korrigans* bien connus coiffés d'un grand feutre noir ou vert, en basse Bretagne les *poulpicans* qui trompaient les bergers à la recherche de leur chèvre égarée en agitant des clochettes.

Certains d'entre eux, du reste, au-delà de la simple moquerie, conduisent les hommes à leur perte. Les *fadets* et les *lupeux* du Berry, dont George Sand nous parle dans ses légendes rustiques, veulent la mort de ceux qui se laissent troubler par eux. Les farfadets de Brenne ou les *hallequins* et les *lumerettes* des Ardennes, nichés dans les arbres têtards bordant les rivières et les étangs, attirent les voyageurs attardés jusque dans l'eau pour les y noyer. Les *cornandons* et les *poulpiquets* de Bretagne enlèvent les jeunes enfants venus jouer en lisière de la forêt et les entraînent au fond des bois dont ils ne reviennent pas. L'espiègle lutin, joueur de bons tours, se transforme alors en petite créature diabolique et malfaisante. Mais n'est-ce pas aussi parce que les hommes, lassés de leurs farces, les ont traqués et pourchassés ?

Forêts hantées, terres de marginalité

L'enjeu imaginaire qu'est la forêt pour les hommes comporte aussi tout un aspect relevant de l'effroi qu'elle provoque dans les esprits. Elle est faite de mystère, d'ombre et d'inquiétude. « Il sentait l'inertie hostile de cette vaste pénombre recelant dans ses assises un grouillement miteux et sournois » (Marcel Aymé). De là à en faire le refuge des âmes damnées et des créatures vouées à Satan, il n'y a qu'un pas. La croyance populaire l'a souvent franchi, mêlant sorcières, loups-garous ou meneurs de loup avec les corporations forestières de bûcherons et charbonniers. Les ermites mêmes sont suspects. Pourquoi vivre ainsi seul au fond des bois si ce n'est parce que l'on a quelque chose à se reprocher ? La peur qu'inspire la forêt au paysan français sera tenace : il y verra longtemps un univers hostile et maléfique hanté par des êtres marginaux et redoutés.

Sorcières et diableries

De la fée à la sorcière, la nuance est de taille : la seconde a vendu son âme au diable ! L'âge d'or des sorcières se situe entre le XIVe et le XVIIIe siècle mais c'est sans doute surtout parce que, à cette époque, l'Eglise a voulu « reprendre en main » une population rurale qui tendait à rendre de l'importance à des pratiques rituelles issues de cultes ancestraux, avec les bois pour cadre. Alors se multiplient les procès de sorcellerie, qui visent en particulier les femmes, et se racontent des histoires à propos desquelles il est bien difficile de séparer la légende de la réalité. Dans les forêts du Valois, on dit que se rassemblaient, chaque samedi soir, des sorcières venues la lanterne à la main en chevauchant un manche à balai qu'on appelait « escouvette » ou « ramon ». Avant l'aube, elles s'évanouissaient pour rejoindre leur foyer... Dans toutes les forêts de France, on trouve la trace de ces sabbats : ce sont les fameux « ronds de sorcières ». Sur celui du bois d'Orville, en Picardie, espace circulaire d'environ cinquante ares, la végétation est rabougrie et souffreteuse ; sur celui du bois de Râches, dans le Douaisis, l'herbe ne pousse pas. Selon certains récits, la sorcière occupe dans la forêt une misérable cabane. Elle est vieille et sale, aux doigts crochus, mais peut se métamorphoser comme la brebis sorcière du bois de Chagny, toujours en Ardennes, qui prenait l'apparence d'une brebis blessée à la patte. Celui qui par malheur la prenait sur ses épaules finissait écrasé par une charge devenue soudain extraordinairement lourde. Des sorcières au pur « Mauvais Esprit », il n'y a qu'un pas que la légende nous conte et qui est resté inscrit dans la toponymie : le *Mont hanté*, la *forêt des Sorcières*, le *bois du Diable*, le *carrefour de Satan*. La forêt elle-même devient maléfique parce que habitée par des esprits malins. Comme écrit un auteur en 1609 : « Aussi les forêts sont cherchées de démons. En quel lieu plus propre les diables peuvent-ils le mieux exploiter leurs faicts d'armes qu'ès forests... ? »

Loups-garous et meneurs de loups

Les *loups-garous* sont de malheureux humains accablés de l'étrange faculté de se changer en loups et de courir dans les bois une fois minuit sonné. C'est le diable, bien sûr, qui leur confère ce pouvoir ou ce maléfisme. Certaines régions de France paraissent y croire plus que d'autres : la Normandie où on appelle le Warou mais où on le chasse aussi sous le nom de Pitern ; le Poitou, le Berry et le Nivernais dont les légendes nombreuses rapportent que le diable hante les forêts sous la forme d'un monstrueux loup noir. L'une de ces légendes raconte qu'il se déguisa en bœuf pour sortir de la forêt et se mêler au troupeau d'un paysan. Celui-ci le reconnut à cause de sa couleur noire (au milieu du troupeau de charolais blancs !) et le fit fuir en le piquant d'un aiguillon de néflier. Le diable en garda un fort mauvais souvenir. Depuis ce jour, chaque année, au début de mai, les néfliers perdent leurs feuilles. Les *meneurs de loups* sont souvent associés aux loups-garous dont ils partagent les pouvoirs occultes. Pour « mener les loups », ils prennent d'ailleurs souvent eux-mêmes l'apparence d'un loup. Il s'agit souvent de sorciers liés à Satan par un pacte pour accomplir, à l'aide des loups, des actes de vengeance ou de pillage. Parfois cet état ressemble à une charge transmise de père en fils et la communauté des loups prend l'allure d'une véritable société secrète où se mêlent hommes et bêtes.

Les sociétés secrètes

C'est dans la forêt que vivait au Moyen Âge tout un monde de « forestiers » spécialisés dans le travail du bois : les fendeurs, qui coupaient et équarrissaient les bois, et leurs cousins les charbonniers. Il semble qu'ils aient constitué depuis l'origine des sociétés aux règles et aux rites secrets, issues peut-être des templiers installés en Champagne dans la forêt du Temple. Les associations rituelles de charbonniers s'étendaient dans tout le royaume de France, en particulier dans le Berry, le Boulonnais, le Roussillon et en Normandie, où ils bénéficiaient de la protection des « barons forestiers » à qui les ducs de Normandie avaient accordé des monopoles. On dit aussi que François Ier lui-même aurait été initié en Val de Loire et se serait institué protecteur des « bons cousins charbonniers ».

Au début du XVIe siècle, il apparaît que furent « acceptés » parmi les frères charbonniers des étrangers au métier, réfugiés dans la forêt en raison de leur opposition à la tyrannie des seigneurs. C'est l'origine des *Carbonari.* Leur rituel ne cessa de se compléter au cours des XVIIIe et XIXe siècles. En 1807 fut fondée en Italie la première association secrète politique de Carbonari et c'est dans le Jura que fut créée la première *charbonnerie* à caractère politique qui, lors de la Restauration, va constituer un contre-pouvoir révolutionnaire dans toute la France. Le 29 décembre 1821, les soixante mille carbonaristes de France se soulevèrent dans plus de cinquante départements. L'échec fut total et la répression très dure. Les Carbonari seront encore présents dans les luttes révolutionnaires de 1830 et de 1848 mais il ressort que, dès les années 1870, les rites forestiers cessaient d'être pratiqués. La plupart des compagnons fendeurs, charbonniers et bûcherons seraient alors entrés dans la franc-maçonnerie, qui utilise encore le dernier des symboles forestiers ayant survécu : la « haie » dite d'honneur.

Les « forestiers » qui vivaient en forêt — et en particulier les charbonniers au visage noirci par la fumée — étaient craints des paysans, qui les soupçonnaient de sorcellerie et de pratiques de « meneurs de loups ». En basse Bretagne, un proverbe autrefois répandu disait que « le charbonnier dans les bois comme le loup hurle sans cesse ». On leur attribuait aussi des pouvoirs maléfiques tels que provoquer la pluie, la grêle ou des tempêtes, toutes manifestations du ciel redoutées par les paysans soucieux de leur récolte. L'église s'inquiéta de ces pratiques et les charbonniers furent l'objet d'ordonnances comme celles prises en 1673 par l'évêque d'Auxerre, qui les accusait de cérémonies profanatrices et d'actions néfastes et faisait défense à toute personne de les assister sous peine d'excommunication.

Les ermites forestiers

Leur origine remonte à fort longtemps. On raconte que sainte Madeleine, au Ier siècle, s'était réfugiée dans une grotte de la forêt de Sainte-Baume parmi les hêtres et les ifs. Sans doute furent-ils en effet nombreux, aux premiers siècles de notre ère, à chercher refuge dans les forêts pour y abriter leur foi persécutée. Mais c'est au début du XIe siècle que la vie érémitique forestière prit son extension. Les motivations étaient diverses. Certains, qui fondèrent d'ailleurs de nombreuses abbayes, venaient pour sanctifier les forêts... et les défricher. D'autres, de plus en plus nombreux après le XIe siècle, recherchaient le silence, la solitude, la pauvreté. Ils vivaient, dit-on, « dans des huttes de branchage, dormant sur une botte de fougères et se nourrissant de fruits sauvages et de quelques cultures de légumes faites dans une clairière ». La légende leur attribue des pouvoirs de guérison, de voyance ou de dialogue avec les bêtes sauvages. De là à les craindre et à les considérer comme des marginaux, il n'y a pas loin et le pas fut franchi bien souvent. Certains, pourchassés, seront obligés de fuir pour préserver leur solitude, tel saint Laumer qui changera trois fois d'ermitage dans la forêt du Perche. Dès la fin du Moyen Âge, la vie d'ermite devient rare, même si elle subsiste encore longtemps. A Peicey-Naucroix, en Savoie, vivait encore récemment un ermite en haut de la forêt communale. Il se nourrissait de miel et de produits de sa basse-cour. Il est mort en 1980 mais on parle toujours de lui dans la vallée. « C'était un homme débonnaire, mais priait-il vraiment Dieu ? »

« Le dit du Lion » de Guillaume de Machaut (XIVe siècle). Premier manuscrit illustré du vivant du poète.

Brocéliande forêt magique

Aujourd'hui forêt de Paimpont, Brocéliande est le reste de l'immense forêt qui recouvrait jadis toute l'Armorique. De la forêt de Paimpont, Auguste Brizeux disait :

« Forêt d'enchantement ; source pure et féconde
Où se sont abreuvés tous les bardes du monde. »

La forêt de Brocéliande fut, en effet, un grand foyer de civilisation druidique. Le champ sacré, sur le mont Bréholo, y était délimité par de hautes pierres. Au milieu se dressait un pommier au pied duquel se terrait le vieux sanglier blanc, animal sacré, personnification de la sagesse. Haut lieu du celtisme, Brocéliande (ou la « mère forest », ainsi nommée en 1467 dans le catulaire de Redon) représente, dans le subconscient collectif français, l'archétype universel de la forêt. À son propos s'évoque le temps des druides et des bardes, et celui de Merlin l'Enchanteur, leur successeur. Jean Markale, spécialiste de l'histoire ancienne du peuple breton, retrace cette histoire compliquée qui mêle les antiques croyances celtiques aux légendes du Moyen Âge. Merlin, las de la société humaine dominée par le mal, se retira en forêt de Brocéliande après avoir combattu au côté du roi Arthur, à qui il avait conseillé l'institution des chevaliers de la Table ronde. Ayant rencontré la fée merveilleuse Viviane, qui vivait dans la célèbre fontaine de Barenton, il décida de résider définitivement tout au sommet du pin dressé au-dessus de la fontaine. Il acquit ainsi la connaissance suprême et tous les dons et pouvoirs possibles sur la nature. Mais l'histoire de Merlin peut aussi être contée autrement. Viviane s'identifie dans ce cas au pouvoir de la forêt enchanteresse qui l'emporte sur le savoir de l'homme, fût-il sage. Merlin dort depuis lors dans la forêt de Brocéliande, caché dans une niche de verdure protégée par une haie impénétrable ; Merlin l'Enchanteur... enchanté.

Chasse au sanglier tirée d'un traité de fauconnerie et de vénerie du XVe siècle (musée Condé de Chantilly).

Les forêts de l'âme

Plus peut-être que tout autre spectacle naturel, la forêt suscite dans la sensibilité humaine d'infinies résonances. Architectes, poètes, musiciens, peintres... y puisent les éléments de leurs créations.

Les pouvoirs romantiques de la forêt

Le premier romantique est peut-être un forestier. Jean de La Fontaine, en effet, ne partage pas l'indifférence des écrivains de son époque envers la nature. Il aime à promener ses pensées parmi « les forêts, les eaux, les prairies mères des douces rêveries ». N'est-il pas surprenant de lire sous la plume d'un homme du XVIIe siècle ces vers ?

Solitude où je trouve une douceur secrète,
Lieux que j'aimai toujours, ne pourrais-je jamais,
Loin du monde et du bruit, goûter l'ombre et le frais ?
Oh ! qui m'arrêtera sous vos sombres asiles !

Après La Fontaine, il faut attendre Jean-Jacques Rousseau pour trouver dans nos lettres un admirateur de la forêt, soit qu'il l'aime pour elle-même, soit qu'en haine de toute civilisation il se réfugie en elle pour fuir ses semblables : « La forêt invite au recueillement, elle favorise le dialogue intérieur, les confidences de l'homme à son double. L'homme retrouve volontiers son propre état d'âme dans celui de la forêt, dans le chant léger ou profond du vent parmi les branches, ou encore dans le modelé et le balancement des fûts qui sont comme des corps harmonieux tout à la joie de vivre ou brimés et tordus par la souffrance » *(Rêveries d'un promeneur solitaire.)*

Chateaubriand et Michelet

C'est au début du XIXe siècle, avec Chateaubriand, que la forêt acquiert une place éminente dans la littérature romantique. Elle constitue, en effet, l'un des décors favoris de ses romans : *Atala, Les Natchez...* L'œuvre de Chateaubriand offre plus d'une centaine de descriptions forestières. Exemple vivant de l'œuvre de Dieu, tableau des heures mélancoliques de la nature, la forêt lui apparaît aussi comme le refuge idéal pour la méditation et le lieu propice aux intenses émotions contemplatives. « La tête levée, il ne bougeait plus, il regardait, il écoutait. L'atmosphère ne s'était pas éclaircie depuis le matin. Un brouillard captif de la forêt baignait les frondaisons jaunes, les troncs plus noirs, les branches développées en bras gigantesques, en cous cabrés, en serpents tordus. En des reculs de brume s'ébauchait le cône vaporeux des sapins ; et sous cet épanouissement des fûts en une nef déchirée de jour blafard, sous cette haute mêlée de palmes tordues de la dent sournoise des froids, se pressait plus basse, une autre forêt, fouillis pluvieux de bourdaines et de viornes, marié à la pourpre des noisetiers et au safran des érables. »

Il s'y ajoute, chez Chateaubriand, le début d'une recherche des racines druidiques du peuple de France. En témoigne l'épisode de Velleda, dans le livre neuvième des *Martyrs.* L'historien S. Lewillon (dans *La Forêt gauloise : esquisse d'un parcours littéraire, scientifique et politique)* indique que Chateaubriand n'accorde cependant pas à la forêt « une autre valeur que celle d'un accessoire de la création » auquel il ne reconnaît aucune dimension historique. « Le destin de la forêt n'est-il pas plutôt de transcender l'histoire ? Et cette dernière n'est-elle pas en dehors de toute nature même ? »

Bien différente sera, cinquante ans plus tard, l'attitude de Michelet, pour qui la forêt est le signe et l'expression de la nature, sinon la nature elle-même. Il séjourne souvent à Fontainebleau, observe la forêt avec attention et écrit deux ouvrages — *L'Oiseau* et *L'Insecte* — qui lui font mieux comprendre le combat permanent de la forêt pour survivre. Pour Michelet, elle est davantage que l'idée indéfinie de nature parce qu'elle en est le principe et l'histoire. « Grande forêt où j'ai trouvé jadis ce fier rameau qui refaisait des mondes, ne me direz-vous pas où vous gardez pour moi la petite herbe de salut ? Vous avez, je le sais, le secret de la vie... Et l'arbre, dirions-nous, est peut-être ce que la nature offre à l'homme comme son plus bel ornement et sa meilleure ambassade... et, le dernier coupé, disparaîtra le dernier homme. » *(La Montagne.)* Ces concepts fondamentaux du romantisme historique influenceront tous les auteurs forestiers, géographes ou historiens, d'Hippolyte Taine à Maury (*Les Forêts de France*, 1856) et de Paul Vidal de La Blache (*Tableau géographique de la France*, 1903) à Gaston Roupnel (*Histoire de la campagne française*, 1974). La forêt n'est plus un simple décor, elle devient une modification permanente. Roupnel écrit : « Chacun de nos finages est essentiellement une clairière culturale, et ses frontières en sont les lisières des bois et des forêts », ou encore : « Le mélange heureux des clairières culturales et des forêts est le trait caractéristique et le charme plein de douceur de notre campagne française... La forêt et la clairière culturale ne sont pas deux mondes étrangers qui s'opposent et se combattent, mais il forment une association. » Voilà donc réconciliée l'âme des forêts avec la nôtre et ces mémoires de la terre de France, probablement parce que, comme le dit Gusdorf (*Dieu, la Nature, l'Homme au siècle des Lumières*, 1972), « les sciences de la Nature sont les produits ou les sous-produits d'une forme de la conscience de soi ».

Les écrivains de la forêt

Le premier véritable écrivain de la forêt française fut sans doute Étienne Pivert de Secancour (1770-1846), disciple de Rousseau. Il écrivit en 1799 son premier ouvrage, *Rêverie sur la nature primitive de l'homme*, inspiré par la nature des bords du lac de Bienne en Suisse. Puis il revint dans la région parisienne et retourna à Fontainebleau qu'il avait connu enfant. Il se mit alors à écrire *Obermann*, autobiographie étrange, et parcourut en tous sens la forêt. « Plusieurs fois, dit-il, j'étais dans les bois avant que le soleil parût... J'aimais les fondrières, les vallons obscurs, les bois épais. » Ce que d'autres considéraient « lieux d'horreurs » attire ce solitaire. Epris de la forêt sauvage, il excelle à la décrire dans ses aspects variés : « J'aime ici l'étendue de la forêt, la majesté des bois dans quelques parties, la solitude des petites vallées, la liberté des landes sablonneuses. J'aime le bouleau, cette écorce blanche, lisse et cuvassée ; cette tige agreste ; ces branches qui s'inclinent vers la terre ; la mobilité des feuilles, et tout cet abandon, simplicité de la nature... »

À leur tour, George Sand *(Les Maîtres sonneurs, Elle et lui)* et Gustave Flaubert *(L'Éducation sentimentale)* évoquent la forêt dans leurs ouvrages, mais ce ne sont pas de véritables adeptes du sujet. En 1878 paraît un ouvrage curieux, *La Forêt*, d'Eugène Muller, illustré par plusieurs peintres de l'école de Barbizon dont Théodore Rousseau et Diaz. Curieux parce qu'il s'agit d'une vision sylvestre du monde où descriptions géographiques, botaniques et mêmes techniques se présentent dans un style littéraire, parfois poétique mais souvent pompeux, et sous forme d'histoires mettant en scène des personnes de rencontre imaginaires le cas échéant. Ainsi cette « fée », héroïne du chapitre « La vie de la forêt » : « Je vis, arrêtée à peu de distance de moi, une créature : une femme grande, élancée, qui, pour unique vêtement, avait une sorte de tunique brune, qu'une cordelière noire serrait autour de ses hanches. » Et la jeune fille de lui expliquer « la lutte pour la vie » (la concurrence biologique), « l'enfance végétale » (les semis), « les batailles aériennes et travailleurs souterrains » (encore la concurrence ou l'alliance entre espèces), « les soins et affections » (mécanisme de protection des fleurs et des fruits des arbres). Le style est étrange : « Croyez-vous, dit la jeune fille, qu'après avoir soigneusement couvé en germe ses fleurs tout l'hiver dans le bourgeon bien clos, bien défendu du froid par son enveloppe isolante, de duvet, de résine, croyez-vous que rien ne s'émeuve en lui quand il voit s'épanouir aux rayons printaniers ses frêles espérances de postérité, et qu'il ne veille aucunement sur elles ? »

Adam Wolfgang Topffer : Paysage de montagne boisée (1816).

Plus sérieuses sont les descriptions d'André Theuriet dans plusieurs de ses romans *(Amour d'automne, La Vie rustique)* et, surtout, dans ce livre merveilleux paru en 1881, *Les Enchantements de la forêt*, dont la première histoire, *La Princesse verte*, raconte l'aventure vraie de son enfance. En forêt des Ardennes, à l'âge de huit ans, il était à la recherche d'une princesse verte qui, croyait-il, habitait un château enchanté au fond de la forêt : « Le charme de la forêt me gagnait peu à peu. Au milieu de cette harmonieuse nature forestière, j'éprouvais une sorte d'enivrement ; le léger crépitement produit par la chute des écailles menues pleuvant de la cime des grands hêtres, l'imperceptible murmure de la rosée s'égouttant de feuille en feuille, le fredonnement d'un bourdon enfoncé dans la corolle d'une digitale, toutes ces merveilles de la vie intime des bois me rejetaient dans mes songeries de fée et d'enchantement. »

Enfin, plus près de nous, il faut citer Jean Mesmy, conservateur à Troyes, qui décrit avec beaucoup de sensibilité les moindres détails de la vie des bois en un style poétique merveilleux : « Les feuilles dorment ; l'air embrasé dort autour d'elles, tout glorieux de lumière. Rien ne bouge : c'est à peine si, de-ci de-là à travers le bleu des vitraux plus réduit des ramures, on voit trembler un rayon de soleil. » Tour à tour Henri Pourrat, Maurice Barrès, Maurice Constantin-Weyer, Elisée Reclus, Louis Pergaud, Jacques Chevalier, Jean Giono, André Photel et d'autres encore décriront la forêt dans leurs romans. On trouve réunis les textes choisis de soixante-douze écrivains francophones dans le très beau livre de Jules Carrez paru en 1973, *Les Hommes et leurs forêts.* Il écrit dans sa préface : « Il y a une naissance matérielle organique de la forêt, une prise de possession du sol par les arbres et entrée de la forêt dans la vie de l'homme, dans son cœur même, qui est aussi une naissance. »

L'émotion des poètes

Les forêts et les arbres inspirent les poètes. « Les bois et leurs retraites sacrées, dit Tacite, m'emplissent d'une parfaite volupté, et l'un des principaux avantages de la poésie est que, pour s'y livrer, l'âme se retire en ces lieux purs et innocents. » Tantôt les feuilles bruissantes chuchotent de douces paroles et apportent à l'âme sérénité et ravissement :

J'aime mieux écouter ces feuillages mobiles
D'où pleut un frais sommeil sur l'âme et sur le corps.
VICTOR DE LAFRADE

Car toute la forêt chante de sources vives
Dont le murmure épais circule au sol vivant.
Et leur sombre fraîcheur, nourricière et furtive,
En elle s'insinue et parlant se répand.
HENRI DE RÉGNIER

Tantôt, au contraire, une force tragique épouvante et émeut :

Par les forêts je tremble à la façon d'un lâche
Qui craindrait une embûche ou qui verrait des morts.
Tout ce morne et sinistre décor
Me remplit d'une horreur triviale et profonde.
Sous un fourré là-bas des sources vives
Font un bruit d'assassins postés qui se concertent.
PAUL VERLAINE

Grands bois, vous m'effrayez comme des cathédrales,
Vous hurlez comme l'orgue, et dans nos cœurs maudits,
Chambres d'éternel deuil où vibrent de vieux râles,
Répondent les échos de vos De profundis.
CHARLES BAUDELAIRE

Souvent aussi c'est la mélancolie — cette douce tristesse qui jouit d'elle-même — que les bois inspirent. L'âme y est inclinée à la méditation et à la rêverie :

Quand je suis parmi vous, arbres de ces grands bois,
Dans tout ce qui m'entoure et me cache à la fois,
Dans votre solitude où je rentre en moi-même,
Je sens quelqu'un de grand qui m'écoute et qui m'aime !
VICTOR HUGO

Rien de plus doux pour le poète que de s'enfoncer dans les bois, surtout à l'heure où le soleil décline et que du sol, des feuilles mortes et des mousses foulées s'exhale comme une buée de tristesse :

Pleine d'échos plaintifs, de fleurs de murmures,
La forêt, que revêt un deuil crépusculaire
Evoque le vieux rêve épars en ses ramures
Et son âme palpite aux chênes séculaires ;
Le vent triste à voix basse une énorme oraison,
Que répètent, parmi l'or sombre de leurs rouilles,
Les cœurs agonisants des lourdes frondaisons.
ADOLPHE RETTÉ

L'âme de la forêt parle ainsi au poète tandis que le poète y plonge la sienne :

Mon âme communie avec l'âme des choses,
Comme si la nature eut versé son ferment.
Dans mon être, je sens s'unir intimement
Ma vie avec sa vie en ses métamorphoses.
ACHILLE MILLIER

Les arbres et les forêts tiennent dans la poésie une place considérable. Dans l'ouvrage de Georges Jean, *L'Arbre en poésie,* cent cinquante et un textes poétiques sont présentés. Et il y en a bien d'autres ! Jacques Prévert a consacré aux arbres un recueil complet de poèmes. Jules Supervielle leur accorde une grande place dans ses œuvres et en particulier tout un recueil de *La Fable du monde* :

C'était lors de mon premier arbre,
L'homme s'assit sous le feuillage

Si tendre d'être si nouveau,
Etait-ce un chêne ou bien un orme ?
C'est loin et je ne sais pas trop,
Mais je sais bien qu'il plut à l'homme,
Qui s'endormit les yeux en joie
Pour y rêver d'un petit bois.
Alors au sortir de son somme
D'un coup je fis une forêt
De grands arbres nés centenaires.

Un poète se réclamant ouvertement de la forêt est Adolphe Retté, auteur de *La Forêt bruissante* (1896), *Dans la forêt* (1903), *Poème de la forêt* (1906). Il a aussi écrit *Les Contes de la forêt de Fontainebleau*, qu'il parcourait fort souvent. Son lyrisme paraît aujourd'hui désuet, comme celui de François Franzoni qui, en 1936, fit paraître un recueil intitulé *Le Bois sacré*, essentiellement composé de cantiques mystiques et mythologiques et d'hymnes aux arbres tel cet appel :

La Forêt des damnés, dessin de Gustave Doré pour L'Enfer de Dante.

Arbres du monde entier, mes frères innombrables,
Qui chantez sous les cieux les cantiques du vent,
Enseignez la concorde aux hommes qui, souvent,
Ne peuvent pas souffrir la voix de leurs semblables !

De très nombreux poètes dont André Thuriet, Albert Samain, Paul Fort, Paul Valéry, Rainer-Maria Rilke, Raymond Queneau, Victor Hugo, Jean Cocteau, Théophile Gautier, Joachim du Bellay, Paul Eluard, Patrice de La Tour du Pin, Guillaume Apollinaire, Saint-John Perse, Leconte de Lisle, Pierre de Ronsard, Paul Verlaine, José Maria de Heredia, pour ne citer au petit bonheur que certains des plus célèbres poètes de langue française, ont goûté du fruit des arbres de la forêt pour créer des poèmes même si, comme le dit si joliment René Dauwal dans *Les Dernières Paroles du poète* (*Le Contre-ciel*, 1955) : ... « D'un fruit qu'on laisse pourrir en terre, il peut encore sortir un nouvel arbre, de cet arbre des fruits nouveaux par centaines ; mais, si le poème est un fruit, le poète n'est pas un arbre. Il vous demande de prendre ses paroles, de les manger sur le champ. Car il ne peut, à lui seul, produire son fruit. Il faut être deux pour faire un poème. Celui qui parle est le père, celui qui écoute est la mère, le poème est leur enfant. Le poème qui n'est pas écouté est une semence perdue... »

Ce n'est sans doute pas le cas des poèmes consacrés à la forêt, car, lorsque nous rencontrons la voix, la chaleur et l'odeur des arbres, nous y reconnaissons l'image de nous-mêmes :

Jadis
Les arbres
Etaient des gens comme nous
Mais plus solides
Plus heureux
Plus amoureux peut-être
Plus sages
C'est tout.
JACQUES PRÉVERT

L'apparente éternité de la forêt et sa sérénité fascinent en effet de nombreux poètes :

La forêt coule avec aisance dans l'immobilité du temps,
Elle résume les éclats de milliers de jours inutiles.
LUC BÉRIMONT

Des dizaines de poètes français ont donc donné la parole aux arbres des forêts ou ont parlé en leur nom, soit pour les décrire dans leur vérité, comme les mélèzes de René Char dans *Les Matinaux* :

Harpe brève des mélèzes
Sur l'éperon de mousse et de dalles en germe
Façade des forêts où cassent les nuages
Contrepoint du vide auquel je crois.

Soit pour en donner des visions dramatiques comme Victor Hugo :

Les arbres sont autant de mâchoires qui rongent
Les éléments, épars dans l'air souple et vivant
... et la terre joyeuse,
Regarde la forêt formidable manger.

Ou bien encore pour en évoquer les magies :

Dans la forêt du charme et des merveilleux rites
Gnomes compatissants, pendant que je dormais,

De votre main, honnêtes, gnomes vous m'offrîtes
Un sceptre d'or, hélas ! pendant que je dormais.
JEAN MORÉAS

Mais la forêt des poètes est aussi celle des rêves et des miracles :

La nuit
Il y a des arbres
Où le vent s'arrête,
Sans bruit se déshabille,
Et au matin les gens de la vallée
Disent avec un sourire
Cette nuit le vent s'est calmé.
PAUL VINCENSINI

De nombreux poèmes sont consacrés aux forêts et aux arbres dans le dessein de dénoncer leur destruction, comme Pierre de Ronsard exhortant le bûcheron de la forêt de Gâtines :

Écoute bûcheron, arrête un peu le bras,
Ce ne sont pas des bois que tu jettes à bas ;
Ne vois-tu pas le sang, lequel dégoutte à force,
Des nymphes qui vivaient dessous la dure écorce ?

Leconte de Lisle met en garde la forêt à propos de son avenir :

Ô forêt ! Ce vieux globe a bien des ans à vivre ;
N'en attends point le terme et crains tout de demain,
Ô mère des lions, ta mort est en chemin,
Et la hache est au flanc de l'orgueil qui t'enivre.

Plus proche de nous, Jacques Prévert use d'un autre ton :

J'étais là quand ça s'est passé,
Dit un vieil orme très écouté
Et qu'on appelle Chandelle des Etais.
Cela faisait déjà
Un petit bout de temps
Qu'ils déboisaient
Qu'ils déboisaient, déboisaient
déboisaient ;
On a trouvé qu'ils abusaient.

Il ne reste alors plus au poète qu'à pleurer la forêt disparue :

J'étais un petit bois de France
Avec douze rouges furets,
Mais je n'ai jamais eu de chance
Ah ! Que m'est-il donc arrivé,

Mon Dieu comme c'est difficile
D'être un petit bois disparu
Quand on avait tant de racines
Comment faire pour n'être plus ?
JULES SUPERVIELLE

Et à solliciter son pardon :

... Forêt flottée mon Ophélie, je te demande pardon
Pour ces coups de cognée, pour cette coupe à blanc
Pour ce halage à sec, pour ces plongeons glacés,
Pour cet exil à nu, pour ce convoi bagnard...
JEAN MOGIN

Les poètes n'ont pas vu dans les arbres et les forêts que des symboles de l'émotion, du rêve, de l'irréel ; ils ont aussi, et surtout, rendu au peuple des arbres la valeur profonde qu'il tire de ses liens vitaux avec le peuple des hommes. L'âme moderne peut puiser dans l'afflux de vie tranquille qui émane des bois, y trouver une puissance qui la tonifie et en revenir plus forte. C'est ce que le poète nous dit :

J'ai fui vers toi, forêt profonde aux arbres noirs,
J'ai marché devant moi, j'ai senti que mon être
Peu à peu renaissait sous mes tempes en feu,
Mon rythme s'est accru de tes vibrations ;
J'ai condensé ton éparse en ma poitrine.
Lorsque je reviendrai le soir vers la cité,
Je jetterai dans les tumultes de la ville
Avec mon âme dure et tendue vers l'effort
L'esprit mystérieux de ton être, ô Forêt.
JOSEPH BOBAERT
(*À travers les forces*, cité par C. Couillault en 1924.)

L'inspiratrice des beaux-arts

Si, comme le dit Balzac, « la mission de l'art n'est pas de copier la nature mais de l'exprimer », alors nul doute que les arbres et les forêts jouent dans la naissance et le renouvellement de l'inspiration artistique un rôle extraordinaire. Que nous le sentions ou non, que nous le voulions ou non, nous avons tous en nous une forêt, et notre sang est parent des sèves impatientes et nourricières. Quel artiste n'a jamais inscrit dans son œuvre une feuille ou une racine ?

Il était une feuille avec une ligne
ligne de vie
ligne de chance
ligne de cœur.
Il était une branche au bout de la feuille
ligne fourchue signe de vie
signe de chance

Les piliers de l'abbaye du Val (à Mériel dans le Val-d'Oise)...

signe de cœur.
Il était un arbre au bout de la branche
un arbre digne de vie
digne de chance
digne de cœur.
Cœur gravé, percé, transpercé,
un arbre que nul jamais ne vit.
Il était des racines au bout de l'arbre
racines dignes de vie
dignes de chance
dignes de cœur.
Au bout des racines il était la terre
la terre tout court
la terre toute ronde
la terre toute seule au travers du ciel
la terre.

ROBERT DESNOS
(*Fortunes*, Gallimard, 1945.)

L'architecture

C'est une image banale que de comparer les hautes futaies à des cathédrales. La forêt n'en a pas moins inspiré les bâtisseurs des temples antiques et des cathédrales du Moyen Âge. Écoutons Chateaubriand (*Le Génie du christianisme*, 1802) : « Les forêts ont été les premiers temples de la divinité, et les hommes ont pris dans les forêts la première idée de l'architecture. Les Grecs ont tourné l'élégante colonne corinthienne avec son chapiteau de feuilles sur le modèle du palmier. Les énormes piliers du vieux style égyptien représentent le sycomore, le figuier oriental, le bananier et la plupart des arbres gigantesques de l'Asie... Ces voûtes ciselées en feuillage, ces jambages qui appuient les murs et finissent brusquement comme des troncs brisés, la fraîcheur des voûtes, les ténèbres du sanctuaire, les ailes obscures, les passages secrets, les portes abaissées, tout retrace les labyrinthes des bois dans l'église gothique... »

La colonne de pierre est en effet conçue à l'image de l'arbre. Sa base ressemble à un fût. Elle peut être lisse à l'image du tronc des hêtres, des charmes ou des eucalyptus. Elle peut être striée longitudinalement (colonnes achéménides et grecques) comme sont les fûts des chênes, des tilleuls et des mûriers. Elle peut être cylindrique ou papyriforme comme les colonnes égyptiennes à l'image d'un tronc de saule ou de figuier. Elle peut être enfin annelée (colonnes indiennes et colonnes du XVIe siècle) à l'image du tronc d'un cerisier. Cette colonne supporte un chapiteau dont l'aspect sculptural et les volutes copient le houppier des arbres avec leurs branches enlacées et leurs feuilles aux mille formes. Colonnes ioniques, corinthiennes, byzantines, romanes ou gothiques rivalisent ainsi dans l'expression architecturale de leur chapiteau.

Et puis les temples ne sont-ils pas construits en hautes futaies de pierre, les branches symétriques des volutes supportant le toit des cimes ? Il y a là une véritable transposi-

...répondent aux fûts de la forêt de l'Isle-Adam (photos prises peu avant 1900). Mais on construisait aussi en forêt, jadis, des demeures plus humbles... (page ci-contre).

tion de la nature dans l'architecture, par le truchement de l'arbre. Dans *La Cathédrale*, Huysmans écrit : « Il est à peu près certain que l'homme a trouvé dans les bois l'aspect si discuté des nefs et de l'ogive. La plus étonnante cathédrale que la nature ait elle-même bâtie en y prodiguant l'arc brisé de ses branches est à Jumièges. Là, près des ruines magnifiques de l'abbaye... trois immenses allées plantées de troncs séculaires s'étendent en ligne droite ; l'une, celle du milieu, très large ; les deux autres qui la longent, plus étroites ; elles dessinent la très exacte image d'une nef et de ses bas-côtés soutenus par des piliers noirs, et voûtés par des faisceaux de feuilles. L'ogive y est nettement feinte par les ramures qui se rejoignent, de même que les colonnes qui la supportent sont imitées par les grands troncs. Il faut voir cela, l'hiver, avec la voûte arquée et poudrée de neige, les piliers blancs tels que des fûts de bouleaux, pour comprendre l'idée première, la semence d'art qu'a pu faire lever le spectacle de semblables avenues dans l'âme des architectes qui dégrossirent peu à peu le roman et finirent par substituer complètement l'arc pointu à l'arche ronde du plein cintre. »

La musique

Elle est avant tout chant de la nature.

Quand j'entends la douce voix
Par les bois
Du gai rossignol qui chante,
D'elle je pense jouïr
Et ouïr
La douce voix qui m'enchante.

PIERRE DE RONSARD

Bien des musiciens de la Renaissance se sont inspirés des échos de la forêt, du murmure des arbres et, surtout, des innombrables mélodies d'oiseaux. À Clément Janequin (1485-1558), sans conteste le plus grand, on doit plusieurs pièces de musique polyphonique fraîches et joyeuses : *Le Chant des oiseaux, Chasse à courre, Chasse au lièvre, Chasse au cerf.* Citons aussi Claudin de Sermizi (1490-1552), auteur de *Au joli bois*, Claude le Jeune *(Pastourelle joliette)*, François Couperin *(Les Sylvains)*, François d'Agincourt *(Les Tourterelles)*, Jean-François Dandrieu *(Le Concert des oiseaux)*, Louis Daquin *(L'Hirondelle* et *Le Coucou).* Toutes sont des pièces chantées à plusieurs voix accompagnées d'une viole, d'un clavecin ou d'une herminette.

Il faut attendre les romantiques avec Hector Berlioz (le ballet des sylphes de *La Damnation de Faust*) et Jules Massenet *(Le Bois de pins)* pour que la musique symphonique inspire des œuvres liées au thème de la forêt. Mais la véritable évocation de la forêt vient avec la musique moderne. Emmanuel Chabrier et Braungart écrivent chacun une pièce pour piano intitulée *Murmures des bois.* À *La Forêt bleue*, opéra comique de Louis Aubert, fait écho *La Forêt enchantée*, pièce symphonique de L. Moreau. Claude Debussy compose *Prélude à l'après-midi d'un faune* et *Feuilles mortes.* Maurice Leboucher *(Danse des faunes)* et Francis Poulenc *(Les Biches)* imaginent des ballets. Maurice Ravel écrit *Ma Mère l'Oye*, Albert Roussel *Poème symphonique de la forêt.* La musique moderne, avec ses libertés de construction et la recherche de nouvelles sonorités, s'est ainsi rapprochée de la forêt. A-t-elle pour autant su transcrire le frémissement des feuilles, le grincement des troncs, le murmure des fougères, le bruissement des insectes, le clapotis des sources et des ruisseaux ? La forêt reste surtout pour les musiciens l'occasion d'évoquer les chasseurs, les faunes ou les sorcières. *Une Nuit sur le mont Chauve* de Moussorgski n'est-elle pas l'extraordinaire et réaliste évocation musicale d'un sabbat de sorcières au fond des bois ? Et le cor de chasse aux sonorités profondes n'est-il pas un instrument tout particulièrement attaché à la forêt (avec peut-être aussi les flûtes) ? Les sonneries de trompe évoquent un monde de réminiscences où passent au galop les chasses à courre et où toute la symphonie forestière se déploie en sonorités tour à tour tragiques et reposantes.

Synchromies : le secret des écorces

C'est un monde extraordinaire que celui des Synchromies *d'Oscar Forel. Comme « symphonie » exprime l'harmonie des sons, « synchromie » entend évoquer celle des couleurs dont se parent les écorces. Entre le champ du microscope et celui de l'œil nu existe un monde encore à la mesure de l'homme. Suffisamment agrandi, il révèle ses structures, d'une richesse insoupçonnée, parfois insolite, mais pas assez étrange pour que nous doutions de son appartenance à la nature. C'est ce que nous donne à voir Oscar Forel, psychiatre, écrivain, photographe mais avant tout amoureux des arbres : il en a planté quatorze mille cinq cents dans le parc de l'établissement hospitalier des rives de Prangins en Suisse, dont il était le directeur !*

En photographiant à dix centimètres de distance des fragments d'écorce choisis après de longues recherches puis lavés et brossés soigneusement, Oscar Forel obtient ses admirables synchromies, témoignages des innombrables nuances et richesses de la nature. Certaines d'entre elles rappellent des œuvres d'art impressionniste ou expressionniste, mais l'auteur tient à insister sur leur réalité naturelle, témoignage de forêts encore vivantes : « Les synchromies sont puisées aux sources de toute vie, dans une nature en perpétuelle métamorphose où l'inerte fait partie du vivant. Partout existent dans le monde des forêts qui ont encore échappé au défrichement. Forêt et jungle peuplées de témoins séculaires, aux écorces burinées par une vie déjà oubliée des vivants : carcasse parfois mutilée par les ouragans, les avalanches... On reste saisi devant la grandeur de ces témoins. De vieux troncs terrassés par le poids des ans, marqués par les épreuves subies, desséchés par le soleil, hérissés de moignons, de branches brisées, dans un silence solennel, ces géants jonchent le sol des forêts intouchées... c'est à elles que les synchromies sont dédiées. »

La forêt française, décor de films

LE MIRACLE DES LOUPS. *Film muet historique de Raymond Bernard (1924), il raconte sous Louis XI les amours contrariées d'un châtelain de la montagne Noire.*

LA RÈGLE DU JEU. *Film dramatique de Jean Renoir (1939), il met en scène des intrigues amoureuses au cours d'une chasse en Sologne qui dégénère en drame. Il fut longtemps maudit, voire interdit. C'est aujourd'hui un classique, objet de nombreuses exégèses.*

LA BELLE ET LA BÊTE. *Conte fantastique de Jean Cocteau (1946), avec Jean Marais et Josette Day, ce film célèbre fut tourné au château et en forêt de Raray dans l'Oise. On y retrouve le thème de la forêt profonde, refuge de créatures fantastiques (la Bête), mi-humaines, mi-animales.*

L'ENFANT SAUVAGE. *Film de François Truffaut (1969) tiré de l'histoire vraie d'un enfant capturé en 1797 dans une forêt rouergate où il avait toujours vécu. Sera-t-il possible de faire de cet enfant sauvage un jeune homme normal ?*

JE SUIS LE SEIGNEUR DU CHÂTEAU. *Film dramatique de Régis Wargnier (1989), avec Jean Rochefort. La rivalité de deux enfants en conduit un à se perdre en forêt à la recherche de son père disparu. Le cadre de la forêt bretonne de Huelgoat, après la tempête d'octobre 1986, offre des décors naturels impressionnants.*

Une image du film « Scènes de la Passion » tourné en 1906 en forêt de Fontainebleau.

« Louis XV chassant le cerf en forêt de Saint-Germain », par Jean-Baptiste Oudry (1730).

Quand l'œil recrée la forêt

Dès la Renaissance et tout au long de l'époque classique, la forêt constitue le décor de nombreuses œuvres. Mais elle est peinte comme toile de fond de scènes mythologiques et relève plus du symbole que de la réalité. Auparavant, on trouve dans les *Très Riches Heures du duc de Berry* une représentation sincère de futaies serrées ou d'arbres ébranchés de clairières, cadres de scènes de chasse ou d'activités pastorales comme le gaulage des glands. Il faut attendre le XVIIe siècle et Nicolas Poussin pour rencontrer des paysages forestiers purs, inspirés d'ailleurs par l'Italie. Au siècle suivant, la nature n'est pas absente des œuvres d'Antoine Watteau : dans ses « compositions galantes », dans *Gilles* ou *L'Embarquement pour Cythère* de vrais arbres prêtent leur ombrage aux figures élégantes du grand artiste ; mais c'est le plus souvent dans les parcs et jardins qu'il choisit ses modèles. De leur côté, les peintres flamands, hollandais et allemands représentent de nombreux paysages avec la forêt, pour sujet principal ou unique : au XVIe siècle, Van Coninxloo et Bruegel l'Ancien ; au XVIIe siècle Salomon Van Ruysdael (*La Forêt*, musée du Louvre), Rembrandt *(Le Paysage avec trois arbres)*, Jacob Van Ruysdael *(Der grosse Wald)*. Tous peignent une forêt sauvage, sombre et menaçante, allégorique et imaginaire. Et c'est un Flamand, Van de Meulen, qui, au milieu du XVIIe siècle, viendra se fixer à Paris et saisir les premières visions des forêts de la région, en particulier celle de Fontainebleau.

Fontainebleau, forêt modèle

La forêt de Fontainebleau va devenir, au XIXe siècle, le centre d'intérêt puis le creuset des peintres français de la forêt et du paysage. Au XVIIIe siècle déjà, Oudry était venu le premier y travailler. D'abord occupé exclusivement à peindre des animaux, il avait bientôt senti la nécessité de figurer derrière eux un environnement approprié et s'attacha peu à peu aux études qu'il entreprenait à cet égard. S'il prit les forêts de Saint-Germain, Chantilly et Fontainebleau pour modèles, il resta néanmoins très influencé par l'école hollandaise. Un peintre mort jeune, Achille Etna Michallon (1796-1822), va incliner graduellement vers une représentation plus intime de la forêt de Fontainebleau. À son nom reste attaché celui de Jean-Baptiste Corot, né en 1796 aussi et qui reçut de lui les premières leçons.

Corot, dont la vocation fut contrariée par son père, va épanouir sa peinture à partir de 1826, après un séjour en Italie. Le choix de ses sujets et son inspiration évocatoire le rapprochent tellement des « barbizonniers » que l'historiographie l'a souvent considéré comme l'un des précurseurs de la fameuse école. Il s'en distingue pourtant car, malgré une sensibilité de la nature exceptionnelle et presque surhumaine, il maîtrise avec sérénité la lumière de ses œuvres et leur

Jean-Baptiste Corot : « Souvenir de Mortefontaine » (musée du Louvre).

conserve équilibre et harmonie ; miroirs limpides de son monde intérieur, elles apparaissent emplies de douce sensibilité féminine. Corot travaillait longtemps ses œuvres avec minutie. Parfois le découragement le saisit et dans son tourment de voir sa peinture si misérable, si triste auprès de l'éclatante nature qu'il a sous les yeux, il lui arrive de douter : « Il y a des jours où on jetterait tout au diable ! Demain nous rougirons de nos ouvrages ; nous ne sommes capables de rien... » Ce travail allait porter ses fruits. Émile Michel écrit : « Avec une sûreté merveilleuse, il rend d'une manière expressive la beauté vénérable de vieux chênes, leur ramure nerveuse et compliquée... Il ne craint pas d'aborder les verdures épaisses des ombrages, les clartés furtives qu'y met le soleil, l'éclat des roches blanchâtres, le velours savoureux de leur mousse. » Corot plante son chevalet dans diverses forêts ; de celle de Mortefontaine, il nous a laissé un *Souvenir* — scène de bourrasque dans les branches vivantes d'un vieux saule aux abords d'un étang — que l'on peut voir au musée du Louvre. Mais c'est à Fontainebleau qu'il vient le plus souvent et peint d'admirables œuvres comme les *Rochers dans la forêt de Fontainebleau* ou le *Cavalier dans le bois.* Il s'éloigne ensuite peu à peu de la forêt, trop austère et trop fermée à son goût, pour jouer avec la lumière des bords des rivières et des lacs. Il semble du reste que, comme lui, les paysagistes français de l'époque aient été un peu rebutés par l'austère sauvagerie de la forêt. Descamps, l'ami de Corot, bien que fixé à Fontainebleau, n'a jamais fait d'elle le sujet de ses tableaux.

L'école de Barbizon

La forêt allait trouver en Théodore Rousseau un interprète extraordinaire quand, désireux de vivre plus intimement avec elle, il vint s'installer à Barbizon en 1847 et devint ainsi le véritable fondateur de la célèbre école de Barbizon, qui comprendra Jules Dupré, Constant Troyon, Virgile Diaz de la Peña, Charles-François Daubigny, Georges

Théodore Rousseau, peintre de la forêt

Né en 1812, psychiquement faible, intellectuellement inquiet et moralement tourmenté, Rousseau commença à peindre dès son plus jeune âge. Mais c'est à partir de 1830 qu'il brossa d'après nature quelques études fortement romantiques inspirées des régions âpres du Jura et de la Creuse. Il entra alors en relation avec Jules Dupré, qui l'entraîna vers les paysages moins austères des Landes, du Berry, de la Vendée... où il atteignit à l'intimité et à la poésie du paysage. Il y avait rencontré les arbres, surtout les chênes aux branches nerveuses et à la robuste parure de feuillage. Rousseau passa l'hiver de 1836 à dessiner et à peindre à Barbizon, transi de froid, la solennité des hautes futaies. Onze ans plus tard, fuyant la vie mondaine de Paris, il s'installa dans une modeste chaumière du village. Mais la forêt fut sa véritable demeure et son atelier. Il y séjourna des journées entières, de l'aube au déclin du jour, saisissant le moindre détail avec une exactitude minutieuse afin de recréer une forêt vivante et « vraie ». Parfois, nous dit Émile Michel, « sur son chemin la trouvant si belle, il reprenait sa palette et notait les trouées d'or du couchant à travers les houppiers massifs, jusqu'à ce que la nuit tombe et le surprenne ou l'orage l'oblige à rentrer, grisé, charmé, envoûté par cette mère forêt ». Il aurait voulu ne rien omettre des mille séductions qui agissaient si puissamment sur lui, mais ce n'était qu'un rêve : à force de retoucher infiniment ses toiles, il finissait par obscurcir et rendre opaque ce qui avait été une ébauche si claire et transparente. En outre, l'utilisation fréquente des bitumes (qui servaient à l'époque à donner un éclat particulièrement brillant à la palette des verts) a souvent provoqué un noircissement presque général des couleurs qui nuit aujourd'hui à ses tableaux.

La beauté sauvage des forêts peintes par Rousseau demeure néanmoins ce qu'il y a de plus fidèle dans l'expression de ses infinies nuances. Au musée du Louvre sont rassemblés : Intérieur de bois au Bréau, *avec un troupeau de vaches égarées sous les épaisses frondaisons de chênes dont les troncs jouent avec la lumière ;* Route dans la forêt de Fontainebleau, *paysage plus ouvert de lande que surplombe un ciel lourd et orageux ;* Étang à l'orée du bois, *où la forêt rougeoie au soleil couchant ;* La calèche, *saisie dans une clairière lumineuse ;* Le Vieux Dormoir du Bas-Bréau, *assombri par les efforts de l'artiste et dont seule une lumière vive fait chanter les couleurs. Exposé au salon de 1861, le* Chêne des rochers *(collection privée) est sans doute l'un de ses chefs-d'œuvre : le houppier y est détaillé avec une subtilité qui donne véritablement vie aux branches tordues et au feuillage profond. Théodore Rousseau mourut le 22 décembre 1867, quelques mois après avoir été justement reconnu lors de l'Exposition universelle mais sans avoir pu terminer sa dernière œuvre,* Forêt en hiver, *à laquelle il ne cessait depuis plusieurs mois d'apporter retouches et perfections.*

Michel et, bien sûr, Jean-François Millet. Les peintres avaient commencé à fréquenter la forêt de Fontainebleau en juillet 1830. Après l'installation de Rousseau, qui s'écriait : « A l'enfer la civilisation, vive la nature et la poésie », les autres vinrent le rejoindre et Barbizon devint le siège d'une véritable petite communauté d'artistes pour qui la forêt fut, sinon un sujet de peinture, du moins un refuge propice à leur équilibre mental.

Diaz de la Peña, qui disait de lui-même et de Rousseau : « Ce que je fais est peu de choses, mais il y a là-bas un solitaire qui fait des merveilles », s'éprend lui aussi de la forêt. Il peint en 1853 ses *Sous-Bois*, que l'on peut admirer au musée du Louvre, harmonie d'ombres et de lumières tamisées frappant çà et là l'écorce rugueuse des vieux chênes tandis que le bois garde ses mystérieuses profondeurs. D'autres œuvres de Diaz seront consacrées à la forêt comme *Les Hauteurs du Jean de Paris* (musée d'Orsay) ou cette

Diaz de la Peña : « Les Hauteurs du Jean de Paris ».

admirable troupe de *Bohémiens se rendant à une fête*, aujourd'hui à Boston. Théophile Gautier disait de lui : « Il amène si hardiment un rayon au fond de l'ombre, il jette avec tant de prodigalité sur le gazon ces taches blondes, pièces d'or que le soleil fait pleuvoir à travers le tamis des feuilles... il a si bien cette touche inquiète et frémissante faite exprès pour rendre le frisson des feuilles... » Un autre peintre de Barbizon, Constant Troyon, s'éprend à son tour de la forêt ; mais ses couleurs sont parfois crues et ses touches un peu lourdes *(Cours d'eau dans le bois*, musée du Louvre). Jules Dupré et Charles-François Daubigny prendront aussi la forêt comme modèle, tout en préférant, à l'instar de Millet, les scènes champêtres.

Les impressionnistes

Les impressionnistes, peintres de la couleur, de la lumière et de l'atmosphère, sont les initiateurs de l'aventure artistique moderne. Ils naissent tous alors que l'école de Barbizon se crée. Le lien entre l'école et eux sera assuré par Charles-François Daubigny, qui se situe à mi-chemin entre la sensibilité romantique et l'impressionnisme, même si dans *L'Étang aux héros* (musée du Louvre) on découvre une forêt tourmentée qui ressemble fort à celles de Rousseau et de Diaz. Il est vrai que son *Paysage* de 1877 (vingt ans plus tard) présente une bien différente impression colorée des feuillages qui néglige le réalisme des détails. Les impressionnistes fréquenteront peu la forêt et ne la traiteront souvent que de façon accessoire, comme Cézanne dans *Le Parc du château noir*, taches de couleur sur fond de roche. Courbet étalera volontiers la couleur sur ses toiles sans quitter son atelier, mais il saura néanmoins saisir la vie palpitante des sous-bois, la beauté profonde et douce d'une forêt que traverse un chevreuil. Les arbres de lisière ou ceux des bords des rivières attireront davantage les impressionnistes. Courbet, dans le Jura, peint les masses de feuillage avec vigueur ; Cézanne fait frissonner les feuillages des chênes de Fontainebleau, les platanes du jas de Bouffan et les pins d'Alep de la montagne Sainte-Victoire ; Renoir s'amuse du reflet des feuilles dans les rivières ; Pissaro inonde de lumière les peupliers de Bazincourt ; Sisley fait monter l'or des feuillages vers le ciel de Bougival ; Monet les unit aux couleurs du champ de coquelicots ; Van Gogh tord de douleur cyprès et oliviers.

Paul Cézanne : « Sous-bois ».
Page ci-contre : « Claude Monet peignant à l'orée d'un bois » par John Singer Sargent (1888).

extrêmement fécond. Les tableaux de Max Ernst *Forêts et arêtes* ou *La Forêt*, de Erich Heckel *Lac dans un parc* et *Les Trois Mondes*, ou encore de Renate Sautermeister *La Forêt perforante* — qui montre d'étranges arbres portant des pansements à l'extrémité de leurs branches et perçant une surface artificielle, froide et nue, symbolisant les sols stérilisés de nos cités humaines — en fournissent des exemples. Mais le point d'orgue revient à René Magritte : *La Voix du sang* (1959) montre un arbre sur fond de paysage lointain et ciel d'un bleu profond. Tout y évoque beauté et calme, contemplation sereine et inquiétude, accomplissement et non-achèvement. Trois niches sont creusées dans un tronc. L'une, fermée, ne livre pas son secret : c'est le mystère, l'inconnu, le non-exprimé, le non-su. Les deux autres sont ouvertes : l'une révèle une petite maison aux fenêtres allumées, c'est notre monde, connu et rassurant ; l'autre une simple boule, expression de la connaissance cosmique, scientifique et métaphysique. Qui mieux que l'arbre sait à la fois traduire l'exprimable et l'inconnu ?

Lumières et couleurs

L'arbre constitue toujours un sujet de choix. De nombreux peintres d'aujourd'hui le colorent de bleu, d'or, de jaune, de rouge, de mauve... Ils jouent avec les taches de lumière dans les feuilles pour exprimer sa mystérieuse personnalité. La forêt aussi se colore, comme dans le tableau de Guy Vignoht (exposé en 1987 au salon « Arborescence » à Paris), où les aiguilles de pins mêlent leur bleu aux taches rouges du ciel reflétées sur le sol. Certains peintres restent toutefois fidèles à l'inspiration romantique ou aux impressionnistes. Roland Cat dit que le thème revient chez lui « deux ou trois fois par an » : chaque feuille, chaque brindille, chaque herbe est alors reproduite soigneusement dans une palette de verts enchanteresse allant du brun au jaune. Les hêtres de Claude Feuillet *(La Forêt)* semblent bruisser sous nos yeux. D'autres empruntent la voie du « naïf », comme Simone Castex ou Hélène Veran ; des tableaux de cette dernière émane une lumière verte (galerie « Naïfs et primitifs » à Paris).

La forêt transfigurée

La transfiguration des forêts par les créateurs d'images modernes tient cependant la première place. L'école surréaliste a trouvé dans les arbres et les forêts un sujet

Henri Rousseau, dit le Douanier : « Paysage de forêt vierge avec soleil couchant ».

INDEX

CRÉDITS PHOTOGRAPHIQUES

Couverture
Plat 1 : Duquesne-Sirius/Sunset
Plat 4 : J. Sierpinski/Scope
Pages de garde : J. Brunton/Stock-Image

4. J.-D. Sudres/Scope
5. B. Belly/DIAF
10. J.-P. Chasseau/O.N.F.
11. G. Sioen/Cedri
12. J.-P. Chasseau/O.N.F.
13h. J.-P. Chasseau/O.N.F.
13m. Cl. Nardin/Explorer
13b. J.-P. Chasseau/O.N.F.
15. Bayeux, Trésor de la Cathédrale. Photo G. Dagli Orti
16h. Paris, Archives nationales (AD IV 5). Photo J. Vigne
16b. H.-L. Duhamel du Monceau, *De l'exploitation du bois*, 1764. Paris, Bibl. du Ministère de l'Agriculture. Photo SAMA.
18h. Salou/Explorer
18b. J.-P. Nacivet/Explorer
20. Art gallo-romain, Arduinna, déesse au sanglier. St-Germain-en-Laye, musée des Antiquités nationales. Photo G. Dagli Orti
22. Paris, Archives nationales (NIII Aisne 179). Photo J. Vigne
24. I.G.N.
26. J.-P. Chasseau/O.N.F.
33. F. Hache/Explorer
35. *Le Tour du Monde*, 1879. Photo De Selva-Tapabor
44. J.-P. Amat
46h. Berger et bergère des Landes. Lithographie d'après G. de Galard. Paris, Bibl. des Arts décoratifs. Photo J.-L. Charmet/Explorer
46b. Explorer-Archives (Coll. Soazig)
47. M. Guillard/Scope
48. A. Le Toquin/Explorer
49. I.G.N.
50. J.-M. Labat/Jacana
51d. D. Faure/Scope
51g. C. Nardin/Jacana
52. Ch. Bowman/Scope
53. ENGREF, Nancy
57. J.-P. Chasseau/O.N.F.
59g. Frédéric-Jacana
59d. J. Guillard/Scope
61. S. Cordier/Jacana
62. ENGREF, Nancy
63. R. Volot/Jacana
65. M. Viard/Jacana
66. NHPA/Sunset
68. A. Gandolfi/Jacana
70. J.-Cl. Maes/Jacana
72. D. Faure/Scope
74. P. Pilloud/Jacana
77. M. Guillard/Scope
78. NHPA/Sunset
81. P. Pilloud/Jacana
86. Y. Arthus-Bertrand/Jacana
87. Cl. Nardin/Jacana
89. A. Le Toquin/Jacana
93. S. Cordier/Jacana
95. J. Guillard/Scope
97g. C. et M. Moitton/Jacana
97d. R. Volot/Jacana
98h. J.-P. Champroux/Jacana
98b. G. Lacz/Sunset
101. R. Volot/Jacana
103. J.-P. Hervy/Jacana
105. Ch. Cuny/Top
107. J. Guillard/Scope
109. J.-P. Chasseau/O.N.F.
110. Klein-Hubert/Bios
111. R. Truchot/Explorer
112 et 113. *Oisivetez de M. de Vauban.* Vincennes, Ministère de la Défense, Service historique de l'Armée de Terre. Photo J.-L. Charmet
119. G. Gsell/Diaf
122. D. Clément/Explorer
123. J.-P. Chasseau/O.N.F.
125. J. Guillard/Scope
127. J.-P. Chasseau/O.N.F.
130. J.-P. Chasseau/O.N.F.
131. J.-L. Dugast/Cedri
132. J.-P. Chasseau/O.N.F.
136. S. Cordier/Explorer
137. C. Delu/Explorer
138. J.-L. Barde/Scope
139. Y. Arthus-Bertrand/Jacana
141. J.-P. Chasseau/O.N.F.
145. J.-P. Chasseau/O.N.F.
146. J.-P. Chasseau/O.N.F.
151. J.-P. Chasseau/O.N.F.
152. C. Bibollet/Top
153. J. Guillard/Scope
154. Coll. Viollet
155. H.-L. Duhamel du Monceau, *Du transport, de la conservation et de la force du bois*, Paris, 1767, Versailles, bibl. municipale. Photo J. Vigne
158h. J.-L. Barde/Scope
158b. E. Poupinet/Jerrican
163. Coty/Jerrican
165. ARMEF
167. D. Le Scour/Jerrican
170h. C.T.B.A., Paris
170b. Aurel/Jerrican
172h. J.-P. Chasseau/O.N.F.
172b. J.-P. Chasseau/O.N.F.
172d. C.T.B.A., Paris
173. J.-L. Barde/Scope
174. De haut en bas : Roy/Explorer. Roy/Explorer. Nadeau/Explorer. Chandelle/Explorer
177. J. Messager/DIAF
178. P. Nieto/Jerrican
179. P. Pitois/Jerrican
180. D. Le Scour/Jerrican
181. Pratt-Pries/Diaf
183. L. Boegly/Archipress
184. Bureau *Mouette* par Ariane Merlo. Photo V.I.A.
185. Table Louis XIV. Photo R. Guillemot-Cda/Edimédia
186. Chaise *YM* par Gérard Dalmon. Photo V.I.A.
187. J. Dupont/Explorer
189. Overseas/Explorer
190h. J.-D. Sudres/Scope
190b. Achilli, sculptures en bois. Photo TRUC 1989
193. E. Poupinet/Explorer
194. Streichan/Zefa
195d. M. Viard/Jacana
195g. P. Pilloud/Jacana
197. Peinture anonyme, deuxième moitié du XVIIIe siècle. Raon-l'Étape (Vosges), mairie. Photo J.-P. Chasseau/O.N.F.
198h. B. Belly/Diaf
198b. J.-P. Garcin/Diaf
199h. J.-P. Ferrero/Explorer
199b. S. Cordier/Explorer
201. M. Tiziou/Diaf
202h. J.-L. Barde/Scope
202b. R. Rozencwajg/Diaf
203. Pratt-Pries/Diaf
208. D. Faure/Scope
209. J.-P. Chasseau/O.N.F.
211. B. Belly/Diaf
212. X. Desmier/Cedri
214. G. Lacombe, *La Forêt au sol rouge.* Quimper, musée des Beaux-Arts. Photo Giraudon
215. Statuette en bronze du dieu Silvanus provenant de Glanum. St-Rémy-de-Provence, musée archéologique. Photo G. Dagli Orti
216. Dieu à oreille d'animal provenant d'un sanctuaire domestique. Besançon, musée des Beaux-Arts et d'Archéologie. Photo G. Dagli Orti
217g. Art gallo-romain, IIe ou IIIe siècle, bas relief, détail d'une chasse au sanglier. Arles, musée Lapidaire. Photo G. Dagli Orti
217d. Art gallo-romain. Dieu au torque et au sanglier, Ier siècle av. J.-C. - Ier siècle ap. J.-C. St-Germain-en-Laye, musée des Antiquités nationales. Photo G. Dagli Orti
218. Charles Perrault, *Le Petit Poucet*, illustré par Gustave Doré. Photo Kharbine-Tapabor
219. Madame de Witt, *Les Lavandières de la nuit*, illustré par Philippoteaux et Laplante. Photo J.-L. Charmet
220. France, XVe siècle, Heures en latin avec calendrier en français, Amiens, Bibl. municipale. Photo Giraudon
221. Poésies de Guillaume de Machault, XVe siècle, *Le Dit du Lion*, Paris, Bibl. nat. Coll. Edimédia
222. France, XVe siècle, Traité de Fauconnerie et de Vénerie : une chasse au sanglier. Chantilly, musée Condé. Photo G. Dagli Orti
224. A. W. Topffer, *Paysage de montagne boisée.* Coll. part. Photo Edimédia
226. Dante, *La Divine Comédie, L'Enfer*, illustré par Gustave Doré. Photothèque Hachette
228h. Mériel, abbaye du Val, photographie de Charles Adrien, v. 1895. Photo Coll. Société Française de Photographie
228b. Chaumière dans la forêt, autochrome de Personnaz. Photo Coll. Société Française de Photographie
229. Mériel, forêt de l'abbaye du Val, photographie de Charles Adrien, v. 1895. Photo Coll. Société Française de Photographie
230. *Scènes de la Passion*, film tourné par la Gaumont, 1906, Photographie de Gilibert. Photo Coll. Société Française de Photographie
231. Oudry, *Louis XV chassant le cerf en forêt de St-Germain*, 1730. Toulouse, musée des Augustins. Photo Giraudon
232. J.-B. Corot, *Souvenir de Mortefontaine.* Paris, musée du Louvre. Photo G. Dagli Orti
233. Diaz de la Peña, *Les Hauteurs du Jean de Paris*, Paris, musée du Louvre. Photo Lauros-Giraudon
234. P. Cézanne, *Sous-bois*, Coll. part. Photo Giraudon
235h. J. Singer Sargent, *Claude Monet peignant à l'orée d'un bois*, 1888. Londres, The Tate Gallery. Photo Edimédia
235b. H. Rousseau, dit Le Douanier Rousseau, *La Forêt vierge avec soleil couchant*, Bâle, Kunsthalle, Photo Lauros-Giraudon

ISBN 2-908071-10-X
Dépôt légal : septembre 1991
Aubin Imprimeur Ligugé, Poitiers (P 38131)
Imprimé en France.

40, rue Marbeuf — 75008 PARIS
Tél. 42 25 71 74